이야기로 푼 선교학

남정우 지음

도서출판 케노시스

이야기로 푼

선교학

지은이 남정우
펴낸이 김영동
펴낸곳 도서출판 케노시스

등 록 제2011-24호(2011. 5. 23)
주 소 서울시 광진구 광장로 5길 25-1
장로회신학대학교 세계선교연구원
전 화 02) 453-2208, 450-5435-6
팩 스 02) 2201-6953

발 행 1쇄 2012년 2월 15일
2쇄 2019년 5월 20일

ISBN 978-89-967261-2-8 (93230)

값 25,000원 (*파본은 바꿔드립니다)

Missiology based on Narratives from the Bible, History and mission field

Author _
Jeung Ou Nam

Published in February 2012
Kenosis Publishing Co.
Seoul, Korea

| 목 차 |

제VI장 선교와 선교사 • 395

선교 시편

선교,
누구나 할 수 있지만
아무렇게나 할 수는 없는 일이다.

신약성경에는 잔치 비유가 여러 군데 나온다. 그 중의 하나 마태복음 22장에 보면 천국은 마치 자기 아들의 혼인잔치를 베푸는 어떤 임금과 같다고 하였다. 그 임금은 잔치에 많은 사람들을 초청한다. 그런데 초청받은 자들이 이 핑계 저 핑계를 대고 오지를 않았다. 그러자 임금은 생각을 바꾸어 종들을 내보내서 길거리에서 만나는 사람마다 초청하게 하였다. 많은 사람들이 잔치에 왔다. 그런데 임금이 들어와서 혼인잔치에 참여한 사람들 가운데 예복을 입지 않은 자를 보고 화를 내며 밖으로 내쫓아버렸다.

이게 무슨 뜻인가? 길거리에 나가서 만나는 사람 누구든지 오라고 해놓고서는 예복을 입지 않았다고 나가라니? 그러나 이 본문의 결론 "초청받은 자는 많으나 택함받은 자는 적도다!"를 깊이 생각해본다면 이 잔치 비유의 주요 메시지를 깨달을 수 있다. 그것은 "혼인잔치(하나님이 베푸시고 다스리시는 천국)는 개방되어 있다. 그래서 아무나 올 수는 있다. 그러나 아무렇게나 올 수는 없다"는 사실이다.

선교도 마찬가지다. 누구나 선교할 수 있다. 그러나 아무렇게나 할 수는 없다. 나사렛 예수가 그리스도시며 나의 주요 구세주이심을 분명히 믿어야 하고, 둘째는 하나님의 사랑과 구원과 은혜에 대한 깊은 감사가 있어야 하며, 세 번째는 사람을 사랑하고 긍휼히 여기는 마음이 있어야 하고, 네 번째는 성경의 가르침을 잘 알고 있어야 하며, 다섯 번째는 선교현장에 대한 바른 이해를 가져야 하고, 여섯 번째는 선교가 무엇인지에 대한 바른 이해와 지식이 있어야 한다. 그리고 마지막으로 준비하고 훈련받아야 한다. 마음과 지식만으로 되는 것이 아니기 때문이다.

선교는 주님의 지상명령이다. 이 명령을 어떻게 이해하고 어떻게 실천했느냐에 따라서 세계의 역사가 달라져왔고, 앞으로 이 명령을 어떻게 이해하고 어떻게 실천하느냐에 따라서 세계 역사와 현실이 달라질 것이다. 나와 우리의 미래와 운명도 달라질 것이다. 그러므로 선교는 결코 아무렇게나 할 수 있는 일도 아니고 아무렇게나 이루어져서도 안 될 것이다. 공부하고 준비해서 선교해야 할 것이다.

이 책은 미국의 맥가브란의 선교 정의를 번안하여 필자가 5년 동안 러시아 선교현장에서 경험한 것과 10여 년 동안 선교학을 연구하며 학교에서 가르친 경험을 활용하여 선교학적으로 주석한 것이다. 선교 정의 하나를 풀어서 이렇게 한 권의 책을 만들 수 있는 나 자신에 놀란다. 하지만 맥가브란이 다시 살아서 만일 필자의 책을 읽어본다면 무슨 평가를 할지 모르겠다. 맥가브란은 인도 선교사, 미국의 복음주의 선교학자, 교회성장학의 창시자로 널리 알려진 분이다.

많은 선교 정의 가운데 왜 하필이면 맥가브란의 선교 정의인가? 첫 번째는 맥가브란 밑에서 공부한 이광순 교수의 가르침을 필자가 받았기 때문이다. 두 번째는 그의 선교 정의가 비교적 복음적이면서 통전적이며 포괄적으로 잘 되어 있다고 생각했기 때문이다. 맥가브란은 실제로 인도 선교현장에서 30년 이상 살았고, 교육학으로 박사학위를 받은 선교교육학자이기에 그의 선교 정의는 타문화권에서 선교를 시작하려는 그리스도인들에게 선교교육적으로 이해하기 쉽고 가르치기 쉬운 표현으로 되어있다. 그래서 책 제목 앞에 "타문화권 선교입문서"라는 부제를 붙였다. 타문화권 선교란 나와 다른 문화권 속으로 들어가서 친구가 되어 하나님의 사랑을 전하는 삶과 사역을 말한다. 타문화권 선교의 지혜와 원리는 비단 선교뿐만 아니라 연애, 결혼, 교육, 상담, 목회에도 활용될 수 있는 유용한 지식이다. 왜냐하면 사람과 사람의 만남은 본질상 한 문화와 다른 문화의 만남이기 때문이다. 그러므로 타문화권 선교를 배우면 복음적으로 풍성한 삶을 누리게 된다.

모든 공부의 알파와 오메가는 정의를 내리고 정의의 의미를 파악하고 기존 정의의 한계성을 깨달아 보충하는 작업이라고 생각한다. 이 책에서 말하는 선교 정의도 마찬가지이다. 이 세상에 완벽한 정의는 없다. 그럼에도 불구하고 이러한 작업은 선교에 대한 이해의 깊이를 더하며 바른 선교에 대하여 고민하며 노력할 수 있게 하는 데 유익하다고 믿기에 부족함이 많지만 이 책을 내놓는다.

종교개혁가 칼빈이 쓴 『기독교강요』는 하루 아침에 된 것이 아니다. 기독교강요 초판이 1536년에 나왔다. 그때 그의 나이 27세였다. 기독교강요 초판은 겨우 6장으로 구성되었다. 그런데 1539년에는 17장, 1550년에는 21장 그리고 1559년 최종판에는 4권 80장이 되었다. 이 최종판은 전세계 개혁교회 지도자들을 양성하는 '제네바 아카데미'의 교과서가 되었다. 필자가 이런 이야기를 하는 것은 필자가 칼빈처럼 탁월하다거나 유명해지고 싶어서가 아니라 칼빈처럼 기독교 신앙생활에 핵심이 되는 주제를 붙잡고 정의를 내리고, 끊임없이 연구 반성하고 보충 보완하려는 노력이다. 필자가 칼빈을 공부할 때 이 점이 아주 인상적이었다. 그래서 부족하지만 필자의 이해와 사상을 글로 적어 발표하고 부족하지만 대담하게 출판하는 일을 겁내지 않게 되었다.

원래 이 책은 2010년에 처음 출판되었다. 1998년 박사과정을 밟으면서 암기하고 묵상하고 깨달은 바를 메모하기 시작하여 2000년도부터 시간강사로 타문화권 선교를 강의하면서 조금씩 살이 붙어서 2010년에 마침내 책으로 출판되었다. 기존에 나온 선교학개론 서적들이 많이 있지만 많은 경우 학문적 이론적으로 편중된 느낌을 주어서 일반인들이 읽고 소화하기에는 어려움이 있었다. 그런데 이 책은 많은 경험적 사례들과 더불어 쉽게 씌어서 평신도와 청년 모임에서도 활용할 수 있는 장점을 지니고 있는 책이라고 출판된 이후 많은 독자들이 칭찬을 해주었다. 하지만 부족한 점도 알려주었다. 그리고 수업시간 필자가 이 책을 가지고 학생들을 가르치면서 미처 깨닫지 못한 많은 약점들을 발견하였다. 필자는 기회가 될 때마다 주위 사람들의 충고와 필자의 깨달음과 보충할 수 있는 자료들을 메모해 두었다. 그 결과 이전보다 조금 더 나은 모습으로 이번에 수정판을 내게 된 것이다. 앞으로 이 책의 수정판이 몇 번 더 나올지 모른다. 이 책이 많은 분들에게 널리 읽혀서 한국교회의 선교발전에 기여할 수 있기를 바란다.

2012년 2월 광나루 연구실에서

남정우

| 추천사 |

내가 만난 **작은 거인**

'작은 거인'은 내가 맥가브란(Danald A. McGavran, 1897-1990) 박사님께 붙여드린 또 하나의 이름이다. 내가 처음 만난 '작은 거인'은 키가 작고 아담한 83세의 할아버지셨다. 나는 1979년 말에 미국 남부에서 공부를 마치고 서부로 돌아와서 풀러신학교에 도착하자마자 당시 학장이신 글라서(Arthur F. Glasser) 박사를 만나러 갔는데 마침 두 어른의 방이 마주하고 있어서 함께 만났다. 글라서 박사는 맥가브란 박사님께 '한국교회의 대단한 여성 지도자'라고 나를 소개하셨다. 맥가브란 박사님은 '내가 먼저 만났다'고 하시며 다시 반갑게 맞아주셨다. 글라서 박사는 나에게 '이 분이 초대 학장이신 맥가브란 박사님이시다. 인사하라'고 정중하게 그 어른을 소개해주셨다.

'작은 거인' 맥가브란 박사는 매우 소박한 태도와 어조로 나에게 '왜 이 학교에 왔는가?' 물으셨다. 나는 주저하지 아니하고 '선교가 무엇인지? 전도가 무엇인지? 교회성장이 무엇인지? 어떻게 한국교회가 세계선교의 책무를 감당할 수 있는지? 이 모든 것을 확실하게 배우고 한국에 돌아가서 나도 그렇게 실천해보려고 왔다'라고 대답했다. 선교의 대가요 전도와 교회성장의 아버지라 불렸던 맥가브란 교수는 세 가지 말씀을

해주셨다: “What is mission all about? What is missiology all about? **‘pavnta ta; e[qnh’ ‘판타 타 에드네’”** 라고 하셨다. 그 세 가지 말씀은 내가 맥가브란 교수의 강의를 들을 때마다 반복해서 해주셨다. 그 어른은 강의실에 들어오시자마자 흑판에다 ‘pavnta ta; e[qnh’ ‘판타 타 에드네’ 라고 먼저 써두시고 첫마디가 “What is mission all about? 선교란 무엇인가? What is missiology all about? 선교학이란 무엇인가? 판타 타 에드네”였다.

‘작은 거인’ 맥가브란 박사는 단순하게 선교란 무엇인가? 즉 what is mission? 이라고 하지 아니하시고 왜 ‘what is mission *all about*?’이라고 하셨는지를 분명히 알아야 한다. 선교학의 정의 역시 ‘what is missiology *all about*?’ 그 어른의 선교학 정의는 다양성과 포괄성 그리고 통전적으로 말씀하셨다. 맥가브란 박사는 선교와 선교학의 정의를 간단하게 내리지 않았다. 맥가브란 박사가 첫번 만남에서 내게 말씀해주셨던 선교의 정의는 매우 포괄적이었다. 단순히 긴 문장으로 정의한 것만 아니라 그 내용이 단어 하나하나의 의미와 해설이 필요할 정도로 포괄적이다. 예수님의 지상명령(마 28:19)에서 ’판타 타 에드네 ‘pavnta ta; e[qnh’라는 ‘모든 족속’의 개념 정의는 오늘의 세계선교 정의의 대답으로 말씀하셨다. 그의 폭넓은 선교의 정의는 각 단어의 개념과 의미와 해설이 필요하다. 그러나 이것은 결코 쉬운 일이 아니기 때문에 가볍게 얕은 지식만으로 해설하기가 매우 어렵다.

‘작은 거인’ 맥가브란 교수의 선교 정의를 쉽게 이해하고 더 많은 사람들에게 읽히기 위해서 남정우 박사는 이야기 형식으로 ‘선교의 정의 해설집’을 펴내게 되었다. 이 책은 타문화권 선교 입문서로서 아주 재미있고 유익한 책이다. 남정우 박사는 맥가브란 교수의 선교 정의를 한 단어씩 나누고 쪼개어 분석하고 선교현장 경험과 선교신학에 비추어서 이야기하며 해석하며 설명하였다. 직접 맥가브란 교수를 만나지 못한 남정우 박사는 어렵고 힘든 연구를 오랜 시간과 정성을 바쳐서 이 해설서를 펴냈다.

남정우 박사는 일찍 군종목사로서 군 선교 사역을 하고 있을 때 구소련이 해체되고 러시아 군대에 군목제도를 새롭게 설립하는 실무를 맡아서 선교사로 파송받아 갔다. 남정우 선교사는 4년 후에 한국에 돌아와서 장로회신학대학교 대학원에서 선교신학을 전공하고 제1호 신학박사 학위를 받았다. 그래서 남정우 목사는 장신대 첫번 선교신학 박사(Th. D.) 학위를 받은 자랑스러운 우리의 첫 열매가 되었다.

'작은 거인' 맥가브란 박사는 일생동안(93세) 예수 그리스도를 구주로 믿지 않는 모든 족속에게 어떤 장벽이라도 극복하고 넘어가서 복음을 전하고 예수님의 제자로 삼는 일에 헌신하셨다. 이 책을 읽는 사람마다 맥가브란 박사의 선교가 무엇인가를 이해하고 예수 더 잘 믿고 전도 잘하는 예수쟁이가 되기를 바란다. 나는 기쁜 마음으로 이 책을 추천한다. 오직 하나님께 영광 돌린다.

Soli Deo Gloria!

이 광 순 총장
주안대학원대학교
Juan International University

| 선교 시편 1 |

어떤 희생이라도

If Jesus Christ is God
and died for me,
then no sacrifice can be too great for me to make for Him.

예수 그리스도께서 참으로 하나님이시고
참으로 나를 위해 죽으셨다면
그를 위해 바치는 어떤 희생도 지나친 것은 아니다.

C. T. Studd

| 선교 시편 2 |

선교하려는 이유

사랑해야 하기 때문이 아닙니다
도와주어야 하기 때문이 아닙니다
불쌍하기 때문도 아닙니다

선교하고자 하는 이유는
이미 받은 바 사랑이 너무 크기 때문입니다
봉사하고자 하는 이유는
내게 주신 바 은혜가 너무 많기 때문입니다

구원받기 위해서 용서하는 것이 아닙니다
인정받기 위해서 섬기려는 것이 아닙니다
용서받고 구원받은 그 감격이 너무 커서
그분에게 조금이나마 보답하려는 것입니다.

제 1 장

선교개념을 바로 세워야 한다

01 **서구에서** 위기의 선교

19세기는 '위대한 선교의 세기'였다. 과거 1,800년 동안 이루어진 선교보다 19세기 100년 동안에 이루어진 선교의 열매가 더 많았기 때문이다. 1799년까지만 해도 기독교는 서구의 종교였다. 그런데 19세기 영국, 미국의 개신교 선교사들의 자발적인 헌신으로 기독교는 남미, 태평양 군도, 아시아, 아프리카에 두루 퍼져 1910년 스코틀랜드의 수도 에딘버러에서 세계선교사대회가 열릴 때는 기독교의 세계지도가 변했다. 영어가 세계의 의사소통 도구로 부각되었다. 지난 200년 동안 서구 선교사의 80%가 영미권 선교사들이었기 때문이었다.[1)]

그런데 유럽에서 1914년에 제1차 세계대전이 터지고, 1917년 러시아에서 공산주의 혁명이 일어나고, 1939년에는 제2차 세계대전이 터짐으로 서구 기독교의 신뢰와 지도력이 붕괴되었다. 서구 기독교가 세계구원과 평화의 종교로 보이지 않게 되었다. 엄청난 인명과 재산을 빼앗아 간 제1, 2차 세계대전의 주범이 대부분 기독교 국가들이었다. 기독교 국가들끼리 각각 하나님의 이름으로 서로 미워하고 저주하며 싸웠다.[2)] 이

1) David Bosch, 『세계를 향한 증거: 선교의 신학적 이해』, 전재옥 번역 (두란노, 1993), 169.

2) 비록 소설이기는 하지만, 1차 세계대전 중에 중국 선교현장에서 벨기에 수녀, 프랑스 수녀, 독일 수녀가 서로 싸우는 모습을 보며 서구교회의 선교가 스스로 위기 속으로 빠져들어가는 과정을 확인할 수 있다. A. J. 크로닌, 『천국의 열쇠』 이윤기 옮김 (섬앤섬, 2007), 498-512.

전쟁으로 기독교는 세계에 평화를 주기보다는 갈등과 싸움과 미움과 전쟁을 강화하는 도구로 전락되었다. 이러한 모습은 세계선교에 부정적인 인상을 남겼다.

이때문에 제2차 세계대전 이후에는 선교를 받아들이던 민족과 국가들이 선교사를 파송하는 국가와 교회에 대해 거세게 항의하며 기존의 선교 방식을 재고해 줄 것을 요청하고 있다. 그도 그럴 것이 제2차 세계대전을 일으켜 전세계의 평화를 파괴하고 수많은 생명을 죽인 장본인이 대부분 기독교 국가였기 때문이다.[3] 세계평화와 생명구원의 종교라고 알려진 기독교가 제2차 세계대전으로 도덕적인 명분을 잃었기 때문에 이제 비기독교 국가 민족들은 제1세계선교사들이 와서 선교를 하면, "당신이나 잘 하시오"라고 하며 받아들이지 않는다. 선교현장의 이러한 분위기가 선교 본부에까지 파고 들어와서 이제는 '선교', '복음전도'라는 단어 대신에 '봉사', '대화', '협력'이라는 단어를 사용하고, '선교학'이라는 용어 대신에 '문화간 연구'(Intercultural Studies)라는 용어를 쓰는 신학교가 점점 많아지고 있다.

그리고 수동적으로 선교를 받던 선교현장에서도 선교에 대하여 새로운 인식이 일어나기 시작하였다. 1945년 이후 서구의 식민지배를 받던 아시아, 아프리카 민족과 국가들이 독립을 주장하면서 기독교를 적국의 종교로 간주하기 시작한 것이다. 기독교 선교는 서구 식민주의와 결탁된 종교라는 인상을 그들이 받았기 때문이다. 특별히 중국, 인도, 인도네시아에서 반선교운동이 강하게 일어났는데 그것은 그만한 역사적 경험이

3) 제2차 세계대전(1939~45)에서 죽은 전체 사망자의 수는 3,500만~6,000만 명으로 다양하게 추산된다. 그러나 제1차 세계대전과 비교할 때 상당히 적은 편이었다. 제2차 세계대전이 초래한 인명 손실과 물질적 비용을 통계적으로 측정할 수는 없다. J. G. Royde-Smith, "제2차 세계대전의 사상자."

있었기 때문이다.

19세기 중엽 영국의 무역선들이 오대양 육대주를 누비던 시절, 영국과 중국 사이에 '아편전쟁'이 일어났다. 영국 무역선들이 해외로부터 영국으로 실어간 물품 중에 영국인들을 매료시킨 것은 중국산 비단, 도자기, 중국차였다. 영국 상선들은 부지런히 이런 품목들을 실어 날랐다. 영국이 중국에 지불해야 할 무역대금이 늘어나자 '신사의 나라'라고 알려진 영국은 가장 '비신사적인' 추악한 방법으로 문제를 해결하려고 했다. 그것은 당시 영국이 지배하던 인도에서 생산된 아편을 중국에 팔아 그 돈으로 무역대금을 지불하려고 한 것이다. 영국은 엄청난 양의 아편을 중국 시장에 팔았고 중국인 중에 아편 중독자들은 늘어만 갔다(약 1천2백만 명 이상으로 추산). 중국 정부는 이런 상황을 좌시할 수 없었고 영국의 아편 판매를 막으려 했다. 그러자 영국은 무력으로 대응했고 결국 '아편전쟁'(1839-1842)이 일어났다. 이 전쟁을 위하여 영국은 군함 20척, 대포 688문, 무기선 14척을 동원하였으며 보병 1만명, 포병 약간, 수송선 30척, 병원선 9척, 측량선 1측을 중국에 파병하였다. 이 전쟁에서 영국군 52명이 죽었고 중국군은 2만명이 죽었다. 그 당시 중국은 무기가 없었고 전쟁의 경험도 없었으며 영국에 대항하여 전쟁할 아무런 대안이 없었다. 결국 영국이 요구하는대로 중국은 1842년 7월 29일 남경조약을 맺었다. 말이 조약이지 사실은 항복이었다. 이때 선교사들은 영국 편에서 유리하게 조약문을 영문과 중국어로 작성하였다. ① 홍콩을 이양하라. ② 광주, 복주, 영파, 하문, 상해에 무역을 개방하고 영국인의 거주권을 준다. ③ 영국인은 영국인이 재판한다. ④ 중국은 4년 전에 압수한 아편 2만 상자에 대하여 600만 불을 배상하라. ⑤ 전쟁비용 1500만 불을 배상하라. ⑥ 선교의 자유와 5개 지역에 교회를 세우게 하라.

이렇게 남경조약으로 중국의 기독교 선교가 본격적으로 시작되었다. 하지만 중국 사람의 시각으로 보면, 기독교가 중국에 들어오게 된 결정적 계기는 '아편전쟁' 때문이었다. 의식 있는 중국인들이 기독교를 선뜻 받아들이기 어려운 이유가 여기에 있었다. 아편전쟁 이후 서구교회들은 중국선교에 집중했다. 그러나 오늘날 중국 기독교인 수는 3~4%에 머무르고 있다. 아편전쟁과 영국교회의 선교는 지금까지 중국을 선교하는데 치명적인 오점이 되고 있다. 중국 지성인들이 보기에 기독교의 선교는 영국 식민주의의 도구였다. 이러한 역사적인 경험은 중국인들로 하여금 두고두고 기독교 선교사들을 의심하고 미워하게 만들었다.

인도에서도 비슷한 현상이 일어났다. 1857년 인도에서 '세포이 반란'(Sepoy Rebellion)이 일어났다. 17세기부터 영국은 '영국 동인도회사'를 설립해 인도를 식민지화하고 지배했다. 19세기에 들어와서 영국의 인도에 대한 제국주의 정책은 더욱 강화되었고 수탈과 탄압이 심해졌다. 이에 견디지 못한 인도 군인(세포이)들이 영국통치에 반기를 들고 반란을 일으켰다. 영국 측에서 보면 '반란'이었으나 인도인의 시각에서 보면 '독립운동'이었다. 세포이 반란 때 많은 영국인들이 희생당했다. 그런데 놀라운 것은 많은 인도 사람들도 죽임을 당했다. 왜 세포이들은 동족 인도 사람들을 죽였을까? 세포이들은 기독교로 개종한 인도 사람들을 죽였다. 인도 사람이 어떻게 '정복자' 영국인들의 종교(기독교)로 개종할 수 있느냐 하는 이유였다. 수많은 영국 선교사들이 백년이 넘게 선교하고 있지만 인도의 크리스찬은 2%에 불과하다.

인도네시아의 경우는 어떤한가? 오늘날 전세계에서 단일국가로서는 가장 많은 이슬람교도를 갖고 있는 나라는 '인도네시아'이다. 1600년대부터 네덜란드는 인도네시아에 진출하여 경제권을 장악했고 19세기에 들어와서는 완전히 식민지화했다. 1950년 인도네시아가 독립할 때까지 네덜란드 교회는 인도네시아 선교에 열을 올렸다. 그러나 오늘날 인도네시아 2억4천만 명 인구의 86%가 무슬림이 되었다. 자존심 강한 인도네시아 사람들은 '정복자'의 종교를 받아들이기 거부한 것이다. 이러한 기독교 선교의 실패의 역사는 아프리카의 여러 나라들, 남미의 곳곳에서도 쉽게 찾을 수가 있다.

이러한 세계선교 역사의 맥락에서 보면 한국교회는 분명히 복받은 교회이다. 기독교는 이 땅에 '식민지배자의 종교'가 아니라 '민족 해방의 복음'으로 들어왔다. 복음이 일본에서 들어왔더라면 이유 불문하고 기독교를 배척했을 것이다. 그런데 참 다행스럽게도 기독교가 식민지배와 아무 관계가 없는 미국에서 들어왔다. 미국에서 들어온 기독교는 한국인들의 민족운동과 독립운동을 음으로 양으로 지원했다. 초기 선교사들이 세운 기독교 학교들은 수많은 민족 선각자와 애국자들을 배출해냈다. 그리고 일제치하에서 교회는 애국운동의 중심이요, 독립운동의 주역을 감당했다. 일제하에서 찬송가 580장 "삼천리 반도 금수강산…일하러 가세 일하러 가…"는 독립운동을 고취하는 노래였기에 일제는 이 찬송가를 금지시켰다.

하지만 중국, 인도, 인도네시아, 베트남 등지에서는 식민지배 국가로부터 기독교가 들어오는 바람에 기독교 선교는 오해를 받을 수밖에 없었고 배척의 대상이 되었다. 그러므로 제2차 세계대전 이후 아시아 아프리카 대부분의 국가와 민족은 독립운동을 전개하면서 그들의 옛 종교인 불교, 유교, 이슬람의 재건운동을 일으키면서 반(反)기독교운동, 반(anti)선교운동을 동시에 펼쳐 나갔다. 기독교를 전파하는 선교사들은 축출 대상으로 여겨졌고 선교사들에게 협조하는 사람들은 반민족주의자들로 의심받았다. 그러니 선교하는 일은 환영받지 못하는 일이 되었으며 선교사들은 제도적 · 사회적 · 정서적으로 많은 장애물을 경험하게 되었다.

2차 세계대전 이전까지는 제1세계를 제외한 나머지 세계의 99.5%가 서구의 식민지였다. 그런데 이 식민지 가운데 99.5%가 1969년까지 독립을 했다.[4] 세계의 이러한 변화로 인해 선교활동은 부정적인 것으로 간주되었다. 제3세계 민족주의자들과 지성인들은 서구교회의 선교를 식민지배의 도구로 규정하고 민족자주독립을 방해하는 사상으로 간주해 반(反)기독교운동, 반(反)선교운동을 주도했다.

동시에 서구교회 내부에서도 19세기의 확장주의적이고 승리주의적인 선교방식에 대해 반성하며, 선포와 전도와 교회개척의 방식이 아닌 섬김과 대화와 공존의 방식으로 선교해야 한다는 목소리가 점점 강해지기 시작했다.

이 시기에 서구에서 선교의 위기와 혼란을 대변하는 네 권의 책이 있다. 이 네 권의 책은 모두 1964년에 선교학자들에 의하여 쓰여졌다.[5] 첫째는 오차드(R. K. Orchard)가 쓴 "시련기에 있는 선교"(Mission in a Time of Testing)이고, 둘째는 제임스 쉐러(James A. Scherer)가 쓴 "선교사여, 고국에 돌아가라!"(Missionary, Go Home!), 셋째는 랄프 도지(Ralph Dodge)가 쓴 "인기 없는 선교사"(The unpopular Missionary), 마지막은 존 카르텐(John Carden)이 쓴 "추한 선교사"(The ugly Missionary)이다. 이러한 책이 공통적으로 말하는 바는 '기존의 서구 선교를 반성하자'는 것이다.

이와 동시에 1960년대부터 영국, 독일, 프랑스, 미국 등과 같은 기독교 국가에서는 내부적으로 다양한 형태로 종교다원주의(Religious Pluralism), 세속주의(Secularism), 상대주의(Relativism) 및 타종교 세력이 무서운 속도로

4) 안승오 · 박보경, 『현대 선교학 개론』 (대한기독교서회, 2008), 291.

5) 데이비드 보쉬, 『변화하고 있는 선교』 (기독교문서선교회, 2000), 24-25.

확산됨에 따라서 선교에 대한 기존의 이해 방식에 변화가 생겨났다. 이에 따라서 선교에 대한 수많은 정의가 등장하게 되었는데 지금은 거의 모든 것이 다 선교인 것처럼 되어버렸다. 홍수가 나면 정작 마실 물이 더 귀해지는 것처럼 선교의 홍수 시대를 맞이해 올바르고 책임 있는 선교는 더욱 어려워지고 있는 것이다. 그런가 하면 포스터모더니즘의 영향으로 다종교사회로 변하고 다원주의적 사회생활 분위기가 지배하게 된 선교본부에서는 '선교란 무엇인가'에 대해 너무나 다양한 의견과 해석이 나옴으로써 선교개념이 혼란에 빠져 책임 있는 선교를 수행하기가 점점 어려워지고 있다.

02 한국에서 혼란스러운 선교

필자가 신학교에서 선교학을 가르칠 때 학생들에게 "선교란 무엇이라고 생각하는가?" 물어보면 정말 여러 가지 대답이 나온다. 어떤 학생은 "선교는 돈입니다."라고 대답했다. "현실적으로 돈 없이 선교가 되겠느냐?"고 그 이유를 덧붙였다. 어떤 학생은 "선교는 자기 희생입니다." "선교는 상황화입니다." "선교는 섬김입니다." "선교는 복음을 전해 교회를 세우는 것입니다." "선교는 사회 참여입니다." "선교는 제자 양육입니다." "선교는 하나님 나라 운동입니다." "선교는 영적인 전쟁입니다." "선교는 경쟁입니다." "선교는 함께 사는 것입니다." "선교는 사랑입니다." "선교는 성육신적 사역입니다." "선교는 친구가 되는 것입니다." 등 정말 다양한 대답이 나온다. 이러한 현상은 비단 신학생들 사이에서만 생기는 일이 아니다. 교회 지도자, 선교단체 지도자, 선교사, 평신도들 사이에도 생겨나고 있다. 그래서 100사람에게 선교가 무엇이냐고 물어보면 100가지 대답이 나오는 현실이 되었다.

그런가 하면 '선교회'라는 단어를 무분별하게 붙인다. 별의별 모임을 다 '선교회'라고 부른다. 단순히 지역별로 모이는 친교 수준의 모임도 선교회라 부르고 교단정치 모임도 ○○○○선교회라고 하고, 심지어는 계모임이나 동창회 모임도 ○○○선교회라 부른다. 선교라는 용어가 무분별하게 순수하지 못하게 사용됨으로 그 의미가 퇴색하고 있다.

오늘날 한국교회의 선교열정은 대단하다. 한국 선교사 수의 공식 통계는 1979년 93명으로 시작되었다. 이후 1988년 선교사 파송이 540명이 되면서 선교사 파송국가 54위가 되었다.[6] 올림픽 이후 1990년대부터는 매년 몇 천명씩 늘어나면서 급격한 성장세를 보였다. 그리고 2009년 한국교회 선교사 파송 규모는 21,735명으로 집계되면서 선교사 파송국가 2위가 되었다. 한국 선교사의 숫자가 불과 30년(1979-2009) 만에 275배로 급성장한 것이다. 한국세계선교협의회(KWMA)는 2030년까지 전세계에 10만 명의 한국 선교사를 파송할 계획을 세우고 의욕적으로 선교 동원 전략을 수립 실천하고 있다. 여기에는 3년 이상 사역하는 장기 선교사들만 포함된다.

이러한 급성장은 한국선교가 '오직 선교열정으로, 오직 하나님의 선교명령을 따라, 어디든지 가오리다'는 헌신의 결과다. 계속하여 한국선교는 더 많은 선교사를 현장에 파송하기 위하여 "TARGET 2030, 10만명 선교사 파송운동", "MT2020 자비량 100만명 파송운동"을 벌이고 있다. 이렇게 한국선교가 지속적이며 놀라운 사역의 결과들을 선교현장에 내어놓는 것을 보고 엔드류 웰스(Andrew F. Walls)는 "이 세상 어느 교회가 한국교회처럼 기독교 복음전파를 위해 철저하게 자신을 헌신했던가?"라는 질문을 던지고 있다.[7] 한국교회의 이러한 선교열정은 독일이나 영국이나 미국에서도 정말 찾아보기 힘든 열정이다. 가히 '오늘날 한국교회에서는 선교의 홍수 시대가 이루어지고 있다'라고 할만하다.

그러나 홍수 때에 정작 마실 물이 귀하다는 말처럼 한국교회와 그리

---

6)『2011~2012 한국세계선교 총람』(한국세계선교협의회, 2011), 25.

7) Andrew F. Walls, "Rethinking Mission: New Direction For A New Century,"『선교와 신학』 제8집 (장로회신학대학교 출판부, 2001), 번역: "선교의 재고: 새로운 세기를 위한 선교의 새로운 방향," 265.

스도인은 선교를 무비판적으로 남용하고 있다.[8] 선교라는 이름으로 탁류와 소용돌이를 일으키는 일이 많아 깨끗하고 바른 선교를 보지 못하는 경우가 많다. 아무나 선교사가 될 수 있는 것처럼 생각하거나 교회나 노회에서 비윤리적 문제를 일으킨 목사의 해결책으로 선교사로 내보내자는 것이나 흔히 교회에서 선교열정과 헌신을 고취하기 위해 사용하는 "가든지 보내든지! 가는 선교사, 보내는 선교사!"라는 선동적인 구호 등 선교를 위태롭게 하는 행태가 곰팡이처럼 번지고 있다. 참으로 유감스러운 일이다. 그리고 방학기간 중에 1주일 정도 선교지를 여행하고 탐방하는 것을 소위 '단기 선교'라고 부르면서 선교의 개념을 오염시키고 있다.[9] 실제 선교사로 나가는 것은 보내는 선교사와는 전혀 다르다. 과연 우리는 '선교사로 타문화권에 나가서 살고 사역하는 것'을 어떻게 이해해야 할 것인지 성서적, 신학적, 역사적, 문화적 차원에서 심도 있게 논의해야 한다. 이러한 논의는 일부 학자들의 몫만 아니라 선교사와 교회 온 성도들이 참여하고 함께 해야 할 과제다.

한국선교의 대중화를 가져온 주요 요인은 비전트립이다. 88올림픽 이후 주로 방학을 이용하여 1-2주일 동안 선교지를 다녀오는 비전트립의 인구가 증가하더니 2010년부터는 매년 10만여 명이 비전트립을 다녀오고 있다. 이전에는 주로 청년들이 비전트립에 참여하였으나 지금은 40-50대 직장인들도 휴가를 이용하여 비전트립에 참여하고, 심지어는 초중고 학생들도 비전트립에 참여하고 있다. 그리고 최근에 베이비부머 세대가 직장에서 은퇴하는 인구가 늘어남에 따라서 '시니어 선교사 학교'가 증가하고 있다. 5천년 역사 가운데서 한국교회는 해외선교의 최전성

8) 김영동, "선교인프라 구축(인선에서 은퇴까지)," 『명성선교사랑방』 (1) (명성교회 선교연구원, 2010), 16.

9) 방학 중에 1주일 정도 선교지를 여행하고 탐방하는 것은 '선교 비전트립'이라고 부르는 것이 적절할 것이다.

기를 맞이하고 있다.

그런가 하면 외국인 근로자들과 다문화가정의 증가로 인하여 국내에서 다문화선교 운동이 급성장하고 있다. 굳이 외국에 나가지 않아도 2011년 기준으로 이미 국내에 들어와 살고 있는 다문화 이주민 130여 만 명(노동자, 결혼이민자, 유학생, 탈북자 등)에게 관심과 사랑을 가지고 선교해야 한다는 목소리가 커지고 있다. 자기 발로 찾아온 다문화 이주민들에 대한 선교는 기존의 선교개념과 사역의 패러다임에 대하여 변화를 요청하고 있다.

최근에 한국에서 대중적으로 선교개념에 대하여 심각한 질문을 던지게 된 계기는 2007년 아프가니스탄 탈레반 인질사건 때문이다. 이 사건 직후 언론대중매체와 인터넷을 통한 태풍이 몰고오는 성난 파도 같은 반기독교적인 비아냥거림과 비판, 무차별적인 반기독교운동과 선동, 선교를 둘러싼 논쟁은 궁극적으로 "과연 선교란 무엇인가?"라는 문제제기와 함께 바른 선교신학에 대한 이해를 시급히 요청하고 있다. 이러한 사태 속에서 한국교회는 정신을 바짝 차려야 한다. 좌로나 우로나 치우치지 아니해야 한다. 한국 기독교가 몰반성적 공격적 선교를 강행하는 것도 지혜롭지 못하지만, 그와 반대로 선교기피증 내지 전면적인 선교중단을 주장하는 것도 바람직하지 않다. 이 시점에서 가장 필요한 것이 선교에 대한 바른 이해이다.

03 **선교란** 무엇인가?

우선 선교와 전도 관계성에 대해서 생각해보자. 한때 전도는 지리적으로 가까운 국내에서 복음을 전하는 활동이며, 선교는 멀리 외국에 나가서 이방인들에게 복음을 전하는 활동이라고 생각하는 이들이 있었다. 그렇다면 오늘날 국내에서 이루어지는 학원선교, 군선교, 교도소선교는 왜 전도라는 말을 쓰지 않고 선교라는 말을 쓰는가? 한때 어떤 이들은 전도란 '더 이상 기독교인이 아닌 자들에게'(no-more-Christians) 복음을 전하는 활동이고, 선교란 '아직 기독교인이 아닌 자들에게'(not-yet-Christians) 복음을 전하는 활동이라고 생각했다. '더 이상 기독교인이 아닌 자들'이란 주로 '서구에 살고 있으면서 기독교인이 아닌 사람들'을 의미했고, '아직 기독교인이 아닌 자들'이란 대개 제3세계 사람들을 의미했다. 그러나 지금은 서구지역이 오히려 선교지로 간주되고 있다. 특별히 1963년 WCC 산하 세계선교와 전도위원회(CWME)가 '6대륙 선교'시대를 선언한 이후 서구는 기독교 지역이고 제3세계는 선교 대상지역이라는 구분법이 더 이상 옳지 않다는 의견이 선교학계에 널리 받아들여지고 있다. 오늘날 '전도' '선교' '증거'라는 세 가지 표현은 일반적으로 바꾸어 쓸 수 있을 정도로 사실상 거의 동일 개념으로 사용되고 있다.

그럼 전도와 선교는 똑같은 것인가? 그렇지는 않다. 존 스토트는 '선교=전도+사회참여, 전도=선교−사회참여'라고 정의하였다.[10] 이러한 견해에 대하여 보쉬는 그 약점을 지적하며 전도와 선교의 관계를 재정의

10) 존 스토트, 『현대를 사는 그리스도인』, 한화룡 · 정옥배 옮김 (IVP, 1993), 431-436.

하기를 '전도와 선교는 서로 분리될 수 없다. 전도는 선교의 본질적 차원이다. 선교는 전도보다 더 포괄적이다'라고 하였다.[11] 선교가 복음선포를 핵심으로 삼는 동시에 복음선포보다 훨씬 더 광범위하다는 사실이 예수님 자신의 선교사명 이해에서 잘 증거된다. "주의 성령이 내게 임하셨으니 이는 가난한 자에게 복음을 전하게 하시려고 내게 기름을 부으시고 나를 보내사 포로된 자에게 자유를 눈 먼 자에게 다시 보게 함을 전파하며 눌린 자를 자유케 하고 주의 은혜의 해를 전파하게 하려 하심이라" (눅 4:18-19). 세계를 위한 이러한 예수의 선교를 제대로 감당하기 위해서는 교회가 인종적 문화적 지리적 종교적 이념적 그리고 사회계급적 경계선을 넘어서야 한다. 그리고 복음진리를 포괄적(통전적)으로 적용하면서 불신앙, 착취, 차별과 폭력에 항거하며 동시에 구원, 치유, 해방, 화해와 공의에 대하여 겸손한 종의 모습으로 말과 행위와 인격을 통하여 증거할 때 선교가 이루어진다.

세상이 아무리 어렵고 혼란스러워도 선교는 주님 재림하실 때까지 계속되어야 할 중대한 일이다. 21세기를 살아가는 우리는 주님의 지상명령에 순종해 세계선교를 바르고 힘있게 해나가기 원한다. 모든 민족에게 복음을 전하는 것이 하나님의 가장 큰 관심이며 가장 큰 기쁨이기 때문이다. 우리 하나님은 선교적인 하나님이시다(Our God is the Missionary God). 하나님은 이스라엘 민족 안에만 갇혀 계시기를 원하지 않으셨다. 하나님은 교회 안에만 계시기를 원하지 않으신다. 하나님은 모든 나라 모든 백성에게 알려지기를 원하시고 영광과 찬양과 예배를 받으시기 원하는 하나님이시다.

---

11) 데이비드 보쉬, 『세계를 향한 증거』, 전재옥 옮김 (두란노, 1993), 29-33.

그런데 이 세상에는 아직 복음을 한번도 들어보지 못한 사람이 20억 명이 넘는다. 하나님은 영적인 어두움과 세상의 불의 가운데서 고통당하는 사람들을 불쌍히 여기시며 구원하기를 간절히 원하신다. 선교는 하나님이 가장 기뻐하시는 일이다. 그러나 이 시대에 선교하기가 쉽지 않음을 느낀다. 그 원인을 생각해본다면, 모라토리움(선교유예, 일시중지)과 같은 주장을 하는 선교현장의 도전과 다원주의에 빠진 선교 본부의 혼란과 윤리적 실패로 인한 우리 자신의 부끄러움 때문으로 보인다. 요즘 선교현장에 나가서 복음을 전하려 하면 많은 경우 사람들이 경계를 하고 부정적인 태도를 보인다. 제3세계(다수 세계)에서는 많은 경우 '선교'(mission), '선교사'(missionary)라는 단어에 대해 부정적인 인상을 가지고 있다. 그들은 '선교사는 우리 문화와 전통 그리고 우리 공동체를 붕괴시키는 사람이며 서구 제국주의의 앞잡이'라고 생각한다. 심지어는 스파이라고 생각하기도 한다. '우리가 야만인인가? 선교사는 아프리카 정글 속에 사는 야만인들에게 가서 일해야지, 왜 오래된 문화와 전통을 가진 이곳에 와서 다른 종교를 전하려 하는가?'하고 불쾌하게 생각하기도 한다.

이렇게 달라진 상황 가운데서 선교란 무엇인가 선교란 무엇이어야 하는가 질문해 보고 선교개념을 적절하게 정립하는 일은 매우 중요한 일이라고 생각된다. 미국의 선교신학자 맥가브란(D. McGavran) 박사는 "우리가 선교신학 연구를 시작하기에 앞서 반드시 해야 할 일이 있는데, 그것은 '선교란 무엇인가?'라는 명제에 대한 정의를 내리는 것이다. 만일 그렇지 아니하면 모든 것이 다 선교가 될 수도 있고 때로는 아무것도 선교라고 할 수 없는 지경이 될 것이다."라고 했다.[12)]

12) 참고: 아더 글라서 · 도날드 맥가브란, 고환규 역, 『현대선교신학』(성광문화사, 1985), 27-28.

우리는 선교 계획이나 선교 토론이나 선교사역을 하기 전에 먼저 '선교'에 대해서 정확하게 정의를 내려야 한다. 만일 그렇지 않으면 같은 용어를 사용하면서도 의미하는 바와 의도하는 바가 서로 달라서 혼란에 빠질 수 있기 때문이다. 특별히 현대 사회 상황과 선교 상황이 너무나 다양하기 때문에 다양한 관점에 따라서 저마다 선교를 정의하고 각자 자기 소견에 옳은대로 행하려고 하는 경향성이 아주 강하기 때문에 선교개념에 대한 기본적인 합의가 없이 선교 토론이나 선교 협력을 추진하면 어려움에 빠진다.

그러므로 우리는 자신의 불완전함을 정직하게 인정하면서도 제한되고 구체적인 선교 정의를 필요로 한다. 왜냐하면 선교에 대한 분명한 개념 정의를 가지고 있지 않으면, 선교의 이름으로 행해지는 다양하고 복잡한 사역들 가운데서 선교인 것과 선교가 아닌 것을 분별할 수 없다. 또한 진행되고 있는 선교를 객관적으로 진단하는 일도, 진행된 선교사역을 평가하는 일도 할 수 없기 때문이다. 그렇게 되면 선교는 항상 구호에 그치고 제자리 걸음만 할 뿐 전진할 수 없을 것이다. 선교의 올바른 방향, 구체적인 방향을 잡아 나갈 수도 없게 될 것이다. 그러므로 우리는 불완전하지만 분명한 선교개념의 정의가 필요하다. 앞에서도 언급했지만 선교개념의 정의가 필요한 이유는 세 가지이다. ① 정의(定義)가 분명해야 선교인 것과 아닌 것을 구분할 수 있게 된다. ② 선교사역의 바른 방향을 좇아갈 수 있다. ③ 이루어진 선교사역을 올바르게 평가할 수 있기 때문이다.

이제 선교는 어느 한 교회와 교단이나 선교회의 전유물이 아니다. 특별한 선교사의 전유물도 아니다. 선교는 모든 하나님의 백성의 공동의 증거와 협력을 통해 실행되어야 할 사역으로 인식되고 있다.[13] 현대 선교는 다원화 사회에서 상호 대립하거나 일견 모순되는 다양한 주장과 이론 사이의 균형감각과 창조적 긴장의 태도를 요청한다. 어떤 이론이나 주장도 인간의 한계성과 연약함 때문에 완전하지 못하다고 하면 환원주의나 축소주의라는 비판을 받게 되고, 상호 대립하는 주장에 피곤하여 다 그만두자는 식으로 나간다면 양비론(兩非論)에 빠지게 될 것이다. 좀 피곤하더라도 자연과 은총, 계시와 이성, 신앙과 생활, 복음과 문화, 복음주의와 에큐메니즘, 선교열정과 선교에 대한 비판적 고찰과 소명과 헌신 등 상반되는 입장과 의견에 성실하게 귀를 기울이며 제대로 된 선교개념을 찾는 노력을 계속해야 한다. 왜냐? 선교는 그만큼 중요한 일이며 가치 있는 일이기 때문이다.

선교란 무엇인가? 이 정의가 어떻게 내려지느냐에 따라서 선교의 이론 확립, 곧 선교신학 그 자체는 물론이거니와 선교의 실제적 활동과 실천, 곧 선교사의 파송에도 주요 변수로 적용될 것이다. 미국의 선교학자 맥가브란은 "주류 교단들과 역사가 오랜 선교회 측에서는 '선교'라는 용어 자체에 대한 점차 확산되는 혼돈 때문에 선교사 파송에 엄청난 쇠퇴가 왔다."고 했다.[14]

선교란 무엇인가? 분명한 정의(定義)를 내리는 것이 중요하다. 분명하게 정의를 내리는 것이 간단한 일은 아니지만 그래도 정의를 내려야 '선교인 것'과 '선교 아닌 것'을 분별할 수 있기 때문이다.

---

13) 김영동, "선교 인프라 구축," 16.

14) 위의 글.

성경에는 '선교'라는 단어가 나오지 않는다. 대신에 '보내다'(파송하다)라는 단어는 여러 군데 나오는데 여기서 '선교'라는 개념이 만들어졌다. 신약성서에서 '보내다'에 해당하는 동사는 pempein 혹은 apostelein인데 펨페인은 80회, 아포스톨레인은 135회 나온다. 아포스톨레인은 '특정 목적의 성취를 위해 떠나보낸다'는 뉘앙스를 가지고 있고, 펨페인은 '소통과 화해를 위해 떠나보낸다'는 의미가 담겨있다. '보냄을 받은 자'에 해당하는 헬라어 단어는 아포스톨로스(apostolos)인데 79번 나오며, '사도의 과제' 혹은 '선교'에 해당하는 헬라어 아포스톨레(apostole)는 4번 나온다.[15]

그러나 보냄을 받았다고 모두 다 선교사가 되고, 보냄을 받은 일이라고 모두 다 선교사역이 되는 것은 아니다. 선교, 선교사의 성경적 의미는 요한복음 20장 21절 하반부에 나오는 "보낸다"는 단어의 의미 속에서 정확하게 발견된다. 예수께서 말씀하셨다. "아버지께서 나를 보내신 것 같이 나도 너희를 보내노라"라고. 예수 그리스도는 하나님 아버지께서 자신을 '보내셨다'는 것을 사복음서에 걸쳐서 42번 강조하고 있다. 여기서 선교사(Missionary)의 의미가 자연스럽게 드러나는데, 선교사란 '아버지 하나님에 의하여 예수가 보냄을 받아 아버지 하나님의 뜻을 전하고 이룬 것처럼 예수 그리스도에 의하여 (교회나 선교단체를 통하여) 보냄을 받아 예수 그리스도의 교훈과 뜻을 전하고 성취하는 자'라고 할 수 있다. 주후 1세기에는 이런 선교사들을 '사도'(apostle)라고 불렀다.

사도란 헬라어로서 "파송하다, 내보내다"에서 파생된 단어이다. 기

15) David J. Bosch, "Reflections on Biblical Models of Mission," James M. Phillips, Robert T. Coote, eds. *Toward the twenty-first century in christian mission: essays in honor of Gerald H. Anderson* (Grand Rapids: Eerdmans , 1993), 177.

독교에서 이 용어는 두가지 의미로 사용된다. 하나는 교회사 처음 시대의 특정 인물들에 국한되는 경우이며, 또 다른 의미는 복음전도자의 자격을 부각시켜 표현하는 경우이다.[16] 그러나 사람들은 사도의 의미를 유대교 및 구약적 배경에서 끌어내어 보려고 시도하였으며 이러한 시도는 상당히 중요한 의미를 가져다 주었다. 성서학자 제롬(Jerome, 347–420)은 처음으로 유대교와 기독교의 사도들 사이에 있는 유사성에 주목하였다. 4C의 다른 증거들 즉 교회 교부들의 문헌들, 유대교회의 비문들 그리고 데오도시우스 법전 등에서는 유대교의 사절로 임명된 예루살렘 장로들을 사도라고 부르고 있는데, 그들은 특별히 랍비 계급을 지원할 세금을 걷기 위하여 디아스포라에 파견된 사람들이었다. 이들은 보통 짝을 지어 다니면서 때로는 회당에서 설교하거나 가르치기도 했다. 그러나 그들이 예루살렘에 돌아오면 임무는 끝났다. 이러한 대리인을 가리키는 랍비적 용어(미쉬나)는 샬리아흐(Shaliah, שליח, 복수는 Sheluhim– שלוחים)였다.[17] 이런 사람들은 개인 혹은 법정이나 회당과 같은 단체를 대표했으며 그 임무는 그들의 임명 조건에 따라 법적 문서의 송달, 모금, 특별히 달력과 절기에 관한 지시사항 전달 등이었다.[18] 구약에서는 4명의 특별한 인물들 즉 모세, 엘리야, 엘리사, 에스겔을 하나님을 대신하여 기적을 행할 권능을 받은 하나님의 대리인(대사)이라는 의미에서 '샬리아흐'라고 부르고 있다.[19]

예수는 아버지 하나님으로부터 보냄을 받은 사도였으며 선교사였다.

---

16)「기독교대백과사전」(서울: 기독교문사, 1981), s.v. "사도."

17) 어근은 샬라흐(שלח)이다. 뜻은 "보내다, 파송하다"이다. 과거분사형이 되면 "샬루아흐"이고 이것이 신약성경에서는 "아포스텔레인(αποστελλειν)", "에케테이노(εκετεινω)"로 번역되었는데 뜻은 "보냄을 받은 자", "사도"이다.

18)「기독교대백과사전」(서울: 기독교문사, 1981), s.v. "사도."

19) 위의 책.

사도들은 예수로부터 보냄을 받은 선교사들이었다.[20] 그런데 교회사적으로 선교사(missionary)라는 단어가 널리 사용된 것은 13세기 서구 수도원에서였다. 그때 '선교사'의 의미는 '수도원이 아니라 세상 한가운데서 사도의 생활과 사역을 하라고 보냄을 받은 자'라는 뜻을 지니고 있었다. 수도원에서만 생활하던 수도사들이 세상 속으로 들어가서 사도들의 생활과 사역, 즉 예수의 고난과 부활을 증거하는 일을 위해 세속사회 속으로 파송받은 자들을 중세시대에 선교사라고 불렀던 것이다.

그런데 16, 17세기부터는 그 의미가 달라졌다. 주로 로마가톨릭교회가 없는 지역에 복음을 전하기 위해서 파송받은 사람들을 선교사라고 불렀다. 이후 개신교가 이러한 의미를 그대로 받아들여 개신교회가 없는 지역에 복음을 전파하기 위해 보냄을 받은 사람들을 '선교사'라고 불렀다. 즉 기독교회가 없는 지역에 기독교회를 세우기 위해 교회나 선교단체로부터 파송받은 사람들을 선교사라고 부른 것이 선교사 개념으로 널리 자리잡게 되었다.

선교사는 아무나 되는 것이 아니다. 소명 중의 소명을 받은 자이다. "선교사는 준비된 제자로서 하나님의 능력으로 하나님 나라를 위하여 사람들을 제자 삼기 위하여 세상에 파송된 자들이다. 선교사는 소명 중의 소명을 받은 사람들이다. 선교사는 하나님으로부터 소명을 받아 타문화권에 가서 성령의 능력으로 선교사역을 하는 예수 그리스도의 제자이다."[21]

---

20) 이와 같은 성서적 사도 개념이 확대되어 어느 지방 또는 나라에 처음으로 복음을 전하는 사람도 사도라 불리는데, 예를 들어 보니파스는 독일인의 사도, 자비엘은 동양의 사도라고 흔히 불린다. 「동아대백과사전」 (서울: 동아출판사, 1983), s.v. "사도."

21) 김영동, "선교인프라 구축(인선에서 은퇴까지)," 『명성선교사랑방』 (1) (명성교회 선교연구원, 2010), 24.

선교란 무엇인가? 선교학자들 사이에서도 정의가 다양하다.[22] 크게 독일어권과 영어권으로 나누어 살펴보자.

19세기 구라파 선교신학에 막대한 영향을 끼친 구스타프 바르넥(G. Warneck)은 "선교란 교회개척이다. 즉 기독교 선교의 관점에서 비기독교 지역에 교회를 개척하고 조직함으로 기독교화하는 사역이다."라고 정의하였다. 19세기에 조직신학자로서 최초로 선교에 대하여 깊이 연구했으며 '신학과 교회는 선교의 산물이다. 선교는 신학의 어머니이다.'라는 유명한 말을 남긴 독일 신학자 마틴 켈러(M. Kaler)는 "선교란 복음선포 사역이다. 즉 온 세상에 제한 없이 '회개하라'는 하나님의 명령을 수행하며 복음을 선포할 목적으로 기독교를 확산시키는 것이다."라고 하였다. 20세기 최고의 신학자로 칭송받는 독일의 칼 바르트는 "선교란 보내는 것을 뜻한다. 복음을 증거할 목적으로 모든 민족에게 파송되는 것이다. 이 파송은 그리스도인들의 존재 증거이며 동시에 그리스도인들이 가진 사명의 기초이다."라고 했다. 1960년대 WCC를 중심으로 왕성한 활동을 한 네델란드 선교신학자 호켄다이크는 "선교란 선포이며 교제이며 봉사이다. 선포란 그리스도의 현존으로 인해 이 땅에 평화가 이미 도래했음을 선포하는 것이요, 교제란 사람들 가운데 나타나 있는 평화를 표현함이며, 봉사란 겸손한 봉사의 언어를 말한다."라고 하였다. 독일 선교학 사전(1986)에는 "선교란 다른 신앙을 가진 자를 회개케 하기 위한 목적으로 믿음을 논리적으로 선포하는 것이다."라고 정의하였다.

20세기 최고 선교신학자로 인정받는 남아공 출신의 데이비드 보쉬(David Bosch)는 "선교란 교회가 섬기는 자의 모습으로 모든 경계선을 넘어

22) 참고: 박영환, 『핵심 선교학 개론』(도서출판 바울, 2003), 15-17.

가는 것이며 하나님이 자신의 교회를 파송하여 세상 속에서 행하게 하신 사역의 총체이다."라고 정의했다. 인도에서 30년 넘게 선교사로 헌신하고 선교역사학자로 명성을 날린 영국성공회의 스티븐 니일(Steven Neil)은 "선교란 복음을 선포하기 위하여 교회가 의도적으로 경계선들을 넘어 교회 없는 지역으로 들어가서 말과 행위로 행하는 모든 사역이다."라고 정의했다. 페루 태생의 입지전적인 신학자로 1974년 로잔 세계복음화대회에서 핵심적인 역할을 주도했던 사무엘 에스코바(Samuel Escobar)는 "선교란 예수에게로 회심하게 하는 것이다. 선교는 대중을 불쌍히 여기며 생명을 위한 떡을 가지고 그들을 먹이기 위한 명백하고 의도적인 섬김의 행위이다."라고 했다. 미국 시카고 가톨릭연합신학교 교수인 스티븐 베반스와 로저 슈레더는 "선교란 삼위일체 하나님의 선교에의 참여이며, 하나님 나라의 해방하는 활동이고, 예수 그리스도를 보편적 구원자로 선포하는 것이며 그리고 예언자적 대화이다."라고 했다. 미국의 풀러신학교에서 가르치는 밴 엥겐(Charles Van Engen)은 "선교는 하나님의 백성들이 의도적으로 교회 안에서 교회 밖으로, 신앙에서 불신앙으로 장벽을 넘어서 말씀과 행동으로 예수 그리스도 안에서의 하나님 나라의 도래를 선포하는 것이다. 이 과업은 성령의 사역에 의해 예수 그리스도 안에서 하나님 나라의 도래의 표지로서 세상의 변화를 바라보는 것과 더불어 사람들을 하나님과 그들 자신과 다른 사람들과 그리고 세상과 화해시키고 예수 그리스도 안에서 회개와 믿음을 통해 그들을 교회 안으로 모으는 것이다."라고 길게 정의를 내렸다. 장로회신학대학교에서 24년 동안 선교학을 가르친 이광순 교수는 "선교는 하나님으로부터 특별한 목적을 위하여 부름을 입은 사람들(에클레시아)이 그 목적을 성취하기 위하여 보냄을 받는 것이다."라고 하였다.

이러한 선교 정의는 나름대로 모두 옳은 것이다. 그러나 각각의 정의 속에는 그 신학자의 강조점과 신학과 시대적 상황이 반영되어 있다. 그러므로 한국교회가 이 시대에 선교를 수행할 때 통전적이면서도 이 시대에 선교교육적으로 적절한 정의를 마련하기 위해서는 또 다른 노력이 필요하다.

04 맥가브란의 선교 정의

필자는 오랫동안 수많은 선교 서적과 선교신학 책들을 연구하고 선교를 가르치면서 한국교회를 위하여 적합한 선교 정의가 무엇일까 고민하였다. 서구교회와 다른 역사와 배경과 현실을 가진 한국교회가 선교교육적으로 활용할 수 있는 그런 선교 정의를 탐색하다가 맥가브란의 선교 정의를 발견하고 '이 정의를 발견하니 내 마음에 합(合)하도다!'는 기쁨을 느꼈다.

왜 하필이면 맥가브란의 선교 정의인가? 맥가브란(Donald A. McGavran, 1897-1990)은 미국의 복음주의 선교학자, 교회성장학의 창시자로 널리 알려진 분이다. 교회성장학이란 "가서 모든 족속으로 제자삼으라"는 예수님의 명령을 효과적으로 수행하며, 그 명령 수행과 관련된 성경구절과 신학적 원리들을 탐구하고, 신학적 원리들과 현대과학 지식과 통찰과 원리들을 접목하여 전도, 교회개척, 교회성장, 교회갱신 그리고 교회의 선교적 사명과 책임을 과학적으로 연구하는 학문이다.[23] 그러므로 교회성장학을 기쁨으로 배우고 기쁨으로 실천하기 위해서는 무엇보다 먼저 '세

23) Peter C. Wagner, Strategies for Church Growth: Tools for Effective Mission and Evangelism (CA: Regal Books, 1987), 114. 교회성장학에 대한 오해들이 있다. 몇 가지로 정리하면 다음과 같다. ① 반대(objection): 교회가 무슨 기업이냐? 성장? 그것은 세속주의적 철학이 아니냐? ② 회의(scepticism): 얼마나 도움이 될라고? 소극적인 태도. 우리 교회는 천사라도 안 된다. ③ 환상(illusuion): 교회성장학 이론이 도깨비 방망이인줄로 착각하는 경우.

계복음화에 대한 열정'과 '세계복음화의 관점에 본 교회론적 이해'가 필수적이다. 즉 세계복음화를 명령하고 소망하시는 하나님은 교회성장을 무척이나 기뻐하신다는 사실을 알고 하나님에게 충성하고자 최선을 다하는 마음이 필수적이다. 이렇게 교회성장 중심으로 이루어진 그의 선교신학은 에큐메니컬 선교신학과 대립되는 양상을 여러 군데서 보여주었다.[24)]

그럼에도 불구하고 필자가 맥가브란의 선교 정의를 취한 이유는 필자가 맥가브란 밑에서 공부한 이광순 교수의 가르침을 받았기 때문이고, 두 번째는 그의 선교신학은 교회성장 중심적이지만 그의 선교 정의는 다른 선교신학자들의 선교 정의와 비교해 볼 때 복음적이면서도 통전적 포괄적으로 잘 되어 있다고 생각했기 때문이다.[25)] 그러므로 필자는 도널드 맥가브란의 선교개념 정의를 번안(번역이 아니다)해 필자의 선교개념 정의로 삼고, 선교란 무엇인가에 대해서 주석하고 설교하는 식으로 선교학 지식과 선교현장 경험을 잘 엮어서 재미있게 설명하고자 한다. 맥가브란이 다시 살아서 만일 필자의 책을 읽어본다면 무슨 평가를 할지 모르겠다.

맥가브란은 누구인가? 간단히 말하자면 그는 선교전략가요, 선교신학자요, 선교교육가이다. 도널드 앤더슨 맥가브란(Donald Anderson McGavran)은 1897년 12월 15일 인도 다모(Damoh)에서 선교사 부모 요한 그

---

24) 한국일, 『세계를 품는 선교』(장로회신학대학교출판부, 2004), 62-65.

25) 한국선교는 신학적으로 에큐메니컬 선교와 복음주의 선교로 구분될 수 있으나 실제 선교에 있어서는 대다수가 복음주의 선교노선을 따르고 있다. WCC 선교사역을 지원해도 복음주의적 선교노선을 견지한다. 또한 한국선교를 총망라하며 연구하는 협의회인 '한국세계선교협의회'의 모든 자료도 복음주의 선교성향을 지향하고 있다. 그러므로 한국에서 선교개념 정의는 복음적이면서 포괄적일 때 적용가능성이 많아진다.

래프턴 맥가브란(John Grafton McGavran)과 헬렌 앤더슨 맥가브란(Helen Anderson McGavran)의 4남매 자녀 중에서 둘째 아들로 태어나서 중부 인도에서 자라났다. 흔히 말하는 선교사자녀(MK)였던 것이다. 그러나 대학은 미국으로 건너가서 버틀러 대학교(Butler University)에서 문학사(B.A.) 학위를, 예일신과대학에서(Yale Divinity School) 신학사 학위(B.D.)를 인디애나폴리스 구(舊)신학대학에서 문학석사 학위(M.A.)를, 그리고 인도에서 두 텀(term) 사역 후에 컬럼비아대학교에서 교육학으로 철학박사 학위(Ph.D.)를 받았다.[26]

맥가브란이 세계적인 선교학자로 부각된 것은『하나님의 선교 전략』과『교회성장 이해』라는 책 때문이다. 이 두 권의 책은 세계복음화를 위한 하나의 새로운 전략서이다. 맥가브란은 인도에서 선교사의 자녀로 태어나서 30년 이상을 선교사로서 인도에서 살았다. 그의 주된 관심과 고민은 '어떻게 하면 보다 많은 사람들을 그리스도에게로 인도할 수 있을까? 어떻게 하면 세계의 수많은 족속들을 빨리 전도할 수 있을까?'였다. "모든 족속을(panta ta ethne!) 그리스도에게로" 이것이 맥가브란이 이 책을 쓰게 된 주요 동기이다. 이것을 놓치고 이 책을 읽으면 이 책의 본질을 파악할 수 없다.

먼저『하나님의 선교 전략』(1955)에 대하여 소개한다. 1930년대 인도 선교현장에서 맥가브란이 가진 가장 중요한 관심과 질문은 "아직까지 그리스도를 안 믿는 사람들이 수십억 있는데 저들을 어떻게 하면 빨리 그리고 많이 그리스도에게로 인도할 수 있을까? 하루에 3천명씩 주를 믿고

26) 참고: 홍기영, "교회성장운동의 역사," in『선교신학』7집 (한국선교신학회, 2003).

세례를 받던 그러한 전도의 역사가 왜 오늘 여기서는 일어나지 않는가?" 였다. 이런 고민으로 성경을 읽고, 선교에 관한 책들을 읽고 선교현장과 선교방법을 생각하던 맥가브란은 "족속운동 원리"(People Movement)를 발견하였다. 좀더 정확히 말하자면 "동질집단 원리(Homogeneous Unit Principle)에 기초한 족속운동"이 초대교회 전도폭발 운동의 본질이었으며, 이러한 원리는 오늘날 전도폭발이 일어나는 선교현장들 가운데서도 여전히 확인되는 사실임을 발견하였다. 이러한 사실을 발견한 맥가브란은 "족속운동 원리"가 세계복음화를 이루는 데 가장 효과적이며 성경적이고 전인적인 전도 방법임을 확신한다. 그리고 이 원리의 진정성(authenticity)을 증명하고 증거하기 위하여 우선 서구 선교사들의 한계성과 약점을 지적한다. 그리고 성경을 조사하고 선교현장의 사례들을 비교 분석하고 종전의 선교 방법론과 비교 분석한다. 그의 결론은 "동질집단 원리에 기초한 족속운동"이야말로 세계복음화를 이루는데 가장 효과적인 선교 전략이라는 것이다. 그래서 맥가브란이 책제목을 "Bridges of God"라고 한 것을 우리말로는 "하나님의 선교 전략"이라고 번역하였다.[27] 이 책의 핵심 내용은 "족속운동"이라는 말과 "동질집단 원리"라는 말 속에 들어있다. 이 말의 개념을 얼마나 정확하게 구체적으로 이해하느냐에 따라서 이 책에 담긴 진수를 파악하느냐 그렇지 못하느냐가 판가름나게 될 것이다.

1955년 『하나님의 선교전략』을 출판한 이후 교회성장학자로서의 세계적인 명성은 맥가브란이 1965년 미국 L. A. 근처 패서디나에 풀러신학교 선교대학원을 설립함으로써 널리 알려지기 시작했다. 선교대학원장으로 일하면서 선교현장에서 교회에 대한 그의 분석과 이해는 구체

27) 한국어로 이광순 역, 『하나님의 선교전략』 (서울: 한국장로교출판사, 1993)이란 제목으로 출판되었다.

화되었는데, 특별히 그 당시 그의 대학원 학생들의 연구 프로젝트에 알란 티펫(Alan Tippett), 랄프 윈터(Ralph Winter), 피터 와그너(Peter Wagner) 그리고 아서 글라서(Arthur Glasser)와 같은 풀러신학교 동료교수들이 함께 협력함으로써 그의 연구가 더욱 깊어지고 넓어져갔다. 1970년, 1980년, 그리고 1990년판 『교회성장 이해』(Understanding Church Growth)는 맥가브란을 가장 훌륭한 해외선교 전략가로 우뚝 세워 놓았다. 이후 유럽과 북미에서 맥가브란의 연구과 통찰력에 뜻을 같이 하는 윈 안(Win Arn), 조지 헌터(George Hunter)와 같은 학자들에 의해 '전도와 교회성장 운동'(Evangelism and the Church Growth Movement)이 독자적인 선교학 분야로 널리 알려지게 되었다. 이제 선교학에서 '교회성장 운동'은 도널드 맥가브란의 유산 중 하나가 되었다.

두 번째 『교회성장 이해』(1970, 1980, 1990)에 대하여 소개한다. 이 책은 앞에서 소개한 『하나님의 선교 전략』에 기술된 기본 아이디어에 선교현장의 풍부한 사례들을 보완하여 교회성장을 위하여 다시 체계적 조직적으로 기술한 책이다. 겉으로 보기에는 교회성장을 위한 이론들이지만 그 근본 동기는 교회성장을 통한 세계복음화에 있다. 이것을 잊지 말아야 한다. 맥가브란은 세계복음화에 교회성장 운동이 매우 중요한 의미를 지닌다고 확신하였기 때문에 교회성장을 말하는 것이지, 교회성장 그 자체를 위하여 이 책을 쓴 것이 아니다. 우선 이 책의 처음 부분에서 힘주어 말하는 메시지는 "교회성장이 곧 하나님의 기뻐하시는 뜻이다."라는 것이다. 그러나 잊지 말아야 할 것은 교회성장이 '하나님이 기뻐하시는 뜻'이 되는 이유는 교회를 통하여 하나님이 가장 즐겁게 자신의 구원의 경륜을 펼쳐나가시기 때문이다. 그러므로 하나님께 충성하고자 하는 복음 사역자들은 교회성장을 위하여 최선을 다해야 한다. 하나님은 교회성장을 통하여 세계복음화를 이루어 나가기를 원하시고 기뻐하시기 때문이다.

그런데 어떻게 하면 교회성장을 이룰 수 있을까? 선교현장에 세워진 교회들 가운데 성장하는 교회들과 그렇지 못한 교회들의 사례를 신학적 사회학적으로 그리고 선교 방법론적으로 비교 분석하고, 그 배후에 있는 원인들을 분석한 결과 맥가브란은 동질집단 원리, 수용성의 원리, 집단 개종의 원리, 제자화와 양육의 원리 등을 제시한다. 교회성장 학도들은 이런 원리들을 정확하게 구체적으로 잘 이해하고 자신의 선교현장에 지혜롭게 적용할 때 교회성장을 이룰 수 있을 것이다.

어떤 이들은 맥가브란의 교회성장 이론은 너무 계산적이고 인간적인 냄새가 많이 난다고 비판을 한다. 교회성장을 마치 무슨 기업성장을 말하듯이 접근하는 듯한 인상을 준다고 말한다. 그러나 그것은 피상적인 인상이다. 직접 이 책을 한 페이지 한 페이지 잘 읽어보면, 이 책이야말로 가장 신앙적이며 복음적이고 선교열정이 충만한 책임을 금방 알게 된다. 그의 이론은 무슨 사색의 결과물이 아니다. 수십 년 동안 자신이 선교현장에서 보고 들은 사례들 그리고 여러 선교사들을 통하여 수집한 사례들을 객관적으로 관찰하고 비교 분석한 결과에서 추출한 것이다. 선교현장에서 행하신 하나님의 역사들을 살피는 마음으로 조사를 한 것이다.[28]

그는 함께 하는 선교학자들에게 항상 다음 4가지 질문을 했다. ① 그 선교지에서 교회성장의 원인들은 무엇인가? ② 그 선교지에서 교회성장의 장애 요인들은 무엇인가? ③ 그 지역에서 기독교 신앙을 족속(부족 전체) 운동으로 만들 수 있는 요소는 무엇인가? ④ 그 지역에서 어떤 교회성장

28) Eddie Gibbs, "교회성장 패러다임이 오늘날 선교상황에 얼마나 적합한가?," 찰스 크래프트 편저, 『적합한 기독교』, 467-468.

원리들이 확대 재생산될 수 있는가? 이런 질문에 대한 대답을 찾으면서 계속하여 연구하고 토론하였다. 기존의 연구와 새로운 자료와 상황을 비교 분석함으로써 교회성장 이론은 끊임없이 발전해 나왔는데 지금은 제3세대에 이르고 있다.[29)]

맥가브란의 교회성장 운동은 칭송도 받고 비판도 받아 왔다. 칭송이나 비판에는 그 나름대로의 관점이 있고 타당한 논리와 근거가 있다. 그러나 분명한 것은 두 가지이다. 하나는 그의 분명한 푯대와 부름의 상과 좇아간 열정의 목표는 '모든 족속을 그리스도에게로' 인도하는 것이었다. 다른 하나는 전도의 주된 목표는 결신자를 얻는 것이 아니라 '제자를 삼아' 모든 족속들 가운데 '토착적이며 전도하는 교회를 세우는 것'이었다. 이것을 위해 맥가브란은 젊었을 때 거의 모든 신학교 커리큘럼에 선교학을 넣어 가르쳤고 선교학교들을 조직했고 선교를 위한 훌륭한 대학원 프로그램들을 만들었다. 1950년대, 1960년대 그리고 특히 1970년대에는 신학적인 자유주의, 종교적인 관용 그리고 다른 계몽주의 영향의 충격 아래서 신학교들은 선교학 교수들이 은퇴하면 대체되지 않았으며, 커

29) 2세대 교회성장학자의 대표자는 찰스 피터 와그너(Charles Peter Wagner, 1930-)이다. 그는 1956년 이래 40권 가량의 책을 펴냈다. 이 중에서 가장 많이 나간 책들은 『당신의 교회는 성장할 수 있다』와 『당신의 영적 은사는 당신의 교회를 성장하게 할 수 있다』이다. 3세대 교회성장학자들로서는 Eddie Gibbs(하나님의 나라와 교회와의 관계를 신학적으로 규명), Charles Van Engen(숫자적 성장에 대한 집착의 극복을 신학적으로 설명, Yearning for growth), Wilbert Shenk(The Challenge of Church Growth, Exploring Church Growth 두 권의 책을 통해 신학적 깊이를 더함), Christian Schwarz(교회성장에서 교회건강으로 패러다임을 전환), Tom Rainer(남침례신학교의 전도학 교수, 교회성장운동에 대한 객관적 평가), Ryan Bolger(에디 깁스의 후계자, emerging church), Ed Stetzer(Missional Church의 관점에서 교회성장 논의), Gary McIntosh(맥가브란의 가장 충실한 제자, 현상에 대한 귀납법적 방법에 대한 수정, 충실성의 표현으로서의 교회성장을 강조) 등을 언급할 수 있을 것이다.

리큘럼에서 선교학이 빠지고 선교학교들이 사라지고 있었다. 그러나 맥가브란이 설립한 풀러신학교 선교대학원은 이러한 시대적 흐름을 바꾸어 놓는 데 큰 영향을 끼쳤다. 풀러신학교는 학교 비전으로 '세계선교'란 용어를 채택했고, 선교를 전문적 학문적으로 연구하는 선교학(missiology)이란 용어를 채택해 선교학 박사과정을 발전시켰다. 그리고 모든 대륙의 현지인 지도자와 선교사들을 학생들로 끌어들였으며, 몇몇 학위 프로그램을 통한 선교학 연구의 새로운 시대를 열었고, 졸업생들로 하여금 선교현장들, 선교기관들 그리고 대학교와 신학교의 지도자들이 되게 했다.

시간이 지남에 따라 풀러신학교의 실험이 성공을 거두자 북미에서 바이올라, 트리니티, 에즈베리, 사우스웨스턴 침례회 신학교 그리고 다른 대륙에서 선교학 박사학위를 주는 학교와 기관들이 세워지기 시작했다. 아직도 여전히 계몽주의 사상을 따르면서 전도학이나 선교학을 수준 낮은 선동 학문으로 생각하는 학자들이 있지만, 맥가브란 이전 시대와 비교해 볼 때 이제 많은 대학과 신학교의 커리큘럼에 선교학이 포함되어 선교학 교육의 르네상스 시대를 맞고 있다.

도널드 맥가브란은 선교를 이렇게 정의했다.

> We define mission strictly as carrying the gospel across cultural boundaries to those who owe no allegiance to Jesus Christ, and encouraging them to accept Him as Lord and Saviour and to become responsible members of His Church, working as the Holy Spirit leads, at both evangelism and justice, at making God's will done on

earth as it is done in heaven.[30)]

이것을 필자가 번역이 아니라 번안(飜案)을[31)] 해본다면 다음과 같다.

> 선교란 예수 그리스도를 알지 못하는 자들과 예수 그리스도에게 전혀 충성을 바치지 않고 있는 자들에게 문화적 경계선들을 넘어 가까이 다가가서 적절한 현장화를 통해 복음을 전하는 것이며, 그들을 일깨워 그리스도를 그들의 주와 구주로 받아들이게 하여 선교현지교회의 신실하고 믿음직하며 책임 있는 구성원이 되게 하는 것이다. 그리고 성령의 인도하심에 따라 영적 책임과 사회적 책임 실현을 위해 일하며, 하나님의 뜻이 하늘에서 이룬 것처럼 선교현장에서도 이루어지도록 협력하는 것이다.

맥가브란의 이러한 선교이해와 정의는 무(無)에서 나온 것이 아니다. 자신의 창조적인 아이디어도 아니다. 그는 윌리엄 캐리, 요한 네비우스, 로란드 알랜, 케네스 스캇 라투렛과 같은 선배 선교 이론가들의 연구 위에 자기 이론을 발전시킨 것이었다.

맥가브란의 선교 정의에 대해 여러 가지 평가가 있다. 데이비드 보쉬(D. Bosch)와 같은 선교학자는 맥가브란을 단지 숫자, 슬로건, 교회개척에 흥미를 가진 보수적인 복음주의 선교학자의 일종으로 이해했다. 계몽주의 영향을 강하게 받은 신학자들은 전도보다는 다른 종교를 가진 사람들과 대화하고 좀더 좋은 관계를 가지는 데 초점을 맞추었다. 그들은 맥가

30) Donald A. McGavran, Arthur Glasser, *Contemporary of theologies of mission*, (Baker Book House Company, 1983), 26.

31) 참고: 박진영, 『번역과 번안의 시대』(소명출판, 2011).

브란의 개종을 위한 전도를 반대했다. 어떤 그리스도인들은 맥가브란이 현장 통계표, 그래프 그리고 행동과학의 통찰력을 선교학에 적용하는 것을 못마땅하게 여겼으며 그러한 접근은 '성서적', '신학적' 혹은 '영적'이기에는 불충분한 것이라고 비판했다. 어떤 신학자들은 맥가브란의 '동질집단 선교 이론'이 개교회주의, 교파주의, 경쟁적인 선교를 부추기고 보편적인 그리스도의 교회를 분열시키는 잘못된 선교 이론이라고 비판하기도 했다.[32)]

이러한 비판들을 맥가브란은 겸허하게 수용했고, 자신의 선교학에 반영하고 재정립하는 데 활용했다. 적지 않은 학생들이 맥가브란의 선교 이론을 비판하는 논문을 썼는데, 그 나름대로 논리적 타당성을 지니면 기꺼이 학위를 주었다. 그만큼 그는 선교학이라는 학문을 발전시키는 데 겸손하고 열린 자세를 가지고 있었던 것이다. 하지만 예수 그리스도의 주와 구주되심에 대한 분명한 확신과 모든 민족을 그리스도에게로 인도하는 일에 대한 무한한 열정 그리고 주님의 몸된 교회에 대한 사랑에 대해서는 한 치의 양보도 없었다.

도널드 맥가브란은 67년을 함께 살아온 그의 아내 마리아가 죽은 지 약 3개월 후인 1990년 7월 10일에 별세했다. 도널드와 마리아 맥가브란은 여섯 자녀들 사이에 5명, 16명의 손자 손녀, 그리고 기독교 선교 운동의 수많은 동료들을 두고 떠났다. 맥가브란은 책, 기고문 그리고 수없이 많은 상담과 격려의 편지들을 썼으며, 이 세상에서 그의 생애 마지막 주까지 그의 독자적인 정확성, 열정 그리고 재치를 가지고 의사전달을 했다.[33)]

32) 참고: 한국일, 『세계를 품는 선교』 (장로회신학대학교출판부, 2004), 64.

33) George G. Hunter Ⅲ, "The Legacy of Donald A. McGavran, *IBMR* (OCT 1992), 158-162.

맥가브란의 선교 정의를 자세히 살펴보면 크게 3단계로 구성되어 있음을 알게 된다. 첫째는 영혼구원 사역으로서의 선교이고, 둘째는 교회개척 사역으로서의 선교이고, 셋째는 하나님 나라 사역으로서의 선교이다.

즉 제1단계 선교는 "예수 그리스도를 알지 못하는 자들과 예수 그리스도에게 전혀 충성을 바치지 않고 있는 자들에게 문화적 경계선을 넘어 가까이 다가가서 적절한 현장화를 통해 예수의 복음을 전하는 것이다."

제2단계 선교는 "그들을 일깨워 예수 그리스도를 그들의 주와 구주로 받아들이게 하여 선교현지교회의 신실하고 믿음직하며 책임감 있는 구성원이 되게 하는 것이다."

제3단계 선교는 "성령의 인도하심을 따라 영적 책임과 사회적 책임 실현을 위해서 일하며 하나님의 뜻이 하늘에서 이루어진 것같이 선교현장에서도 이루어지도록 협력하는 것이다."

앞에서도 언급했듯이, 교회성장 중심으로 선교신학을 발전시킨 맥가브란의 선교신학에 대해서는 이견이 있지만 그의 선교 정의는 복음적이며 통전적이며 명쾌하다. 게다가 추상적이지 않고 교육적으로 선교현장에 적용 가능성이 높은 표현들로 이루어져 있기 때문에 필자는 맥가브란의 선교 정의를 가지고 그동안 연구하며 배운 선교학적 지식과 군선교, 러시아선교, 학원선교, 목회현장 등에서 경험한 것들을 활용하여 "선교가 무엇입니까?"라고 묻는 분들에게 친절하게 설명하려고 한다.

| 선교 시편 3 |

나도 너희를 보낸다

아버지 하나님은 보내시는 하나님이십니다.
모세를 보내셨고
선지자들을 보내셨고
천사들을 보내셨고
세례 요한을 보내셨습니다.
그리고 자신의 아들을 보내셨습니다.

하나님의 아들 예수는 보냄을 받은 하나님이십니다.
아버지의 사랑을 전하고
용서를 전하고
구원의 약속을 전하기 위하여
파송받은 선교사이십니다.

이 선교사명을 위하여
우리들 가운데로 오셨고
우리들과 같이 되셨고
우리를 대신하여 정죄를 받으심으로
자신의 사명을 다 이루셨습니다.

이제 우리가 선교사입니다.
그를 통하여
하나님의 사랑을 받고
용서를 받고
구원의 약속을 받은 우리가 그리스도의 선교사입니다.

우리에게 주어진 선교사명을 위하여
이제 그리스도와 같이 우리도
선교현지주민들 가운데로 가서
그들과 같이 되고
복음을 선포하며
귀신을 내쫓고
병든 자와 약한 자를 고치며
말씀을 친절하게 풀어 설명하여 가르치며
그들을 위하여
중보의 기도와 삶을 살아야 할 것입니다.

아버지께서 나를 선교사로 보내신 것처럼
나도 너희를 선교사로 보낸다
(요 20:21)

제II장

영혼구원 사역으로서의 선교

01 선교의 대상을 찾아

선교의 대상

예수 그리스도를 알지 못하는 자들과
예수 그리스도에게 전혀 충성을 바치지 않고 있는 자들에게

세계 인구가 70억을 넘었다. 이 중에 3분의 1에 해당하는 사람이 그리스도를 구주로 고백하고 있다. 나머지 46억 중 절반은 "예수 그리스도"라는 말을 들어본 사람들이며, 그 나머지는 반은 들어본 적도 없는 사람들이다. 로잔위원회는 이러한 계산에 비추어 세계 인구를 네 가지의 범주로 나누어 세계복음화의 과제를 제시하였다.[1]

첫째, 헌신된 그리스도인들이다(committed christians). 로잔위원회가 생각하기에 이러한 범주에 속한 그리스도인이 1900년도에는 약 4천만 명이었는데 2007년에는 약 5억으로 증가하였으며 지금도 계속 증가하고 있다고 보았다.

둘째, 헌신되지 않은 그리스도인들이다(uncommitted christians). 이들은 자신들이 그리스도인이라고 고백한다(세례도 받았고, 교회도 가끔 출석하며, 자신들을 기독교인이라고 부르기까지 한다). 그러나 개인적으로 그리스도에게 헌신한다

1) 변창욱 편역, 『아시아 복음화를 위한 새마음: 제6차 아시아 로잔복음화대회』 (미션아카데미, 2007), 195-196.

는 개념은 이들에게 생소하다. 이들은 세계 어느 교회에서나 찾아볼 수 있는 사람들로서 긴급하게 재복음화되어야(re-evangelized) 할 사람들이다.

셋째, 복음화되지 않은(unevangelized) 사람들이 있다. 이들은 복음에 대해 매우 적은 지식만을 가진 사람들로서 복음에 응답할 적절한 기회를 얻지 못한 사람들이다. 우리 그리스도인들이 가까운 이웃의 거리, 도로, 마을, 촌락에 나가기만 하면 전도할 수 있는 범위 내에 있는 사람들이다.

넷째, 복음을 듣지 못한(unreached) 사람들이 있다. 이들은 구주 예수의 이름을 한번도 들어보지 못한 23억에 속한다. 이들이 속한 부족이나 나라 안에는 복음을 전해줄 사람이 존재하지 않는다. 외부에서 다가가야 복음을 들을 수 있는 사람들이다.

이 가운데 맥가브란이 선교의 대상으로 생각하는 사람은 두 종류의 사람들이다. 하나는 예수 그리스도를 알지 못하는 자들이고, 다른 하나는 예수 그리스도에게 전혀 충성을 바치지 않고 있는 자들이다.

예수 그리스도는 승천하시기 직전 가장 중요한 명령을 제자들과 우리에게 주셨다. 그것을 지상명령(至上命令)이라고 하는데 크게 두 가지로 요약하면 "땅 끝까지 이르러 모든 민족에게 복음을 전파하라"는 내용과 "분부한 모든 것을 가르쳐 지키게 하라"는 내용이다(마 28:16-20). "땅 끝까지 이르러 모든 민족에게 복음을 전파하라"는 명령은 '확산'(to expand) 명령이라 할 수 있고 "가르쳐 지키게 하라"는 명령은 '계승'(to inherit) 명령이라 할 수 있다. 환언하면 전자는 미전도 종족 선교명령이고, 후자는 미전도 세대 선교명령이라고 할 수 있을 것이다. 이것을 좀더 자세히 살펴보자.

(1) 미전도 종족

'예수 그리스도를 알지 못하는 자들'을 선교학적 용어로 '미전도 종족'(Unreached People)이라고 한다. 미전도 종족이란 개인적 집단적으로 복음을 들어 보지 못한 사람들, 그래서 누군가 외부에서 다가가서 복음을 전해주지 않으면 그 집단 내부에서 스스로 복음을 전할 능력의 사람이 없는 부족을 미전도 종족이라고 부른다.

데이비드 바렛(David B. Barrett)과 토드 존슨(Todd M. Johnson)이 2010년 1월에 발표한 자료에 따르면 69억 656만 명 중에 그리스도인은 22억 9200만 명이다. 33.3%이다.[2] 비기독교인이 아직 46억 1400만 명이며 그중에서도 복음을 한번도 들어보지 못한 사람이 약 20억 명이라고 한다. 세계인구의 28.8%이다. 이 얼마나 불공평한 일인가? 누구는 수십 번 수백 번 복음을 듣는 기회를 가지고, 누구는 태어나서 죽을 때까지 한번도 '예수'의 '예'자도 들어보지 못하고 성경책 구경도 한번 하지 못하고 생을 마쳐야 하는가? 로잔위원회에 따르면(2007년 조사) 지구상에 현재 2만여 개의 종족이 있는데 그중에 약 12,000개의 미전도 종족 그룹이 있다고 한다. 그러나 현재 전체 선교사 중에 단지 7%만이 미전도 종족을 위해 사역을 하고 있으며, 나머지 93%는 전세계의 절반에 해당하는 이미 복음화된 지역에서 일하고 있다고 한다.[3]

---

2) 미국 Virginia Beach에 있는 Regent University의 선교학 교수인 David B. Barrett와 미국 Richmond의 World Evangelical Research Center의 Todd M. Johnson가 발표한 통계를 따른 것이다. *International Bulletin of Missionary Research*, Vol. 33, No. 1(Jan. 2010).

3) 변창욱, 위의 책, 196.

미전도 종족이 남아 있는 한 세계복음화는 다 이루어지지 않은 것이다. 이런 종족들이 있는 한 세계선교의 과업은 계속되어야 한다. 주님이 오시기를 사모하는 사람들마다 남아있는 미전도 종족들을 복음화하는 일에 앞장서야 할 것이다.

2003년 여름에 선교대학원 학생들을 인솔하고 터키 여행을 갔다. 때마침 '쿠르반 바이람'(kurban bayram, 희생절)이라고 하는 이슬람의 유명한 명절풍경을 볼 수 있었다. 이 명절은 사실 터키뿐만 아니라 모든 이슬람권에서 지키고 있는 날이다. 그런데 이상한 것은 모리아 산에서 아브라함이 바치려고 했던 아들은 이삭이 아니라 이스마엘이었다는 것이었다. 쿠르반 명절이 다가오면 상인들은 트럭에 양을 싣고 다니면서 판다. 웬만한 형편이 되는 가정은 모두 양을 잡기 때문이다. 그들은 양을 잡아 고기의 3분의 1은 가난한 사람들에게 나누어 주고, 3분의 1은 손님을 대접하고, 나머지 3분의 1은 자기 가정에서 쓴다.

이 명절날 아침 우리 팀은 카메라를 들고 마을 여기저기를 다니면서 사진을 찍었다. 집집마다 양의 핏자국과 냄새가 났다. 이날 우리는 그곳의 한 여대생에게 왜 양의 피를 흘리는지 물었다. 그녀는 이렇게 대답했다.

> "우리 모두는 죽어서 크고 깊은 강을 건너야 천국에 갈 수 있습니다. 그 강을 건너려고 할 때 우리에게는 배도 없고 사공도 없습니다. 헤엄쳐 건너자니 강물이 너무 거셉니다. 그때 이 땅에 살면서 해마다 양을 제물로 바친 사람들은 이 순간 그 양들의 도움을 받게 됩니다. 그 양들이 무리를 지어 그 사람을 등에 업은 채 강을 건네줄 것입니다."

이렇게 말하는 그녀에게 일행 중 한 사람이 복음의 이야기를 들려주었다. 우리도 양을 믿기는 하지만 우리가 믿는 어린 양은 2,000년 전에 십자가에 못박혀 죽었으며 그 이후로 다시는 양을 잡지 않는다고, 그 어린 양이 곧 예수 그리스도라고 말했다. 그녀는 이 말에 대단히 놀라며 그 이야기가 어디에 있느냐고 했다. 성경을 읽어주며 대답해주었고 그녀는 그때부터 성경을 읽기 시작했다.

이 이야기는 미전도 도시에 살면서 복음을 들어본 적이 없는 한 사람의 이야기이다. 이 도시의 사람들, 아니 이 나라의 사람들은 집단적으로 복음을 듣지 못했다. 그들은 예수 그리스도의 십자가 복음을 모르기 때문에 해마다 수십만 마리 양의 피를 흘린다. 그들은 예수 그리스도가 왜 십자가 위에서 고통스럽게 죽어가야 했는지 그 피의 의미를 모른다. 지금 이 순간에도 수많은 영혼들이 이렇게 복음의 의미를 모른 채 죽어가고 있다. 많은 사람들이 그들을 구원해줄 수 없는 잘못된 믿음을 가지고 살아가고 있다. 예수 그리스도께서는 이 모든 사람들을 위해 죽으셨는데 그 사실을 모른 채 영적인 어두움과 두려움 가운데서 살아가고 있는 사람들이 얼마나 많은지 모른다.

여러 해 전에 서태평양에 있는 괌(Guam)을 방문한 적이 있었다. 친구 목사님들과 관광을 위해 차를 타고 가는 중에 산 한가운데 차를 세우고 숲속을 걷기 시작했다. 숲속으로 한참을 걸으니 동굴이 하나 나왔다. 이 동굴에는 기막힌 사연이 있었다. 태평양 전쟁 때 일본군 패잔병 한 사람이 총 하나를 들고 굴속으로 들어갔다는 것이다. 함께 있었던 모든 일본군이 죽었고 이 사람만 살아남았다. 그는 굴 속에서 27년간 숨어 살았다. 왜냐하면 전쟁이 끝났다는 좋은 소식, 복된 소식을 그는 듣지 못했고 알지 못했기 때문이었다. 어느 누구도 알려주는 사람이 없었기 때문이다.

에스겔 3장에 보면 이런 말씀이 나온다.

칠일 후에 여호와의 말씀이 내게 임하여 이르시되 인자야 내가 너를 이스라엘 족속의 파수꾼으로 세웠으니 너는 내 입의 말을 듣고 나를 대신하여 그들을 깨우치라 가령 내가 악인에게 말하기를 너는 꼭 죽으리라 할 때에 네가 깨우치지 아니하거나 말로 악인에게 일러서 그의 악한 길을 떠나 생명을 구원하게 하지 아니하면 그 악인은 그의 죄악 중에서 죽으려니와 내가 그의 피 값을 네 손에서 찾을 것이라(겔 3:16-21)

여기에 파수꾼의 이야기가 등장한다. 하나님께서는 에스겔 선지자를 보내면서 그를 파수꾼이라고 명하신다. 파수꾼은 생명과 재산을 맡아 보호하는 소중한 책임자이다. 전쟁에서 군인들이 모두 피곤해서 잠을 잘지라도 불침번 즉 파수꾼은 깨어 있어야 한다. 혼자서라도 깨어 있어야 한다. 졸음을 이겨야 할 건강도 필요하며 사명자로서의 책임감도 있어야 한다. 파수꾼은 적군이 다가올 때 나팔을 불고 신호탄을 쏘아서 다른 군인들을 보호해야 하는 사람이다.

17절에서 파수꾼인 에스겔에게 하나님께서는 내 입의 말을 듣고 나를 대신하여 백성들을 깨우치라고 명령하신다. 또한 11절에 이르시기를 이스라엘 백성들이 '듣든지 아니 듣든지' 그들에게 말씀을 선포해야 한다고 말씀하신다. 하나님께서는 파수꾼으로 임명받은 선지자 에스겔을 향하여 대상에 대한 회의와 편견을 가지지 말고 다만 해야 할 말을 하라고 명령하신다.

선지자 요나는 니느웨 성에 가서 "40일 후에 망한다."고만 말했다. "회개하여 구원을 얻으라."는 말은 하지 않았다. 요나는 회개하라는 말은 하지 않은 채 니느웨 성이 멸망하기만을 기다리며 지켜본 선지자였다. 그러나 놀랍게도 어리석고 편견이 가득한 선지자 요나의 말을 듣고서도 그 백성은 변화했고 회개하여 구원을 얻었다.

하나님께서는 성경을 통해 파수꾼이 짊어진 절대사명에 대해 엄중하게 말씀하신다. 파수꾼의 사명을 감당하지 않은 자의 손에서 피값을 찾으리라고 말씀하신다. 성경은 우리에게 전도하지 않는 그리스도인에게 책임을 묻는다는 사실을 분명히 말해준다. 우리는 믿지 아니하는 자들을 깨우쳐야 할 사명이 있다. 혼자 구원받아서는 안 된다. 더불어 구원을 누려야 한다. 저를 살려야 나도 살게 되는 것이다.

홉니와 비느하스 두 아들을 둔 엘리 제사장은 목이 부러져 죽었다. 하나님께서는 그를 심판하신 이유에 대해 그가 자기 아들들의 저주를 자청하되 금하지 않았기 때문이라고 말씀하셨다. 자녀들이 죄의 길로 가는 것을 막지 않았기 때문이다. 아들들도 심판을 받았을 뿐더러 본인 역시 비참한 최후를 맞게 된 것이다. 지옥 가는 사람이 우리에게 말한다. 왜 나에게 말하지 않았느냐고 말이다. 나로 인해 예수 믿은 사람이 몇 사람인가? 우리 가족과 자녀들에게 복음을 전하고 있는가? 우리는 듣든지 아니 듣든지 부지런히 가르치고 전해야 한다. 깨우쳐야 한다. 내가 전하지 않으면 나로 인해 많은 사람이 죽어가기 때문이다. 내 말을 듣고 나를 대신하여 깨우치라 말씀하시는 하나님의 명령에 순종해야 한다. 누군가가 나로 인해 구원을 얻게 될 때 비로소 나의 기쁨도 충만하게 될 것이다.

그러면 우리는 미전도 종족들을 위해 무엇을 해야 하는가? 우리는 먼저 이들을 찾아내고 알리는 일을 할 수 있다. 미전도 종족들은 많은 경우에 숨겨 있다. 이들은 지리적으로 고립된 곳에 살기 쉬우며 문화적으로도 폐쇄적이어서 다른 종족들과의 상호작용도 긴밀하지 않다. 그러기에 우리는 먼저 이들을 찾아내는 작업을 해야 한다. 그러기 위해서는 문화인류학자들이 사용하는 방법으로 이들을 찾아내고 문화적인 특징을 연구하는 일을 해야 한다.

여름방학이 되면 선교지로 여행하려는 사람이 많다. 선교지 여행 가운데서도 미전도 도시에 있는 미전도 집단들을 연구하기 위한 정탐여행에 참가한다면 선교지 여행은 더욱 의미 있고 값진 것이 될 것이다. 그 연구의 결과로 수집된 정보를 가지고 우리는 교회들이 그 종족들을 정신적으로 입양해서 책임지고 복음화하도록 하는 실마리를 마련할 수 있을 것이다.

둘째로 우리는 미전도 종족들을 위한 선교사로 가거나 선교사를 보낼 수 있다. 세계의 웬만한 선교지에는 이제 교회가 있다. 그리고 이미 선교사들도 가있는 경우가 대부분이다. 그러나 아직도 교회가 없는 미전도 지역들이 많이 있고 이곳으로 가서 교회를 설립할 일꾼이 필요하다. 우리 자신이 이들 지역으로 선교사로 가거나 아니면 보내는 선교사가 되어서 이들의 복음화에 일익을 담당할 수 있다. 이러한 사역은 선교사역 가운데서도 가장 귀하고 전략적인 사역이 될 것이다.

마지막으로 우리는 최소한 미전도 종족들의 복음화를 위해서 기도할 수 있다. 기도는 이들의 운명을 바꾸어 놓을 수 있다. 시카고에 있는 한 교회가 중국의 한 작은 종족을 위해 오랫동안 기도했다. 그들이 사는 지역은 외부인이 여행하기에 어려운 여건이어서 선교사가 접근할 수도 없었고 외부인이 방문하기도 어려웠다. 그래서 그 교회는 그 종족을 입양한 다음 열심히 기도했을 뿐이다. 그런데 놀라운 일이 일어났다. 그 종족의 청년 몇 사람이 직장을 찾아 타지에 왔다가 복음을 듣게 되는 일이 일어난 것이다. 복음을 들은 그들은 돈을 버는 것보다 자기 동족을 복음화하는 일이 더 중요하다고 여겨서 고향으로 돌아가서 복음을 전하기 시작했다. 이렇게 우리는 기도함으로써 미전도 종족 선교에 참여할 수 있다.

이렇게 우리는 현장 연구를 통해 미전도 종족들에 대한 정보를 수집하고 그 정보를 전달함으로써, 직간접적으로 미전도 종족을 위한 교회설립 활동에 참여함으로써 그리고 미전도 종족들을 위해 기도함으로써 이들의 복음화를 위해 일할 수 있다. 하나님께서 이 일에 참여하는 교회들과 그리스도인들을 일으켜 주시기를 간구한다.

(2) 명목상 기독교인들

도날드 맥가브란(D. McGavran)의 선교 정의에 따르면 선교의 대상은 "예수 그리스도에게 전혀 충성을 바치지 않고 있는 자들"(to those who owe no allegiance to Jesus Christ)이다.[4] 충성을 바치지 않고 있는 자들을 두 부류로 구분해본다면 복음을 전혀 들어보지 못해서 충성을 바치지 않고 있는 미전도 종족과 복음을 듣고서도 충성을 바치지 않는 명목상 기독교인으로 구분해볼 수 있다. 그런데 1998년 로잔위원회에서 '명목상 기독교인에 대한 연구 종합보고서'를 제출하기 전까지는 서구지역 밖에 있는 미전도 종족만이 선교의 대상이라고 생각되었다. 미전도 종족들에게 복음을 전하기 위하여 엄청난 에너지를 쏟아부었다. 하지만 지난 100년 동안의 선교를 결산해본 결과 앞으로는 전통적으로 기독교 지역이라고 알려진 지역 밖에 존재하는 미전도 종족 선교에만 에너지를 쏟아부을 것이 아니라 기독교 지역 안에 존재하는 명목상 기독교인들에게도 많은 선교 에너

4) D. McGavran & Arthur Glasser, *Contemporary of theologies of mission* (Baker book house company, 1983). 26.

지를 쏟아부어야 함을 발견한다. 앞으로 명목상 기독교인의 문제를 선교적으로 심각하게 생각하지 아니하면 기독교 선교는 큰 어려움에 봉착하게 될 것이다.

명목상 기독교인들(nominal christians)은 성경도 알고 교회도 알고 예수도 알고는 있지만 신뢰하지 않고 충성하지 않는 사람들이다. 이런 사람들은 '이름뿐인 기독교인들'이다. 이런 기독교인들은 주로 기독교가 오래된 지역과 가문에 분포한다. 이들은 유아세례식, 결혼식, 장례식 때만 교회에 나오고 보통 주일예배에는 거의 출석하지 않으며 예수님을 위한 충성이 없다. 다만 종교란에 기독교라고 표시할 뿐이다.[5)]

이들도 선교의 대상이다. 왜냐하면 하나님 나라는 돈으로도 못 가고 벼슬로도 못 가고 전통이나 가문으로도 못 가기 때문이다. 예수를 아는 지식으로도 못 간다. 오직 믿음(충성)으로 가는 나라이기 때문이다. 선교란 지옥 갈 사람을 천국으로 인도하는 사역인데, 예수 그리스도를 알기만 하고 충성하지 않는 사람은 지옥 갈 사람이기 때문에 선교의 대상이다. 예수님은 이렇게 말씀하셨다.

> "나더러 주여 주여 하는 자마다 천국에 다 들어갈 것이 아니요 다만 하늘에 계신 내 아버지의 뜻대로 행하는 자라야 들어가리라 그 날에 많은 사람이 나더러 이르되 주여 주여 우리가 주의 이름으로 선지자 노릇하며 주의 이름으로 귀신을 쫓아 내며 주의 이름으로 많은 권능을 행치 아니하였나이까 하리니 그때에 내가 저희에게 밝히 말하되 내가 너희를 도무지 알지 못하니 불법을 행하는 자들아 내게서 떠나가라 하리라"(마 7:21-23).

5) 남정우, "현대사회의 선교대상: 명목상 기독교인에 대한 연구," 『복음과 선교』 13집 (한국복음주의선교신학회, 2010), 48.

또 라오디게아 교회에 말씀하셨다.

> "내가 네 행위를 아노니 네가 차지도 아니하고 뜨겁지도 아니하도다 네가 차든지 뜨겁든지 하기를 내가 원하노라"(계 3:14–15).

예수님은 충성을 원하신다. 충성하지 않는 이름뿐인 그리스도인은 내뱉어 버리겠다고 경고하셨다.

1998년에 나온 로잔위원회 연구보고서에 따르면 세계 그리스도인 중에서 44% 해당하는 약 7억 명의 그리스도인이 명목상 기독교인에 해당한다고 한다. 주로 기독교의 역사가 오래된 영국성공회, 스페인, 포르투갈, 프랑스와 같은 로마가톨릭 그리고 러시아, 그리스와 같은 정교회 지역에서 명목상 기독교인의 비율이 높게 나타나고 있는 것으로 조사되었다.

한국교회도 머지않아 유럽 교회처럼 명목상 기독교인이 증가할 수 있다는 우려가 높아지고 있다. 유럽교회와 마찬가지로 교회학교, 교회 청년부에서는 이 같은 현상이 뚜렷하게 나타나고 있으며 주 5일제 근무, 직장환경의 변화, 종교다원주의의 영향, 기독교 지도자들의 추문, 교회의 공적 이미지 추락, 계획 없이 대책 없이 양산해내는 신학생들 등 다양한 요소가 명목상 기독교인 증가현상을 부추기고 있기 때문이다. 2005년 11월 1일부터 15일 사이에 실행한 '인구주택총조사'에 집계된 기독교 인구가 876만 6,000명으로 10년 전 통계와 비교해 14만 4,000명이 감소한(1.6%) 것으로 나타났는데, 이는 명목상 기독교인의 증가를 암시하는 반증이다. 이들은 기분에 따라 자신을 기독교인으로 또는 비기독교인으로 응답하기 때문이다. 통계청이 최근 조사한 '사회지표'도 이런 명목상 기독교인이 증가하고 있는 현상을 보여주고 있는데 친목 사교단체, 취미 레

포츠 단체의 참여도는 점차 증가한 반면, 종교단체나 정치단체에 대한 참여도는 소극적으로 바뀌고 있다. 즉 친목 사교단체 참여는 63.2%에서 82.5%로 급격하게 증가한 반면, 종교단체 참여도는 21.6%에서 20.1%로 감소하고 있는 것이다.

명목상 기독교인이란 실제로는 교회 출석도 하지 않고 그리스도를 위한 구체적인 헌신도 없으면서 관념적으로 '나는 기독교인이다'라고 생각하며 살아가는 기독교인을 말한다. 두란노서원에서 출판한 『한국 개신교의 교회활동과 신앙의식 보고서』에 의하면 한국의 개신교인 수는 전체 인구의 20.7%이다.[6] 이 중에서 "교회의 주일 낮 예배에는 어느 정도 참석하십니까?"라는 질문에 대해 매주 참석이 65.2%, 한 달에 2~3번이 18%, 한 달에 1번이 3.7%, 한 달에 1번 이하가 1.4%라고 응답했다. 이를 집계하면 한국교회의 명목상 기독교인은 약 17%에 해당된다. 그러나 지역별 연령별로 큰 차이를 보이고 있는데 대도시일수록 20~30대로 연령층이 낮아질수록 명목상 기독교인이 많다. 따라서 시간이 흐르면 흐를수록 한국교회의 미래도 심각한 수준에 이를 것이라고 신학자들은 전망하고 있다. 세계인구의 60%가 살고 있는 아시아는 전체인구의 8%만이 기독교인이다. 그 8% 가운데 절반에 가까운 48%가 이름만 기독교인일 뿐이다. 유럽의 경우 세계 평균 수준인 기독교인의 44%가 명목상 기독교인이다. 북미와 남미는 가톨릭을 포함해 기독교 인구가 전체인구의 76%와 96%를 차지하고 있지만 절반에 가까운 사람들은 이름만 기독교인일 뿐이다.

기독교인들이 명목상 기독교인들로서 살아가는 모습은 다양하다. 이

6) 한미준, 『한국 개신교의 교회활동과 신앙의식 보고서』(두란노, 1999).

들은 어떤 모양으로든지 기독교와 접촉을 가진 사람들이며 스스로 기독교인이라고 인식한다. 그러나 기독교 신자로서 가져야 할 기본적인 3가지 필수요소인 예수 그리스도를 나의 하나님, 나의 구세주라고 고백하는 신앙고백, 규칙적인 교회 예배 출석, 선교 · 봉사 · 교육에 적극적으로 참여하는 삶이 결여되어 있는 기독교인을 명목상 기독교인이라고 정의한다.

명목상 기독교인의 문제는 어제 오늘의 일이 아니다. 사사기 2장에 보면 이런 말씀이 나온다.

> 그 세대 사람도 다 그 열조에게로 돌아갔고 그 후에 일어난 다른 세대는 여호와를 알지 못하며 여호와께서 이스라엘을 위하여 행하신 일도 알지 못하였더라 이스라엘 자손이 여호와의 목전에 악을 행하여 바알들을 섬기며 애굽 땅에서 그들을 인도하여 내신 그 열조의 하나님 여호와를 버리고 다른 신 곧 그 사방에 있는 백성의 신들을 좇아 그들에게 절하여 여호와를 진노하시게 하였으되 곧 그들이 여호와를 버리고 바알과 아스다롯을 섬겼으므로 여호와께서 이스라엘에게 진노하사 노략하는 자의 손에 붙여 그들로 노략을 당케 하시며 또 사방 모든 대적의 손에 파시매 그들이 다시는 대적을 당치 못하였으며 그들이 어디를 가든지 여호와의 손이 그들에게 재앙을 내리시매 곧 여호와께서 말씀하신 것과 같고 여호와께서 그들에게 맹세하신 것과 같아서 그들의 괴로움이 심하였더라(삿 2:10-15)

모세의 세대, 여호수아의 세대가 떠난 다음 이스라엘 백성들은 출애굽도 잊어버리고 하나님도 잊어버렸다. 명목상 이스라엘인이 된 것이다. 그래서 그 땅의 문화 풍조를 따라서 바알이라는 남자 신을 섬기고 아스다롯이라는 여신(女神)을 섬겼다. 그러자 하나님이 진노하셔서 이스라엘 백성들이 블레셋과 암몬 등과 같은 주위 민족에게 노략질을 당하게 하시고 괴로움을 주셨다. 이스라엘의 혈통을 이어받았다고 모두 하나님의 백성이 되는 것이 아니라는 말씀이다. 구약성경을 보면 믿음의 조상 아브라함 가문의 모든 사람이 다 하나님을 잘 믿었던 것은 아니다. 예수님의 제자 가운데에서도 구원받지 못한 제자가 있었다. 이와 마찬가지로 교회 안에, 목사, 장로, 권사의 집안에, 기독교 기관 안에 명목상 기독교인들이 있을 수 있다. 이들도 선교의 대상이다. 우리의 선교는 기독교 가문이라는 전통과 명분, 주관적인 체험이나 기독교적인 분위기에 의존하는 신앙생활이 아니라 말씀의 토대 위에 뿌리를 깊이 내리도록 성도들을 양육하고 일대일 신앙고백을 분명하게 할 수 있고, 복음과 하나님 나라를 위해 충성하는 그리스도의 제자를 양육하는 사역이 되어야 한다.[7)]

교회사를 볼 때 기독교 선교에 가장 큰 위협이 되는 것은 명목상 기독교이다. 실제로 한때 지구의 절반을 공산주의 사상으로 붉게 물들이며 세상을 두렵게 하며 기독교인들을 핍박했던 스탈린은 그루지야 정교회 신학교 신학생이었다. 북한의 주체사상은 기독교를 알고 있던 김일성이 만들어낸 것이다. 기독교를 전혀 모르는 사람보다 기독교를 알면서 예수 그리스도에게 충성을 바치지 않는 사람이 기독교 선교에 가장 큰 위험이 될 수 있다. 그러므로 미전도 종족을 선교하는 것 이상으로 명목상 기독교인을 위해 기도하고 사랑하고 양육하는 일에도 많은 관심을 가져야 할 것이다.[8)]

---

7) 명목상 기독교인들을 충성스러운 그리스도인으로 만드는 방안에 대해서는 남정우, "미전도 세대 선교개념 개발을 위한 소고," in 『선교와 신학』 26집 (장로회신학대학교 출판부, 2010), 279-310을 참고하라.

8) 명목상 기독교인을 목회적으로 어떻게 돌보아야 할지를 잘 가르쳐주는 성경는 히브리서라고 할 수 있다.

(3) 전도대상 분류

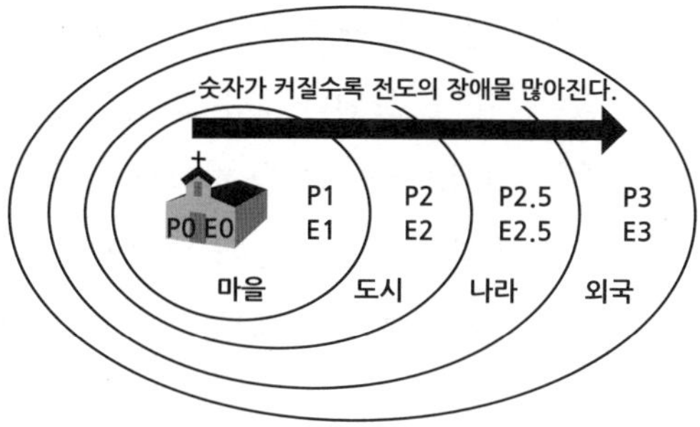

랄프 윈터 박사는 세계 전도대상을 E-0, E-1, E-2, E-3의 네 종류로 구분하였다. E-0는 기존의 명목상 기독교인들을 충성스러운 기독교인으로 만드는 데 초점을 둔 전도사역이다. E-1 기독교인의 언어와 관습이 유사한 이웃 비기독교인들에게 전도하는 사역이다. E-2는 인종, 언어, 문화의 간격이 그렇게 크지 않은 사람들에게 전도하는 사역을 가르키며, E-3은 그러한 간격이 매우 큰 사람들에게 전도하는 사역을 가리킨다. 랄프 윈터는 이러한 구분법을 의욕적으로 전세계 인구에 적용하여 숫자를 매기고 또 대륙별로 구분하고 각 대륙에 E-0, E-1, E-2, E-3에 해당하는 인구가 얼마나 있는지 파악하고 거기에 맞는 전도방법과 사역자들을 양성하기 위하여 많은 연구를 하였다.[9)]

그런데 조오지 헌터(George Hunter)는 랄프 윈터의 네 가지 구분법을 더욱 발전시켜 일곱 가지 전도대상으로 보다 세분화하였다. 그는 특히 E-1에 해당하는 전도대상을 4가지로 세분화하였다.[10)]

① E-0: 이미 교회에 소속되어 있기는 하지만 현재 적극적으로 예수 그리스도를 따르지 않는 사람들을 전도하는 것

9) 도날드 A. 맥가브란, 『교회성장이해』(한국장로교출판사, 1987), 110-111.
10) 위의 책, 119-123.

② E-1-A: 전도자와 동일한 문화를 가지고 있으나 교회에는 다니지 않는 전도자의 친지들(친척, 동료 및 가까운 친구들)을 전도하는 것이다. 전도자는 그들과 자연스러운 관계를 많이 가지고 있으며 그들과 많은 시간을 보낸다. 그는 그들의 집에서 식사를 하기도 하고 그들은 그의 집에서 식사를 하기도 한다. 그는 그들 중의 한 사람이다. 그가 행하는 일은 그들과 밀접한 관계를 가지고 있고 그들이 하는 일은 그와 밀접한 관계를 지니고 있다.

③ E-1-B: 전도자의 같은 문화에 속해 있으나 전도자의 절친한 친구들도 아니고, 교회에도 다니지 않는 사람들을 전도하는 것이다. 사회 경제적 수준, 교육, 직업, 필요, 생활방식, 배경, 취미생활 등에서 전도와 많은 공통점들을 지니고 있다. 그러므로 전도자는 그들에게 말을 걸 수 있고 그들과 자연스럽게 관계를 맺을 수 있다. 전도자는 그들의 문화에 적응하려고 의도적인 노력을 할 필요가 없다. 전도자는 그들을 그리스도에게로 인도하기 위해 직접적인 전도방법을 사용할 수도 있고 간접적인 전도방법을 사용할 수도 있다.

④ E-1-C: 전도자와 동일한 문화에 속해 있으나 하위문화가 다르고 교회에도 다니지 않는 사람들을 전도하는 것이다. 예컨대 같은 한국 사람이지만 절에 다니는 사람에게 다가가서 전도하는 일은 또 다른 일이다. 분명한 벽 하나를 만난 느낌을 받는다. 이런 경우를 대비해서 좀 다른 전문적인 지식과 접근법을 배워야 할 것이다.

⑤ E-1-D: 이중적, 민족적 특성을 지닌 사람들을 전도하는 것이다.

탈북자들, 한국에 와서 한국말을 유창하게 구사하는 외국인 근로자들, 유학생들에게 다가가서 전도하는 사역이다. 이들에게 가까이 다가가서 복음을 전하려면 그들의 문화, 민족, 종교에 대한 많은 지식이 필요하고 그들의 필요에 부응하기 위한 기도와 사랑과 지혜가 필요하다.

⑥ E-2: 다른 나라, 다른 문화 속에 살고 있으나 동일한 대륙에 속해 있는 사람들을 전도하는 것이다. 유사문화권 선교사역이라고 할 수 있다.

⑦ E-3: 다른 문화, 다른 대륙에 살고 있는 사람들을 전도하는 것이다. 타문화권 선교사역이라고 부른다.

(4) 선교의 퍼지론

퍼지(puzzy)란 원래 '애매모호한', '경계가 명확하지 않은'이라는 뜻이다. 퍼지 이론은 불확실함의 양상을 수학적으로 다루는 이론으로 진위 즉 참과 거짓을 명확하게 구분하기 힘든 개념을 다루는 시스템의 연구이기도 하다. 모든 것을 참과 거짓으로 명확히 구분하는 이분법의 논리에 따르는 현재의 컴퓨터로는 사람 말의 뜻 즉 자연언어의 의미를 올바르게 파악하여 인간과 마찬가지로 추론 연상을 한다는 것은 곤란하다. 그래서 진위를 명확하게 구분하기 힘든 개념을 다루는 시스템의 연구가 퍼지 시스템의 이론 또는 퍼지 이론으로서 인공지능이나 지식처리의 연구와는 별도의 관점에서 계속되어 왔다.

선교에도 퍼지 이론, 퍼지의 관점이 도입되어야 한다. 일반적으로 선교사들의 사고방식에는 기독교인과 비기독교인, 기독교 영역과 비기독교 영역, 천국 갈 사람과 지옥에 갈 사람, 아군 아니면 적군, 선교를 돕는 사람이 아니면 선교를 반대하는 사람... 이렇게 이분법적인 사고방식에 익숙하다. 굉장히 전투적이다. 선교의 최전선에 나가서 적극적 열성적으로 선교하는 사람일수록 이런 사고방식이 더욱 강하게 나타난다. 그러나 컴퓨터의 이진법만으로는 인식할 수 없는 애매모호한 퍼지 영역이 있듯이 선교현장에서도 퍼지 영역이 있다는 사실을 성경이 보여준다.

성경을 자세히 읽어보면 성경의 주류 이야기는 아니지만, 가끔 이방인 가운데 하나님의 사람들이 존재했다는 사실이 나타난다. 아브라함이 만난 멜기세덱, 모세의 장인 이드로, 출애굽한 이스라엘을 저주하려 했던 발람 선지자, 여호수아를 도와주었던 기생 라합, 모압 여인 룻, 페르시아의 왕 고레스... 이러한 인물들을 자세히 살펴보면서 깨닫는 바는 하나님의 역사가 아브라함과 모세와 다윗과 그 후손들만을 통해서 이루어지는 것은 아니라는 사실이다.

2009년 3월 24일 명성교회에서 예장 300만 성도운동 서울동부지역 전도대회가 열렸다. 전도 간증 시간에 조○○ 권사(주안장로교회)가 예수를 믿게 된 동기를 말하였다. 그녀는 그가 섬기는 무당이 예수를 믿는 것을 허락해주어서 믿게 되었다고 한다. 임마누엘교회 김○○ 권사는 20여 년 전 딸이 수술 부작용으로 죽을 위기 가운데 있을 때 용하다는 사람들을 다 찾아다녔는데 용문산 어느 도사 할아버지의 도움으로 생명을 구하게 되었고, 그도 하나님을 믿는 사람이며 하나님이 그를 통하여 자신의 딸을 치료해주셨다고 믿고 있다.

여기서 우리가 발견하는 것은 이와 유사한 사례는 여러 곳에서 발견된다. 기독교인들이 교회 안에만 있고 기독교 영역 안에만 있는 것이 아니라는 사실이다. 발람(민 22-24장)과 같이 이방인 가운데 있으면서 하나님의 뜻을 아는 특별한 사람이 존재했고 지금도 존재할 수 있다는 사실이다. 글쎄, 이런 존재를 익명의 그리스도인이라고 할까? 분명한 사실은 기독교인이 기독교 영역 안에만 존재한다고 주장할 수 없다는 사실이다. 기독교 영역 밖에는 하나님을 경외하는 사람이 존재하지 않는다거나 기독교 영역 밖에 있는 사람은 모두 사단의 자식이며 어둠의 자식이라고 단정짓는 것은 위험한 사고방식이다.

그렇다고 세상에 나가 선교하는 일을 중단해야 한다는 말은 아니다. 중요한 것은 퍼지 선교영역이 있다는 사실을 알고 선교현장에 나가서 일하는 것이 중요하다는 뜻이다. 선교현장에 나가서 사역하다 보면 뜻밖에 라합과 같은 사람, 발람과 같은 사람, 이드로와 같은 사람을 만날 때가 있다. 어떤 경로를 통해서 하나님을 경외하는 마음을 가지게 되었는지 알 수 없지만, 선교사를 한번도 만나본 적이 없지만 하나님을 경외하는 마음을 가진 사람들이 있을 수 있다는 사실을 알고 선교하면 더 지혜롭게 선교할 수 있을 것이다. 그러나 퍼지 영역에서 다가온 사람들이 선교사와 같은 신앙적 지식과 같은 수준의 신앙고백을 가지고 있다고 단정할 수는 없을 것이다. 이 부분은 만남과 친교와 대화를 통하여 풀어나가야 할 것이다. 아무튼 선교현장에 나갈 때 전투하는 군인처럼 아군 아니면 적군이라는 이분법적 사고방식을 가지고 모든 사람을 대하려고 하는 태도는 조금 고쳐나가야 할 것이다. 예수님도 "우리를 반대하지 않는 자는 우리를 위하는 자니라"(막 9:40)고 말씀하셨다.

02 경계선을 넘어

아프리카 수단에는 우리의 사고방식으론 도저히 이해할 수 없는 문화들이 꽤 있다. 그 가운데 하나가 '여아선호 사상'이다.[11] 문화적으론 미개한 곳이지만 여전히 남성 중심 사회인 우리나라와 달리 여자를 아끼고 중시하는, 여인들을 위한 천국이다. 임산부가 사내아이를 출산하면 모두들 시큰둥해하지만 여자 아이를 낳게 되면 정말 큰 경사로 여긴다. 가족은 물론 온 동네가 잔치 분위기다. 칠공주만 줄줄이 낳아 시집으로부터 평생 구박을 받던 우리나라의 한 맺힌 옛 어머니들, 이곳에 오면 화병도 낫고 귀부인 대접도 받을 수 있을 정도이다.

찢어지게 가난하여 벌거벗고 다니는 남자 아이들은 동네 어디에서나 쉽게 찾아볼 수 있지만, 여자 아이들은 어디에서나 예쁘고 화려한 옷 아니면 최소한 깨끗하게 세탁된 옷을 입고 있다. 고아의 경우도 마찬가지다. 전쟁고아들이 많아 선교사들이 운영하는 기숙사에도 열댓 명의 남자 고아가 있지만 여자 고아는 찾아보기가 어렵다. 부모를 잃어도 사촌이나 팔촌 아니면 사돈의 팔촌에 이르는 먼 친척이라도 여자 아이는 꼭 거둬 키우려 하기 때문이다.

여기서 이렇게 여자들이 특별 우대를 받는 데는 그만한 이유가 있다.

11) 이태석, 『친구가 되어 주실래요』(생활성서, 2009), 23-31.

그것은 결혼을 하기 위해 여자를 데리고 오는 데 남자 측에서 여자의 미모와 건강 상태에 따라 적게는 30마리에서 많게는 200마리까지의 소를 건네야 하기 때문이다.

여아선호 사상, 예쁘게 잘 치장한 여자들의 모습, 여자를 보물처럼 아끼고 잘 키우려는 것 등등 외형적인 것들만 보면 이곳은 분명히 '여자들의 천국'이다. 하지만 자세한 내막을 알고 나면 이곳은 외려 '남존여비 사상'이 더 철저한 곳임을 알게 된다.

여자 아이들을 아름답게 꾸미고 치장하며 될 수 있는 한 잘 먹이고 잘 입히는 것은 받을 소의 수를 늘리기 위한 것, 즉 값이 더 많이 나가도록 상품의 질을 높이기 위한 것이지 결코 여자를 한 인간으로서 남자보다 더 귀중한 존재로 여기기 때문은 아니다. 서글픈 일이지만 이것이 수단의 현실이다. 더욱 서글픈 것은 결혼 때 팔려온 여인네들은 죽도록 일을 해야 한다는 것이다. 줄줄이 아이들을 낳고 소처럼 일해야 한다. 말 그대로 '소값' 을 해야 하는 것이다. 100마리였든 200마리였든 지불된 '소' 가 고스란히 여자의 부모와 가족들에게 돌아가는 것이지 당사자인 '신부'에겐 무용지물인데도 말이다. 많이 받으면 받을수록 그 값을 육체적 노동으로 갚아야 하니 차라리 적게 받고 보내면 좋으련만 문화가 그것을 허용하지 않는다.

남자의 나이도 여자의 나이도 상관하지 않는다. 여자는 임신이 가능한 사춘기만 지나면 그만이고 남자는 소를 많이 소유하고 있는 한, 50대도 좋고 60대도 좋다. 거기에다 일부다처제 문화이기에 부의 정도에 따라 아내를 원하는 만큼 가질 수 있는데 두세 명의 아내를 가진 경우가 대부분이고 많게는 최고 60명까지 아내를 거느린 유지 아닌 '유지'도 있다. 60대 노인의 첩으로 들어가기 싫어 사랑하는 젊은 남자와 도망쳐 버리는 여성들도 꽤 있다. 심지어는 스스로 목숨을 끊는 안타까운 경우도 있다.

예수님께서 이 시대에 수단에서 태어나신다면 어떤 기적을 일으키실까? 이것은 부질없는 생각이겠지만 지금 이 순간에도 이곳에 함께 계시며 우리가 보는 모든 것을 함께 바라보고 계신다는 것을 알고 있기 때문이다. 예수님께서 침묵하며 바라만 보고 계시는 데는 반드시 이유가 있을 것이다. 그것이 무엇인지는 확실히 모르지만 예수님 나름대로의 생각과 계획이 분명히 있을 것이다. 단지 우리 선교사들이 그 계획의 조그만 도구가 될 수 있기를 바랄 뿐이다.

20세기 최고의 선교신학자로 인정받는 데이비드 보쉬는 "선교란 경계선을 넘는 것"이라고 말한다. 선교의 근원은 하나님 안에 있다. 하나님은 선교사로서 세계를 향해 모든 경계선을 넘어가신다. 하나님은 창조를 통해 이미 선교의 하나님이셨으며 그의 말씀과 영은 '선교사들'로서의 역할을 창조활동 가운데서 하신 것이다. 이와 마찬가지로 하나님은 성육신된 말씀인 자기 독생자를 세계 안으로 파송하셨다. 하나님은 오순절에 성령을 파송하셨다. 선교는 하나님이 하나님됨을 포기하고 신인(神人)의 경계를 넘어 인간이 되는 것이며, 자신의 거룩한 특권을 주장하지 않으시고 연약한 인간성을 지니고 피조세계 안에서 활동하시는 것이다. 선교의 시작과 모델은 경계선을 넘는 삼위일체 하나님이시다.[12] 경계선을 넘는 동기는 사랑과 긍휼 때문이다.

키에르케고르가 쓴 글에 '왕자의 이야기'가 있다.

어느 왕자가 하루는 말을 타고 사냥을 나갔다. 사냥을 하던 중 어느 시골

12) David J. Bosch,『세계를 향한 증거』, 283-284.

마을에서 천사같이 아름답고 순결한 여인을 만났다.왕자는 첫눈에 반해 버렸다. 왕자의 마음이 너무나 아름다운 그 여인의 모습으로 가득차 버렸다. 왕자는 왕궁에 돌아와서도 그 여인을 잊을 수가 없었다. 그래서 그 왕자는 그 여인을 찾아서 청혼을 하기로 맘 먹었다.

그러나 가만히 생각해보니 자신이 왕자의 모습으로 나타나게 되면 오히려 역효과만 날 것 같았다. 왕자는 왕자로서의 자리나 권세, 재물이 아니라 자신의 진실한 사랑을 전하고 싶었던 것이다.

왕자는 오랜 시간 동안 고민하여 생각하던 중 드디어 한 결론에 이르렀다. 그것은 왕자의 모습을 완전히 버리고 그 여인을 만난다는 것이었다. 그래서 그는 목수가 되기로 결정하고 목수의 모습으로 그 여인의 마을을 찾아갔다. 그곳에서 왕자는 그 마을 사람들과 함께 호흡하면서 그들의 문화와 삶을 배웠으며 왕궁에서 미처 경험하지 못했던 많은 것들을 깨달을 수 있었다. 비록 가난하고 볼품없는 삶이었지만 그속에서 돈으로 사지 못할 행복과 기쁨이 있을 수 있다는 것도 배웠다.

왕자는 자신이 그 마을 사람들과 한가지로 살아갈 수 있음을 확신했을 때 드디어 그 여인에게 사랑을 고백했다. "나는 당신을 사랑하오. 당신을 사랑하기 위해 내게 있는 모든 것을 버리고 당신을 찾아 이곳까지 와서 이 마을 사람들과 같이 살았소. 내 진정한 사랑을 받아주시오."

마침내 여인은 왕자의 진심을 알고 왕자의 사랑을 받아주었고 왕궁으로 들어가 왕후의 자리에 올랐다.

아버지로부터 파송받은 선교사 예수도 '경계를 넘어가는 사역'의 모범을 보여 주었다.[13] 먼저 인간을 구원하기 위하여 하늘의 영광스러운 보

13) 경계(boundary)라고도 할 수 있고 장벽(barrier)이라고도 할 수 있다. 경계 · 장벽에는 가시적인 것들도 있고 비가시적인 것들도 있다. 복음서와 사도행전은 선교를 위

좌를 버리시고 이 땅에 내려오셨다. 그리고 하나님이시면서 제자들과 특별히 구별되는 옷을 입거나 행동하지 않았기에 잡히시던 밤에도 가룟 유다가 입을 맞추어 알려주어야 했다(막 14:45). 실제로 예수님은 복음을 받아들이는 사람들과 함께 먹고 마시고 잠을 자며 그들 가운데 하나로서 생활하므로 신인(神人)의 경계선을 넘어서 생활하셨다. 하나님이신 예수님이 경계를 넘어 인간이 되어 찾아오셔서 그들 가운데 하나로서 생활하며 선교하셨던 것이다. 예수님은 사마리아 땅으로 들어가심으로 거룩한 땅, 더러운 땅의 경계를 넘으셨다. 당시 혼혈인으로 멸시받던 수로보니게 여인을 만나셨고(막 7장), 로마 백부장의 요청을 들어주셨다. 랍비였지만 당시 사회적으로 천민 취급받던 세리와 창녀들과 함께 식탁의 교제를 하셨다. 사회 계층의 경계선을 넘으신 것이다.

그러므로 예수의 복음을 전하려는 선교사는 자기 울타리 안에 안주해서는 안 된다. 선교사들이 선교지에서 교회의 문을 박차고 나가서 원주민들의 삶 한가운데서 그들과 하나가 되어 선교하지 않고 자신들만의 성역으로 교회의 담장을 높이 쌓고 "와서 배우라"고만 한다면, 즉 경계선을 허물지 않는다면 예수님의 선교 모습을 닮았다고 할 수 없을 것이다. 온전한 선교란 인간이 만들어 놓은 모든 장벽(경계선)을 뛰어넘는 가운데서 이루어지는 것을 말한다. 그러므로 오늘날 선교사들은 경계선을 넘어 자유롭게 두루 다닐 줄 알아야 한다. 예수님처럼 타문화권의 사람들과 친구가 될 수 있어야 한다.

이전에는 선교를 위하여 넘어야 할 경계선으로서 지리적 경계선, 문화적 경계선, 종교적 경계선을 말하였다. 그런데 최근 선교환경의 변화

해서 넘어야 할 경계 · 장벽들을 말해주고 있다. 참고: 스티븐 B. 베반스, 로저 P. 슈레더 지음, 김영동 옮김, 『예언자적 대화의 선교』 (크리스천헤럴드, 2007), 53-100.

로 말미암아 지리적 경계선은 그 의미를 잃게 되었다.

일반적으로 지리적 경계선을 넘기 위하여 비행기표와 여권이 필요하며 나라와 민족에 따라서 비자도 필요하다. 예전에는 지리적 경계선을 넘어가는 데 많은 시간이 걸렸다. 근대 개신교 선교의 아버지라고 불리는 영국 침례교 선교사 윌리엄 캐리가 런던을 출발한 때는 1793년 4월이었다. 그리고 인도 캘커타에 도착한 것은 그 해 11월 11일이었다. 지리적 경계선을 넘어서는 데 약 7개월이 걸렸던 것이다. 미국 감리교 선교사 아펜젤러는 1885년 2월 2일, 미국 북장로교 선교사 언더우드는 같은 해 2월 3일 샌프란시스코 항구를 떠나서 태평양을 건너 2월 27일 일본 요코하마 항구에 도착해 물과 양식과 땔감을 보충한 뒤 같은 배를 타고 4월 5일 한국 제물포(인천)에 동시에 도착했다. 지리적 경계선을 넘어서는 데 약 2개월이 걸린 셈이다. 하지만 지금은 교통수단의 발달로 지리적 장벽이 많이 낮아졌다.

2010년 현재 세계 국가는 234개국이다. 아시아 대륙에는 모두 44개의 국가가 있다. 교통이 얼마나 편리해졌는지 서울에서 모스크바까지 늦으면 10시간, 빠르면 7시간 만에 경계선을 넘어설 수 있다. 이제는 지구 끝이라 해도 사흘이면 갈 수 있는 시대가 되었다. 옛날에 비해 지리적 경계선을 넘어서는 일이 점점 더 쉬워지고 있다. 심지어는 지리적 경계선을 넘지 않고서도 선교할 수 있는 시대가 되고 있다. 88올림픽 이후 자기 발로 한국에 들어오는 외국인들의 수가 급증하고 있기 때문이다. 외무부 통계에 의하면 2011년 현재 국내 거주 외국인의 숫자가 130만 명이라고 한다. 그리고 인터넷의 발달로 지리적 이동 없이 선교할 수 있는 새로운 환경이 만들어지고 있다. 그러므로 지리적 경계선을 넘어가는 일에 대해서는 논하지 않고 '문화적 경계선'을 넘어가는 일'에 대하여 상세히 논하고자 한다.

(1) 문화적 경계선

다른 문화 속으로 들어가면 문화 충격(culture shock)을 받는다. 문화 충격이란, 눈에 보이지 않지만 사람들이 완전히 다른 문화 환경이나 사회 환경에 있을 때 느끼는 감정의 불안을 서술하기 위해 쓰는 용어이다. 익숙한 문화를 떠나 낯선 문화 속으로 들어갔을 때 사람에 따라 다르지만 육체적 정신적으로 다양한 어려움을 경험한다. 부모 친구 친척 고향을 떠나 선교지에 들어가는 선교사들은 선교 초기에 문화 충격을 경험하고 극복하는 데 많은 고생을 하게 된다.

타문화권 속으로 들어간 선교사가 복음을 제대로 전하기 위해서는 문화적 경계선을 넘어서야 한다. 선교사에게 문화적 경계선을 넘어서는 일은 아주 중요한 일이다. 왜냐하면 문화적 경계선을 넘어서지 못하면 선교지 주민들을 제대로 이해할 수 없으며, 친구가 될 수도 없고, 복음을 제대로 전할 수도 없으며, 협력하여 하나님의 뜻을 실천하는 일도 불가능해지기 때문이다.

문화적 경계선은 지리적 경계선과는 달리 눈에 보이지 않는다. 그러므로 이 경계선을 넘어서기 위해서는 문화가 무엇인지를 배워야 하고, 문화의 차이로 인하여 생겨날 수 있는 문제점들을 인식해야 하며, 타문화권 속에서의 언어를 배우고, 선교 커뮤니케이션을 효율적으로 할 수 있는 원리를 배워야 하고 그리고 선교지 문화를 평가하는 관점에 대하여 생각해보아야 한다.

a. 문화가 다르면 어떤 일들이 생기는가?

문화가 다르다는 것이 무엇을 의미하는지 실제로 경험해보지 않은 사람은 이해하기 어려운 것이다. 문화가 다르면 언어가 다르고, 소유 개념과 소유 방식이 다르고, 남녀의 역할이 다르고, 학습 방식과 내용이 다르고, 놀이 방식이 다르며, 중요하게 생각하는 절기가 다르고, 개발에 대한 이해가 다르며, 사람들의 연대 방식이 다르고, 음식이 다르며, 장례식과 결혼식이 다르며, 희노애락이 다르고, 갈등의 원인과 해결 방식이 다르다. 이외에도 수많은 부분에서 차이를 경험한다.

선교문화인류학자 폴 히버트는 문화가 마치 안경과 같다고 하면서

> "문화란 관념과 감정과 가치의 통합된 체계 및 이와 연관된 행위의 형태와 그들이 생각하고 느끼며 행동하는 것을 조직하고 규칙화하는 사람들의 집단에 의하여 공유된 산물"

로 정의하였다.[14] 그러므로 문화가 다르면 마치 다른 안경을 쓰고 세상을 보는 것 같아서 인식하는 것이 다르고, 느끼는 감정이 다르며, 평가가 달라진다는 것이다. 이것을 히버트는 문화의 인식 차원, 감정 차원, 평가 차원이라고 불렀는데 히버트의 문화 정의와 이해는 선교에 실제적으로 중요한 의미를 지니기 때문에 좀더 자세히 설명한다.

ⅰ. 문화가 다르면 인식하는 방식이 다르다.

한국인들은 무지개를 빨 주 노 초 파 남 보 7개 색으로 보는데, 남인도에 있는 탈레구에서는 무지개를 여러 가지 색깔로 보는 동시에 2가지 기본 색깔로 구분한다. 하나를 에라스(erras) 또는 뜨거운 색깔(빨강부터 주황

---

14) 폴 히버트 지음, 김동화 외 3인 옮김, 『선교와 문화인류학』(서울: 죠이선교회출판부, 2000), 40-46.

까지)이고, 다른 하나는 파스타스(pastas) 혹은 차가운 색깔, 옅은 노랑부터 보라까지이다.

우리는 세상을 '있는 그대로 본다'고 생각하지만 사실은 '배운 대로 본다'고 하는 편이 더 적절한 표현이다. 눈을 뜨면 물체가 보이기 때문에 어느 누구도 보는 법이 배움의 결과라고 생각하지 않을 뿐이다. 그러나 모든 사람들은 같은 물체를 동일하게 보지 않는다. 보는 방법만 다른 것이 아니라 본 것을 표현하는 방법도 다르다. 같은 소리를 들어도 표현하는 방식은 문화에 따라서 다르다. 보통 돼지 울음소리하면 '꿀꿀'이라고 생각한다. 그러나 그건 우리나라 사람들의 생각이고, 이웃나라 중국만 보아도 '후루후루'가 돼지의 울음소리라고 한다. 미국 사람은 '오잉크 오잉크'라고 한다. 이렇게 문화가 다르면 인식이 다르고 표현이 다를 수 있다.

문화에 따라서 눈에 보이지 않는 세계와 눈에 보이는 세계에 대한 인식과 해석이 달라진다. 예를 들어 사람과 사람의 만남을 두고서 윤회적 세계관을 지닌 불교신자나 힌두교 신자는 "우리의 만남은 인연이다."라고 말한다. 그리고 하나님을 믿는 기독교인은 "우리의 만남은 하나님의 섭리이다."라고 생각한다. 그러나 노사연은 "우리의 만남은 운명이었어."라고 노래한다. 종교에 따라서 세계관이 달라지고, 세계관이 다르면 같은 실재(질병, 죽음, 만남, 이별, 신비스러운 자연현상 등)에 대한 해석이 달라지고, 해석이 달라지면 반응도 달라지는 것이다. 기독교적 세계관을 가지고 있는 사람은 장례식을 치른 다음 49제를 드리지 않는다. 고인의 영혼은 이미 하나님의 나라에 들어갔다고 생각하기 때문이다. 그러나 윤회적 세계관을 가진 사람은 49제를 정성스럽게 치른다. 시간도 비용도 많이 든다. 그래도 아까워하지 않는다. 그것이 곧 고인에 대한 사랑이요 충성이요 존경이라고 생각하기 때문이다.

ii.문화가 다르면 느끼는 감정이 다르다.

문화가 다르면 감정(정서적 반응)도 달라진다. 폴 틸리히는 『문화의 신학』이라는 책에서 종교와 문화의 관계성을 이렇게 말했다. 즉 "종교는 문화의 실체(뿌리)이고 문화는 종교의 표현이다."[15] 종교는 세계관을 만들고 세계관에 따라서 가치관이 달라지고 가치관에 따라서 아름다움과 추함이 나누어지며 사랑할 것과 미워할 것이 나누어진다. 따라서 문화에 따라서 미인의 기준도 달라진다. 선택의 기준과 선호도의 기준이 달라지기 때문이다. 문화가 달라지면 의상, 음식, 주택, 가구, 음악, 미술이 달라진다. 이렇게 문화에 따라서 울고 웃고 분노하고 노래하는 내용이 달라지는 것이다. 유교를 오래 믿으면 제사집 분위기가 만들어지고, 불교를 오래 믿으면 초상집 분위기가 만들어지고, 기독교를 오래 믿으면 잔치집 분위기가 만들어진다는 말이 있다. 이것은 우연이 아니다. 종교에 따라서 세계관이 만들어지고 일반적으로 세계관에 따라서 집안 문화와 사람의 분위기가 만들어지기 때문이다.

iii. 문화가 다르면 평가하는 것이 다르다.

한번은 미국인이 인도인과 함께 식당에서 식사를 하면서 물었다. "왜 인도 사람들 손으로 음식을 먹습니까? 더럽지 않습니까?" 그러자 인도 사람이 "더럽다니요? 우리가 보기에는 미국 사람들이 더러운 것 같습니다. 우리는 항상 손을 구분해서 사용하고 손을 씻고 내 손으로만 음식을 먹지만, 미국인은 누구 입에 들어갔다 나온 스푼과 포크인지도 모르고 자기 입에 넣지 않습니까?"

문화가 다르면 아름답다, 추하다, 깨끗하다, 더럽다의 평가도 달라진

15) Paul Tillich, *Theology of Culture* (Oxford Uni. Press, 1977), 42.

다. 많은 미국인들이 인도에 대한 첫인상은 더러움이다. 길가에 펼쳐져 있는 부패한 쓰레기, 술로 찌든 플라스틱 통, 썩은 이물질로 진동하는 하수구, 길에 널려있는 배설물과 도처에 있는 더러움과 지저분함이다. 운전할 때도 거리의 풍경은 혼란과 더러움이다. 트럭, 버스, 증기차, 트렉트, 차, 모토릭샤, 자전거, 소달구지, 사람, 소, 물소, 양, 처진 개들이 도로 규칙을 무시하고 각기 제갈길을 가기 위해 서로 협상을 한다. 삶은 질서와는 전혀 관계가 없고 오직 질서에서 벗어난 무질서와 더러움이 삶을 이루는 느낌이다.

그런데 인도인들도 미국과 미국인들에 대해 충격을 받는다. 그들은 공공장소의 청결함에 대해 놀라움을 갖는다. 잔디는 말끔하게 정돈되어 있고 건물들은 새롭게 페인트 칠해 있고 거리들은 깨끗하며 하수구는 땅밑에 감추어져 있다. 사람들은 광을 내어 반짝이고 흠집이 없는 차들을 몰고 있다. 그들은 잘 표시된 차선을 준수하고 정지 신호등에 정지하고 도로 회전을 하기 전에 다가오는 차들이 지나가도록 기다린다.

그러나 인도인들은 미국인들의 개인적인 불결함에 대해 큰 충격을 받는다. 공공학교, 상점, 영화관, 버스 안에서 그들은 낡고 더럽고 찢어진 바지, 감추인 것이 없는 매우 짧은 치마, 광고로 덮인 티셔츠, 때에 절어 번지르한 테니스 신발을 착용한다. 이것들은 거지 옷이나 다름없다. 여인들은 남자들이 입는 것과 동일한 우중충한 옷을 입고 있다. 그들은 집에 들어올 때 신발을 신고 다닌다. 심지어 하나님의 현존에 들어갈 때도 교회 안에서 신을 신고 다닌다. 충격이다.

문화가 다르면 가치평가와 충성의 내용이 달라진다. 모든 사람은 선택하고 행동할 때 마음속에 있는 가치관을 따른다. 무엇이 옳고 무엇이 그른가, 무엇이 선하고 무엇이 악한가 윤리적 도덕적으로 규정한다. 일시적으로는 자신의 가치관과 다른 선택과 행동을 할 수 있지만 지속적으로는 하지 못한다. 문화에 따라서 중요시하는 것이 다르다. 따라서 문화에 따라서 경제활동도 달라질 수 있다. 인간관계도 달라질 수 있다. 어떤 지역에서는 정조(情操)가 중요하지만 어떤 지역에서는 정조보다 우정을 더 소중하게 여기고 정직함을 더 소중히 여긴다. 반대로 정직함보다 정조를 더 소중히 여기는 공동체도 있다. 같은 행동을 했는데 문화에 따라서 중죄인이 될 수도 있고 칭찬을 받고 상을 받는 영웅이 될 수도 있다. 어느 지역에서는 아들을 낳았다고 칭찬을 받는데 다른 지역에서는 멸시를 받는다. 유교적 문화를 지닌 사람은 남아선호 사상을 가지고 있다. 조상에게 충성하는 일과 제사를 드리는 일이 중요하기 때문이다. 이렇게 문화에 따라서 평가가 달라진다.

ⅳ. 문화가 다르면 의사소통 방식이 다르다.

앞에서 언급한대로 문화가 다르면, 인식하는 방식과 이해하는 방식이 다르고 느끼는 감정이 다르고 평가가 달라진다. 그러면 자연히 의사소통하는 방식도 달라진다. 그런데 많은 사람들이 실제로 다른 문화 속에 들어가서 직접 경험해보기 전에는 이 말 뜻을 제대로 깨닫지 못한다.

김○○ 교수는 어릴 적에 유학간 아버지를 따라서 독일에서 살았다. 초등학교를 다닐 때 숙제를 제대로 하지 못해서 앞으로 불려나가 선생님에게 꾸중을 들어야 했다. 부끄럽고 죄송해서 고개를 숙이고 바닥을 쳐다보고 있었다. 그러자 독일인 선생님은 더욱 화를 내며 알아들을 수 없는 말로 야단을 쳤다. 나중에 알고보니 독일에서는 선생님이 꾸중을 할 때 반드시 선생님의 눈을 쳐다보며 듣는 것이 '선생님에 대한 예의와 존중'이라는 사실을 알았다.

20대에 한국으로 들어와서 대학을 다니게 되었다. 국어와 한문 시간이 제일 어려웠다. 그래서 숙제를 제대로 하지 못한 채 수업에 들어갈 때가 많았다. 한번은 교수님이 앞으로 불러내어 꾸중을 하였다. 그때 그는 교수님의 눈을 빤히 쳐다보며 교수님의 책망을 들었다. 그런데 교수님은 이해할 수 없게 더욱 화를 내며 "뭐, 이런 놈이 다 있어?" 하며 수업이 끝난 뒤에 남으라고 하였다. 나중에 알고보니 한국에서는 선생님이 책망을 할 때 고개를 숙이고 있는 것이 '선생님에 대한 예의와 존중의 표현'이라는 사실을 알았다.

한국에서는 밖에서 실내로 들어올 때 모자를 벗는 것이 예의이다. 그래서 예배드릴 때 모자를 벗는 것이 불문율이다. 그러나 이스라엘에서는 회당에 들어갈 때 모자를 반드시 써야 한다. 모자를 쓰는 것이 예의이다. 만일 모자를 쓰지 않고 회당에 들어가면 주위 사람들이 눈총을 주거나 안내원이 와서 나가달라고 한다. 문화에 따라서 예의와 존중의 메시지를 전하고 표현하는 방식이 다르다. 사랑과 환영의 메시지를 전하고 표현하는 방식도 다르다.

케냐 엘레라이 지역 마사이족을 선교하는 안찬호 선교사의 이야기이다. 선교의 꿈을 안고 한국을 떠나 아프리카 케냐 마사이 부족마을에 첫발을 디디고 얼마 후였다. 어느날 추장이 선교사 얼굴에 침을 뱉았다. 선교사는 너무 놀랐다. "어렵게 하나님의 역사하심으로 마사이 부족의 경계를 넘은 지 얼마 안 돼 이들의 마음이 변심한 게 아닌지, 나를 저주하는 것인지, 선교의 시작도 못 하고 이대로 끝나는 것은 아닌지..." 별의별 생각이 떠오르면서 화도 났다. 오기가 발동한 선교사는 추장의 얼굴에 침을 뱉었다. 그리고 주님께 기도했다. "주님 뜻대로 하옵소서. 이런 수

모는 참지 못하겠습니다."라고 기도하는데 이게 웬일인가? 추장과 다른 사람들이 갑자기 소리를 지르며 선교사를 안고 즐거워하는 것이 아닌가? 선교사는 나중에 침 뱉기가 일종의 환영인사라는 것을 알았다.

마사이 땅은 건기에 사막처럼 건조하고 우기에 아름다운 초원으로 이루어지는 사바나 지역이다. 이곳은 물이 아주 귀하기 때문에 부족민들은 물을 잘 먹지 않는다. 또 물이 몸 밖으로 나오는 것도 매우 신경을 쓴다. 예를 들어 땀 흘리지 않도록 주의하고 소변도 하루에 한번 보거나 아예 참거나 한다. 이렇게 물이 귀하다 보니 자신의 수분 즉 침을 뱉는다는 것은 자신의 가장 귀한 것을 상대방에게 주는 것을 의미했고 존경하는 손님에게 환대의 표시로 침을 뱉는 것이 오랜 풍습으로 이어져왔던 것이다.

문화의 가장 중요한 기능의 하나는 의사를 소통하는 기능이다. 문화가 다르면 말이 통하지 않는다. 말이 통하려면 문화를 이해하고 공유해야 한다. 인간의 사상이나 감정은 진공상태에서 전달되는 것이 아니라 반드시 문화적 형태를 거쳐서 다른 사람에게 전달하게 되기 때문이다. 다른 문화권이란 다른 의사소통 체계를 가지고 있다는 것을 의미한다. 선교사의 일부분이 된 의사소통 체계와 매우 다른 의사소통 체계가 사용되는 곳에서 선교사는 의사소통을 하게 된다. 이것은 선교사가 가지고 있는 좋은 의도와 숭고한 뜻을 선교지에서는 이해를 못 하거나 또는 왜곡될 수 있다는 것을 의미한다. 우리는 의사전달을 전달자가 최종적으로 결정한다고 생각한다. 그러나 이것은 사실이 아니다. 의미를 최종적으로 결정하는 사람은 피전달자이다. 피전달자가 어떻게 이해하고 해석했느냐에 따라서 의미는 결정된다. 문화에 따라서 다양한 의미로 받아들여지는 예를 몇 가지 들어보겠다.

태국은 의자를 사용하는 좌식 문화이다. 의자에 앉아서 한 발을 다른 발 위에 올려 놓았을 때 올려 놓은 발의 발가락이 상대방을 향하는 것은 심한 모독으로 받아들여진다. 또한 한 손가락으로 사람을 가리키는 것도 무례한 것으로 여겨진다. 사람을 가리킬 때는 다섯 손가락 전체로 가리켜야 한다.

네팔에서는 머리를 양옆으로 빨리 흔들면 '예'라는 의미이다. 반면에 머리를 양 옆으로 천천히 흔드는 것은 '아니오'라는 의미이다. 침을 뱉는 것은 최대한의 모욕으로 통하는 곳이 많아서 폭행을 당할 수도 있다. 그러나 마사이족(남아프리카 케냐 등지에 사는 유목민족)이 당신 앞에서 침을 뱉었다고 흥분할 필요는 없다. 그것은 우정과 존경의 뜻이니까.

엄지손가락을 검지와 중지 사이에 끼워넣는 것은 한국에서는 외설적인 욕이다. 반면에 브라질에서는 '당신에게 행운(good luck)을' 이란 뜻이다.

그리스에서는 손바닥을 펴서 상대방에게 내보이는 것이 심한 모욕이다. 가장 극도로 화가 났을 때 퍼붓는 최대 모욕은 양손을 펴서 손바닥 면을 상대방에게 보이는 행위이다. 그러므로 그리스에서 택시를 세울 때는 손바닥을 정면으로 들지 않도록 주의해야 한다. 다섯을 손으로 가리킬 때 상대방에게 손바닥을 보이는 것 대신에 손등을 펴보이도록 해야 한다. 그리스에서는 축도할 때 손바닥이 회중을 향하지 않도록 손바닥의 각도를 비틀어 양손바닥이 서로를 마주 향하도록 한다.

필리핀 북쪽 산악지방에 사는 깐까나이 부족에게는 코를 후비며 다른 이성을 쳐다보는 것은 '우리 함께 도망가서 살자'는 의미로 해석된다. 한국인 선교사가 깐까나이 부족 출신 청년을 데리고 깐까나이 부족 동네에 복음을 전하러 갔다. 사람들을 모아놓고 한참 설교를 하고 있는데 사람들의 분위기가 심상찮았다. 함께 갔던 청년이 혹시 상대방을 쳐다보면서 코를 만진 적이 있냐고 선교사에게 물어보았다. "아마도 그런 것 같다"고 하자 "빨리 자리를 피하는 게 좋겠다"고 말했다. 그 이유는 이성을 쳐다보며 코를 후비는 것은 '우리 함께 도망가서 살자'는 의미이기 때문이다. 선교사는 전혀 그런 의도를 가지지 않았지만 그들에게 비친 선교사의 행동은 그렇게 말하고 있는 것으로 해석되었다.

엄지와 검지로 만든 원은 한국, 일본 등에서는 돈의 의미로, 미국에서는 'OK'라는 의미로 받아들여진다. 하지만 남미에서는 남녀간의 음란한 의미를 갖는 심한 욕으로 사용된다. 볼리비아로 파송된 한국 선교사가 현지 유년 주일학교 아이들에게 한국교회에서 많이 부르던 "돈으로도 못 가요 하나님 나라"라는 찬양을 율동과 함께 가르쳐 주었다. 그런데"돈으로도 못 가요"라는 부분을 노래하면서 엄지와 검지를 사용해 원을 만들어 율동을 표현했더니 현지 아이들이 이상한 반응을 보이면서 그러한 율동을 하면 안 된다고 말했다. 그 이유를 물었더니, 엄지와 검지를 사용해 만든 원은 남녀간의 음란한 의미를 갖는 심한 욕이라고 가르쳐주었다.

이렇게 문화가 다르다는 것은 많은 부분에서 다를 수 있다는 사실을 의미한다. 문화가 다르면 의사소통하는 방법이 다르고 갈등의 원인과 해결방식이 다르고, 심지어는 죄의식도 다르다. 예를 들어 유교문화, 불교문화, 유대교문화, 이슬람문화에서 심각하게 생각하는 죄와 갈등의 원인 그리고 해결방식이 다르다. 상대방에 대한 예의와 존중의 표현 방식도 다르다.

b. 문화의 특성

문화는 복합적인 것이어서 정의하기 쉽지 않다. 전문적인 학자들의 문화에 대한 이해도 다양하고 정의만 해도 160가지가 넘는다. 문화

(culture)란 (자연의) 땅을 경작하다는 뜻을 지닌 라틴어 'cultur'(쿨투르)에서 나왔다. 그러므로 어원적으로 살펴볼 때 문화란 "인간의 활동으로 자연을 어떤 형태를 변형시키는 행위"를 가리킨다. 이렇게 변형시키는 행위는 시간이 지남에 따라서 더욱 광범위해지고 세밀하게 이루어져왔다. 자연은 인간의 영향력이 가해지지 않은 상태로 머물러 있는 반면, 문화는 인간의 특정한 사상, 감정, 가치관이 개입된 육체적, 정신적 활동의 산물이다. 그래서 독일 선교문화인류학자인 마누엘 라우홀츠(Manuel Rauchholz)는 "문화란 사람들이 그들 자신의 실존 상황을 대처하기 위하여 사용하고 개발해온 전략들을 총체이다."라고 하였다.[16] 다시 말하면 문화란 집단적 사고방식이며 생활양식이며 적응양식과 지혜라는 것이다. 그러므로 인간이 있는 곳에는 시대나 장소를 불문하고 문화가 존재한다는 점에서 문화는 인간의 존재론적 특성이라 할 수 있다.

이렇게 포괄적인 의미를 지닌 문화는 크게 세 가지 범주로 나뉘어지는데, 첫째가 기술 문화이고, 둘째가 사회적 문화이고, 마지막은 관념적 문화이다. 이렇게 문화는 사회적 집단적 성격을 지니고 오랜동안 전승 학습되는 가운데 다른 사회집단과는 다른 특성과 특색을 지니게 된다. 이것이 문화적 경계선을 만든다. 그래서 흔히 문화를 "한 민족에게 동질성을 부여하고 다른 민족과는 구별되게 하는 그 민족의 언어, 습관, 관습, 사회 조직 등의 총체"라 정의하기도 한다.

문화가 인간생활에 미치는 영향이 어느 정도인가? 개인의 몸속에 유전자가 있어서 그 유전자가 개인의 신체적 · 정신적 · 행동적인 특성을 형성하듯이 집단 속에는 문화적 유전자가 있어서 그 집단의 특성을 형성한

16) Culture is a sum of strategies which people have developed and used to cope with their existence.

다. 모든 사람은 생물적인 유전자와 문화적인 유전자를 가지고 있다.[17] 선교사도 선교지 원주민도 마찬가지이다.

오랫동안 기독교인들은 문화에 대해 부정적 태도를 지녀왔다. 문화는 세속적인 것이다. 세상 문화는 사람을 타락시킨다는 등 문화에 대하여 부정적인 편견을 가졌다. 하지만 본질적으로 문화는 하나님의 은혜의 결과이다. 하나님의 문화 명령으로 문화가 시작되었기 때문이다(창 1:27-28, 창 9:1). 하나님이 동물과는 달리 인간에게 자유와 지혜와 창의성을 주셨고 새로운 문화를 만들어 즐길 수 있는 복을 주셨기 때문이다. 비록 아담과 하와의 타락 이후 문화의 많은 부분이 타락하고 병들게 된 것이 사실이지만, 타문화권 속으로 들어가서 복음을 전하려고 하는 선교사는 현지 문화를 가능한 존중하고 학습해서 효과적인 선교방법을 찾아야 한다. 우선 문화의 특성을 생각해보자.

① 문화는 학습된 것이다. 즉 태어날 때 타고나는 것이 아니라 태어난 뒤에 주위에서 양육하는 사람들로부터 배운 것이다. 이 말은 양육자와 양육 환경이 바뀌면 문화가 바뀐다는 뜻이기도 하다.

② 문화는 사회적(집단적) 성격을 지닌다. 개인의 것이 아니라 여러 사람이 공유하는 것이다. 사람이란 사회 안에 살고 있으며 그 사회 안에서 공동의 생활양식과 관습을 발전시키고 전수한다. 이 말은 사회(집단) 구성원이 바뀌면 문화가 바뀔 수 있으며 문화가 바뀌면 사회 구성원도 바뀔 수 있음을 암시한다.

③ 문화는 복합적 산물이다. 역사, 기후, 음식, 종교, 자연환경, 경제활동, 교류 등 여러 가지 요인이 복합적으로 작용하여 만들어진 것

17) 독일에서 10년 동안 문화심리학을 공부하고 귀국해 명지대학교에서 여가경영학과를 개설해 가르치는 김정운 박사는 유대인들에게는 '안식일 유전자'가 있어서 세계적인 경쟁력을 가진 민족이 되었다고 분석했다. 김정운, 『노는 만큼 성공한다』 (21세기북스, 2007), '여는 이야기 셋.'

이다. 그러므로 쉽게 판단하고 쉽게 바꿀 수 있는 것이 아니다.

④ 문화는 각기 형식과 의미를 지닌다. 마사이 부족은 '침뱉음'이라는 형식을 통하여 '환영'이라는 의미를 전한다. 그러나 한국에서 '침뱉음'이라는 형식은 '모욕'을 의미한다. 그러므로 문화를 이해하려면 각각의 문화적 형식이 갖는 의미를 질문하고 새로 정리하는 시간을 가져야 한다.

⑤ 문화는 변화하는 것이다. 고정된 것이 아니다. 문화는 안정과 변화라는 양면성을 갖고 있다. 문화는 한편으로 현상을 유지하려는 성향, 오랜 세월을 두고 같은 것을 유지하려는 경향성을 지닌다. 이런 성향을 지닌 자들을 보수적 전통주의자라고 부른다. 그러나 다른 한편 문화는 살아있는 사람들 속에 존재하는 것이기 때문에 문화는 살아 움직이며 변화를 원한다. 똑같은 것은 지루하기 때문이다. 이런 성향이 강해지면 사회집단이 개혁적으로 변한다. 때에 따라서 어느 사회집단의 문화 욕구가 보수적으로 기울질 때가 있고 개혁적으로 기울질 때가 있다. 선교사는 문화적 욕구와 분위기가 어느 쪽으로 기울어지고 있는가를 관찰하여 적절한 선교전략을 세우는 것이 지혜로울 것이다. 만일 언더우드 아펜젤러가 1885년 조선에 입국한 것은 선교적 문화적으로 볼 때 정말 카이로스(Kairos)였다고 할 수 있을 것이다. 조선의 전통 종교 문화에 회의를 품고 새로운 것을 희구하던 시대였기 때문이다.

⑥ 문화는 규범적인 것이다. 문화를 따르지 않는다고 해서 감옥가는 것은 아니지만 그 사회집단 속에서 편안하게 살아가려면 존중하고 따라야 할 무언의 불문율 같은 것이 문화이다. 이것은 규범과 같은 역할을 한다. 여기서는 남자는 이래야 하고 여자는 이래야 한다, 옷을 이렇게 입어야 하고 음식을 먹을 때는 저렇게 해서는 안 되고

이렇게 해야 한다 등과 같은 것이다. 그래서 문화는 알게 모르게 사람의 사고방식이나 행동양식을 형성하고 그 양식을 따르지 않은 사람은 그 사회집단에서 비문화인으로 간주되어 불이익을 당하게 한다. 선교사가 만일 그 사회집단 속에서 비문화인으로 간주되면 주류집단과 교제하는 것이 어려워질 것이다.

⑦ 문화는 하나의 책이다.[18] 문화는 어떤 면에서 책과 같은 부분이 있다. 문화와 책에는 저자(著者)가 있기 때문이다. 문화는 저절로 생긴 것이 아니다. 누군가 창시한 것이며 그 후에 많은 사람들이 습관적으로 따라함으로써 형성된 것이 문화다. 그러므로 우리는 문화 현상을 볼 때 그것이 누구에 의해 시작된 것인지 볼 수 있어야 한다. 문화를 책으로 본다는 것은 문화에 메시지가 있음을 의미한다. 동시에 이 문화는 사람의 손을 거쳐 나온 것이기에 거기에는 오타와 오류의 가능성이 있다. 우리는 책을 읽을 때 오타를 교정하고 잘못된 부분을 시정한다. 그리고 그것을 반영해서 개정판을 낸다. 모든 책은 기본적으로 책과 잉크를 재료로 사용한다. 마찬가지로 모든 문화의 기본 재료는 하나님이 주신 것들이다. 자연과 생명과 식량과 정신 모두 하나님이 주신 것들이다. 그러나 오랜 역사와 관습 속에서 망가지고 오 · 남용되어 병든 문화가 있다. 선교사는 현지 문화를 관찰하면서 성경의 가르침에 비추어 현지 문화를 하나님 중심적이고 생명을 살리는 방향으로 점진적으로 개정해 나가야 한다. 그러기 위해서는 선교사(목회자)는 문화 읽기를 하면서 문화에 대한 분별력을 길러야 한다.

18) 참고: 장경철, 『문화읽기』 (두란노, 2001).

c. 문화의 핵심 : 세계관

복음주의 선교신학을 대변하는 윌로우뱅크 보고서에 나타난 문화 이해를 네 가지로 요약하면 문화란 첫째로 궁극적인 실재에 대한 믿음이며, 둘째로 선악을 판단하고 규범을 제시하는 가치 기준이며, 셋째로 사람들의 일상생활을 형성하는 다양한 관습들이며, 넷째로 이와 같은 요소를 하나로 통합하는 체계이다.[19] 이것을 계층적으로 도식화해보면 표면에는 관습과 체계가 있고, 그 안에는 가치 기준이 있고, 제일 깊숙한 곳에는 궁극적 실재에 대한 믿음이 있다는 것이다.

문화는 여러 겹의 껍질을 가진 양파와 같다. 겉으로 보이는 색깔, 소리, 음식, 놀이, 남녀역할, 풍습의 이면에는 가치관이 작용하고 있다. 무엇이 좋고 나쁘다, 아름답고 추하다, 선하고 악하다, 유익하다 해롭다, 축복이다 저주이다 등 가치관이 작용해 부정적인 것은 피하고 긍정적인 것을 강화하는 행동양식이 집단적으로 드러난 것이 문화인 것이다. 그런데 그러한 가치관의 뿌리는 세계관이다. 세계관이란 무엇인가? 세계관은 '기본적인 정신적 지도'(primary mental map)이다. 지도(Map)는 방향감각을 일깨우고 현재의 위치를 가르쳐주는 기능을 함으로써 다음 행동의 감각과 평가를 제공하는 일종의 네비게이션(navigation)과 같은 것이다.

문화의 심층부에 숨어있는 세계관을 찾아내는 방식 중에는 꼬리를 무는 질문을 해보는 방법이 있다. 계속 "왜 그런가?"(Why?)라는 질문을 해보는 것이다. 예를 들어 어느 나라 문화에서는 사람들이 약속을 잘 안 지킨다는 사실이 지적되었다고 하자. 질문자는 "왜 이 나라 사람들은 약속

19) *The Willowbank report of a Consultation on gospel and culture*, 조종남 편역, 『복음과 문화』(한국기독교학생회 출판부, 1993), 13-15.

을 안지키지요? 그 이유가 무엇인가요?"라는 질문을 한다. 답변자는 "아마 이들에게는 시간 개념이 약하기 때문에 그런 것 같습니다."라고 답한다. 그러면 질문자는 다시 "왜 이들은 시간 개념이 약할까요? 그 이유가 무엇인가요?"라는 질문을 다시 한다. 답변자가 "이들의 문화적 가치 체계는 관계 중심이기 때문인 것 같습니다. 관계를 유지하는 것이 물리적 시간 개념보다 더 중요하니까요"라고 하면, 다시 "이들은 왜 관계를 더 중요시할까요? 그 이유가 무엇인가요?"라는 질문을 반복한다. 이런 일련의 질문을 통해서 문화의 겉껍질 수준이 아니라 가치관, 신조체계, 세계관 그리고 종교관의 영향을 이해할 수 있다.[20]

세계관을 형성하는 데는 그 사회의 종교가 중요한 역할을 한다. "宗教"라는 한문의 뜻이 재미있다. 마루, 근본을 뜻하는 "宗"자와 가르침을 뜻하는 "教"가 결합된 말이다. 그러니까, 종교란 인생의 근본되는 가르침이라는 뜻이다. 근본되는 가르침, 중요한 가르침이다. 시급한 문제에 대한 가르침은 아니지만 인생의 근본적인 문제에 대한 중요한 가르침이다. 인간은 어디에서 왔다가 어디로 가는가? 왜 사는가? 인생의 의미는 무엇인가? 등 근본적인 질문들에 대한 대답을 얻을 수 있는 인식의 틀을 제공하는 것이 종교이다. 모든 문화적 활동은 가치관에 근거하고 있고 가치관은 세계관에 뿌리를 두고 있다. 이러한 문화 구조를 이해한다면 겉으로 드러난 언어, 예술, 풍습, 사회적 규범들과 예식들 배후에는 가치관이 존재하며 가치관의 뿌리에는 종교적 세계관이 자리잡고 있음을 생각해야 한다. 그래서 폴 틸리히는 "종교는 문화의 내용(뿌리)이며 문화는 종교의

20) 기본적으로 이것은 Lloyd Kwast의 문화 이해를 따른 것이다. Lloyd Kwast, "Understanding Culture," *Perspectives on the World Christian Movement*, eds. Ralph Winter and Steven C. Howthorne (Pasadena: William Carey Library, 1992), C3-6.

표현(열매)이다"라고 했다.

세계관이란 단어는 1780년 칸트의 『판단력 비판』에서 처음 사용되었는데, 세계관을 의미하는 독일어 Weltanschauung은 '세계'를 뜻하는 'Welt'와 마음이나 정신적인 직관(드러나지 않은 내면을 보는 눈)을 의미하는 'Anschauung'를 합한 것이다. 세계관(世界觀, Worldview)이란 사건이나 상황, 자신을 포함한 주변 세계에 대한 인식 또는 판단의 기본이 되는 '전제의 틀'이라고 할 수 있다. 비유하면 마치 안경과 같은 것이다. 빨간색 안경, 노란색 안경, 어떤 안경을 쓰고 세상을 보는가? 또 비유하면 마치 창틀과 같은 것이다. 둥근 창, 세모 창, 어떤 창문을 통해 세상을 보는가? 안경에 따라서 창틀에 따라서 보이는 세상이 달라진다. 즉 같은 세상, 같은 실재라도 세계관에 따라서 보이는 것이 달라지고 생각하고 해석하고 판단하는 것이 달라진다. 그러니 행동하는 것도 달라질 수밖에. 세계관에도 병든 세계관이 있고 건강한 세계관이 있다. 올바르고 건강한 삶을 살기 위해서는 올바르고 건강한 세계관이 필수적이다. 건강한 세계관은 현실성, 내적 통일성, 개방성, 타당성, 생동성을 제공한다. 올바른 세계관을 가질 때 우리는 살아가면서 무엇이 더 귀중하며 무엇이 덜 귀중한가(priority)를 바르게 판단할 수 있으며 인생을 허비하지 않고 살 수 있다.

세계관은 지역에 따라 동양적, 서양적 세계관으로 분류되기도 하고 종교에 따라 기독교적, 이슬람교적, 불교적, 유교적, 도교적 세계관으로 분류되기도 한다. 또 시대적 철학사조에 따라 고대범신론, 기독교유신론, 이신론(理神論), 자연주의, 허무주의, 실존주의적 세계관으로 분류하기도 하고 형이상학적 관점에 따라 관념론, 실재론, 일원론, 이원론, 다원론, 유물론적 세계관으로 나누기도 한다. 그리고 인생관에 따라 개선적, 낙천적, 염세적 세계관으로 명명하기도 하고, 역사를 보는 관점에 따라

진보적, 순환적, 정체적, 회귀적 세계관으로 나누기도 한다. 그런가 하면 사회계급적 측면에 따라 부르주아적, 프롤레타리아적 세계관으로 분류하기도 한다. 최근에 와서는 경영학적 입장에서 인류의 세계관을 유목민 세계관과 정착민의 세계관으로 분류하고, 유목민 세계관과 정착민 세계관을 서로 비교함으로써 교통통신이 발달한 현대세계에서 어떤 세계관이 더 유리한가를 연구 소개하는 이들도 있다.[21]

세계관을 형성하는 핵심적인 질문은 7가지이다.[22] ① 진정으로 참된 최고의 실재는 무엇인가? ② 외부의 실재 즉 우리를 둘러싼 세계의 본질은 무엇인가? ③ 인간은 무엇인가? ④ 인간이 죽으면 어떤 일이 일어나는가? ⑤ 지식이 가능한 까닭이 무엇인가? ⑥ 무엇이 옳고 무엇이 그른지 어떻게 알 수 있는가? ⑦ 인간 역사의 의미는 무엇인가? 이 7가지 질문에 대해 경험적으로 실존적으로 어떻게 대답하느냐에 따라서 각기 다른 세계관이 만들어진다.

한국 기독교인들 가운데에는 신앙은 좋은데 세계관이 나쁜 사람들이 많다. 교회 다니면서도 무당적 세계관, 불교적 세계관, 요즘에는 자본주의적 세계관을 그대로 바꾸지 않고 다니는 경우가 많다. 대표적인 예가 복(福)에 대한 이해이다. 기독교의 복은 산상수훈(마 5-7장)의 복이다. 그러나 한국 기독교인들은 아직도 오복(五福: 오래 살고(壽)), 부자 되고(富), 높은 벼슬을 하고(貴), 건강하고(康寧), 자손의 인사를 받으며 편안하게 죽음(古終命)을 복이라고 생각하며 하나님께 오복을 달라고 조른다. 오복을 받아야 복 받은 것으로 생각한다. 마음이 가난하고 온유해지고 의를 위하여 핍

21) 김종래, 『CEO 칭기스칸』 (삼성경제연구소, 2003), 21.

22) James W. Sire, *The Universe Next Door*, 김헌수 역, 『기독교 세계관과 현대 사상』 (IVP, 1995), 22-23.

박받는 것을 복으로 생각하는 기독교인은 드물다. 마음의 가난, 온유함, 의를 위한 핍박은 오복을 얻기 위한 과정으로 생각한다. 십자가와 부활이 기독교 세계관의 핵심 내용이다. 십자가와 부활의 의미를 긍정적으로 드러내지 못하는 세계관은 기독교 세계관에서 거리가 먼 것이다.

그럼 기독교적 세계관이란 무엇인가? 기독교적 세계관은 역사적으로 창조(Creation), 타락(Fall), 구속(Redemption)이라는 뼈대 위에 발전되어 왔다. 사이어는 기독교 세계관의 구성요소에는 신관, 역사관, 인간관, 사망관, 윤리관 등이 포함된다고 했다.[23)]

① 기독교의 신관은 삼위일체 신관이다. 즉 독재자 스타일의 유일신관(유대교/이슬람교)이 아니라 성부, 성자, 성령의 코이노니아 속에 계신 하나님, 이것이 기독교의 신관이다.

② 기독교의 역사관은 직선사관이다. 역사의 시작이 있고 끝이 있다. 돌고 도는 역사가 아니다. 역사의 중심은 예수 그리스도이다. 역사의 심판주는 예수 그리스도이다. 역사의 의미와 역사적 사건의 옳고 그름은 예수 그리스도의 가르침과 모범에 의해 결정된다.

③ 기독교의 인간관에는 창조, 타락, 구원이 포함되어 있다. 즉 인간은 하나님의 형상으로 피조물들 중에서 가장 존귀하게 창조되었는데 죄로 인해 인간의 존엄성이 이지러졌다. 이 결과 마치 독감에 걸린 사람처럼 이성, 감성, 의지 모두 제 기능을 하지 못하게 되었다. 그런데 하나님의 자비로 예수 그리스도를 믿고 순종하면 인간의 위엄과 존엄을 회복할 수 있는 길이 열려있다는 것이다.

④ 기독교의 사망관이다. 사망은 죄의 결과이다. 그러나 사망이 끝이 아니다. 육체는 의복 같은 것이다. 죽은 이후 하나님의 심판을 받

---

23) James W. Sire, *The Universe Next Door*, 김헌수 역, 『기독교 세계관과 현대 사상』 (IVP, 1995), 30.

는다. 생전에 예수를 믿고 보혈을 겸손하게 의지한 자는 부활하신 예수님처럼 영광스럽게 부활해 하나님 나라에서 영생복락을 누린다.

⑤ 기독교의 윤리관이다. 예수의 가르침과 모범이 길이며 진리며 생명이라고 믿는다. 결혼은 최선이 아니라 차선이다. 즉 결혼이 인생의 목적이 아니고 하나님의 영광을 위한 수단이다. 직장도 마찬가지이다.

⑥ 기독교의 시간관이다. 기독교의 역사관은 5세기 히포의 주교 어거스틴과 20세기 독일 신학자 오스카 쿨만에 의해 대변된다. 기독교는 시간을 이렇게 생각한다. 즉 시간도 하나님의 피조물이다. 하나님은 시간을 초월하신다. 시간은 직선적이다. 시간은 무한하지 않다. 얼마 가지 않아서 모든 것을 정리하고 마무리해야 할 시간이 온다. 시간의 의미는 예수 그리스도이다.

선교사역이란 세계관의 변혁작업이다.

UBF 선교사로 인도에 파송받아 사역하고 있는 ○○○ 선교사의 얘기다. 대부분의 UBF 선교사들이 직업을 갖거나 유학생으로 공부하면서 선교를 하는 것처럼 이 선교사님 역시 인도 마드라스(Madras) 지역에 있는 영사관 직원으로 일을 하면서 선교활동을 하고 있었다. 이 선교사님은 시간이 나는 대로 인근 대학에 나가 전도를 하고 있는데 어느 날 힌두교를 믿는 여학생에게 복음을 전할 기회가 있었다. 그런데 복음에 대한 그 여학생의 반응이 좋아서 급기야 정기적으로 시간을 정하여 함께 성경을 공부하기에 이르렀다. 그 여학생은 성경을 배우는 태도도 매우 진지하여 선교사님은 열심히 성경을 가르쳤다. 그러다가 6개월 정도 지났을 때 이 선교사님은 자연스럽게 그 여학생에게 이 복음을 주변에 있는 가까운 사람들에게도 전하라는 권유를 하였다.

그러던 어느 날 이 여학생이 희색이 만연하여 선교사님을 만났다. 그러면서 오늘은 드디어 복음을 전했다고 했다. 이 말을 듣고 너무나 기분이 좋았던 선교사님은 곧 누구에게 전했느냐고 물었다. 그랬더니 그 여학생은 진지하게 바로 자기 집에서 기르는 개에게 전도를 했다고 했다. 자기 집에서 기르는 개의 눈빛을 자세히 보니 아무래도 전생에 사람이었던 것 같고 또한 다음 후생에는 사람으로 환생할 것 같아서 복음을 전했다고 했다. 자기를 잘 따르는 이 개가 환생할 것을 대비하여 미리 복음을 전해두면 좋지 않겠느냐는 얘기였다.

인도 캘커타에 가면 테레사 수녀의 자비의 집이 있다. 테레사 수녀가 거기에서 일생을 살았다. 그의 키는 1m 50cm 였다. 세상 여자로서는 크다만 여자였다. 그러나 그의 숭고한 헌신과 사랑으로 인하여 69살에 노벨상을 받았다. 이 모습을 본 인도 사람들도 크게 기뻐하였다. 그리하여 그를 인도의 18번째 신으로 추대했다.

이 이야기는 복음을 받아들이는 데 있어서 세계관이 어떤 영향을 미치는가를 보여주는 예이다. 모든 민족은 나름대로의 세계관을 갖고 있으며 그리고 그 세계관이라고 하는 것은 복음을 담는 그릇이다. 기존의 세계관이 어떤 것이냐에 따라 복음을 받아들이는 모습이나 복음에 대한 이해가 상당히 달라진다. 한국인들은 무속적으로 복음을 이해하는가 하면 일본인들은 신도(神道)라는 그릇 속에 복음을 받아들인다. 그러므로 단순히 복음을 받아들이고 교회 나온다고 만족할 것이 아니라 그의 세계관을 점검하고 복음적 세계관으로 변화할 수 있도록 가르치고 훈련하고 도와야 한다.

문화란 곧 세계관의 표출이며 실현이라고 할 수 있다. 어느 민족에게 복음을 효과적으로 전하기 위해서는 그 민족의 문화와 그 문화가 정초하고 있는 세계관을 이해하는 것이 필요하다. 선교사들이 선교지의 언어를 배우는 것도 결국은 그 나라의 문화를 이해하기 위한 것이며 넓게는 세계관을 이해하는 과정의 일부라고 할 수 있다. 한 민족의 세계관이란 곧 그 민족의 문화의 근거요 뼈대라고 할 수 있다. 그러므로 선교사는 세계관 이해와 세계관 변혁 프로젝트를 세우고 꾸준한 노력을 기울여야 한다. 넓은 의미로 정의한다면 선교는 세계관을 바꾸는 작업이요 나아가서는 문화를 바꾸는 작업이다.

세계관의 변화를 이야기할 때 가장 기억에 오래 남을 역사적인 사건은 '코페르니쿠스적 세계관의 전환'일 것이다. 코페르니쿠스(Nicolaus Copernicus: 1473-1543)는 지동설을 주장해 근대 자연과학의 획기적인 전환, 이른바 '코페르니쿠스의 전환'을 가져 온 폴란드 천문학자이다. 흔히 대담하고 획기적인 생각을 '코페르니쿠스적 발상'이라고 부른다.

앞에서 세계관은 '정신적 지도'라고 하였다. 인간이 타락한 이후 가장 크고도 중대한 변화는 세계관의 중심이 하나님에서 자기 자신으로 바뀌었다는 사실이다. 이런 사실은 각 나라가 만든 지도에서 쉽게 확인된다. 한국인이 만든 세계지도의 중심에는 한국이 있다. 미국인이 만든 세계지

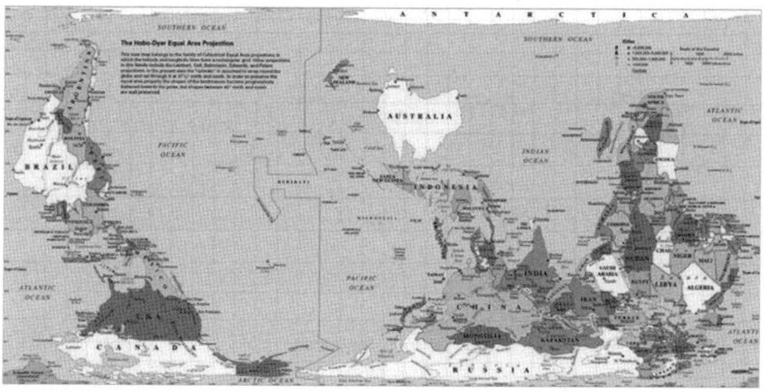

도의 중심에는 미국이 있다. 호주인이 만든 세계지도는 위 중앙에 호주가 있고 아래에 아시아 유럽 북미가 있다. 한국인 보기에는 거꾸로 된 지도이다. 각 시대, 각 나라의 지도는 각각의 세계관을 반영한 것이다. 이것은 비단 지리적 지도뿐만 아니라 정신적 지도에도 그대로 반영되어있다. 이런 현상은 아담과 하와와 에덴동산에서 선악지식의 나무 열매를 동산 중앙에 두지를 않고 따먹음으로 시작되었다고 성경은 말한다. 이것을 원죄라고 부르는데 원죄는 세계관의 변질이다. 즉 선악판단의 기준을 하나님에게 두지 않고 자기 안에 소유하려고 한 욕망에 인생과 세상의 불행의 뿌리가 있다는 것이다.

성경적인 세계관으로 변혁시킨다는 것은 나 중심, 우리 중심이 아니라 하나님 중심의 세계관으로 바꾼다는 것이다. 나의 안경, 우리 민족의 안경이 아니라 하나님의 마음의 안경을 쓰고 나 자신과 이웃과 세상을 보는 마음이 성경적 세계관이다. 세계관이 달라진다는 것은 삶 전체, 문화 전체가 달라진다는 뜻이다. 반대로 다른 것이 다 변해도 세계관이 달라지지 않으면 진정한 변화가 일어나지 않는다는 뜻이다. 진정한 선교는 예수 그리스도를 마음의 중심에 주와 구세주로 영접케 함으로 세계관의 변화를 일으키는 것이다. 예수 그리스도가 참된 길이며 절대적인 진리이고 참으로 인간답게 행복하게 사는 모델이다-라고 믿고, 이 믿음에 따라서 우주 만물과 주변 사건과 나 자신을 인식하며, 이 믿음에 따라서 가치판단을 하고 희노애락을 느끼며 살도록 가르치고 돕는 사역이다.[24)]

24) 좋은 참고 자료. 니니안 스마트 저, 『종교와 세계관』, 김윤성 역 (이학사, 2000). 폴 히버트, 『21세기 선교와 세계관의 변화』(복있는 사람, 2010).

d. 문화 공부 방법

선교사가 선한 의도와 숭고한 뜻을 가지고 있는 것만으로는 충분하지 않다. 선교대상의 문화를 연구하지 않고 열심을 내는 선교사들이 저지르는 실수가 무엇인가? 자문화중심주의, 우월주의이다. 편견에 가득 차고 선교대상을 열등한 문화의 사람들로 생각하게 된다. 복음전파 활동이 선교사의 문화전파 활동이 된다. 그렇게 되면 선교지에서 기독교는 엉뚱한 문화식민화로 전락하든지 아니면 주류 사회에서 소외되고 게토화되고 외부 종교로 고립된다.

선교사의 복음전파 활동이 선교현장의 사람들에게 제대로 전달될 수 있도록 그들의 눈높이에 맞춘 의사전달이 필요하다. 바로 그것이 예수님께서 우리에게 보여주셨던 성육신적 의사전달이셨다. 그러므로 선교지의 문화를 공부해야 한다. 선교하려면 선교대상이 되는 사람들의 문화를 연구하고 이해하는 것이 필수적이다. 문화를 연구하고 이해해야 선교대상에게 가까이 다가가서 친구가 될 수 있고, 복음을 효과적으로 전달할 수 있으며, 선교현장에서 하나님의 뜻을 이루기 위해 기쁘게 협력할 수 있기 때문이다.

선교사가 타문화를 배우고 이해하고 존중하는 법을 익히는 데는 인류학(Anthropology)이 많은 도움을 준다. 인류학에는 크게 4분야가 있다. 첫째는 고고학이다. 주로 사람의 뼈를 가지고 연구한다. 둘째는 문화 인류학이다. 주로 살아있는 사람들을 대상으로 연구한다. 세째는 선교를 위한 문화인류학이다. 선교를 위한 목적으로 문화 인류학을 연구하는 학문이다. 네째는 민족학 혹은 인종학이다. 주로 정치적인 목적으로 연구한다. 인류학은 본질적으로 사람을 연구하는 학문이다. 내가 누구인가? 우리가 누구인가? 생물학적 문화적으로 연구한다. 선교를 하려면 두 가지를 잘 알아야 한다. 하나는 성경이고 다른 하나는 인간이다. 일반적으로 선교사들이 성경공부는 많이 하지만, 사람공부는 많이 하지 않는다. 유감이다. 문화인류학 공부는 꼭 필요하다. 상호 의사소통을 위하여, 경제교류를 위하여, 유익한 개발을 위하여 그리고 선교를 위하여 필요하다.

한국의 문화인류학자 윤택림은 동료들과 함께 해방 후 한국 사회의 역사적 변화를 살펴보러 충청남도 서산군의 어느 마을을 찾아갔다.[25)] 역사가 흔히 지배층을 중심으로 국가 수준에서 서술되어왔다는 사실에 만족하지 못하고 중앙이 아니라 주변에서, 위가 아니라 아래에서 한국 현대사를 살펴보기 위해 일부러 서울에서 너무 멀지도 또 너무 가깝지도 않은 곳을 조사 장소로 택하였다. 윤택림은 마을에서 옛날 일을 잘 안다는 어느 할머니를 수소문하여 이런 저런 일들에 대해 물어보기 시작했다.

인류학자: 할머니, 그러니까 그게 언제인가요? 1945년인가요?
할 머 니: 글쎄, 그게 내가 시집오던 해니까 ... 아마 그럴꺼야.
인류학자: (다른 일에 대해) 할머니, 그건 또 언제인가요? 1948년인가요?
할 머 니: 글쎄, 그게 내가 큰 아이 해산하러 친정에 가 있을 때니까? ... 그래, 그게 맞아.

문화인류학자가 "어떤 일이 언제 일어났느냐?"고 물어보면 할머니는 계속 자신의 신상에 일어났던 중요한 일과 관련하여 답을 하고 있다. 일제로부터 해방(1945)이나 대한민국의 건국(1948)처럼 우리가 흔히 떠올리는 중요한 사건들보다는 자신의 생애 가운데 여러 변화가 시간을 인식하

25) 한경구 외, 『처음 만나는 문화인류학』 (일조각, 2003), 21-24.

는 중요하는 준거가 되고 있음을 알 수 있다. 놀랍게도 할머니의 일상생활에서 세계대전의 발발이나 해방은 그다지 중요한 일이 아니었다. 할머니에게 중요한 시간은 시집올 때 시간, 첫 아이를 해산할 때의 시간이었다. 이렇게 사람들은 자신이 처한 환경이나 관심사에 따라 상이한 시간감각을 발전시키게 된다. 군대에 가면 언제 태어났느냐보다 언제 입대했느냐가 갑자기 중요해지는 것도 마찬가지 이치다.

인간은 특정 문화에서 태어나 성장하는 가운데, 즉 문화화(enculturation) 과정에서 특정한 유형의 정보에는 특별한 관심을 기울이고 또 다른 유형의 정보는 차단하는 법을 배우게 된다. 이렇게 지각의 패턴이 확립됨에 따라 특정한 공간지각(空間知覺)이 차단되기도 하고 발전되기도 한다. 예를 들어보자.

아메리칸 인디언 청년과 백인 미국 친구가 뉴욕 시내를 걸어간다. 자동차와 사람들로 붐비는 시내를 걸어간다. 이 인디언 친구가 느닷없이 발을 멈추더니 "이 시내에서 귀뚜라미 소리가 들리는구만!" 그 소음 속에서 귀뚜라미 소리를 들은 것이다.

그런데 미국 친구는 말하기를 "아! 이 뉴욕 한가운데 무슨 놈의 귀뚜라미 소리?"

그런데 귀뚜라미 소리가 난다는 쪽으로 가보니 길 모퉁이에 넝쿨나무로 된 집 벽 틈에서 실제로 소리가 나는 것을 확인하게 되었다.

그때 미국 백인친구는 말하기를 "자네는 시골에서 살아서 청각이 아주 뛰어나게 좋구만!" 그랬더니 그 아메리칸 인디언은 아무 말도 하지 않고 자기가 가지고 있던 50전짜리 동전 하나를 아스팔트 땅에다가 떨어뜨렸다. 데구르르 굴러가는데 길 가던 사람이 모두 발을 멈추고 그걸 바라보았다.

그때 아메리칸 인디언 친구가 말을 했다. "내가 귀가 밝은 게 아니라 당신들의 귀가 어두워진거야. 문제는 관심사가 문제라구. 귀뚜라미 소리는 안 들려도 돈 소리는 들리지 않느냐?"

사람의 최고 시력이 얼마라고 생각하는가? 우리는 2.0이라고 생각한다. 그러나 몽골인들 가운데는 시력이 4.0, 6.0도 있다. 그들은 50m 밖에 있는 접시에 담긴 옥수수 알맹이, 조 알맹이, 보리 알맹이를 인식하고 구분한다. 독수리의 눈과 같은 시력을 가지고 있다. 몽골인들은 초원에 살면서 방향을 인식하고 멀리서 움직이는 동물과 사람을 인식해야 하는 생존환경 속에서 성장하며 학습하였기 때문이다. 공간을 사용하는 방식, 장소를 이동하는 방식, 길을 가르쳐 주는 방식은 문화마다 다르다. 현대의 지도는 대단히 객관적이고 과학적인 것 같지만 사실은 하나의 문화적 관심이기 때문에 공간을 지각하는 방식이 다른 문화의 사람들에게 지도는 아무런 의미도 전달하지 못한다.

문화는 흔히 '하나의 인간 집단이 공유하는 가치나 신념' 또는 '삶의 디자인'(design for living)이라 정의되지만, 문화의 중요한 특성 중의 하나는 사회 구성원 간에 '공유된 무관심'을 만들어내는 것이라 할 수 있다. 하나의 문화 속에서 성장한다는 것은 그 문화의 기본적인 가치나 여러 특질을 너무나 자연스럽고 당연한 것으로 여기게 되는 것, 즉 의문을 품지도 않고 질문하지도 않게 되는 것을 의미하기 때문이다.

그래서 선교사에게 자문화중심주의(ethnocentrism)는 위험한 태도가 된다. 좁은 의미에서 자문화중심주의란 자신의 문화에 우월감을 느끼면서 자신의 가치관과 세계관을 다른 문화 사람에게 강요하는 태도이다. 그러나 넓은 의미에서 자문화중심주의란 자신의 문화에 대한 성찰이나 비판

없이 이를 당연시하는 태도나 자신의 문화의 여러 특질의 존재에 대해 무관심을 공유하는 것도 포함된다.

다른 문화를 알게 되고 그 사람의 시각에서 볼 수 있게 된다는 것, 즉 문화상대주의(cultural relativism)의 태도를 갖는다는 것은 바로 이러한 자문화중심주의를 벗어나기 위해 꼭 필요한 과정이다. 다른 문화와 대면해서야만 비로소 자신의 문화적 가치들이 절대적인 것이 아니며 자신의 삶의 방식이 유일하고도 필연적인 것이 아니라는 사실을 깨달을 수 있다.[26)] 문화상대주의는 때때로 고통과 혼란을 수반하기도 하지만 다른 문화와의 대면은 성장 과정에서 무디어지거나 억압되었던 자신의 문화에 대한 의문과 호기심과 감수성을 회복시켜준다. 즉 자기 문화를 보다 잘 바라볼 수 있게 해준다.

e. 언어 배우기

문화적 경계선을 넘어서려면 현지언어를 배워야 한다. 현지언어가 현지 문화의 총체이기 때문이다. 선교지의 문화는 동질문화권, 유사문화권, 타문화권으로 구분되는데 몽골어, 우즈벡어, 터어키어, 헝가리어 등과 같은 우랄알타이어 계통의 유사문화권 언어를 배우는 데는 보통 2~3년, 말레시아어, 타밀어, 영어, 러시아어 등 타문화권 언어를 배우는 데는 보통 5~6년이 걸린다. 그것도 성실하게 배웠을 경우이다.

필자가 처음 러시아에 갔을 때 러시아어는 거의 몰랐다. 그곳은 정말 추웠다. 모스크바에 들어가서 3개월 즈음 지났을 때 머리카락이 너무 길

---

26) 한국인 부부가 미국인 독일인 부부와 함께 가정에 모여 식사를 같이 하고 친교를 하다보면, 한국인 남자가 얼마나 가부장적인지 실감하게 된다.

어서 이발소를 찾았다. 지금은 아내가 아이들 머리카락을 직접 잘라 주지만 그때는 이발할 줄을 몰랐다. 그래서 모스크바 시내에서 이발소를 찾는데 1,000만 명이 사는 큰 도시에 이발소 하나 없었다. 도대체 이발소가 어디에 있는지 하나도 보이지 않았다.

집에 와서 이발소를 러시아어로 무어라 하는지 찾아보았지만 알 수가 없었다. 당시에는 『한러사전』이 아직 없었기 때문이다. 일본어에서 번역한 『러한사전』이 하나 나와 있었을 뿐이다. 며칠을 고민하다가 우연히 거리 헌책방에서 북한에서 나온 『조로 사전』을 구했다. 집에 도착 하자마자 '이발소'를 찾아보았지만 나와 있지 않았다. "이거 순 엉터리 사전이로구나!" 포기하고 잠자리에 누웠는데 "아! 맞아, 이발소가 아니라 리발소를 찾아보자!" 찾아 보니 나왔다. 그런데 '리발소'에 해당하는 단어가 어찌 그리 긴지... 알파벳이 무려 14개나 되었다. парикмахерская–파리크마헤르스카야. 몇 시간 동안 읽고 연습해서 거리로 나갔다. 그런데 이게 웬일인가? 거리마다 이발소 간판이 걸려 있는 게 아닌가? 이거, 말을 모르고 글을 모르니까 바로 눈앞에 두고도 눈 뜬 장님이었던 것이다.

이발소를 찾아 들어갔다. 자리에 앉았는데 러시아인 이발사가 뭐라고 말을 한다. 아마 "어떻게 깎아 드릴까요?"라고 묻는 것 같았다. 그래서 필자가 아는 러시아어를 총동원해서 "여기 추추, 여기 추추, 옆에 님노쉬까"라고 했다. 머리 옆과 뒷부분을 짧게 잘라 달라는 뜻으로 그렇게 말했다. 러시아어로 '추추'라는 말은 '조금', '님노쉬까'라는 말은 '약간'이라는 뜻이다. '여기 조금, 여기 약간 잘라달라'고 말한 것이다. 이발사는 한참동안 열심히 자르더니 스펀지로 머리를 털고 거울을 가지고 오더니 보라고 했다. 잘됐는지. 그런데 이게 웬일인가? '여기 조금 남기고 저기 조금 남기고' 다 잘라버린 것이었다. 여기 조금, 여기 조금만 잘라달라는 뜻이었는데... 처음 러시아에 가서 말을 몰라서 참 고생을 많이 했다. 그래서 이를 악물고 열심히 공부했다.

미국 선교사들이 아프리카 콩고 정글 속에 들어가서 사역을 하고 있었다. 벌써 3년 동안 원주민들의 좋은 친구가 되기 위해 여러 가지 시도를 해보았지만 원주민들은 선교사들과 거리를 두며 친구가 되려고 하지 않았다. 어느 날 원주민 마을의 지도자격인 한 노인을 붙잡고 왜 그러는지 물어보았다. 마침내 그 노인이 왜 콩고 원주민들이 선교사들과 사귀는 것을 주저하는지 설명해주었다.

> 당신들이 왔을 때 우리는 당신들을 유심히 살펴보았소. 특별히 뭘 먹는지 관찰해보았소. 당신들은 깡통에 든 음식물을 가져왔소. 어떤 깡통 겉에는 옥수수 그림이 그려져 있었소. 당신들이 그 깡통을 열었을 때 그 안에는 옥수수가 들어 있었고 당신들은 그것을 먹었소. 또 다른 깡통의 겉면에는 소 그림이 그려져 있었고 안에는 소고기가 들어 있었소. 그리고 당신들은 그것을 먹었소. 그리고 나서 당신들이 아기를 낳자 당신들은 조그만 깡통들을 가져왔소. 겉에는 아기 그림이 그려 있었는데 당신들은 그 깡통을 열더니 그 안에 있는 하얀 가루를 아기에게 먹였소! 우리는 그 모습을 보고 너무나 놀랐소. '아니? 저 백인들은 아기를 가루로 만들어 자기 아기에게 먹이는 인간들이로구나! 가까이 하다가는 우리 모두 잡혀 아이들의 가루 먹이가 되겠구나!' 겁이 났소. 그래서 우리는 당신들을 멀리 떠나는 것이 살 길이라고 생각했소.[27)]

27) 폴 히버트, "문화적 차이와 복음 전달"『미션 퍼스펙티브스』(예수전도단, 2000), 321.

선교사들은 그것이 말도 안 되는 생각이며 오해였다고 말해주고 싶지만, 원주민들과 선교사들 사이에 커뮤니케이션이 제대로 이루어지지 않은 상태에서 원주민들이 그들 나름대로의 관찰과 논리적인 해석의 결과 그런 결론에 도달했던 것이다. 그래서 원주민들은 두려워할 필요가 없는 사람들을 두려워했고 선교사들은 친구가 되기 위한 자신들의 선의의 노력에도 불구하고 도망가는 원주민의 행동을 이해할 수 없었던 것이다. 사랑은 말로만 하는 것은 아니지만 우선 말이 통해야 그 다음 마음도 통하고 진심도 통하고 사랑의 감정도 통하는 법이다.

언어란 소리와 문자라는 두가지 문화적 도구를 바탕으로 의사소통에 목적을 둔 사회 구성원들 간의 약속이다. 한국에서 '사과'라고 하는 열매를 미국 사회에서는 '애플'이라고 부르자고 하는 사회적 문화적 언약이 있다. 그 언약 위에 살아가는 미국인들은 사과를 애플이라고 부르고 애플이라고 부를 때 사과를 준다. 미국 슈퍼마켓에서 사과라고 하면 통하지 않는다. 그들 사회가 약속한 기호가 아니기 때문이다. 그러므로 현지에 가서 외국어로 배울 때는 '왜?' 라고 묻지 말라. 그냥 사과를 이쪽 사람들은 애플이라고 부르는구나! 애플이라고 하면 사과를 주는구나! 좋아할 때는 서로 껴안는구나! 마음에 내키지 않을 때는 코를 찡그리는 시늉을 하는구나! 그 언약(표현 혹은 기호)과 실체의 관계성을 이해하고 나 자신을 그 언약에 적응시켜 나가는 것이 언어를 잘 배우는 길이다.

현지언어를 잘 배우려면 가능하면 현지에서 가장 좋은 선생님을 찾아가서 배워야 한다. 언어에도 품격이 있고 인격이 있기 때문이다. 선교사가 처음 언어를 배우는 것은 마치 갓 태어난 아기가 부모의 말소리를 들으며 말을 배우는 것과 같다. 그러므로 누구에게 배우느냐에 따라서 억양, 표현방식, 예절 등이 달라진다. 한국에 와서 한국어를 배우는 외국인들이 여럿 있다. 미국인 할리 씨는 한국어를 부산에서 배웠다. 그래서 한국어를 잘하지만 경상도 식으로 한다. 일본인 미즈노 씨는 전라도 광주에서 한국어를 배웠다. 그래서 전라도 사투리 식으로 한국어를 한다.

필자는 러시아에 가서 러시아어를 배울 때 모스크바 사범대학에 가서 비싼 학비를 내고 2년 동안 아주 유명한 언어 선생님에게 배웠다. 처음에 얼마나 엄격하게 가르치시는지 눈물을 흘리며 배웠다. 그런데 4년이 지났을 때 러시아 친구들이 "남 목사님은 러시아어를 또박또박 정확하게 잘하시네요. 발음도 참 좋아요. 시골에서 올라온 러시아인보다 말하는 것이 더 품위가 있어요."라는 칭찬을 자주 들었다. 그 선생님을 만나서 배우다 보니 그렇게 닮아버린 것이었다. 덕분에 러시아 군장교들과 대화할 때 많은 유익이 있었다. 선교사들이 언어를 배울 때 돈을 아끼려고 2급, 3급 언어학교에 등록해서 배우는 경우가 있다. 이것은 지혜롭지 못하다. 돈이 좀더 들더라도 1급 언어학교에 입학해서 제대로 배우는 것이 나중에 선교사역을 하는 데 유리하다.

언어는 인내심을 가지고 배워야 한다. 외국어를 배우는 일은 쉽지 않다. 단기간에 되지 않는다. 그것도 다 큰 선교사가 어린아이처럼 처음부터 외국어를 하나하나 차근차근 배우는 것은 참 힘든 일이다. 차라리 사역을 하는 것이 낫지 몇 년 동안 어린아이처럼 언어를 배우는 것은 지루한 일이다. 그래서 이 언어 학습 기간을 참지 못하고 사역을 시작하는 선교사들이 종종 있다. 이것은 잘못하는 일이다. 잘못되는 길이다. 어떤 경우에는 "나는 나이가 많아서 배워도 소용이 없어! 언어 배우는 데 에너지를 사용하는 대신 통역인을 고용해서 사역하는 방법을 택하겠다."고 선언하고 사역을 시작하는 분도 있다. 물론 선교사 개인의 나이, 언어 학습의 능력, 사역의 특수성 등을 고려해서 언어 학습에 임해야 하겠지만, 분명한 것은 초기에 현지언어를 바로 배우지 않으면 세월이 갈수록 사역이 힘들어진다. 언어 문제는 선교지에서 많은 세월을 보낸다고 저절로 해결되는 문제가 아니다. 초기에 단1년이라도 정규과정에 입학해 기초 문법과 발음 방식, 기초지식을 배우고 사역을 하면 세월이 지남에 따라서 현지언어 구사능력이 점진적으로 풍부해진다. 세월이 감에 따라서 사역이 재미있고 현지인들과의 사귐이 깊어지며 현지 문화를 이해하고 즐기는 맛이 더해진다.

선교지의 언어를 잘 배우는 방법이 무엇인가? 사실 왕도가 없다. 열심히 반복하는 것이 최고의 방법이다. 필자의 경우 학교에서 8시간 수업을 하고 집에 돌아와서 혼자 복습하는 방식으로 하다가 러시아어를 탁월하게 잘하는 친구에게 배워서 옆집 러시아 할아버지에게 하루에 1달러씩을 주고 학교에서 배운 새로운 단어들을 연습하는 파트너로 고용했다. 예를 들면 사과를 러시아로 '야블로카'라고 하는데 '야블로카'라는 단어를 활용하여 '맛있는 사과', '빨간 사과', '큰 사과', '사과 다섯 개 주세요!'라고 '말 놀이 장난'(Word & Talk Play)을 할아버지와 함께 3~4시간 하고 나면 자연스럽게 어휘 수가 늘어나고 배운 러시아 단어를 자연스럽게 구사할 수 있는 능력이 생겨났다. 그 결과 필자는 한인 러시아 선교사들 사이에서 언어를 비교적 빨리 배우고 잘한다는 평가를 들었다.

그리고 현지언어로 된 가요, 민요, 동요를 배우는 것도 좋은 방법이다. 노래 속에는 그 민족의 정서가 들어 있다. 노래를 따라 부르면서 그 노래 속에 들어있는 역사, 의미, 경험, 희노애락을 배우고 느끼고 표현하는 법을 반복하다 보면 선교사 앵무새처럼 말을 하는 것이 아니라 현지인처럼 말하는 법을 자연스럽게 배우게 된다. 동시에 속담, 격언을 많이 암기하면 현지인처럼 말하는 데 많은 도움이 된다. 예를 들면 "음식을 아주 빨리 먹네요."라고 말하는 것보다 "마파람에 게눈 감추듯이 먹네요."

라고 외국인이 말하면 더욱 친근하게 느껴질 것이다.

f. 문화 평가

선교사가 선교현장에 들어가서 선교할 때 알게 모르게 선교현지 문화를 평가한다. 좋은 문화, 나쁜 문화, 고급 문화, 저급 문화, 본받을 만한 문화, 가능한 폐기처분해야 할 문화 등으로 구분하고 평가한다. 문화에 대한 선교사의 평가는 선교사역에 영향을 미친다. 선교사에게 부정적으로 평가받은 문화는 알게 모르게 배척당할 것이고 긍정적으로 평가받은 문화는 적극적으로 활용될 것이기 때문이다.[28)]

좋은 문화를 좋다고 평가하고 나쁜 문화를 나쁘다고 평가한다면 문제가 없을 것이다. 그런데 선교사가 보기에 나쁜 문화가 원주민이 보기에는 좋은 문화일 수 있으며 하나님이 보시기에 좋은 문화일 수도 있다는 데 평가와 판단의 어려움이 있다. 평가와 판단이 다르면, 하나님을 위하고 원주민을 위해 수고하는 선교사역이 해를 끼치는 사역이 될 수도 있다.

고넬료와 베드로가 만나는 장면을 기록한 사도행전 10장의 내용과

---

28) 1890년대 미국북장로교 소속 의사 알렌, 목사 게일, 여자의사 릴리어드 언더우드 3명이 거의 동시에 조선에 들어왔다. 그들이 조선 사람들의 음식문화, 의복문화, 주택문화를 처음 보면서 충격을 받았다. 그들이 받은 인상은 한결같이 불편하다, 불결하고 비위생적이다, 가난하다는 것이었다. 그래서 초기에는 조선 문화에서 가능한 멀찌기 떨어져서 서양식 생활방식을 영위하며 조선의 문화를 변혁시키려고 했다. 그런데 십여년이 지나면서 조선의 문화를 깊이 들여다보고 이해하기 시작하면서 태도가 변하였다. 게일은 한글 문자의 우수성을 발견하고 크게 감탄하면서 한글 성격번역에 최선을 다하였다. 주택문화에서 온돌문화의 지혜에 놀랐다. 릴리어스는 음식문화에서 발효음식문화 속에 담긴 조선인의 지혜에 감탄하였다. 이렇게 조선 문화에 대한 이해가 깊어지면서 그들의 선교 방식과 태도도 변화하였다. 임희국, "초기 내한선교사들의 한국문화 이해,"『선교와 신학』 제13집 (장로회신학대학교출판부, 2004), 53-83.

이방인 선교 문제를 두고 사도들이 토론하는 장면을 기록한 15장의 내용을 문화 평가의 관점에서 읽어보면 선교적인 통찰력을 얻을 수 있다. 고넬료의 문화를 두고 베드로와 바울의 평가가 달랐다. 베드로는 이방인의 문화, 로마인의 문화에 대해 부정적인 편견을 가지고 있었다. 바울은 개방적이고 수용적인 입장을 취했다. 그러므로 이방인과 함께 식사하고 교제하고 한 집에서 잠자는 일에 대해서 베드로와 바울의 평가와 반응이 달랐다. 중간에 성령이 개입하셔서 베드로의 문화관을 교정해주었고 바울과의 논쟁을 통해 베드로가 자신의 견해를 수정했지만, 만일 그러한 교정과 수정 없이 고넬료의 문화를 평가하게 되었다면 누구의 평가가 올바른 평가라고 할 수 있겠는가? 이런 문제에 베드로가 성령의 인도하심에 순종하지 않고 수제자라는 권위를 들고 나왔더라면 아마 선교는 큰 혼란에 빠졌을 것이다.

선교현지 문화를 누가 평가할 것인가? 누가 평가한 것이 가장 옳은 평가라고 할 수 있을 것인가? 전문적인 문화 연구의 관점에 보자면 크게 두 가지가 있다. 즉 외부인의 관점(Epic perspective)과 내부인의 관점(Emic perspective)이다. 같은 물건의 가격을 두고서 생산자와 구매자의 평가가 다를 수 있다. 생산자는 싸다고 말한다. 구매자는 비싸다고 말한다. 누구 말이 옳다고 할 것인가? 모두 옳다. 들어보면 그 가격에 대한 나름대로 이유가 있다. 어느 한쪽만 편들 수 없는 것이다.

장로회신학대학교에서 신약신학을 가르치던 박창환 교수 부부는 1971년 인도네시아 수마트라 방카 섬에서 선교 사역을 시작했다. 거기서 희망유치원(T. K. HARAPAN)을 세워 원주민들과 접촉점을 가짐으로써 선교 영역을 넓혀나갔다. 사모님(현수삼)이 서울 광장동에서 유치원장을 오랫동안 역임했기 때문이다.

방카 섬에서 한국인 선교사가 운영하는 유치원은 인기가 높았다. 그래서 벤치마킹 하는 마을이 많았다. 몇 년이 지나서 마을마다 세워진 유치원들이 함께 모여 어린이 율동 경연대회를 가졌다. 심사위원들은 방카 섬의 고위공무원들, 교육지도자들이었다. 경연대회에서 현수삼 사모님이 지도한 어린이들이 가장 화려하고 세련된 율동을 보여주었다. 그런데 결과는 꼴등이었다. 나중에 알게 되었는데, 인도네시아에서는 그렇게 몸을 많이 움직이는 율동은 부정적으로 평가되었다. 더운 나라에서 그렇게 몸을 크게 많이 움직이는 동작에 대해서는 전통적으로 호감을 가지지 않기 때문이었음을 뒤늦게 알게 된 것이다.

파키스탄에서 사역하던 미국 선교사의 이야기이다. 시골마을에서 사역하는데 파키스탄 사람들은 카레를 즐겨 먹었다. 그런데 카레를 만들어 먹기 위하여 소똥을 말려서 연료로 사용하는데 집안에서 연기를 뒤집어쓰고 눈이 빨갛게 된 상태로 아궁이에 들여다보고 냄비에 카레를 저었다. 이 모습을 본 선교사는 돕고 싶은 마음에서 미국 친구에게 연락하여 함석을 많이 구입해 모든 시골 집에 함석으로 굴뚝을 만들어주었다. 이제 연기가 솔솔 빠져나가 편안하게 집안에서 카레를 만들어 먹을 수 있을 것이라 생각했다. 본인은 아주 선한 일을 했으며 도움을 주었다고 믿었다. 그런데 몇 달이 지나자 지붕이 내려앉기 시작했다. 숲에 살던 불개미들이 연기 없는 따뜻한 집안으로 들어와 지붕을 떠받치고 있던 나무기둥을 갉아먹었던 것이다.

선교사가 선교현지 문화를 평가할 때 기억해야 할 중요한 사실은 자신의 평가가 곧 주님의 평가라고 생각해서는 안 된다는 것이다. 선교사 자신도 자국의 시대의 문화의 자녀이다. 노력은 하겠지만 결코 가치중립적이고 객관적인 평가를 내릴 수 없다는 것을 인정하고 문화상대주의적 관점을 가져야 한다. 내 문화도 네 문화도 소중하며 상대적인 것이다. 피라미드식(계층적)으로 평가해서는 안 된다. 오류가 전혀 없을 수 없다는 것을 인정하고 최소한의 오류를 만든다는 생각으로 평가해야 할 것이다. 성령의 도우심을 구하며 기도하면서 함께 성경을 읽으면서 문화를 해석하고 시간을 두고 평가해야 할 것이다.

그러나 조심해야 할 점이 있다. 선교사가 모든 문화에 대해 문화상대주의, 문화평등주의적 관점을 취해야 한다고 해서 모든 문화를 다 받아들여야 한다는 뜻은 아니다. 인도의 사티 전통(남편이 먼저 죽은 경우 미망인을 산 채로 불태워 죽이는 것을 명예롭게 여기는 전통)이나 남태평양의 인육축제(人肉祝祭, 카니발리즘) 등과 같은 문화전통은 수용할 수 없는 것이다. 그리고 현대 문화는 무신론적 배경을 가지고 단순히 과학기술주의, 편리주의 관점에서 문화를 평가하는 경향이 강한데 이것도 선교적인 관점에서 보면 문제가 있다.

선교사가 부득불 문화를 평가해야 할 때는 기본적으로 두 가지 관점에서 평가하는 것이 바람직하다고 본다. 첫째, 이 문화가 인간을 존중하는 문화인가? 둘째, 이 문화가 하나님을 사랑하고 공경하는 데 도움이 되는가 해(害)가 되는가를 따져보는 것이다.

2천년 선교역사와 교회역사를 살펴보면, 기독교는 끊임없이 지리적 민족적 문화적 종교적 경계선을 넘어 왔다. 예루살렘에서 시작된 기독교는 이슬람과 달리 지리적인 센터와 성지가 따로 없다. 센터와 성지는 경계선의 이동과 함께 끊임없이 변화하였다. 선교는 변화하는 것이다. 그래서 보쉬는 그의 책 이름을 "Transforming Mission"이라고 하였다. 선교는 시대와 지역과 상황에 따라서 변화하는 것이며, 동시에 사람과 시대와 지역과 상황을 변화시키는 하나님의 능력이라는 뜻이다. 기독교의 중심축은 변해왔다. 앞으로도 변할 것이다.

아프리카에서 선교사로 헌신하다가 영국 에딘버러대학교에서 선교학을 가르치는 앤드류 월스 교수는 자신의 책『기독교 역사의 선교운동』첫 부분에서 역사적으로 경계선을 넘어 다양한 형태로 변화해온 기독교의 모습을 이해하는데 재미있는 방법을 제안하고 있다. 그는 다음과 같은 영화를 상상해보라고 한다.[29)]

만약 다른 별에서 온 아주 장수하는 종교학자가 있다고 하자. 그는 주기적으로 기독교에 대해서 연구할 수 있는 연구기금을 받는다. 37년경 첫 방문에서 그는 이제 갓 형성된 교회를 볼 수 있었다. 그 구성원은 모두 유대인이고, 곧 재림할 것이라고 기대하고 있는 나사렛 예수의 가르침에 따라서 유대교의 제의를 행하고 있었다.

몇 백년 후에 두 번째 방문에서 우연히 니케아 공의회에 참석하게 되었다. 모든 참석자는 지중해 연안의 나라에서 온 이들로서 그들은 유대인이 아니다. 하지만 참석자는 아직 유대인 성경을 거룩하게 여기고 있으며 다른 기록된 문서들도 사용하고 있었는데, 성경이나 다른 책에 나오지 않는 것 같은 단어 –헬라어 '호모우시오스' homoousios- 가 예수를 믿는 신앙을 가장 잘 표현한 것으로 볼 수 있는지 토론하고 있었다.

또 다시 몇 백년이 흘러 그 학자는 아일랜드에서 기독교가 자리잡고 있는 것을 볼 수 있었다. 그곳 수도사들은 기이한 고행을 행하며 예수를 믿는 신앙을 전하고 있었으며, 죽음을 무릅쓰고 멀리 낯선 곳에 가서 야만인에게 자연을 신으로 섬기지 말고 예수를 주로 섬기라고 외치고 있었

29) Andrew F. Walls, *The Missionary Movement in Christian History: Studies in the Transmission of faith* (Edinburgh: Orbis Books, 1997), 3-7.

다. 천년 후 1840년대에 그 학자는 지구를 방문하여 아프리카에 선교사를 파송하려고 준비하고 있는 영국 기독교를 볼 수 있었다.

다시 백년 후에 그 외계인 학자는 선교의 결과를 –빅토리아 영국의 것과는 같지 않은 아프리카 기독교– 보게 된다. 그들 나이지리아 기독교인은 모두 흰옷을 입고 활기차고 즐겁게 춤추고 노래하며 예배를 드리고 있었다.

기독교 복음은 문화적 경계선들을 넘어갈 때마다 새로운 형태의 옷을 갈아입었다. 성경이 새로운 언어로 번역되었고 예배 형식도 새로운 음악과 색깔로 변화되었다. 신학적 주제들은 그 지역 문화 속에 사는 사람들의 고민거리와 씨름하면서 새로운 용어로 기술되었다. 이러한 변화 속에서 기독교의 연속성과 불연속성에 대한 논쟁이 끊이질 않았다. 앞으로도 끊이지 않을 것이다. 선교가 진행됨에 따라서 새로운 형태의 옷을 입고 예배하는 부족과 민족들을 많이 보게 될 것이다. 특히 21세기에는 북반부 기독교 문화가 약화되고 남반부(아프리카 아시아) 기독교문화가 강해지면서 세계기독교를 새롭게 변화시킬 것이다.

계속해서 기독교 신앙은 새로운 문화를 만나게 될 것이다. 그리고 교섭 과정을 통해 누구나 '고향 같이 느낄 수 있는 처소'를 해당 문화 속에서 형성하게 될 것이다. 그러나 우리만 편안히 느끼고 다른 문화의 그리스도인들은 불편하게 만드는 그런 처소를 형성하는 일은 곤란하다. 이 땅에 우리의 영원한 거처는 없다. 그리스도 안에서는 모든 가련한 죄인들이 만나 그리스도와 화해를 이룰 뿐 아니라 서로를 인정하고 화해해야 하기 때문이다.[30]

30) 이문장, 앤드류 월즈 외, 『기독교의 미래』(청림출판, 2006), 34.

| 시편 시편 4 |

저편으로 건너가자

주님이 어느날 저녁 무렵 이렇게 말씀하셨습니다.

"우리가 저편으로 건너가자."

아직도 이곳에 할 일이 많은데
왜 저편으로 가자고 하시는 것입니까?
저편에는 누가 있길래?

저편에는 돼지 치는 사람들이 있는 곳입니다.
군대 귀신들린 사람이 있는 곳입니다.
유대인이 싫어하는 사람들이 사는 곳입니다.

저편에는 고통받는 사람들이 있는 곳입니다.
하나님의 자녀들이 있는 곳입니다.
복음을 필요로 하는 사람들이 사는 곳입니다.

선교란 경계선을 넘어 저편으로 가는 것입니다.
하나님 아버지의 사랑과 구원을 전하러 가는 것입니다.
주님과 함께 가는 것입니다.

03 가까이 다가가서

이렇게 문화적 경계선을 넘어서서 그들에게 가까이 다가가야 한다. 원주민들이 먼저 다가오지는 않는다. 선교사가 적극적으로 다가가서 친구가 되어야 한다(Mission as Friendship). 친구가 되려면 첫째, 오만과 편견을 버려야 한다. 자신의 관점으로만 타자를 판단하고 이해하려는 편견과 이해하지 못하는 것을 타인의 열등으로 비약해서 경멸하는 오만은 가까이 다가가서 친구가 되는 치명적인 걸림돌이다. 둘째는 두려움과 걱정을 넘어서야 한다.

(1) 오만과 편견을 버려야 한다.

서구인들의 오만과 편견을 보여주는 극명한 사례 중의 하나가 '호텐토트의 비너스'(Venus Hottentot)이다.[31]

사라 바트만(Sarah Sartijie Bartman)은 1789년 아프리카 남단 남아프리카공화국에 있는 이스턴케이프에서 남부 아프리카의 가장 오래된 민족 공동체의 하나인 코이코이족의 한 사람으로 태어났다. 코이코이족 사

31) 이태주, 『문명과 야만을 넘어서 문화읽기』 (프로네시스, 2006), 79-81.

람들은 특성상 엉덩이가 아주 컸다. 그런데 당시 유럽인들은 코이코이 부족이 성욕이 과잉되었기 때문에 엉덩이가 큰 것이라고 생각했다. 그래서 유럽 사람들은 코이코이 부족을 열등하다는 뜻의 네덜란드어로 호텐토트라고 불렀다. 많은 유럽인들이 인류학자, 여행가의 이름으로 빈번이 남아프리카를 왕래했다. 이들은 유목민이었던 코이코이 부족을 사람으로 생각하지 않았다. 가장 우수한 원숭이 쯤으로 생각하고 특히 이들의 생식기관에 관심을 가졌다. 신체 특정 부위를 과장되게 묘사해 유럽 사회에 퍼뜨림으로써 사람들에게 성적 관심을 가지도록 부추겼다.

그녀는 어린시절 세례를 받고 이런 기독교 이름을 얻었다. 하지만 윌리암이라는 영국인 선박 의사가 가난한 그녀를 21살때 케이프타운에서 매입하였다. 그는 1810년에 그녀를 런던으로 데려가서 우리에 가두어놓고 그녀의 몸을 보여주는 전시회를 하였다. 특이한 형태의 몸을 가진 그녀를 보며 유럽의 화가들은 호텐토트의 비너스를 즐겨 그렸다. 그녀의 명성은 엄청나게 큰 엉덩이와 커다란 소음순 때문이었다. 그 모습을 보면서 유럽인들은 그녀가 인간이 아니라 원숭이에 가까운 존재라고 여겼다. 그녀는 1814년 영국 곳곳을 돌며 전시되다가 사창가로 넘겨졌고 1815년에는 파리로 옮겨져서 과학자들의 연구대상이 되었다. 1816년 숨진 그녀의 시신은 정밀하게 관찰하기 위해 해부되었고 죽은 직후 석고로 본뜬 그녀의 몸 인형과 해부 이후의 잔해는 1974년까지 파리의 인간사 박물관에 전시되어 있었다.

남아공이 민주화되고 넬슨 만델라가 대통령이 된 직후 프랑스 정부에 사라 바트만의 시신을 돌려달라고 강력하게 요구하여 그녀의 시신을 남아공 고향 땅에 안장해주었다.

이 이야기는 19세기 유럽인들이 가진 오만과 편견의 희생자인 한 아프리카 여성의 비참한 이야기이다. 그저 평범한 한 사람이 피부색과 생김새와 언어가 다르다는 이유로 호기심의 대상이 되고 욕정의 대상이 되며 놀이거리로 전락된 이 이야기는 남의 이야기가 아니다. 우리나라 사람들도 동남아 사람들과 아프리카 사람들을 얼마나 무시하는지 모른다. 서울 강남에서 방글라데시 사람이 길을 물으면 열의 아홉은 귀찮아하고 모른다고 한다. 그런데 백인이 물어보면 열의 아홉은 가던 길을 멈추어서서 친절하게 가르쳐주려고 한다. 영어를 모르면 다른 사람의 도움을 받아서라도 도와주려고 한다. 지금 우리나라에 들어와 살고있는 외국인의 숫자가 800만 명(다문화 이주자 및 관광객, 외교관, 사업가 등 포함)을 넘어섰다고 한다. 그런데 동남아시아 사람들이 들어오면 한국이 '다문화사회로 진입하고 있다.'라고 말하고 백인들이 들어오면 한국이 '세계화되고 지구화되고 있다.'고 말한다. 이 얼마나 심한 집단적 무의식적 편견인가? 크레용, 물감 색깔에서 '살색'이라는 단어가 '살구색'으로 바뀐 것이 언제인데 아직까지도 '살색'이라는 말을 생각 없이 사용하고 있다. 우리 피부 색깔만 살색이라면, 그럼 오바마 대통령의 얼굴 색깔은 석탄색인가? 오만과 편견을 버려야 한다. 오만은 타인이 내게 다가오는 것을 막고 편견은 내가 타인에게 다가가는 것을 막기 때문이다.

지리적 문화적 경계선을 넘어가는 것보다 더 어려운 경계선이 오만과 편견의 경계선을 넘어가는 일이다. 더구나 오만과 편견이 역사적 종교적 민족적인 문화의 탈을 쓰고 있는 경우 분별하기도 힘들고 넘어서기도 아주 힘들다. 그 뚜렷한 예가 1910년 '에딘버러 세계선교사대회'에 모인 서구 선교사들의 생각이다. 세계 각국 선교현장과 선교단체를 대표하는 선교지도자와 선교학자와 지성인들이(1234명) 얼마나 오만하고 편견에 가득찬 사람들이었는지 그들이 천명한 '선교적 과제'에 잘 드러나고 있다.

> 현재 우리가 당면한 선교적 과제는 반야만적인 인디언들을 어떠한 유혹과 온갖 어려움 속에서도 꿋꿋이 견딜 수 있는 기독교적 시민으로 변화시키고 그들을 지도자로 세우는 데 있다. 지금까지 그 야만인들이 지녀왔던 윤리적, 종교적 삶은 매우 천박하고 미신으로 가득찬 상황을 야기했다. 그렇기에 만일 인디언들이 기독교를 받아들이게 된다면 그들은 비참한 오늘의 모습보다 더욱 고결한 덕성과 능력 그리고 이상을 품게 될 것이다.[32]

당시 서구 선교사들의 선교 사업의 기본적인 전제는 이교 문명에 대한 기독교 문명의 우월성에 근거해 있었다.[33] 특히 대부분의 서구 선교사들이 지닌 문명관은 기독교 세계의 '문명'과 비서구 사회의 '야만' 및 '미개'를 이원화하고 대비시키는 오리엔탈리즘적 사고에 기초해 있었다.[34] 따라서 선교지 문화는 윤리적 종교적으로 매우 '천박'하고 '미신'으로 가득찬 것이었으며 개종을 통해 보다 '고결한 상태'로 고양될 필요가 있는

32) *World Missionary Conference 1910, Report of Commission III: Education in Relation to the Christianisation of National Life* (Edinburgh: Oliphant, Anderson & Ferrier, and Fleming H. Revell Company, 1910), 399.

33) 문화 연구 역사를 살펴보면, 처음에는 문명이라는 단어를 사용하다가 1840년대, 1860년대 독일, 영국에서 처음으로 culture(kultur)라는 용어가 사용되기 시작하였다. 이때 문화는 모두 단수였다. 그 이유는 문화는 유럽 문화, 기독교 문화 하나뿐이라는 생각이 깔려있었기 때문이다. 세계 문화를 피라밋 조직으로 이해하여 높은 문화, 낮은 문화, 고도의 문명, 미개한 문명으로 계층적으로 이해한 것이다. 서구 우월주의적 이해가 깔려있었다. 복수 Cultures로 사용하기 시작한 것은 1891년 옥스퍼드 잉글리쉬 딕셔너리가 최초였다. 그러다가 1945년 2차대전 이후 각 민족들이 독립국가를 이루면서 "문화들"에 대한 논의가 본격화되었고, 선교학자로서는 유진 나이다가 1954년 *Custums & Cultures*라는 제목의 책을 출판함으로써 선교학계에 문화들에 대한 이해와 논의가 크게 유행하였다.

34) 한강희, "야만에서 존중으로: 에딘버러 백주년 선교대회와 문명론적 인식틀의 전환," 『신학사상』 152집 (한신대학교출판부, 2011년 봄), 250.

것으로 생각하였다. 이러한 오만과 편견에서 서구 선교사들이 벗어나는 데 100년이 걸렸다.[35]

이러한 잘못이 비단 서양 선교사들에게만 있는 것은 아니다. 우리 안에도 있다. 대부분 선교활동은 우리보다 경제적으로 어려운 지역에서 이루어지는데 선교사들은 무의식적으로 우월감을 가지고 접근하는 경우가 많다. 일부에서 한국 선교를 '선교제국주의'라고 부를 정도로 오만과 편견에 사로잡힌 일방적인 선교활동이 있는 것을 부정하기 어렵다.[36] 그러므로 한국 선교사들도 타문화에 대하여 문화적 민족적으로 무의식 중에 가지고 있는 오만과 편견을 잘 분별하고 하나님의 보편적인 사랑으로 넘어서려는 노력을 꾸준히 해야 할 것이다.

앞에서 '선교는 경계를 넘어서는 것'이라고 정의했다. 예수께서 사마리아의 야곱 우물가에서 여인에게 물을 청하고 대화하신 것은 경계를 넘어 가까이 다가가서 복음을 전하는 선교의 한 모범이다. 요한복음 4장에 나오는 이 일화에서 그러한 선교적 경계선 넘기를 증거하고 있다. 당

---

35) 1910년 에딘버러 세계선교사대회 100주년을 기념하는 2010년 에딘버러 백주년 선교대회 연구서에 서구 선교사들이 오만과 편견을 버리고 겸손한 선교를 해야 한다는 주장이 나온다. "이러한 증언은 우리로 하여금 기독교인으로서의 근본적 성격을 결정하며 그리스도의 방식 즉 자기를 비우는 사랑의 방식으로 선교를 진행케 한다. 여기에는 상대방에 대한 진지한 겸손과 고통당하는 자들과 그 고통을 함께 나누는 것 그리고 자기의 것을 취하기보다는 내어줌으로써 전 인격이 치유받게 됨을 포함한다. 그리고 타공동체의 문화적, 인종적 그리고 사회적 다양성을 인정하고 특히 그리스도께 대하듯이 모든 인간의 존엄성을 존중하는 것 역시 포함한다." "Theme Eight: Mission and Unity - Ecclesiology and Mission," in Edinburgh 2010 Vol. II: *Witnessing to Christ Today*, eds. Daryl Balia and Kirsteen Kim (Oxford: Regnum Books International, 2010), 209.

36) 이진구, "한국 개신교와 선교 제국주의," 『무례한 복음: 한국 기독교의 선교, 그 문제와 대안을 성찰한다』, 김경재 · 김창락 · 김진호 외 (서울: 산책자, 2007), 76.

시의 게토 지역이라 할 수 있는 사마리아 땅에 발을 들여놓았다는 것 자체가 오랜 세월을 거쳐서 전통으로 굳어진 편견과 차별의 벽을 뛰어넘는 것이었다. 뿐만 아니라 유대인 남자가 사마리아 여인에게 말을 걸고 또 물을 달라고 하는 것은 유대와 사마리아 간의 지리적 경계를 넘어서는 것에 비할 수 없는 파격적이고 충격적인 행위였다.

"당신은 유대인으로서 어찌하여 사마리아 여자인 나에게 물을 달라 하나이까"라는 여인의 물음은 매우 복합적인 의미를 담고 있다. 사실 유대인이 사마리아 땅에 발을 들여놓았다는 것만으로는 대단한 파격이라고 할 수 없다. 사마리아를 지나가기보다는 피해서 돌아가는 것이 당시의 통례였기는 하지만 때로는 사마리아를 통과해서 다른 곳으로 갈 수도 있었기 때문이다.

그런데 예수께서는 우물가에서 쉬셨다. 설사 불가피하게 사마리아 땅을 지나가게 되었다고 하더라도 머뭇거리지 않고 가능한 한 길을 재촉하는 것이 일반적인 행위양식이었는데 예수께서는 그곳에서 느긋하게 시간을 보냈다. 또한 예수는 그곳으로 물을 길으러 온 여인에게 물을 달라는 부탁을 했다. 사마리아에서 유대인이 누구와 마주치거나 더욱이 말을 거는 것과 같은 행동은 삼가는 것이 일반적이다. 그런데 예수는 누구와 만나는 것을 꺼려 하지 않았고 말을 걸었을 뿐 아니라 청을 했다. 무엇보다 여인에게 말을 걸었다는 것, 더욱이 사마리아에서도 상종을 꺼리는 여인에게 말을 걸었다는 것은 중대한 금기를 깨는 행위였다. 게다가 여인에게 물을 마시게 해달라는 부탁을 했다. 여인에게 부탁을 한다는 것이 또 다른 중대한 금기의 파기라면, 한층 더 심각한 것은 물을 나누어 마신다는 것이다. 물을 함께 마신다는 것은 고대에서는 동류(친구)로 간주한다는 의미가 함축되어 있었다.[37] 유대인 남자가 불결하다고 백안시하

37) 막스 베버, 홍윤기 역, 『힌두교와 불교』 (한국신학연구소, 1986), 143-155.

는 사마리아 여인으로부터 물을 얻어 마심으로써 그 여인과 같은 부류에 속한다는 것을 보여준 것이다.

이 일화를 선교의 모범으로 꼽는 것은 예수께서는 차별과 편견을 깼을 뿐 아니라 가까이 다가가서 친구가 되기 위해 성과 계급을 초월해서 가장 비천한 지위의 여인과 동일한 부류로 자신을 낮추셨다는 것이다. 유대인 남자가 가지는 우월감과 오만을 벗어던지고 비천함과 함께했다는 것이다. 선교는 경계를 넘는 것, 경계를 허무는 것이라고 정의하면서 그 경계들을 흔히 지역, 문화, 언어, 인종 등으로 규정한다. 국경을 넘고 상이한 문화권으로 가서 알지 못하는 언어를 사용하는 피부색이나 생김새가 다른 인종이나 종족의 사람들에게 복음을 전하는 것이 선교라면 그것은 소극적인 정의이다.

경계를 넘어선다는 상당히 파격적인 의미로 선교를 정의했지만 그 경계가 기껏해야 지리적 · 문화적 · 언어적 · 인종적인 장벽과 같은 것으로 규정된다면 그것은 그다지 대단한 것이라고 할 수 없다. 요즘은 특히 교통과 통신의 발달과 이민과 국제적인 인구 이동이 빈번해지면서 국경이나 문화의 경계를 넘어서서 언어와 인종이 서로 다른 낯선 사람들이 어울려 사는 것이 전혀 유별나지 않게 되었다. 그러한 측면에서 이제 선교는 한층 더 적극적인 경계 파기의 의미를 가지는 개념으로 다시 정의될 필요가 있다.[38] 예수께서 사마리아 여인에게 다가감으로써 그녀와 물을 함께 마심으로써 경계들을 파기한 것이 정의의 한 기준이 될 수 있을 것이다.

국경과 문화, 언어와 인종이라는 경계를 넘어서서 복음을 전파하고

---

38) 이향순, "서구중심주의에 대한 반성과 아시아 선교," 『선교와 신학』 제11집 (미션아카데미, 2003), 17.

또 했다고 하더라도 문제는 남는다. 오만과 우월감이라는 내적인 경계를 넘지 못한다면 설사 다른 사회와 다른 문화권 및 언어권 그리고 피부색과 생김새가 다른 사람들에게 복음을 전파한다고 하더라도 그것은 위선이다.

갈라디아서(2:11-14)에 나오는 바울과 베드로 간에 일어난 사건은 오만과 우월감이 위선과 관련되었다는 것을 여실히 보여준다. 예수의 수제자이자 대사도인 베드로는 안디옥에서 이방인과 함께 식사하고 있었는데 할례자인 유대인들이 오자 자리를 떴다. 함께 있던 다른 유대인들과 바나바 역시 유혹에 넘어가서 같은 행동을 취했다. 이에 대해 바울은 대선배인 베드로를 복음의 진리를 따라 행하지 않고 가식적인 행위를 한다고 책망했다. 자신은 유대인답게 살지 않으면서 어떻게 이방인들에게는 유대인답게 살 것을 강요하느냐는 질책이었다. 이방인에게 복음을 전하면서도 그들을 열등하고 비천하다는 멸시와 경멸 그리고 자신은 그들보다 우월하고 존귀하다는 오만이 베드로의 가식적인 행동에서 드러난 것이다.

바울은 유대 지방을 벗어나 소아시아와 그리스 그리고 당시 세계 제국의 심장부인 로마에까지 기독교를 전파한 초대교회의 선구적인 선교사로 인정받고 있다. 선교사로서 단연 뛰어난 그의 면모는 우물가의 사마리아 여인에게 영원불멸의 생명수를 설교한 예수 그리스도와 마찬가지로 모든 경계를 뛰어넘은 것에 있다. 바울은 내가 자랑할 것은 오로지 복음뿐이라고 했는데 실은 초대교회 역사에 나오는 인물들 가운데서 가장 자랑할 것이 많은 사람이었다.

그는 자신이 바리새파 유대인이라는 것도, 가말리엘 문하에서 최고의 교육을 받은 지식인이라는 것도, 로마 제국의 시민권자라는 것도 자랑거리가 되지 못한다고 한다. 그는 이방인과 할례받지 못한 사람들과 여자와 노예들과 오네시모와 같은 도망친 노예들에게 복음에 사로잡힌

자로서 친구의 마음으로 복음을 전했을 뿐 아무것도 자랑하지 않았다. 그의 자랑거리가 될 수 있었던 특권적인 지위에 대한 우월감이나 오만함을 내팽개치고 바울은 가장 낮은 사람들로부터 가장 존귀한 사람에게 이르기까지 한결같이 그의 유일한 자랑거리인 복음을 전했던 것이다.

이와 같이 선교는 처음부터 국경, 문화, 언어, 종교, 인종을 뛰어넘었을 뿐 아니라 계급과 성, 사회적 지위와 지식 정도, 부와 권력을 초월하고 내적인 오만과 우월감을 벗어나 친구의 마음으로 가까이 다가가서 (고전 9:19–23) 복음을 전하는 행위이다.[39)]

기독교는 불과 300년 만에 한낱 유대의 지방 종교에서 세계를 제패한 로마 제국의 국교가 되었다. 제국의 변방에서 일어난 기독교가 다신 다종교의 로마 제국에서, 그것도 기독교를 믿는 것은 금지하지 않지만 포교하는 것은 불법화했던 체제에서 포교에 따른 참혹한 박해에도 불구하고 3세기 만에 제국의 국교가 되었다는 것은 초대교회의 선교에서 특기할 만한 무엇인가가 있었다는 것이다.

그 중에서 하나를 꼽는다면 모든 차이와 차등 그리고 차별을 초월해서 친구의 마음으로 모두에게 복음을 전파했을 뿐 아니라 복음 이외에는 아무것도 자랑할 것이 없다던 바울의 고백을 정직하게 따라서 오만과 우월감을 벗어던졌다는 것이다. 당시 다종교가 지배적이었던 세계에서 유일신을 믿는 기독교가 배타성의 한계를 극복하고 보편 종교로 평정된 것은 기독교 선교에 내재되어 있는 보편성이 초대교회에서부터 추구되었기 때문인데, 그 보편성은 친구의 마음으로 경계선들을 넘어감으로써 이루어졌던 것이다.

선교역사적으로 13~14세기는 선교의 암흑기, 선교의 치욕기라고 부

39) 옥성득, "무어의 복음주의 선교신학(Samuel F. Moore's Evangelical Mission Theology),"『한국기독교와 역사』 Vol. 19 (2003).

른다. 그 이유는 서유럽의 십자군이 전쟁과 정복의 방식으로 중동지역을 선교하려 했기 때문이다. 십자군은 예수를 믿지 않는 모든 사람들을 적대시했으며 교황에게 충성하는 것을 거부하는 다른 기독교 형제들을 괴롭혔다.

이러한 시대 가운데 십자가의 방식으로 성육신의 정신으로 모슬렘 선교를 시도한 위대한 선교사가 있었다. 그의 이름은 레이먼드 룰(Raymond Lull, 1235-1315)이다. 그는 스페인 마조르카(Majorca) 섬에서 태어났다. 룰이 생각하기에 모슬렘이 예수를 믿지 않고 기독교와 대립하는 이유는 한번도 그들에게 가까이 다가가서 친절하게 예수에 대해 설명해주는 선교사가 없었기 때문에 기독교를 대적한다고 분석했다. 그는 모슬렘 선교를 위해 세 가지가 필수적이라고 주장했다. 첫째는 아랍어를 배워야 하고 아랍어, 시리아어를 가르치는 대학을 세워야 한다. 둘째는 아랍어로 그리스도의 진리를 설명하는 책을 만들어야 한다. 셋째는 생명을 걸고 자발적으로 모슬렘에게 다가가야 한다.[40)]

룰은 자신이 주장하고 가르친 대로 10년 동안 직접 아랍어를 배웠으며 스페인의 제임스(James) 왕자를 설득해 모슬렘을 위한 선교사가 되려 하는 후보자들을 위한 언어대학교(Miramar 수도원)를 1276년에 세웠다. 그리고 모슬렘과 신학적인 토론회를 자주 가졌으며 모슬렘을 위한 전도 책자들을 발행했다. 그리고 1291년부터 네 차례에 걸쳐서 북아프리카와 시리아 등지에 있는 모슬렘 지도자들을 직접 찾아가서 복음을 전했다. 이 때문에 그는 여러 차례 투옥되기도 했고 매를 맞기도 하다가 결국 돌에 맞아 순교했다.

선교사는 결단과 열정으로 찾아가지만 원주민들은 선교사를 냉대한다. 그리고 오해하고 이용하기까지 한다. 예수님이 이 땅에 왔을 때 유대

40) Stephen Neil, 홍치모 · 오만규 역, 『기독교 선교사』(성광문화사, 1979), 165-167.

인들은 그분을 환영하지 않았다. 바울도 선교현장에서 대접받지 못했다. 선교사가 대접받는 곳은 교회와 선교단체뿐이다. 그래도 선교사가 먼저 다가가서 친구가 되어주고 친절하게 복음을 설명해주어야 한다.

예수님은 많은 경우 먼저 가까이 다가가셨다. 그들의 친구가 되셨다. 제자들도 친구라고 부르셨다(요 15:15). 죄인들의 친구가 되셨다. 그래서 오해와 오명과 상처를 받으셨다.

선교사가 선교현지에서 선교적 사명을 감당하는 태도와 방법이 어떠해야 하는가를 두고서 크게 두 가지로 나누어진다. 하나는 "타자를 위한 선교"이고 다른 하나는 "타자와 함께 하는 선교"이다. 이 두 가지 가운데 한국 선교사들이 그리스도를 닮은 선교사가 되려면 도움을 주고 베푸는 시혜적인 입장보다는 먼저 현지인 사회(지역 주민, 지역관공서, 지역 NGO 등)와 함께(with) 하는 노력, 친구가 되려는 노력을 교회가 더 많이 해야 한다. 그 주된 이유는 선교는 기본적으로 예수와 같은 태도로 이루어져야 하기 때문이다. 선교의 모델이신 예수에게는 삶과 선교는 분리되지 않았다. 그의 삶이 곧 세상을 향한 선교였다. 예수는 세상에서 사람들 가운데 살았으며 그들과 함께 동거동락하였다. 예수는 그들을 '위하여' 살았을 뿐만 아니라 '함께' 살았다. 특히 예수는 사람들과 자주 함께 식사를 나누었는데 이러한 식탁 공동체야말로 예수의 선교에 중심이다.[41] 왜냐하면 함께 하는 식탁은 '공동체'와 '잔치'가 전제되어 있기 때문이다. 함께 하는 삶 없이 선교하면 그것이 일방적인 선교가 될 수 있다. 일반적으로 누구를 돕는다고 할 때 먼저 그와 함께 하지 않고 돕는 관계만 강조하면 준더마이어(Th. Sundermeier)교수가 지적한 바와 같이 '도움 증후군'(Help-Syndrome)

41) 참고: Hisao Kayama, "Christianity as Table Fellowship: Meals as a Symbol of the Universalism in Luke- Acts," Daniel J. Adams, Donald G. Bloesch, *From East to West: essays in honor of Donald G. Bloesch* (Lanham, Md.: Uni. Press of America, 1997).

에 빠질 수 있다.[42] 그러므로 타자를 '위한' 선교(missions for others)가 되려면 먼저 타자와 '함께' 하는 선교(missions with others)가 되어야 한다.

지금까지 많은 경우 선교는 '주는 선교', '베푸는 선교'였다. 이것도 물론 귀한 일이지만 많은 경우 '베푸는 선교'는 선교사와 원주민의 관계를 계층적으로 만든다. 선교사는 위에서 가르치고 베풀고 명령하고 원주민은 배우고 얻고 순종하는 관계가 된다. 이것은 기껏해야 다니엘 디포가 쓴 명작 소설『로빈슨 크루소』에 나오는 흑인노예 '프라이데이'와 주인 '로빈슨 크루소'의 관계성을 벗어나지 못하는 것이다. 무인도에서 로빈슨 크루소가 불쌍한 흑인 하나를 구원하여 그의 이름을 '프라이데이'라고 하였다. 금요일에 그를 구원하였기 때문이다. 그리고 글자와 여러 가지 기술을 가르쳐주었다. 그러나 로빈슨 크루소의 유능한 조수(helper)가 되는 수준까지만 가르쳤지 그의 진정한 친구가 되고 동역자가 되기까지는 가르치려고 하지 않았다.[43]

태국에서 선교한 일본인 선교신학자 고야마는 시속 4km로 선교하는 것이 좋다고 했다.[44] 자동차나 비행기 속도가 아닌 사람의 걸음 속도로 선교하는 것이 좋다고 말한다. 왜냐? 자동차나 비행기를 타고 다니면 선교사와 현지주민들이 친구가 되기 어렵기 때문이다. 무엇이 선교사에게 좋은 것이고 무엇이 선교사에게 나쁜 것인가? 선교현지주민들에게 가까이 다가가서 친구가 되는 데 도움이 되는 것은 선교사에게 좋은 것이고 도움이 되지 않는 것은 나쁜 것이다.[45] 때로는 오해받고 냉대받고 이용당

42) 한국일, "협력하여 선교를 이루라: ②동반자 선교에 대한 신학적 고찰,"『한국기독공보』(2698호) 2009년 3월 19일.

43) Kyo Seong Ahn, "Spring lecture on the World Missionary Conference of Edinburgh 1910-2010 Project" (Edinburgh University, April 26, 2003).

44) Kosuke Koyama, *3 miles an hour God* (New York, SCM Press, 1979).

45) 조나단 봉크,『선교와 돈』, 이후천 역 (대한기독교서회, 2010).

하더라도 가까이 다가가서 친구가 되어야 한다. 그래야 그 다음 복음을 전할 수 있는 기회를 얻을 수 있기 때문이다. 선교의 모범이신 예수님이 그렇게 하셨고 예수님을 따른 바울이 그렇게 했듯이 복음을 전하려는 사람도 어떻게 하든지 가까이 다가가는 노력을 해야 한다.

지금까지 복음을 전하기 위해서는 내 성(城) 안에만 머물러있지 말고 경계선(장벽)들을 넘어 가까이 다가가서 친구가 되어야 한다는 사실을 설명했다. 그렇다면 일생생활 가운데서 경계선을 넘어가는 연습을 어떻게 할까? 필자는 비기독교인들과 자주 함께 식사하는 기회를 만들어보라고 권하고 싶다.

『혼자 밥 먹지 마라』는 제목의 책이 있다.[46] 이 책은 사회에서 성공하기 위해서는 대인관계에서 성공해야 하는데 대인관계에서 성공하려면 사람을 사랑하고 먼저 배려하고 감동을 주는 노하우를 길러나가야 한다는 메시지를 담고 있다. 성공한 사람들의 주위에는 어김없이 사람이 많다. 하지만 그 사람들은 흔히 상상하듯 타고난 배경이나 학연, 지연으로 이루어진 관계라기보다는 자신의 일과 인생에 대한 열정과 노력의 산물일 때가 많다.

비즈니스 잡지의 표지를 장식하는 성공 스토리의 주인공들을 보라. 그가 요리사이든 회계사이든 작가이든 CEO이든 모두 자신의 꿈의 페달을 함께 밟아준 소중한 사람들을 가슴에 품고 있고, 그 사람들은 어느 날 그 앞에 운명처럼 불쑥 나타난 그런 존재가 아닌 자신의 길을 찾고 헤매는 과정에서 만난 소중한 선물과 같은 사람들이다. 열정이

46) 키이스페라지, 이종선 역, 『혼자 밥 먹지 마라』 (랜덤하우스 중앙, 2005).

만남을 만들고 만남이 관계가 되고 의미 있는 관계는 살아가는 기쁨이자 힘이 된다. 100권의 책보다 한 사람과의 만남에서 더 큰 영향을 받기도 하고 며칠씩 인터넷을 헤매기보다 단 한 시간의 만남에서 얻는 정보가 값질 때가 많다. 혼자 밥 먹지 말아야 하는 이유가 바로 여기에 있다.

복음전도 사역에서 성공하기 위해서도 혼자 밥 먹지 말아야 한다. 복음전도의 모델이신 예수님은 신분과 성격이 다른 종류의 사람들과 자주 식탁의 교제를 하셨기 때문이다(막 2:15-17). 일반적으로 식탁 교제는 평화와 신뢰와 우정의 보증을 나타내는 표지로서 인간과 인간의 하나 됨을 보여주며 서로의 것을 나누는 삶의 교제이다. 식탁 교제에 참여한 자들이 식탁에 함께 앉으므로 인격적인 만남과 친분의 공통성을 나눈다. 식탁 교제를 거절하는 것은 하나됨을 거부하는 일인 반면, 이 식탁 교제의 참여는 서로의 형제됨과 우정을 확인하는 자리였다. 초대자는 식탁에 손님을 초대함으로써 손님에게 호의와 경의를 표했고 또한 손님을 보호해야 할 의무를 지니게 된다. 식탁 교제는 사랑과 우정과 평화의 표시로 간주되어왔다.

그런데 일반적으로 식탁 교제는 비슷한 신분, 비슷한 종류의 사람들끼리 하는 경우가 많다. 신분이나 나이나 관심이나 인종이나 종교가 전혀 다른 사람들이 한 상에 둘러앉아 식사하는 일은 드문 일이다. 당시 유대인 사회에도 끼리끼리 풍습이 심하였던 모양이다. 그래서 예수님은 제자들에게 이렇게 가르쳤다.

> 너희가 점심이나 저녁이나 베풀거든 벗이나 형제나 친척이나 부한 이웃을 청하지 말라 그 사람들은 너를 도로 청하여 네가 베푼 것에 대하여 갚음을 행할 것이다 잔치를 배설하거든 차라리 가난한 자들과 병신들과 저는 자들과 소경들을 청하라 그렇게 한다면 저희가 갚을 것이 없

으므로 하나님이 그들 대신 갚아주시므로 복이 될 것이다(눅 14:12-14)

이렇게 가르치신 예수님은 죄인들과 함께 식탁 교제를 가졌다.[47] 당시 죄인들이란 비도덕적 삶을 살고 있는 토색, 불의, 도둑, 간음하는 자들을 지칭하며 사회적으로는 창녀, 세리들을 지칭하는 용어였다. 이러한 죄인들과 예수님이 함께 식사하는 모습은 당시 종교적 상황으로서는 상상할 수 없는 파격적인 사건이었다. 하지만 예수님의 죄인들과의 식탁 교제는 죄인들을 향한 하나님의 용서의 보증으로서 하나님과 죄인 사이에 놓여있는 장벽을 허무는 것을 의미하는 것이었다. 즉 '죄 사함'이라는 말씀이 없이도 하나님의 긍휼히 여기시는 용서와 화해의 의지가 식탁 교제를 통해서 전해지고 있었던 것이다.

복음이란 하나님의 용서와 화해와 사랑의 메시지이다. 이 복음이 전해지려면 의인과 죄인, 기독교인과 타종교인, 교회 다니는 사람과 안 다니는 사람, 성경을 아는 사람과 모르는 사람, 하나님을 아는 사람과 모르는 사람의 경계선을 넘어가야 한다. 일상생활 가운데 경계선을 넘어가서 복음을 전하려면 누구를 자주 내 식탁에 초청할까? 어떻게 먼저 대접할까? 어떻게 하면 그에게 감동을 줄 것인지를 생각하고 계획해 함께 즐겁게 밥 먹는 자리를 준비하는 것이다. 때로는 한 가정이 그렇게 준비할 수도 있고 때로는 구역 식구들이 연합해 그렇게 할 수도 있을 것이다. 소외된 사람, 하나님의 사랑과 위로가 필요한 사람, 다문화 이주민 등 그들을 찾아내어 함께 식탁 교제를 나눌 수 있도록 먼저 기도하고 준비한다면 하나님이 그렇게 할 수 있도록 축복해주실 것이다. 선교는 일상생활 속

47) Simon Morrison Steer, "Eating Bread in the Kingdom of God: The foodways of Jesus in the Gospel of luke" (Westerminster Theological Seminary, 2002). Unpublished Ph.D. Dissertation.

에서 문화적 경계선을 넘고 오만과 편견의 경계선을 넘어 사랑으로 친교하는 만남 속에서 시작된다.

성경을 아프리카 부족언어로 번역하는 일을 사명을 삼고 사역하는 미국인 여자 선교사가 카카 부족 속에 들어가서 사도행전을 현지어로 번역하고 있었다. 한번은 카카 남자들 및 남자아이들과 함께 전세계에서 먹는 음식들에 대해 이야기하면서 오후 시간 대부분을 보냈다. 한 젊은이가 불루어로 된 자기 성경을 펴고는 사도행전 10장에서 베드로가 본 환상에 대한 본문을 읽었다. 거기서 베드로는 "각색 네 발 가진 짐승과 기는 것과 공중에 나는 것들"을 잡아먹으라는 지시를 받는다. 선교사가 세운 학교에 잠시 다닌 적이 있는 이 젊은 카카인은 "하우사족은 이 말을 믿지 않아요. 그들은 돼지를 먹지 않거든요. 우리가 생각하기에 선교사들도 이 말을 믿지 않아요. 그들은 우리가 먹는 음식 중 어떤 것은 먹지 않거든요"라고 말했다. 여자 선교사는 아주 자신만만하게 '진정한 선교사라면 그가 먹는 것은 무엇이든 먹을 것'이라고 장담했다.

그날 저녁 그 젊은이의 아버지가 자기 집 문간으로 여자 선교사를 불렀다. 그 노인은 그곳에서 먼지 쌓인 땅 위에 앉아 있었다. 그리고 그의 앞에는 뚜껑이 덮인 깨끗한 흰 에나멜 냄비가 두 개 놓여 있었다. 그는 선교사를 쳐다보더니 앉으라는 손짓을 했다. 그의 아내가 물을 한 바가지 가져와 우리가 손을 씻도록 부어주었다. 그 다음에 그 노인은 손가락을 공중에 털어 좀 말리더니 한 냄비의 뚜껑을 열었다. 깔끔하게 둥글게 만들어놓은 으깬 카싸바에서 김이 모락모락 났다. 그 다음에 그는 다른 냄비의 뚜껑을 열었다. 선교사는 내용물을 흘끗 보았다. 그리고는 눈을 들자 그날 오후 베드로의 환상에 대해 읽었던 그 젊은이가 웃음기 없는 얼굴로 선교사를 빤히 바라보는 눈길과 마주쳤다. 그 냄비에는 그을린 애벌레들로 가득차 있었다.

선교사는 마른침을 꿀꺽 삼키면서 '지금 내가 이 애벌레들을 삼키지 않으면 나는 식언을 한 셈이 되어 유럽인들은 이기적으로 자기 식대로 기독교를 바꿔버렸을 뿐이라는 것을 다시 입증하게 되리라' 생각했다. 선교사는 주인이 삽처럼 생긴 그의 손가락을 으깬 카싸바가 담긴 그릇에 깊숙이 집어넣어 그것을 퍼내어서는 둥그렇게 뭉쳐서 애벌레가 가득 담긴 냄비에 서서히 눌러 넣는 모습을 지켜보았다. 그가 그것을 들어올려 벌린 입으로 가져갈 때 선교사는 불에 타고 잔털이 많이 난 그 생물이 어떤 것은 터져서 으캔 카싸바에 붙은 채, 또 어떤 것은 대롱대롱 매달린 채 그의 이빨 사이로 들어가는 것을 보았다. 선교사를 초청한 사람은 먼저 조금 먹어보임으로써 그 음식이 안전하다는 것을 입증해보였다.

이제는 선교사 차례였다. 선교사는 으깬 카사바에 손을 찔러넣어 그 파충류를 재빨리 조금 떠서는 그 덩어리를 입속에 풍덩 넣어버렸다. 그러나 그것을 씹을 수 없어서 약간 망설였다. 눈을 감고 그것을 씹자 부드러운 내용물이 터졌는데 놀랍게도 짭짤한 고기 같은 맛이 났다. 그것은 무미건조한 카싸바 죽에는 없는 성분을 보충해주는 것처럼 보였다. 그 다음부터는 어렵지 않았다.

선교사가 마을 사람들과 앉아서 먹고 있을 때 이 노인의 세 아내와 딸들이 와서 부엌 현관에 서서 선교사를 지켜보고 있었다. 그들은 손으로 입을 가리고는 바쁘게 앞뒤로 속삭였다. "백인 카카가 애벌레들을 먹고 있네. 정말 그 사람의 마음은 우리처럼 까만가봐." 냄비들은 비었다. 각자 물을 한 입씩 먹고 입 안을 행구고는 한쪽으로 물을 뱉고 크게 트림을 한 다음에 "감사합니다. 느잠비(하나님)"라고 말하고 일어나서는 찬란하게 지는 햇살 속으로 떠났다. 그날 밤 선교사 노트에는 기록되었다.

빈(empty) 애벌레 냄비는
선교사들이 원주민들에게 쏟는 모든 공허한(empty) 사랑의 비유보다
훨씬 더 설득력 있는 것이었다.[48)]

(2) 두려움과 걱정을 넘어서야 한다.

선교사가 선교현지인들에게 가까이 다가가려고 한다면 오만과 편견뿐만 아니라 걱정과 두려움을 넘어서야 한다. 실제로 낯선 지역, 낯선 사람들, 낯선 문화 속에 들어가서 선교하려고 할 때 적지않게 두려움을 느끼고 걱정을 하게 된다.

1792년 근대선교의 아버지로 불리는 영국 선교사 윌리엄 캐리 당시에도 이방인들에게 가까이 다가가서 선교하려고 할 때 걱정되는 부분들이 많았는데, 캐리는 그 당시 선교에 관심을 가진 그리스도인들이 걱정하는 주된 내용을 다섯 가지로 정리하여 극복방안을 제시하였다.[49)]

첫째로 원거리 문제였다. 지금은 문제가 되지 않음으로 그냥 넘어가자.

둘째로 이교도의 비문명화된 야만적이고 불편한 생활방식의 문제였다. 이 문제에 대하여 캐리는 이렇게 대답한다. "자국의 문화를 벗어나 타문화권에서의 새로운 삶은 불편함과 희생이 따르기 마련이다. 진정 선교를 원한다면 개인의 안락함과 편안함은 과감히 포기할 수 있는 의지가

48) 윌리엄 레이번, "선교과업에서의 동일화,"『미션 퍼스펙티브』, 369. 참고: 필리핀 음식 발룻(Balut).

49) 윌리엄 캐리/ 변창욱 번역 · 주해,『William Carey 이교도 선교 방법론』(미션 아카데미, 2006).

필요한 것이다."

셋째로 선교지에서 이교도들에게 죽임을 당할 위험성이다. 이 걱정에 대하여 캐리는 어떻게 대답하는가? "이것은 선교사의 기본적인 정신에 위배되는 내용이다. 왜냐하면 선교사로 나가는 사람은 누구나 자기 생명을 주님의 손에 맡겨야 하는 것이기 때문이다. 이미 바울과 바나바는 자기의 생명을 예수님의 복음보다 귀한 것으로 여기지 않으므로 칭송을 받은 바 있다. 또한 이교도들이 목숨을 해하는 이유를 재고할 필요가 있는데 이는 저들의 사나운 기질의 결과가 아니라 일종의 자기방어로 볼 수 있다는 것이다. 이름만 기독교인이지 무례하기 짝이 없는 서양인들의 악행은 현지인들의 야만적인 행동을 자처했을지 모르는 일이다."

넷째로는 생활 필수품 취득의 어려움이다. 이러한 걱정에 대해서는 캐리가 어떻게 대답하는가? "이것은 세 번째 장애 문제에서 살펴본 생명의 위협에만 비해도 그리 큰 어려움이 아니다. 세계 어디에나 사람들이 사는 곳에는 저마다의 의식주 문제를 해결하며 살기 때문에 이것은 현지에서 적응하며 직접 부딪혀 몸소 살아가면 되는 문제이다. 선교사는 하나님의 종이기 때문에 물질적인 풍요와 쾌락을 추구하기보다는 주님의 뜻을 최우선으로 추구하며 인간적인 고통을 감내할 각오를 가져야 한다. 현실적인 방안으로는 선교지에 두 명 이상을 파송하여 선교사역과 선교사 가정 사역을 분담하여 효율적으로 시간을 활용하는 방법이 있다. 그리고 자급의 한 방편으로 경작이나 목축을 선택할 수도 있을 것이다."

다섯째로는 현지언어를 모르는데 어떻게 하지? 캐리는 이렇게 대답한다. "지구상의 모든 언어는 1-2년이면 배울 수 있다는 것은 널리 알려진 사실이다. 우리가 현지인들에게 감정과 생각을 전달하기 위해 언어를 배우는 시간에 인내와 정성을 들이면 할 수 있을 것이다." 사실 1-2년이면 될 수 있다는 생각은 문제가 있지만, 분명한 사실은 현장 속으로 들어가서 인내와 성실을 다하면 배울 수 있다는 것이다.

사랑이 두려움을 이긴다(요일 4:18). 학생자원운동(SVM)을 일으킨 '캠브리지 세븐' 중 한 사람으로 졸업 후 46년 동안 중국, 인도 선교를 하고 중앙 아프리카를 개척한 선교사 C. T 스터드(1862~1931)가 이런 말을 남겼다. "If Jesus Christ is God and died for me, then no sacrifice can be too great for me to make for Him." "예수 그리스도께서 참으로 하나님이시고 참으로 나를 위해 죽으셨다면 그를 위해 바치는 어떤 희생도 지나친 것은 아니다." 진정으로 사랑하면 그 어떤 어려움과 장애물도 그 어떤 두려움과 걱정도 극복할 수 있다.

이지연은 타문화권에서 성공하는 사람들의 10가지 특성을 말하였는데[50] 그것은 존중(Respect), 공감(Empathy), 호기심(Curiosity), 유연성(Flexibility), 관용(Tolerance), 적극성(Spontaneity), 개방성(Openness), 친교성(Sociability), 긍정적인 이미지(Positive image), 예의(Courtesy)이다. 이런 특성과 성품을 가지고 가까이 다가가서 복음을 전하면 많은 열매를 거둘 수 있을 것이다.

---

50) 이지연, 『기자처럼 뛰고 아나운서처럼 말한다』 (이담북스, 2011).

04 **적절한** 상황화를 통해

북한에 약 항생제를 보내는 기관에서 들은 이야기이다. 한국에서 보통 사용하는 항생제는 4세대, 5세대 항생제이다. 그러나 북한에서는 아직도 1세대, 2세대 항생제면 충분하다고 한다. 그런데 제약회사들이 북한을 돕는다고 4세대 항생제를 북한에 지원하였다고 하자. 그러면 그 항생제를 사용하여 병을 고친 사람이 후에 또 병에 걸렸을 때 4세대 5세대 항생제를 사용해야만 효과를 볼 수 있는데 북한의 형편이 2세대 항생제 정도만 구할 수 있는 형편이라면 4세대의 항생제를 보낸 제약회사는 사실상 북한 동포를 제대로 돕는 일을 했다고 볼 수 없는 일이다.

선교도 마찬가지이다. 지금 선교지에서 필요로 하는 성경공부, 신학공부, 교회건축, 지도자나 사역자 양성 그리고 그들의 신앙수준에 맞는 사역이 무엇인지 먼저 살펴보아야 한다. 과연 선교지에 필요하고 적절한 선교가 어떤 것인지를 연구하며 접근하여야 할 것이다.

선교에 있어서 '적절한 상황화'의 중요성은 아무리 강조해도 지나치지 않을 것이다. 선교에 있어서 적절한 상황화는 공리(公理)이다. 선교사역의 관건은 적절한 상황화에 달려있기 때문이다. 너무 현장(Context)을 강조하다 보면 혼합주의의 위험이 있고 너무 교리(Text)를 강조하다보면 화석화될 위험성이 있다. 복음 메시지와 선교지 주민들의 삶의 상황(시대적 상황, 정치적 상황, 사회적 상황, 경제적 상황, 종교 전통적 상황 등) 사이에 적절한 상관성(a proper relevancy)을 맺어주는 일이 중요하다. 이것이 적절한 상황화 작업이다.

돈 리처드슨이 지은『화해의 아이』라는 책이 있다.[51] 이 책의 내용은 영화로도 만들어졌다. 무대는 남서 태평양 뉴기아 섬 정글 이리안자야 섬이다. 이 책과 영화는 문명화되지 않은 한 원주민 부족(사위 부족)에게 선교사가 지리적 · 문화적 경계선을 넘어 가까이 다가가서 복음을 전하는데 어떤 어려움이 있으며 그 어려움을 어떻게 극복해야 하는지를 보여준다.

> 주인공 돈 리처드슨과 캐롤은 대학시절 그리스도의 부르심을 받고 선교에 헌신하기로 결심한다. 선교사역을 위해 세심한 준비를 한 이후 낡아빠진 카누를 타고 정글 깊숙한 마을에 도착하게 된다. 거기에는 세계에서 가장 원시적인 삶을 영위하는 부족이 살고 있었다.
>
> 수많은 어려움을 겪은 그들은 원주민의 언어를 이해하게 된다. 그러나 그 원주민의 말로 의사소통이 이루어졌을 때 그들은 큰 충격을 받게 된다. 원주민들은 예수를 배신한 유다야말로 가장 훌륭한 사람이며 본받아야 할 모범이라고 칭찬했다. 원주민들은 배신(背信)을 가장 훌륭한 미덕으로 생각해왔기 때문이었다. 그래서 믿으라는 예수는 안 믿고 오히려 가룟 유다를 영웅으로 생각하며 가룟 유다를 추앙했다. 선교는 벽에 부딪혔다.
>
> 얼마 뒤에 부족들 간에 전쟁이 터졌다. 서로 죽이고 죽는 두렵고 지루한 전쟁이 오랫동안 계속되었다. 이렇게 계속되다가는 모두 멸절당하고 말 것이 분명했다. 마침내 위기를 느낀 두 추장이 전쟁을 종식시키고 평화를 가져오기 위해 자신의 어린 아들을 서로 교환해 기르기로 약속하고 전사들이 광야에 두 줄로 마주보고 서서 엄숙한 의식을 거행했다. 어린 아들을 원수의 추장

51) Don Richardson, *Peace Child*, 김지찬 역,『화해의 아이』(생명의 출판사, 1992).

의 손에 넘겨준 이쪽 추장의 부인은 눈물을 흘렸다. 그러나 평화를 얻기 위해 두 부족이 화해하기 위해 희생 제물로 자기 아들을 원수의 손에 넘겨주는 것이었다.

이때 교환하는 추장의 어린 아들을 '화해의 아이'라고 불렀다. 이러한 원시부족의 관습을 지켜본 선교사는 그 '화해의 아이 개념'(The Concept of Peace Child)을 이용해 복음이 그들에게 이해될 수 있도록 다시 전했다. 자기 아이를 화해의 제물로 드린 추장은 "하나님이 세상을 이처럼 사랑하사 독생자 예수님을 우리를 위하여 주셨다"는 말씀이 가슴 깊이 이해되었다.

삶이 변했다. 교회가 세워졌다. 교회는 부족의 문화를 존중해 건축되었다. 성찬식도 부족의 상황과 문화를 고려해 포도주 대신에 파파야 야자수 나무 열매의 즙을 깡통에 담아 온 교우들이 돌려가며 마시는 형식으로 거행되었다. 외부에서 물질적으로 교회와 부족민들을 돕기 위해 지원사업이 이루어졌다. 선교현지인 중에서 복음전도자를 세웠다. 원주민의 언어와 표현과 억양으로 성경을 설명했다. 복음은 정글 속에서 힘있게 전파되었다.

이 책과 영화에서 우리가 배워야 할 중요한 선교학 용어가 있다. 그것은 '구속유비의 원리'(the principle of redemptive analogy)이다. 구속유비의 원리란 하나님의 구속(구원) 활동을 나타내는 성경적 표현이나 상징에 해당되는 표현과 상징을 선교지 문화 속에서 찾아내어 성경이 본래 전달하고자 하는 메시지를 선교현장 속에서 실감나게 의미 있게 전달하는 원리를 말한다.

예를 들어 요단강 건너편 베다니에서 활동하던 세례 요한은 예수께서 자기에게 나아오심을 보고 유대인들에게 말하기를 “보라 세상 죄를 지고가는 하나님의 어린 양이로다”(요 1:29)라고 했다. 세례 요한이 구속유비의 원리를 사용해서 중동지역에서 유목민 생활을 하던 유대인들에게 복음을 그렇게 전한 것이다. 예수가 누구냐? 예수가 어떻게 해서 하나님의 용서가 되며 하나님의 사랑이 되는가? 왜 예수를 믿어야 하는가? 왜 예수의 이름으로 기도해야 하는가? 그 모든 설명이 ‘어린 양’이라는 상징 가운데 함축되어 있는 것이다. 아브라함 이래로 어린 양을 잡아 그 피로 하나님께 제사를 드려온 유대인들은 “예수는 어린 양이다”라는 한마디 말로 모두 설명되었던 것이다.[52]

그러나 이리안자야 정글 속에 사는 부족민들에게 “예수는 어린양이다”라고 말하면 아무도 못 알아듣는다. 왜냐하면 그들은 어린 양을 한번도 본 적이 없기 때문이다. 이것을 간파한 선교사가 부족민들의 생활을 오랫동안 관찰해 보니 그들도 속죄의식을 하는데, 음력 정월 초하루가 되면 뒷산 흰바위 앞에 모여서 어린 돼지 새끼를 잡아서 그 피로 제사를 드리는 모습을 본 다음, 표현을 바꾸어 “예수는 어린 하얀 돼지 새끼다” 라고 설교했더니 잘 알아들었다. 이것이 구속유비의 원리이다.

선교사 돈 리처드슨이 이리안자야 정글 속에 사는 사위 부족의 언어를 배워서 성경에 기록된 예수님과 그 제자들의 이야기를 들려주었지만 사위 부족민들의 반응은 선교사가 기대하는 것과는 너무나 다른 것이었다. 왜냐하면 아직 구속유비의 원리를 찾아내지 못했기 때문이었다. 그런데 전쟁을 종식시키고 두 부족이 서로 화해하기 위해 추장의 어린아이를 평화의 제물로 내주는 풍습을 발견한 다음 “예수는 화해의 아이다” 라고 설교했을 때 추장은 큰 감동을 받았다. 추장 자신이 마을의 평화

52) 참고: 배재욱, “요한계시록에 나타난 상징언어 ‘어린양’에 대한 선교신학적인 고찰,” 『선교와 신학』 13집 (장로회신학대학교 출판부, 2004), 171-196.

를 얻어오기 위하여 자신의 어린 외아들을 원수의 추장에게 내어준 경험이 있었기 때문이다. 추장이 하나님을 믿고 하나님의 사랑을 믿기 시작하였다. 그때부터 부족의 변화가 일어나기 시작한 것이다. 선교사가 '화해의 아이' 개념을 발견해 사용하기 이전의 선교사역과 이후의 선교사역은 크게 달라졌다. 선교사역의 핵심은 복음진리의 적절한 상황화(Proper Contextualization)에 달려있다.

적절한 상황화 작업은 성경을 현지어로 번역할 때도 반드시 필요하다. 예를 들어보자.

남인도에 있는 텔레구에서는 '목자'가 가리키는 외면적인 의미는 '양을 돌보는 사람'이지만 내면적인 의미는 '방탕한 술주정뱅이'라는 뜻이다. 그러므로 선교사가 예수님을 목자라고 번역했을 때 현지인들이 어떻게 이해하겠는가?

인도네시아 발리섬에서는 '독사'는 '낙원의 뱀'으로 간주한다. 따라서 성경에 나오는 '독사의 자식들'은 전혀 저주나 비난의 말이 아니다. 대신에 '해충 같은 녀석들'이라고 하면 의미전달이 잘 된다.

누가복음 18장 13절의 "세리는…다만 가슴을 치며 가로되 하나님이여 불쌍히 여기옵소서"라는 구절이 서부 아프리카에서는 전혀 마음에 와 닿지 않는다. 그 이유는 "가슴을 치다"라는 말이 이 지역에서는 "자신이 이룬 업적에 대해 자부심을 갖는다"는 의미를 지니고 있기 때문이다. 따라서 이 지역에서는 "가슴을 치다"는 표현 대신에 "자기 머리를 때리다"는 표현을 사용해야 한다. 이 지역에서 회개를 의미하는 표현은 "자기 머리를 때리다"이기 때문이다.

중부 아프리카 빅토리아 호수 근처에 거주하는 자나키(Zanaki) 부족에게 복음을 전할 때 "볼지어다 내가 문 밖에 서서 두드리노니…"(계 3:20)

라고 말해서는 안 된다. 왜냐하면 그것은 그리스도가 도둑이나 강도라고 선언하는 것과 같기 때문이다. 자나키 지역에서는 밖에서 서서 두드리는 사람은 예외없이 도둑이나 강도이기 때문이다. 밖에서 문을 두드려 보고 안에서 무슨 소리가 들리면 도망가버리고 소리가 들리지 않으면 안으로 들어와서 세간을 훔쳐가버린다. 그러나 선량한 사람은 밖에서 안에 있는 사람의 이름을 부른다. 이렇게 하면 방문자의 목소리가 곧 그의 정체를 밝혀 집안에 있는 사람에게 안심을 주기 때문이다. 그러므로 자나키 언어로 이 구절을 번역한다면 "볼지어다 내가 문 밖에 서서 그대의 이름을 부르노니..."라고 하는 것이 적절할 것이다.

이렇게 성경을 번역할 때 문자적 번역, 선교사 중심의 번역이 아니라 의미 중심적 번역, 현지인(수신자) 중심의 번역 원리를 찰스 크래프(Charles H. Kraft)는 '역동적 등가 번역'(Dynamic Equivalence Translation)이라고 불렀다. 크래프트 박사는 이 이론을 확장하여 훗날 역동적 등가 교회(Dynamic Equivalence Church) 이론으로까지 발전시켜 수신자(현지인)의 문화에 맞는 상황화된 교회를 세울 것을 강조하였다.

적절한 상황화를 위해서는 선교현장의 문화와 역사를 관찰하면서 구속적 유비를 찾아내야 한다. 선교지의 문화와 관련되어서 기독교 메시지를 전할 때 큰 역사가 일어난다. 목회현장에서도 그대로 적용된다. 다음세대 선교(교육)현장에도 그대로 적용될 수 있다.

역사적으로 상황화(contextualization)라는 용어는 세계 제2차 대전이 끝난 이후 제국주의적 식민통치시대가 종식되고 2/3세계 교회들이 자기정체성을 찾아가는 과정에서 기존의 서구신학에 대해 공개적인 의문을 제시하는 과정에서 탄생하였다. 즉 지금까지 무비판적으로 수용하고 답습하던 서구의 기독교와 신학들이 실제로는 서구라는 독특한 상황(context)에서 형성되어진 것임을 지적하며 오늘날 다른 상황에서는 교회와 신학이 자신들의 상황에 맞추어서 새로운 형성작업을 거쳐야 함을 주장하는 의미로 이 용어가 사용되었다. 1972년 처음으로 이 용어를 사용한 사람은 대만 신학자인 쇼키 코(Shoki Coe)였는데 그는 세계교회협의회 기관인 신학교육기금(Theological Education Fund)의 책임자였다. 그러므로 처음 상황화라는 용어가 등장한 것은 에큐메니컬 신학교육운동의 배경 때문이었다. 다시 말하면 선교사역이 아니라 신학교육의 상황화(현장화)로서 '상황화'라는 용어가 처음 사용되기 시작했다는 말이다. 신학교육과정이 상황화되기 시작했다는 것은 학생들로 하여금 자신의 상황(언어, 문화, 종교, 세계관, 이데올로기 등)에 적절하게 관련지어 사고하게 하고 신학적 관점에서 실제적 문제들을 비판적 시각에서(서구 선교사나 신학자들이 가르쳐 주는대로 받는 것이 아니라) 다시 생각하게 한다는 것이다. 그래서 '상황'이란 용어는 영어의 'situation'으로 쓰이지 않고 'context'로 사용되는 것이다. 상황화라는 용어는 에큐메니컬 신학의 특성을 보여주는 단어였다.

그러나 복음주의 그룹에서도 이 용어를 사용하게 되었다. 1974년 스위스 로잔에서 열린 세계복음화 국제대회에서 아프리카의 비양 카토(Byang Kato)가 "복음과 문화적 상황화, 종교혼합주의"라는 글을 발표하면서 이 용어를 사용하였다. 복음주의 측에서는 초기에 모든 사람들이 쉽게 상황화 개념을 동의, 수용하지는 못하였다. 사실 고전적인 신앙 개념에서는 신앙의 범주에 문화라는 요소를 포함시켜 생각한다는 것은 마치 신학 및 신앙의 문화적 상대성을 인정하는 것과 같이 간주되어서 거부감을 느끼지 않을 수 없는 일이었다. 1978년 버뮤다에서 열린 윌로우뱅크 회의는 이러한 문제에 대해서 대표적 학자들이 논의를 한 후 상황화가 성서적으로 합당한 개념임을 발표하였다. 오히려 이들은 성경자체가 이미 상황화된 것임을 지적하였다. 이후 1980년대 초반까지 여러 회의들을 거치면서 복음주의 그룹 내에서도 점진적으로 상황화라는 개념을 수용하게 되었다.

선교학에서 상황화란 선교를 수행하는 과정에서 선교현지에 적절한 방식으로 복음을 전하거나 현지 상황의 입장을 적절하게 이해하여 지역주민 자신들이 처한 시대적 현장적 요구들에 올바르게 응답하면서 기독교 진리가 그들의 개인적, 가정적, 사회적 삶 가운데 정착하는 과정을 의미한다.[53]

60년대에 土着化(토착화)란 명칭으로 이 과정을 설명하였으나 그 용어가 함축하고 있는 의미가 토착문화와 종교범주에 제한되어 있으며(정치, 사회는 포함 안 됨) 과거의 것을 회복하려는 복고적 노력에 집중되어 있기 때문에 현재 교회가 처한 복합적 요인으로 발생하는 사회적 문제들에 대하여는 바르게 대응하는 데 한계를 갖는다고 보았다. 그래서 1970년 초에 '현장화'라는 새로운 용어를 사용하기 시작했지만 사실 선교현장에서는 오래전부터 현장화가 진행되어왔다. 상황화와 유사한 개념들을 소개하면 다음과 같다.[54]

① 적응(Accommodation/ Adaptation)이란 선교사가 사역현장에서 선교사

53) James A. Scherer and Stephen B. Bevans (eds), *New directions in mission and evangelization 3: faith and culture* (New York: orbis books, 1999), 43-44.

54) 김영동, "상황화의 역사적 배경과 이론에 대한 신학적 고찰," 『하나님 나라와 선교』 서정운 명예총장 은퇴기념 출판위위원회 편 (서울: 대한기독교서회, 2001), 164-166.

와 현지 사람들 간의 간격을 줄이기 위하여 자신의 사고, 말, 태도를 현지 백성들의 삶의 양식에 맞게 적응하는 것을 말한다.

② 사회(학습)화 (Enculturation) 혹은 사회학습화란 한 개인이 동일 문화권 안에서 학습을 통하여 문화를 전수받고 동화되는 과정을 말한다.

③ 문화변용(Acculturation)이란 문화가 다른 개인이나 집단 간에 만남을 통하여 변화가 일어나는 동적인 과정을 나타낸다. 이것은 자연스럽게도 일어나며 계획적으로 혹은 강요에 의해서도 일어난다.

④ 토착화(Indigenization)란 중국어로는 본색화(本色化)라고 번역되고 우리 말로는 '본방화' 혹은 '토속화', '현지화'라고도 번역되는데, 토착화란 그리스도교 복음이 선교지 토착민들의 관습이나 전통과 만날 때 그리스도교 정통성을 유지하면서도 비그리스도교 지역에서 교회를 정착시키려는 의도 아래 토착민들의 문화를 활용하여 그 지역에 뿌리내림을 의미한다. 이 용어는 라틴어 'in'(~안에)과 'generare'(~로부터 발생하다)를 합성한 개념이다. 즉 외부에서 이식되는 것이 아니라 외부의 영향을 받아 내부에서 발생하는 것을 말한다. 선교역사적으로 토착화란 루푸스 앤드슨과 헨리 벤이 제창한 삼자원리 혹은 네비우스 방법을 말한다. 즉 자치(self-governing), 자립(self-supporting), 자전(self-propagating)을 하는 토착교회 형성이 되면 토착화가 된 것으로 본다.

상황화 개념의 출발점은 사도행전 15장에 기록된 예루살렘공의회 논쟁이라고 할 수 있다. 예루살렘공의회의 논제는 이방인들이 그 신앙관습에 있어서 유대문화(특히 할례 예식)를 먼저 수용하지 않고서도 어떻게 예수를 따를 수 있는가 하는 것이었다. 유대전통과 기독교를 동일시하던 예루살렘교회의 대다수 지도자들은 이방인들도 기독교 신앙생활을 하려면 할례를 받고 모세의 율법을 지키면서 예수를 믿어야 한다고 주장하였다. 그러나 선교현장에서 이방인들에게 직접 복음을 전하며 이방인들이 예수를 믿고 회개하고 성령을 받는 모습을 목도한 선교사 바울과 바나바는 "우리 조상과 우리도 온전하게 지키지 못한 모세의 율법과 가르침의 짐을 이방인 형제들에게 지우려고 합니까? 우리 유대인과 똑같이 저 이방인들도 모세의 율법으로가 아니라 주 예수의 십자가 은혜로 구원받는다고 확신합니다. 그러므로 할례를 비롯하여 율법을 지키라고 말하지 맙시다"(행 15:10-11)라고 주장하였다. 그러자 당시 예루살렘교회 담임목사직을 맡고 있던 야고보가 양쪽 주장을 듣고 중재안을 제시하였다(행 15:12-22).

야고보가 대답하여 가로되 형제들아 내 말을 들으라!
하나님이 처음으로 이방인 중에서 자기 이름을 위할 백성을 취하시려고
저희를 권고하신 것을 시므온이 고하였으니
선지자들의 말씀이 이와 합하도다
기록된바
"이 후에 내가 돌아와서 다윗의 무너진 장막을 다시 지으며
또 그 퇴락한 것을 다시 지어 일으키리니 이는 그 남은 사람들과
내 이름으로 일컬음을 받는 모든 이방인들로 주를 찾게 하려 함이라
하셨으니 즉 예로부터 이것을 알게 하시는 주의 말씀이라"
함과 같으니라 그러므로 내 의견에는 이방인 중에서 하나님께로
돌아 오는 자들을 괴롭게 말고 다만 우상의 더러운 것과 음행과
목매어 죽인 것과 피를 멀리 하라고 편지하는 것이 가하니
이는 예로부터 각 성에서 모세를 전하는 자가 있어 안식일마다

회당에서 그 글을 읽음이니라 하더라

이에 사도와 장로와 온 교회가 그 중에서 사람을 택하여

바울과 바나바와 함께 안디옥으로 보내기를 가결하니...

적절한 시기에 상황화 논의가 적절히 이루어지고, 새로운 상황 가운데서 상황화를 어떻게 해나가야 할 것인지에 대하여 적절한 결정이 내려짐으로 이후 선교가 더욱 힘있게 전개되는 것을 사도행전에서 확인할 수 있다.

상황화의 기능은 세 가지이다.[55] 첫째는 복음의 의사소통 기능이요, 둘째는 죄가 무엇인지 알게 하여 회개하게 하는 기능이요, 셋째는 하나님의 새로운 가족을 만드는 기능이다. 적절한 상황화가 이루어지면 현지인들이 복음을 의미있게 실감나게 수용하게 되며, 죄악을 깨닫고 회개하며 점진적으로 제거하는 노력이 이루어지며, 혈연 지연 학연을 떠나 건강하고 개방적이며 친교적인 새로운 신앙 공동체로 발전될 뿐아니라 선교가 발전하게 된다. 그러나 적절한 상황화가 이루어지지 않으면 선교는 후퇴하게 된다. 적절한 상황화가 이루어지려면 세 가지 종류의 도전을 회피하지 말고 정직하게 성실하게 대면하여 극복해나가야 한다. 그것은 해석적인 도전, 예언적인 도전, 사회(사귐)적인 도전이다. 해석적인 도전이란 성경의 메시지를 오늘 이 상황에 흥미롭게 올바르게 의미 있게 전하기 위한 부단한 노력을 말한다. 예언적인 도전이란 선지자 나단처럼 범죄한 다윗 왕에게 담대하게 하나님의 말씀을 전하여 죄를 깨닫게 하고

55) 데럴 화이트맨, "선교에 있어서 적합한 상황화의 기능," Charles H. Kraft, 김요한, Christina Kang, 백신종, 『말씀과 문화에 적합한 기독교』(서울: 생명의 말씀사, 2007), 97-100.

회개하게 만드는 용기를 말한다. 사회적인 도전이란 친한 사람들끼리만 교제하는 것이 아니라 낯선 사람들과도 개방적으로 교제하는 용기를 말한다.

지역사회와 현대문화 속에서 선교적 사명을 다하는 '선교적 교회론'을 강조하는 프로스트와 허쉬는 다섯 가지 영역에서 적절한 상황화 작업을 해나가야 한다고 하면서 적절한 상황화 작업을 선교적 목회현장에 적용하는 창의성을 보여주었다. 그들이 제시하는 다섯 가지 영역이란 언어, 예배, 상징, 의식, 공동체 생활이다.[56] 첫째, 교회에서 사용하는 용어를 가능한 비기독교인들도 쉽게 알아들을 수 있는 용어로 개발하는 노력을 꾸준히 하는 것이다. 둘째, 변화하는 현대인의 생활 리듬을 감안하여 예배 시간과 예배 순서를 적절하게 조정해나가는 노력이다. 셋째, 기독

교회공동체의 적절한 상황화 작업(Frost와 Hirsh)

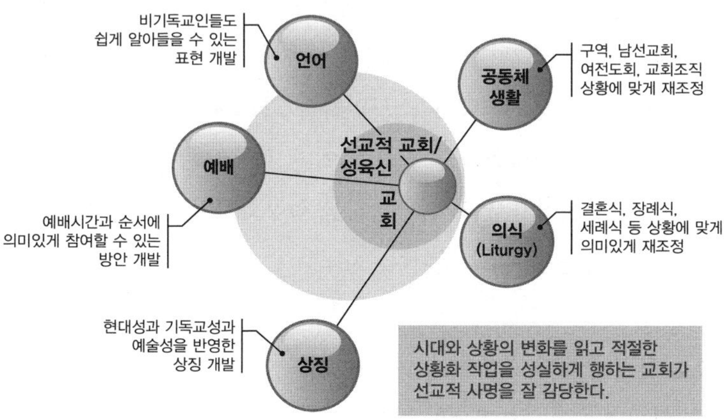

56) M. Frost/E. Hirsh, *The Shaping of Things to come*, 지성근 역, 『새로운 교회가 온다』 (IVP, 2009), 154.

교와 기독교의 주요 메시지를 나타내는 상징과 이미지를 현대성과 예술성과 기독교성을 잘 반영하는 방식으로 계속 새롭게 개발하여 현대인들에게 의미 있고 인상깊게 다가갈 수 있도록 하는 노력이다. 넷째는 교회에서 주로 관장하는 주요 예식들(성찬식, 세례식, 장례식, 결혼식 등)을 관례적으로 행하는 것이 아니라 현대인의 삶과 사상에 의미 있게 느껴질 수 있도록 새롭게 개발하려는 노력이다. 다섯 번째는 교회공동체의 조직을 현대인의 삶을 고려하여 적절하게 재조직함으로 친교와 봉사와 배움의 분위기가 활성화되도록 만드는 노력이다. 교회공동체 안에서 이러한 적절한 상황화 작업이 성실하게 잘 이루어지면 지역사회 안에서 교회는 성육신적인 선교적 공동체로서 사명을 잘 감당하는 빛과 소금이 될 것이다.

그러나 상황화 작업은 개인 영혼이나 교회 차원에 국한되어서는 안 된다. 더 나아가 지역사회와 민족사회 전체에 적용되는 것을 목표로 삼아야 한다. 선교의 궁극적인 목적인 선교현지에 하나님의 나라가 임하게 하는 것이기 때문이다. 그러기 위해서는 복음의 진리가 신학분야, 교육분야, 법률분야, 다음세대분야, 예술분야에서 적절한 상황화 작업이 이루어질 수 있도록 현지인 그리스도인들을 가르치고 비전을 심어주어야 한다. 현지인 그리스도인들을 교회 안에만 가두어 두려 하지 말고 사회 각 분야 속으로 들어가서 복음의 진리를 현장화시킬 수 있도록 역량강화(empowering) 작업을 해야 할 것이다.

선교현지 문화를 존중하는 것이 선교사의 기본적인 태도이지만 무조건 현지문화를 모두 다 존중할 수는 없는 일이다. 어떤 지역에서는 어린아이를 신의 제물로 드리는 풍속이 있는가 하면 쌍둥이가 태어나면 신이 내린 재앙의 징조로 간주해 죽이는 풍습도 있다. 인도에는 아직도 사티

상황화 작업의 확대 적용

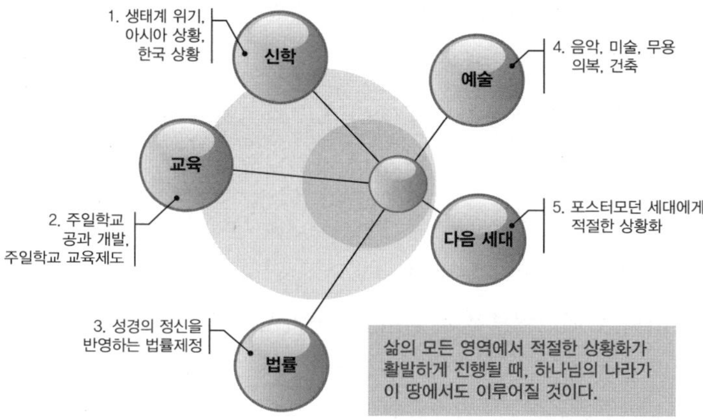

(Sati) 풍속이 남아있어서 남편이 먼저 죽으면 그 부인을 화장터 불속에 집어넣는다. 이런 풍속들은 기독교적으로 수용하기 어려운 것들이다. 민간 이슬람 신앙이 지배적인 소말리아, 수단 지역에서는 아직도 어린 소녀들에게 전통이라는 명분하에 '여성 할례'를 행하고 있으며 이때문에 매일 6천여 명의 모슬렘 소녀들이 고통을 당하고 있다.[57)]

때로는 죄악된 행동이나 관습이 세계관이나 문화의 차이란 말로 변호되는 경우도 있다. 어떤 사람들은 악한 행동을 하면서 그것은 문화요 생활양식이라고 말한다. 게으름을 문화라고 하는 사람들이 있는가 하면 성적 방종이나 동성연애를 생활양식이라고 주장하는 사람들이 있다. 그러나 선교사역에 있어서는 서로 다른 세계관과 문화를 이해하려고 노력하는 데 분명한 한계가 있다. 그것은 세계관적, 문화적 요소를 지나치게 강조하여 복음의 핵심이 흐려지는 데까지 물러나서는 안 된다는 것이다. 엄연히 복음 속에는 인간의 구원에 관한 매우 분명한 메시지가 들어있으며 또한 우리들에게 어떻게 살라는 구체적인 명령이 있다. 복음 속에는

57) 참고: 영화 〈Desert Flower〉.

타락한 인간의 세계관, 문화와는 도무지 양립할 수 없는 부분이 있는 것이다. 잘못된 문화는 존중되어서는 안 되며 정죄되어야 한다. 출애굽한 이스라엘 백성이 가나안에 들어갈 때 하나님은 음란하고 우상을 숭배하는 가나안 원주민들의 문화를 존중하라고 가르치지 않았다. 죄악된 문화는 미화되거나 존중되어서는 안 되며 정죄되고 배격되어야 한다. 관리와 다스림의 대상으로 지음받은 피조물들을 하나님처럼 섬기는 우상숭배는 결코 세계관이나 문화가 달라서 그렇다고 인정해서는 안 되며 타락한 문화로 정죄되고 폐기처분해야 한다. 마찬가지로 하나님의 형상대로 지음받은 인간이 동물로 환생할 수 있다고 믿는 힌두교도들에게는 그것이 잘못된 신관, 인간관에서 나온 것임을 말해주어야 한다.

그러나 좌우로 나눌 수 없는 애매한 부분도 많이 있다. 선교 초기에 선교사가 이해하지 못하여 오해하는 경우도 있다. 그러므로 선교사는 현장에 들어갔을 때 적어도 6개월에서 1년 동안에는 판단내리는 일을 유보해야 한다. 원주민들의 문화풍속을 제대로 이해하는 데 시간이 걸리기 때문이다.

적절한 상황화 작업은 이론과는 달리 실제에 있어서는 어려운 작업이다. 기독교 선교역사에 있어서 상황화 문제를 생각할 때 IBMR 편집장을 지낸 앤더슨 박사는 표본적으로 선교사 세 사람을 언급하였다.[58] 마테오 리치, 로베르토 노빌리, 이노센트 살라자르이다.

마테오 리치(Matteo Ricci; 利瑪竇, 이마두; 1552~1610년), 16세기에 그는 예수회 선교사로서 중국에 가서 선교하였다. 그는 중국문화를 존중하였으며 가능한 적극적으로 수용하려고 노력하였다. 그러나 중국인의 조상숭

58) 2005년 3월 19일 장신대 교회음악관 강당에서 '상황화'를 주제로 특강하였다.

배 의식 등을 수용하였는데 이것이 많은 논란을 불러 일으켰다. 특별히 도미니칸 수도회 소속 신부들이 그를 비난하였다. 그의 고민은 기독교 복음과 중국전통 의식들과의 관계성에 관한 문제였다.

로베르토 노빌리(Roberto de Nobili, 1577-1656), 그도 예수회 신부이며 선교사인데 인도에서 활동하였다. 그는 인도 카스트제도를 긍정적으로 이해하고 수용하고자 노력하였다. 실제로 그는 브라만 계급을 채택하여 인도 브라만처럼 생활하였다. 그 결과 60여 명이 넘는 브라만 인도인들을 선교하기도 하였다. 그러나 그의 행위는 선교학적으로 많은 논란을 불러 일으켰다.

이노센트 살라자르, 그는 스페인계 미국인으로 미국 메리놀 가톨릭 선교단체 파송 선교사이다. 1970년대 페루 고산지대에 들어가서 선교하였다. 또한 아이마라 족 인디언들에게도 선교하였는데, 특별히 그 부족의 마술사요 제사장이라고 할 수 있는 마르셀리노라고 하는 맹인 치유사이자 제사장과 두터운 친분관계를 가졌다. 어느 정도 친하였는가 하면, 마술사 친구가 아픈 동네 사람들을 위하여 제의행위를 진행할 때 가서 옆에서 제의를 도와주었다. 그리고 마술사는 이 선교사에게 와서 예배를 도와주기도 하는 그런 관계였다.

선교현장에서는 항상 기독교 복음과 그 지역 전통문화와의 관계성이 매우 중요한 문제이다. 지역 전통문화를 통하지 않고서는 기독교 복음을 전달할 방법이 없다. 그런데 문제는 그 지역 전통문화를 어떻게 이해할 것인가? 어떤 입장에서 접근해야 할 것인가? 선교사에게는 매우 중요한 문제이다.

상황화, 그것이 복음의 적용인가? 타협인가? 혼합인가? 먼저 우리가 생각해보아야 할 주제는 '선교지역의 전통문화를 어떻게 이해하고 신학적으로 평가할 것인가?' 하는 것이다. 단순히 그 사회 공동체의 생활 관습인가? 아니면 종교적 의미와 차원을 가진 것인가? 이런 문제를 토론해보아야 할 것이다.

상황화 문제를 생각해 볼 때 우리는 '야훼'라는 용어를 중국어로 인도어로 한국어로 어떻게 번역할 것인가? 어떻게 번역해야 기독교 하나님이 그 지역 문화 속에서 사는 사람들에게 적절하게 올바르게 전달되고 이해될 것인가? 한국에서는 언드우드가 선교할 때 하나님, 하늘님, 하느님, 하ᄂᆞ님 등 다양한 용어를 두고 여러 선교사들이 함께 고심하였다고 한다. 바로 그러한 고심의 과정 가운데 상황화 문제가 진지하게 토론된 것이다.

IBMR 편집장을 지낸 앤더슨 박사가 얼마 전에 몽고를 다녀왔는데 몽고에서도 하나님이라는 용어를 몽고어로 번역하는 문제를 두고 결국은 두 그룹으로 나누어져서 두 종류의 성경번역이 나오게 되었고, 지금 기독교 선교는 성서의 '야웨'라는 용어 번역에 따라서 크게 두 그룹으로 나뉘어 있다고 한다.

이제 앤더슨 박사가 준비하여 학생들에게 보여준 비디오의 내용을 보자. 첫 장면은 페루 고산지대이다. 황량하고 바위투성이의 고산지대 마을이 나타나고 거기 한 중앙에 커다란 성당이 세워져있고, 그 앞에 수많은 페루 인디언들이 가톨릭 축제를 거행하고 있다. 비디오의 내용을 크게 네 부분으로 나누어볼 수 있다.

첫번째 장면은 성당 앞에서 이루어지고 있는 가톨릭 대축제의 모습이다. 마리아 상을 여러 사람들이 상여매고 가듯이 어깨에 매고 수많은 사람들이 중앙을 걸어간다. 그런데 마리아 상 주변에 있는 여러 장식물을 보면 전혀 기독교적인 모형(인형들)이 아닌 인디언 전통의 무사나 마술사들의 모습, 주술사들이 사용하던 장신구들이 함께 있다. 그리고 축제 분위기 가운데서 열린 장터에 나가보면, 거기서 팔고 사는 물건들과 기념품 가운데는 인디언 전통종교의 주술적인 장신구들이 즐비하다. 사실 페루에는 400여 년 전에 가톨릭 선교가 이루어졌다. 페루 국민 대다수가 가톨릭 세례를 받았다. 그러나 전통문화와 미신이 가톨릭 축제 안에 깊숙히 들어와 있다.

두 번째 장면은 주술사 마르셀리노 집에서 행해지는 치유예식이다. 동네 아줌마가 딸이 아파서 이 제사장의 집으로 데리고 왔다. 그리고 제사장의 어린 딸도 아파서 치유 주술행사를 한다. 인디언 제사장은 코코아 나뭇잎 12장을 앞에 놓고 포도주를 붓듯이 코코아를 12장의 잎에 붓는다. 그리고 제사장이 전통적으로 사용해온 장신구들을 코코아 잎과 함께 싸서 아픈 아이들 이마에 갖다 댄 후에 12사도의 도움을 기원하고 밖으로 나가 그것들을 불태우며 기도를 드린다. 그리고 주술을 부려서 완쾌 여부를 예언한다.

그런데 이러한 제사행위에 살라자르 선교사가 초청받았으며 옆에 함께 앉아서 제사장을 도운다. 살라자르와 제사장과의 친분관계는 10여 년 이상 긴 기간에 걸쳐서 이루어진 것이다. 얼마나 친하냐 하면 제사장이 선교사에게 자신의 어린 딸의 대부가 되어달라고 부탁할 정도였다.

세 번째 장면은 장례식 장면이다. 그 제사장의 딸아이는 4-5개월을 계속 앓다가 결국 죽었다. 나무 상자로 관을 만들고 들판에 나가서 땅을 파고 장례식을 준비한다. 20여 명의 일가친척과 친구들이 장례식에 참여하였다. 살라자르가 제사장에게 물었다. 왜 딸아이를 병원에 데리고 가지 않았는가? 점괘를 보니 그 아이는 어차피 죽을 운명이었다. 그래서 안 데리고 갔다. 그러나 이제 아이가 죽었으므로 신의 노여움이 풀릴 것이고 더 이상 재앙은 없을 것이다. 이제 우리는 복을 받을 것이다–라고 제사장이 말한다. 장례식 미사를 들판에서 간단히 드린다. 함께 슬픔을 나눈다.

네번째 장면은 들판에 20여 명이 둘러앉아서 성경공부하는 모습이다. 장례식 미사를 마치고 무덤 옆에 둥글게 앉아서 성경을 읽는다. 다윗이 간음한 이후 밧세바가 아이를 낳았지만 하나님이 진노하셔서 그 아이가 병을 앓다가 결국 죽는다는 성경 이야기를 함께 읽는다. 사무엘하 12장에 나오는 이야기이다. 읽은 이후에 거기에 앉아있는 인디언 친구들에게 질문한다. 오늘 땅에 묻힌 아이가 왜 죽었다고 생각하는가? 그 아이는 죽은 이후에 어디로 간다고 생각하느냐? 질문하고 한 사람 한사람의 이야기를 듣는다. 그리고 성경의 가르침을 간단하게 요약해서 말하고 함께 기도하고 산을 내려온다.

비디오 끝부분에 가서 살라자르의 독백이 나온다. 이미 이 문화 속에 활동하고 계신 하나님을 점점 더 깊이 알아가기를 소원한다고.

선교사는 기독교 복음을 말과 행위로만 선교현지 사람들에게 전하는 것이 아니라 그들과의 관계성을 통하여 전한다. 선교사가 전하려고 하는 기독교 복음은 단순한 교리가 아니다. 물건도 아니다. 살아계신 그리스도이다. 살아계신 그리스도가 어떻게 타문화권 사람들에게 전하여지는가? 그것은 선교사의 말과 행위 뿐만 아니라 선교사가 원주민들과 형성해나가는 그 관계성을 통하여 그리스도가 드러나게 된다.

복음이란 기쁜 소식이다. 살라자르의 고민은 미국 천주교인에게 기쁜 소식으로 간주되던 메시지가 여기 페루 인디언들에게는 그리 큰 기쁨의 소식이 되지 못하고 있음을 느끼고 고민한다. 왜 이들에게 성경에 기록된 기쁜 소식이 기쁜 소식이 되지 못하는 것인가? 이들에게도 기쁜 소식이 되려면, 무엇이 필요한가? 그는 생각하고 고민하고 기도한다.

독자는 살라자르의 선교방법에 대하여 어떻게 생각하는가? 필자는 살라자르의 선교방법을 성육신적이라고 본다. 페루 인디언들 속으로 들어가려는 그의 노력에 찬사를 보낸다. 제사장의 집에 가서 그의 치유제사를 거들어주는 모습도 그리 나쁘게 생각되지 않는다. 그 이유는 살라자르가 기독교 선교사로서의 자의식을 분명히 가지고 있기 때문이다. 혼합하자는 것은 결코 아니기 때문이다. 그리고 필자가 희망적으로 보는 이유는 마지막 장면이 성경공부하는 모습으로 끝났기 때문이다. 페루 원주민들 사이에서 일어난 사건들 그리고 그 사건을 보는 인디언들의 생각과 해석을 존중해 주는 살라자르의 모습은 아름답다.

그러나 선교가 여기에서 끝나지 않는다. 페루 인디언들의 생각과 선교사 자신의 생각을 성경의 가르침에 귀 기울이는 준비 과정으로 삼고 있다고 보인다. 이후로 시간이 지남에 따라서 페루 인디언들의 생각과 세계관이 기독교적으로 점진적으로 변화될 것으로 본다. 동시에 선교사 자신의 생각과 세계관도 더욱 신실하게 기독교적인 것으로 변화될 것이다. 선교사의 목표와 목적은 모든 무릎을 그리스도에게 꿇게 하는 것이다. 모든 무릎이! 여기에는 원주민 뿐만 아니라 선교사 자신의 무릎도 포함되는 것이다.

그러나 1991년 호주 캔버라에서 열린 WCC 개회예배 시간에 이화여대 정현경 교수가 무용으로 보여준 '초혼제'(招魂祭)는 성령과 사령(死靈)을 구별하지 못한 혼합주의였다. 정현경은 '버림받은 애굽인 하갈의 영'으로 시작해 18가지 한 맺힌 영들을 부르고 초혼문을 적은 창호지를 불태워 하늘에 날려보내면서 예식을 진행했는데, 그것은 성령을 한 맺힌 영혼과 혼돈케 하는 예식이었다.[59)]

---

59) 소윤정, "정현경의 혼합주의적 신론에 관한 비판적 연구," 『선교신학』 9집 (한국선교

그러므로 상황화는 적절해야 한다. 복음의 본질과 현장의 문화가 조화를 이루면서 복음 메시지를 현지인들이 의미 있게 이해할 수 있는 언어와 상징을 통해서 적절하게 전달되어야 한다. 그럼 무엇이 적절한(Proper) 것인가? 적절함의 기준이 무엇인가?

적절하게 전달되기 위해서는 두 가지 전제가 필요하다. 하나는 복음은 언제 어디서나 동일하다는 전제이며. 또 다른 하나는 문화는 다양하다는 전제이다. 만약 첫번째 전제가 무너질 경우에는 종교적 혼합주의(religious syncretism)에 빠질 수밖에 없으며, 두 번째 전제가 무너질 경우에는 자문화우월주의(ethnocentrism)에 빠질 수밖에 없을 것이다. 그러나 효과적인 선교를 위해서 우리는 이 두 가지 극단적 위험을 피해야만 한다. 비상황화(non-contextualization)도 아니고 과도한 상황화(over-contextualization)도 아닌 제3의 상황화, 즉 비판적 상황화(critical contextualization) 혹은 적절한 상황화(proper contextualization)가 필요한 것이다.

적절한 상황화를 위한 비판적 상황화의 개념은 폴 히버트(Paul G. Hiebert)에 의해서 구체화되었다. 히버트는 종교적 혼합주의 및 민족우월주의에 빠지지 않는 적절한 상황화를 위한 대안으로 다음 세 가지를 제시하였다.[60)]

첫째, 비판적 상황화는 성서를 신앙과 삶의 표준으로 삼는 것이다. 즉 문화가 아니라 성서가 문화를 판단하는 잣대로 삼는 것이다.

둘째, 비판적 상황화는 하나님의 인도하심을 따라 살아가는 신자들의 삶 가운데서 성령이 살아 역사하신다는 사실을 인정하는 것이다. 사도행전 15장 예루살렘공의회의 지혜로운 결정은 바로 이 사실을 인정하

신학회, 2009).

60) Paul G. Hiebert, *Anthropological Insights for Missionaries* (Grand Rapids: Baker Book House, 1985), 191-192.

는데서 가능하게 되었다.

셋째, 비판적 상황화는 (개인이 아니라) 교회로 하여금 해석학적 공동체의 역할을 감당하도록 하는 것이다. 거룩한 전승 속에 있는 교회는 성서해석의 극단적인 오류를 방지하도록 할 뿐만 아니라 성서적 진리를 (공허한 토론의 주제로 삼는 것이 아니라) 그리스도인들의 삶 속에 구체적으로 적용하기 위해 노력하는 공동체이기 때문이다.

비판적 상황화는 사도행전 4장 12절 "다른 이로서는 구원을 얻을 수 없나니 천하 인간에 구원을 얻을 만한 다른 이름을 우리에게 주신 일이 없음이니라"의 말씀을 붙잡으면서도 고린도전서 9장 22절 "여러 사람에게 내가 여러 모양이 된 것은 아무쪼록 몇몇 사람들을 구원코자 함이니"라는 말씀을 실천하는 것이다. 다른 사람들의 문화를 파괴하지 않고 오히려 그 문화적 형태를 이용하면서 성서적 진리, 즉 길이요 진리요 생명이신 예수 그리스도(요 14:6)를 현장 속에서 흥미롭고 실감나게 그리고 의미 있게 전파하여 선교현지에 성육신적인 교회를 세우고 현지사회 속에서 하나님 나라가 확장되게 하는 것이 적절한 상황화의 핵심이라 할 것이다.

05 예수의 복음을

복음의 능력은 보통 사람들이 상상하는 것보다 훨씬 더 크고 놀랍다. 복음은 새 생명, 새 삶을 낳는 하나님의 놀라운 능력이다(고전 4:15). 연세대 총장이었던 백낙준 박사(1895-1985)는 한국교회사에서 유명한 인물이다.

그런데 그 아버지는 점쟁이였다. 길거리에 앉아서 지나가는 사람들 관상을 봐주고 돈을 벌었다. 어느날 길을 지나가던 한 집사가 백낙준의 아버지를 보고 한마디를 했다. "여보시오. 그런 짓 하다가 당신도 망하고 자식들도 망할텐데 그짓 빨리 그만두고 예수나 믿으시오."

그때 그는 눈을 흘기면서 '너나 잘 믿어라. 재수 없게 왜 떠들고 가' 하고 말했다.

그런데 그날 밤 잠을 자려고 누워있는데 그 남자가 한마디 던진 말이 계속 귀에서 맴돌았다. '그런 짓 하다가 당신도 망하고 자식들도 망해.' 잠을 자도 계속 그 소리가 들렸다. 드디어 그는 그 모든 것을 다 청산해 버리고 예수를 믿었는데 나중에 그 아들이 연세대 총장이 되었다. 지나가는 전도의 말 한마디가 그렇게 위대한 인물을 낳은 것이다.

필자는 2010년 198개국, 4,200명의 복음주의자들이 모인 세계복음화를 위한 제3차 로잔대회(케이프타운 2010. 10. 16-25)에 참가했다. 제3차 로잔대회의 목적은-모든 국가, 사회, 사상 분야에서-전세계 교회에게 예수 그리스도의 복음에 대한 증거와 그의 가르침을 품으라는 참신한 도전을 제기하는 것이었다. 이 대회의 주요 결과물은 '로잔언약문'으로 나왔는데 여기에 '예수 그리스도의 복음'이 무엇인지 명쾌하게 기술되어 있다. 선교란 예수 그리스도를 알게 하고 믿게 하는 것이다. 그리고 예수가 전한 복음을 믿고 구원받게 하는 것이다. 로잔언약은 복음에 대하여 다음과 같이 말한다.

> 복음은 좋은 소식이다. 복음은 새로운 아이디어를 필요로 하는 개념이 아니라 새로운 진술을 필요로 하는 이야기이다. 그것은 예수 그리스도의 생애와 죽음과 부활과 통치 가운데 가장 잘 드러나는 것으로서 하나님께서 이 세상을 구원하시기 위해 행하셨던 변함없는 이야기이다.

복음이란 문자 그대로 좋은 소식 또는 기쁜 소식을 의미한다. 그러나 그냥 밋밋하게 좋은 소식이 아니다. 예를 들어 학교를 졸업하고 취직하기 위하여 회사에 원서를 내놓고 합격 여부에 대한 결과를 기다리고 있다. 그런데 회사에서 '합격'이라는 통보가 왔다. 이것은 구직자의 복음이다. 이제 이 사람의 가정에 있는 전화통에는 불이 날 것이다. 친구들, 부모님, 친척들에게서 축하의 전화가 홍수같이 올 것이다. 어떤 환자가 대수술을 앞두고 있다. 그런데 의사는 수술의 결과를 장담하지 못한다. 가족들은 수술실에 들어가 있는 의사와 환자가 나오기만을 기다리고 있다. 다섯 시간이 지난 뒤에 의사가 얼굴에는 땀이 뒤범벅이 된 채 환한 표정을 짓고 나온다. "성공입니다. 수술이 성공적으로 끝났습니다. 당신 아이의 생명은 이제 안전합니다." 이 소식은 환자와 그의 가족에게 복음이다. 정말 좋은 큰 기쁨의 소식이다. 복음에 대한 일반적인 의미는 바로 이런 것이다.

그러나 기독교가 말하는 복음은 이러한 복음과는 아주 다른 의미를 가지고 있다. 기독교가 말하는 복음을 다른 말로 '예수 그리스도의 복음'이라고 한다. 그러면 예수 그리스도의 복음이란 무엇인가?

예수 그리스도의 복음도 구직자의 복음이나 환자의 복음과 같이 환희와 기쁨의 차원을 가지고 있다. 하지만 예수 그리스도의 복음은 그런 복음과 다른 차원을 지니고 있다. 구직자의 복음이나 환자의 복음은 '인생의 일부분'에 해당하는 좋은 소식이지만 예수 그리스도의 복음은 '인생 전체'에 해당하는 좋은 소식이기 때문이다.

앞에서 예를 들었듯이 어떤 사람이 회사에 취직됐다 할지라도 그가 회사 생활에서 계속 좋은 평점을 얻고 진급하여 행복한 인생을 살게 된다는 보장은 없다. 취직의 복음은 그때의 복음일 뿐이다. 그리고 앞에서 말한 환자가 수술을 잘 받아서 건강해졌다 하여 일평생 질병과 위험으로부터 자유로워지리라는 보장은 없다. 더구나 그가 이번에 죽음을 면하였다고 하여 영원히 죽음을 피할 수 있는 것도 아니다. 그 당시의 복음은 그 당시에만 적용될 뿐이다.

하지만 예수 그리스도의 복음은 그렇지 않다. 예수님의 복음은 삶의 한 부분이나 한시기에 걸쳐서 좋은 소식이 아니라 우리 운명 전체에 걸친 좋은 소식이다. 예수님의 복음은 일시적으로 좋은 소식이 아니라 일평생 아니 영원토록 좋은 소식이다. 우리가 취직되었다는 이야기나 수술에 성공했다는 이야기와는 달리, 예수님의 복음 이야기를 일평생에 걸쳐서 기뻐하며 전파하는 이유가 바로 이것이다. 이것은 영원한 기쁨의 소식이기 때문이다.

세상의 문제는 경제, 정치, 군사의 문제가 아니다. 불신, 낙심, 미움의 문제이다. 사람들이 돈과 학벌과 권력과 섹스를 찾는 것 같지만 사실은 믿음, 소망, 사랑을 찾고 있다.

예수는 믿음과 소망과 사랑의 스승이시다. 선교적 교회는 세상에서 신뢰와 소망과 사랑을 심어주는 공동체이다. 그리스도인은 믿음으로 기도하고 소망으로 인내하며 사랑으로 수고하는 사람이다. 천국은 믿음과 소망과 사랑의 사람들이 가득한 곳이다. 예수의 복음은 하나님에 대한 믿음과 하나님 나라에 대한 소망과 하나님의 사랑을 담고있는 참 생명의 씨앗이다.

선교사는 하나님의 대사로서 예수의 복음을 전해야 한다. 다른 것을 전하려고 해서는 안된다. 복음을 전해야 한다. 그 이유는 복음만이 새 생명(삶)을 낳을 수 있기 때문이다. 미국의 위대한 부흥사 빌리 그래함 목사 그리고 영락교회를 담임하셨던 한경직 목사는 예수 복음의 핵심 내용은 "요한복음 3장 16절"이라고 했다. 20세기 가장 위대한 신학자로 존경받는 사람 바르트(Karl Barth)도 그렇게 말했다. 바르트의 주저 『교회교의학』은 1만 페이지가 넘는다. 그의 신학을 연구하여 박사학위를 받은 사람이 수백명을 넘는다. 그가 1962년 4월 시카고대학과 프린스턴신학교의 초청으로 미국을 방문하여 여러 신학교에서 신학 강연을 했다. 한번은 강연이 끝났을 때 한 신학생이 질문을 했다. "교수님, 평생 당신이 저술한 그 많은 논문과 저서들을 쓰게 만들고 당신의 마음을 사로잡은 것이 있다면 그것이 무엇인지 말씀해주실 수 있겠습니까?" 모든 학생들과 교수들이 숨을 죽이며 그의 대답을 기다렸다. "그것은 하나님이 이 세상을 이처럼 사랑하사 독생자 예수를 우리에게 주셨다-는 것입니다." "하나님 이 세상(당신)을 이처럼 사랑하사 독생자를 주셨으니 이는 저를 믿는 자마다 멸망치 않고 영생(하나님과 친밀하고 행복한 교제)을 얻게 하려 하심이라." 선교사는 다른 것을 전해서는 안 된다. 이것을 전해야 한다.

복음이 제대로 전해지면 어떤 역사가 일어나는가?

한번은 축구선수 박지성이 이렇게 고백하는 것을 들은 적이 있다. 히딩크 감독이 어느날 아무도 알아주지 않는 여드름 투성이 어린 선수의 마음을 읽고 있기라도 한 듯 가까이 다가와 '너의 정신력은 정말 훌륭하다.'는 칭찬을 해주었다. 그 말은 다른 사람이 열 번 스무 번 '너는 축구의 천재다. 신동이다.' 하는 말보다 그의 기분을 더 황홀하게 만들었다.

그런데 천지만물의 창조주시며 만왕의 왕이신 '하나님이 나를 사랑하신다!'는 이 말씀보다 더 놀랍고 황홀한 말씀이 또 어디 있겠는가? 하나님이 당신을 진실로 사랑하신다.

하나님은 당신의 부모보다 더 당신을 사랑하시며 당신을 잘 알고 계시며 당신을 향한 놀라운 계획을 가지고 계신다. 이것은 진실이며 사실이다. 그런데 많은 사람이 이것을 알지 못하며 알아도 믿지 못하고 살아가고 있다. 왜 이런 안타까운 일이 생긴 것인가? 머리가 나빠서인가? 그동안 너무 많이 속고 살아서 그런가?

인간의 수고 가운데 가장 가치 있는 수고는 하나님의 사랑을 이해하고 깨닫는 수고이며 인간의 지식 가운데 가장 가치 있는 지식은 하나님의 사랑을 아는 지식이다. 그런데 하나님의 사랑에 대한 지식은 복음을 듣는 데서부터 시작된다. 그러므로 예수의 복음을 들을 수 있도록 돕는 선교적 수고가 이 세상에서 가장 가치 있는 수고이다. 박원호 목사는 복음이란 죄의 인질이 된 자녀를 구출해내는 아버지의 마음이며 선교란 그 마음에 참여하는 것이라고 하였다.

필자는 1993년부터 만 4년 동안 러시아 모스크바에 가 있었는데 그곳에서 러시아 정교회의 활동하는 것을 보았다. 거기서 느낀 것이 있다. 러시아 정교회도 복음을 가지고 러시아인을 구원하려는 목적을 가지고 세워졌음에 틀림없다. 이 교회는 1,000년 이상의 역사를 가지고 있고 19세기 말까지 약 5만 5천 개의 교회가 있었다. 그리고 정교회 신부의 수도 약 5만 명이 있었다. 그렇게 많은 수의 교회와 성직자가 있었는데 20세기 초에 볼세비키 혁명이 일어나면서 수많은 교회들이 사라졌다. 왜 그렇게 되었을까? 간단하게 말하자면 복음을 제대로 전하지 않았기 때문이다. 사도들의 가르침을 제대로 이해하고 사도들처럼 복음을 전해야 하는데 그렇지 않았기 때문이다.

필자가 한번은 학교 사무실에 앉아 있는데 한 러시아 할머니가 찾아왔다. 저보고 '목사님 제가 머리, 허리, 몸이 아프니 기도해 주세요.' 라고 했다. 그래서 '제가 보니 러시아 정교회 신도 같아서 신부님께 가서 기도받으면 되지 않겠는가?'라고 말했다. 그분이 말하기를 '우리 교회 신부님께 가서 기도해달라고 했더니 20만 루블을 가지고 오라'고 했다는 것이다. 20만 루블을 주면 기도해주겠다는 것이었다. 당시 20만 루블은 미화로 약 40불 되는 어마어마한 돈이었다. 이 돈은 러시아 한 가정의 한달 생활비이다. 이 돈을 가져와야 기도해주겠다는 것이었다. 그럴 정도로 러시아 교회가 복음을 전한다고 했지만 돈을 끌어들이는데 혈안이 되었다. 기도해주는 데 얼마, 세례받는 데 얼마, 결혼식 주례비로 얼마, 종부성사 하는 데 얼마 등 교회당 입구에 가격표를 매겨 놓았다.

레닌그라드에 가보면 대표적인 건물이 두 개가 있다. 하나는 왕궁이다. 겨울, 여름 왕궁이 있다. 너무나 화려한 건물이다. 한 왕과 몇 명의 가족이 사는데 그렇게 수많은 방이 있고 화려했다. 화려하게 금으로 장식한 궁전이 있는가 하면 또 하나의 대표적인 이삭성전이라고 하는 정교회 성당이 있다. 로마시대의 베드로성당에 맞먹는 화려한 성당이다. 40년 동안 지었다고 한다. 이 모든 것이 돈이다. 교회가 백성들의 돈을 갈취한 것이다. 그래서 결국 신부와 귀족들만 잘 사는 사회가 된 것이다.

러시아 제국은 소위 90% 이상이 크리스찬인 기독교 국가였다. 그러나 백성들은 너무나 가난하고 비참한 삶을 살았다. 그리스도의 이름으로 교회의 이름으로 나라를 망친 것이다. 복음을 바로 전해야 하는데 그렇지 못하면 공산주의가 득세하고 나라가 망하게 되는 것이다. 그래서 공산주의 혁명이 일어나 교회를 다 부수어버린 것이다. 정교회 신부들이 하는 말을 들어보면 이 악한 공산주의자들이 일어나 교회를 망하게 했다고 책임을 다 공산주의자들에게 돌렸지만, 필자가 보기는 책임이 상당부분 교회에 있었다고 생각한다. 이런 것을 보면서 우리가 선교를 할 때 바로 하지 않으면, 복음을 바르게 전하지 않으면, 참된 기독교를 전하지 않으면 예수님 말씀대로 맛을 잃은 소금이 되어 길가에 밟히는 비참한 신세가 된다는 사실을 러시아 역사가 보여주었다고 생각한다.

역사적으로 보면 선교사들이 복음과 문화를 구분하지 못하고 자신의 문화를 전하는 경우가 있었다. 선교사는 자신의 문화와 복음을 구분해야 한다. 선교사는 자신의 문화나 전통을 전하러 간 사람이 아니라 예수의 복음을 전하러 간 사람이다. 사명의 본질을 잊어서는 안 될 것이다.

19세기에 대영제국이 서구제국주의를 주도하면서 아프리카 대부분의 지역과 아시아의 광범위한 지역 그리고 태평양의 거의 모든 섬에서 선교하였다. 그때 영국 사람들의 선교는 예수 복음 선교라기보다는 영국 문명의 확장이었다. 이런 사실은 1828년 영국 정치가이며 재무부장관을 지낸 허스키슨(Huskisson)이 캐나다 하원에서 행한 연설문에서 확인할 수 있다.

> 여러분, 우리는 상대적 상황에 의해 우리에게 맡겨진 이들 식민지에 대한 고귀하고 중요한 임무를 앞서 수행해나가야 합니다. ... 우리는 모든

곳에서 (우리의 식민지에서뿐만 아니라 우리 제국이 승인받은 곳 어디에서나) 부모와 같이 온정주의 정치를 베풀었고 문명의 진보를 이루었습니다. ... 세계 곳곳에 우리는 자유와 문명과 기독교의 씨앗을 심었습니다. 세계의 구석구석에 우리는 이 나라에서 번성하고 있는 언어와 자유로운 제도와 법률 제도를 시행하였습니다. ... 이것은 하나님이 우리 대영제국에게 맡겨주신 명백한 운명이며 거룩한 책무입니다.[61)]

19세기 서구의 많은 선교사들이 복음의 선교의 본질을 제대로 이해하지 못하고 당시 '시대정신'의 포로가 되어서 선교를 곧 문화화라고 생각하였던 것이다. 허스키슨의 연설문에 나오는 '명백한 운명'(manifest destiny)이라고도 하고 '거룩한 책무'(holy duty)라고 하는 것은 곧 '문명화의 사명'을 의미하는 것이었다. 그런데 선교사들도 선교를 문명화(mission as civilization)로 이해하고 선교현지주민들을 야만인으로 규정하고 문명화되어야 할 대상으로 묘사하였다. 당시 서구인들로부터 선교를 받은 아메리카 원주민들은 항상 다음과 같은 말을 들었다고 한다.

당신들은 어린아이와 같다. 무엇을 만들 줄도 발명할 줄도 모른다. 우리에게는 유일신이 있으며 그분은 우리에게 땅 위의 모든 사람을 가르치고 다스릴 권한을 주셨다. 그 증거로 우리에게는 그분의 신성한 책이 있다. 그 책은 우리에게 초자연적인 안내자이며 그곳에 적힌 모든 단어들은 진실되고 힘이 있다. 우리는 선택받은 자들이고 우월한 종족이다. 우리에게는 모든 이교도와 불신자들은 결코 들어갈 수 없는 황금문을

---

61) Robert Walsh, *Select Speeches of William Windham & William Huskisson*, Publisher and Date unknown, 543f. 고무송, 『토마스와 함께 떠나는 순례 여행』(쿰란출판사, 2001), 265-266에서 재인용.

> 가진 천국이 있다. 또한 이교도가 영원히 고통받는 지옥이 있다. 우리는 존경받을 만하고 진실되고 세련되며 종교적이고 평화로운 사람들이다. 우리는 잔인함과 불의를 미워한다. 우리가 할 일은 사람들을 교육하고 그리스도인으로 만들며, 약하고 미개한 사람들의 권리와 재산을 보호하는 일이다.(류시화, 『나는 왜 나가 아니고 너인가』에서)

선교사 바울은 "선교사들은 이 세대를 본받지 말고 마음을 새롭게 함으로 변화를 받아 하나님의 선하시고 기뻐하시는 뜻, 즉 순수한 복음이 무엇인지 잘 분별하며 전달할 것"(참고: 롬 12:2)을 부탁하였다. 왜냐하면 문화 속에서 태어나고 자란 우리는 자칫 잘못하면 복음을 전한다고 하면서 사실은 시대정신과 자기문화를 전하는 사람이 되기가 쉽기 때문이다.[62)]

여기서 우리는 복음전도에 대한 신학적 정의를 바로 세울 필요가 있다. 데이비드 보쉬는 복음전도를 다음과 같이 정의내렸는데, 즉 "복음전도는 선교의 핵심이며 심장이며 중심이다. 복음전도는 불신자들에게 그리스도 안에서 구원을 선포하는 것이며 죄의 용서를 선언하는 것이고, 사람들에게 그리스도 안에서 회개하고 믿음을 가지라고 촉구하는 것이며, 이 땅 위에 있는 그리스도의 공동체에서 살아 있는 구성원이 되라고 초대하는 것이며, 성령의 능력 안에서 새로운 삶을 시작하라고 격려하는 것이다."[63)]

보쉬는 선교와 복음전도의 개념을 비교하면서, 선교를 하나님이 교

---

62) 참고: 김창선, "신약성서가 선포하는 복음," 『장신논단』 제23집 (장로회신학대학교 출판부, 2005), 73-98. 『성서마당』 100호 (한국성서학연구소, 2011).

63) David Bosch, "Evangelism: Theological Currents and Cross-Currents Today," *International Bulletin of Missionary Research* 11, no.3 (July 1987), 100.

회로 하여금 세상의 구원을 위해서 부여한 총체적 임무로 정의내리는 반면, 복음전도는 교회의 총체적 활동에서 가장 핵심적인 차원으로 설명하면서 복음전도란 하나님이 무엇을 행하였고 무엇을 행하시고 계시고 무엇을 행하실지를 증거하는 것이라고 정의내린다.[64] 복음전도는 '지속적이고 평생에 걸친 과정'으로서 회심이라는 반응을 목표로 하는 것이며[65] 복음전도에는 언어적인 차원과 행동이 함께 동반되어야 한다. 즉 증거의 행동은 결코 증거의 말과 분리될 수 없는데 그것은 말없는 행동은 모호한 것이며 행동 없는 말은 텅빈 것일 뿐이기 때문이다.[66]

오늘 우리는 한국인으로서 한국교회가 약 6만이나 되는 교회 수와 2만 명의 선교사 숫자를 자랑할 수 있겠지만, 우리가 있는 처지에서 바르게 복음을 전하지 않으면 우리가 오히려 하나님께 책망을 받을 수 있고 벌을 받을 수 있다는 이 엄연한 사실 앞에 우리는 다시 한번 겸손한 태도를 가지고 선교의 책임을 바로 하는 우리들이 되어야 할 것이다.

---

64) David Bosch, *Transforming Mission: Paradigm Shifts in Theology of Mission* (New York: Orbis Books, 1991), 412.

65) 위의 책, 413.

66) 위의 책, 420.

06 전하는 것이다.

선교란 타문화권 속에 들어가서 선교현지주민들에게 복음을 전하는 것이며 하나님의 사랑을 전하는 것이다. 이것은 쉬운 일이 아니다. 동일한 문화권 안에서도 자신의 의사와 감정을 전하기가 쉽지 않은데, 타문화권 속에 들어가서 하나님의 사랑과 예수의 복음을 제대로 전한다는 것은 정말 어려운 일이다. 그러므로 선교사는 복음의 전달 방법에 대하여, 선교 커뮤니케이션의 원리에 대하여 많은 공부를 해야 한다.[67] 선교사는 복음을 전해야 한다는 사명을 받았을지 모르나 현지주민은 반드시 들어야 한다는 사명을 받지 않았다. 그러므로 선교사는 전달할 복음 메시지도 잘 준비해야 하겠지만, 어떻게 하면 수용자 현지인들이 흥미롭고 인상깊게 그리고 의미 있고 감동스럽게 들을 수 있게 할 것인가를 고민하고 연구하며 준비하고 훈련해야 한다. 복음을 전할 때 선교적으로 고려해야 할 요소들을 말하면 다음과 같다.

(1) 코드를 맞추어야 한다.

게리 채프먼이 쓴 『5가지 사랑의 언어』라는 책이 있다.[68] 채프먼은

67) 참고: 래리 A. 사모바 외, 『문화 간 커뮤니케이션』 (커뮤니케이션북스, 2007), 이종우, 『선교 문화 커뮤니케이션』 (기독교문서선교회, 2005), David J. Hesselgrave, 『선교커뮤니케이션론』 (생명의 말씀사, 1999).

68) 게리 채프먼, 『5가지 사랑의 언어』, 역자 장동숙 (생명의말씀사, 2008).

결혼한 부부를 대상으로 20년 이상 상담을 해왔다. 상담을 하면서 그는 자주 이런 질문을 했다. 왜 부부들은 갈등하며 싸우는가? 아내는 남편을 사랑하고 있고 남편은 아내를 사랑하고 있는데… 여러 가지 사례들을 분석하고 종합해본 결과 남편과 아내가 서로 다른 사랑의 언어(코드)를 사용하면서 그 언어를 고집할 때 갈등과 싸움이 일어난다는 사실을 깨달았다.

채프먼이 보기에 부부생활 가운데서 일반적으로 발견되는 사랑의 언어는 다섯 가지이다. ① 제1의 사랑의 언어–인정하는 말 ② 제2의 사랑의 언어– 함께하는 시간 ③ 제3의 사랑의 언어–선물 ④ 제4의 사랑의 언어–봉사 ⑤ 제5의 사랑의 언어–육체적인 접촉.

이 다섯 가지 언어 가운데 내 아내가 사랑을 느끼고 사랑을 표현하는 언어는 주로 어떤 것인가? 내 남편이 사랑을 느끼고 사랑을 전달하는 코드는 어떤 것인가? 가만히 생각해보아야 한다. 그리고 남편을 진정으로 사랑한다면 내 방식이 아닌 남편이 좋아하는 방식으로 사랑의 마음을 표현해야 고맙게 생각하게 되는 것이다. 어느 부부의 이야기이다. 아내는 주로 3번 타입 즉 선물을 통해 사랑을 느끼는 타입이었다. 즉 생일, 결혼기념일, 특별한 기념일에 정성스럽게 포장된 선물과 예쁘게 쓴 카드를 받을 때 사랑을 느끼고 감동을 받는 타입인데 남편은 4번 타입이었다. 즉 어릴 적에 부모로부터 배운 대로 남편은 집안청소를 도와주고 설거지를 도와주고 무거운 짐을 대신 들어주는 등 봉사의 코드를 통해 아내에 대한 자신의 사랑을 표현했다. 일가 친척, 친구들과 이웃 사람들이 보기에 성실하고 훌륭한 남편이었다. 그런데 그의 아내는 그렇게 느끼지 않았다. 남편에게 자주 툴툴거렸다. “당신은 나한테 해준 게 뭐 있어?” 등 이해할 수 없는 말을 했다. 남편은 그런 아내를 이해할 수 없었다. 10년을 그렇게 살다가 헤어지기 직전에 상담을 받아보기로 했는데, 상담가를 통해 자신의 사랑의 언어가 아내의 사랑의 언어와는 달랐다는 사실을 깊이 깨닫게 되었다. 그후 남편은 무거운 짐을 들어주고 집안 청소를 해주는 대신, 내키지 않았지만 아내의 생일에 장미꽃 다발과 포도주와 어디서 베낀 시 한 편을 카드에 적어 선물했다. 아내는 그 선물을 받고 너무나 행복해했다. 그 모습을 본 남편도 행복해졌다. 덕분에 집안 분위기가 밝아졌다. 많은 경우 마음의 문제라고 생각하지만 실은 대부분 의사소통의 문제이다.[69)]

사랑하는 부부 사이에 사랑의 마음을 표현하고 의사소통하는 일이 쉽지 않아서 자주 오해하고 갈등하고 싸우는데, 언어가 다르고 문화가 다른 선교현장에 들어가서 원주민들과 하나님의 사랑을 의사소통하는 일은 정말 어려운 일이다.

코드를 찾아야 한다. 전달자의 열심만 강조할 것이 아니라 수신자의 문화 코드를 찾아 그 코드에 맞추어 전달해야 제대로 전달된다. 특별히 선교지에서 복음을 전할 때 신중히 고려해야 할 문화 코드는 복음을 듣는 사람이 "개인주의 문화에 속한 사람이냐 집단주의냐?" "수평적 문화에 속한 사람이냐 수직적 문화냐?" "남성성이 강한 문화에 속한 사람이냐 여성성이냐?" "고맥락 문화에 속한 사람이냐 저맥락이냐?"이다.[70)]

ⓐ 개인주의와 집단주의: 같은 메시지라고 해도 개인주의 문화 속에서 살아가는 사람이 수용하는 방식과 집단주의 문화 속에서 살아

69) 게리 채프먼이 쓴 다른 두 권의 책이 최근에 한국어로 번역 출판되었다. 『사랑을 잘하는 사람들의 7가지 습관』(청림출판, 2009), 『연인보다 아름다운 부부로 살기 위한 부부학교』(황금부엉이, 2009).

70) 김한식 · 김숙현 · 최윤희 공저, 『동남아를 중심으로 한 선교 문화 커뮤니케이션』(한국학술정보, 2005) 136-149.

가는 사람이 수용하는 방식은 다르다. 서구인들과 현대화된 한국인들은 개인주의적 의사소통 방식에 익숙하다. 그래서 의사결정은 개인 차원에서 한다. 하지만 대부분 아시아, 아프리카, 시골 사람들은 집단주의적 생활방식 속에서 살아왔으며(알고 보면 그만한 이유가 있다), 중요한 의사결정 방식도 (추장이나 어른을 통한) 집단적 과정을 통해서 이루어진다. 그러므로 선교사는 지금 선교사역을 하고 있는 현장의 문화가 어떤 문화인지를 생각하고 복음의 수용과정을 기획하여 복음을 전하는 지혜가 필요하다.[71]

ⓑ 수평적 문화와 수직적 문화: 수평적 문화권에서 사람들은 자신을 다른 이들과 같다고 여기는 경향이 높으며 평등을 강조한다. 하지만 수직적 문화권에서 사람들은 내집단(內集團, 가족, 동창회, 클럽, 종교모임 등) 구성원 중에서 돋보이려고 노력한다. 수직적 문화에서 개인들은 자신을 다른 이들과는 다르다고 여기며 평등은 중요시되지 않는다. 수평적 집단주의 문화권에서는 평등에 높은 가치를 두지만 자유는 중요시되지 않는다.

일본의 경우 "삐져나온 못은 망치에 두들겨맞는다."라는 말이 있듯이 내 집단 구성원들 가운데 돋보이는 구성원을 허용하지 않는 경향이 있다. 수직적 집단주의 문화권에서(그 예로 한국, 필리핀) 사람들은 내 집단의 규범을 따르는 것을 미덕이라고 여기며 동시에 내 집단 구성원들 가운데서 돋보이는 것이 허용된다. 수직적 집단주의 문화권 사람들은 평등이나 자유에 큰 가치를 부여하지 않는다. 수직적 개인주의 문화권에서(예로 미국) 개인은 독립적인 개인으

71) 참고: Donald Anderson McGavran, 『하나님의 선교전략』, 이광순 역 (한국장로교출판사, 1993); 전호진, 『아시아 기독교와 선교전략』 (영문, 1995).

로 행동하며 남들보다 돋보이도록 노력한다. 이 문화권 구성원들은 평등에 가치를 부여하지 않으며 자유에 높은 가치를 부여한다. 수평적 개인적 문화권에서(예로 스웨덴과 노르웨이) 개인은 독립적인 개인으로 행동하지만 동시에 남들보다 돋보이려고 노력하지 않는다. 이 문화권 사람들은 행동과 자유에 높은 가치를 부여한다.

ⓒ 남성성이 강한 문화와 여성성이 강한 문화: 남성적 문화와 여성적 문화의 중요한 차이는 한 문화권에서 성적 역할이 어떻게 분포되어 있느냐에 관한 것이다. 남성성(masculinity)이 높은 문화권 사람들은 실천, 야망, 물질, 권력, 적극성에 높은 가치를 부여한다. 여성성(femininity)이 높은 문화권 사람은 삶의 질, 서비스, 남에 대한 배려 및 양육에 높은 가치를 부여한다. 남성적 문화권에서 여성은 상냥해야 하며 사람들과의 관계를 돌보는 역할을 주로 한다. 여성적 문화권에서는 남성과 여성이 위의 행위에 함께 참여한다. 남성적 문화권에서 아버지는 아이들과 관련된 일을 다루고 어머니는 아이들의 정서적인 문제를 다룬다. 여성적 문화권에서는 부모 모두가 위의 문제를 함께 다룬다. 남성적 문화권에서 종업원들은 "일하기 위해 살고" 여성적 문화권에서 종업원들은 "살기 위해서 일한다." 남성적 문화는 자아 강화에 초점을 두고 여성적 문화는 집단과의 연관과는 상관없이 관계 증진에 초점을 둔다. 남성성과 여성성은 모든 문화권에 존재하지만 이 중 하나가 지배적인 현상으로 나타난다. 남성적 문화권으로는 아랍국가들, 오스트리아, 독일, 이탈리아, 일본, 멕시코, 뉴질랜드, 스위스 및 베네주엘라를 들 수 있다. 여성적 문화권으로는 칠레, 코스타리카, 덴마크, 동부 아프리

카, 핀란드, 네덜란드, 포르투갈 및 스웨덴을 들 수 있다.[72]

ⓓ 저맥락 커뮤니케이션 문화와 고맥락 커뮤니케이션 문화: 고맥락 커뮤니케이션은 도시 보다는 주로 시골에서 아주 친밀한 사이에서 많이 이루어진다. 대부분의 정보가 물리적 상황이나 사람에 내재될 때 발생하는데 코드화되고, 명시적 정보는 극히 적다. 이와는 달리 저맥락 커뮤니케이션은 정보가 명시된 코드에 있다. 주로 복잡한 도시에서 서로 잘 모르는 사이에 이루어진다. 저맥락 커뮤니케이션과 고맥락 커뮤니케이션은 모든 문화권에서 발견되는 현상이다. 그러나 이 중 한 가지 유형이 지배적 현상을 이루게 된다. 개인주의 문화권 사람들은 저맥락 커뮤니케이션을 사용하고 직접적 방식으로 대화를 하는 경향이 높다. 이와는 대조적으로 집단주의 문화권 사람들은 내 집단의 조화를 유지하는 일이 중요할 때 고맥락 메시지를 사용하는 경향이 있으며 주로 간접적 방식으로 대화한다. 아시아인의 커뮤니케이션 유형은 간접적이고 함축적인 반면 서구인들은 직접적이고 명확하게 표현하는 경향이 있다. 일본, 한국, 대만과 같은 높은 맥락 문화는 커뮤니케이션이 이루어지는 배경과 환경에 민감하여 주요 정보 채널로서 언어적 커뮤니케이션에만 의존하지 않는다. 그 예로 한국인들의 '눈치'를 들 수 있다. 우리는 종종 '척하면 삼천리'라는 말을 쓴다. 고맥락 문화를 대변하는 말이다.

이렇게 복음 수용자가 어떤 문화에 속한 사람이냐에 따라서 같은 복

72) 김한식 · 김숙현 · 최윤희 공저, 『동남아를 중심으로 한 선교 문화 커뮤니케이션』, 146.

음을 듣고서도 반응하는 방식이 다르는 것을 생각하고, 복음에 대한 긍정적인 반응을 이끌어내기 위하여 복음전달자는 문화의 성격에 따라서 복음전달 방식과 결단의 방식을 다르게 기획해야 할 것이다.

(2) 메리비안의 법칙

의사소통의 기본적인 두 요소는 언어적 요소와 비언어적 요소이다. 선교사는 우선 현지언어를 열심히 배우고 잘 할 수 있는 실력을 키워야 한다. 그러나 언어만 잘 배웠다고 현지인들과 대화를 잘하고 의사소통이 잘되는 것은 아니다. 비언어적 요소를 이해하지 못하면 같은 말을 하면서도 엉뚱한 결론에 도달할 수 있다. 인도에서 영어로 "반갑습니다. 환영합니다"라고 말하면서 왼손을 내밀어 악수를 청한다면 상대방이 아주 불쾌한 반응을 보일 것이다. 왼손을 내민다는 것은 인도 풍습으로는 오물을 내미는 것이기 때문이다.

의사소통을 할 때 언어적 요소보다 비언어적 요소가 종종 더 중요한 역할을 한다. 언어적 요소의 색깔과 맛을 결정해주는 것이 비언어적 요소이다. 언어적 메시지가 심각한 것인지, 위협적인 것인지, 또는 농담인지의 여부를 결정하는 것은 비언어적 요소이다. 미국의 메라비언(Albert Mehrabian) 교수는 사람을 만나서 대화할 때 그 사람의 이미지를 결정하는 것은 표정, 자세, 몸짓 같은 시각적 요소가 55%, 말투, 억양, 음색 같은 청각적 요소는 38%, 말의 내용이 주는 영향은 불과 7%라고 하였다. 이 이론을 흔히 메라비언의 법칙이라고 부른다. 말의 내용보다 말하는 사람이 어떻게 말하느냐가 듣는 사람에게 더 큰 영향을 미친다는 내용이다. 말하는 사람이 듣는 사람에게 무둑뚝하게 "사랑해!"라고 말을 던진다면 그것은 아무런 느낌도 전해주지 못한다. 이렇게 말의 내용 그 자체만으로는 100명 중에 7명만이 그 뜻을 알아듣는다. 여기에 아주 다정다감하면서 사랑스러운 목소리로 부드럽게 “사랑해!”라고 한다면 100명 중에 38명이 그리고 두 손으로 허공에 하트 모양을 그리면서 좋아하는 표정으로 “사랑해!”라고 한다면 55명이 제대로 받아들인다. 특히 외국에 나가서 하나님의 사랑을 전하는 선교사역에서는 비언어적 요소가 더 많은 비중을 차지하게 된다. 선교사역의 내용은 주로 정보지식적인 것이라기보다는 감성적인 요소(사랑, 용서, 자비 등)이기 때문이다.

선교사가 처음부터 현지언어를 유창하게 구사하며 대화하기란 어려운 일이다. 하지만 비언어적 대화의 기술을 기억해둔다면, 비록 언어는 부족하지만 좋은 인상을 주면서 좋은 인간관계를 맺을 수 있다. 이를 ‘S.O.F.T.E.N.’ 기법이라고 부른다. 문자적으로는 ‘부드럽게 한다’는 뜻을 가지고 있지만 각 알파벳은 중요한 의미를 지니고 있다.

S는 미소와 웃음(Smile)을 뜻한다. 찌푸린 얼굴이나 평범한 얼굴로는 결코 고객 및 동료의 마음을 사로잡지 못한다. 타인과의 대화에서 가장 중요한 첫마디는 언어적 표현이 아니라 ‘환한 미소와 분명한 목소리’와 같은 비언어적 표현이라는 사실을 기억해야 한다.

O는 열린 몸짓(Open Gesture)이다. 타인과의 대화에서 허리에 손을 얹거나 팔짱을 끼는 몸짓은 피해야 한다. 이 같은 제스처는 무의식적으로 상대방을 적대시한다거나 혹은 경계한다는 의미를 전달하기 때문에 반드시 금해야 한다.

F는 앞으로 기울이기(Forward Leaning)이다. 이는 상대의 말에 관심이 있다는 의미로 몸을 약간 앞으로 기울인 상태에서 듣는다는 뜻이다. 몸을 뒤로 젖힌다거나 직각으로 바로 세우는 것보다는 앞으로 살짝 기울이

는 것이 "당신의 말씀을 잘 경청하고 있습니다."라는 메시지를 보다 효과적으로 전달한다.

T는 접촉(Touch)이다. 가벼운 접촉과 살가운 얘기는 대화의 효과를 극대화하는 좋은 전략이다. 적당한 스킨십은 인간관계를 향상시킨다. 그러나 문화에 따라서 스킨십은 조심해야 하고 신중해야 한다. 엉뚱한 오해를 불러올 수도 있기 때문이다.

E는 눈길 나누기(Eye contact)다. 대화할 때는 상대방의 눈이나 눈 주변을 보면서 말해야 한다. 상대가 말하고 있는데 상대의 얼굴 쪽을 보지 않고 주위를 둘러보는 자세는 금물이다. 그러나 문화에 따라서 눈을 맞추는 것을 피하는 것이 좋은 경우도 있다.

N은 고개를 끄덕이는 것이다(Nodding). 고개를 끄떡이는 것은 "당신이 말씀하시는 것을 저도 잘 듣고 있습니다."라는 의미를 아주 효과적으로 전할 수 있다.

결국 'SOFTEN하게 말하라'는 말의 내용보다 말하는 자세에 보다 신경을 쓰라는 뜻이다.

비언어적 의사표현 행위는 신체접촉(tactics), 눈맞춤(eye contact), 거리간격(space or distance), 얼굴표정(facial expressions), 신체동작(gestures), 준언어음(extra-speech sounds), 덧언어음(suprasegmental phones or speech modifications) 등과 같이 일곱 가지로 분류된다.[73] 이 중에서 몸짓과 동작, 사람과 사람 사이의 거리에 따른 문화적 차이와 메시지의 차이를 살펴보자.

73) 노대규, 『한국어의 입말과 글말』 (서울 국학자료원, 1996).

a. 몸짓과 동작

다양한 얼굴표정과 다양한 메시지

몸의 움직임이 어떻게 커뮤니케이션 하는가에 관한 연구를 동작학 (kinesics)이라고 부른다. 일반적으로 동작 단서는 ① 다른 사람에 대한 우리의 태도, ② 우리의 감성상태, ③ 환경을 통제하고자 하는 욕구에 관한 메시지를 보낼 수 있는 가시적인 몸의 움직임이다.

눈과 눈썹에서 다리와 발에 이르기까지 우리 몸의 모든 부분은 메시지 전달의 수단이 될 수 있으며 이러한 점은 상이한 요소들을 조합하여 무한대의 메시지를 만들 수 있게 한다. 버드위스텔(Birdwhistell)은 얼굴의 여러 가지 근육의 조합으로 25만 가지의 표현이 가능하다고 추정했다.[74] 그러나 일반적으로 사람들이 의사소통의 수단으로 사용하는 몸동작은 50~60가지라고 한다. 그 중에 33가지는 머리와 얼굴 근육의 움직임이다.

사람의 몸 동작은 남녀 관계성에 따라서, 민족에 따라서 그리고 문화에 따라서 일정하게 다른 패턴을 보여줄 때가 많다. 예를 들면 남자는 여자와 다르게 걸으며 심지어 짐을 옮기더라도 다른 동작을 취한다. 남자와 여자는 앉는 모습에서도 다르다. 그 예로 남자와 여자가 다리를 꼬고 앉는 모습의 다른 점을 들 수 있다. 사람들은 남성다운 행태와 여성다운 행태에 강한 고정관념을 갖는다. 그 결과 규범에서 이탈하는 남자는 사내답지 못한 것으로 간주되며 이와 마찬가지로 여자의 경우도 매력적이지 못한 것으로 간주된다.

---

74) R. Birdwhistell, *Kinesics and context* (Univ. of Pennsylvania Press, 1970).

문화권에 따라서는 동작 패턴이 다르고 같은 동작이라도 각기 다른 의미가 전달된다. 일례로 이탈리아 남부 사람들과 그리스인들은 고개를 빠르게 위에서 아래로 숙이며 '아니오'를 표현한다. 미국인이나 한국인이 보면 행동은 '예스'인데 의미는 '노'이다. 미국 부통령이 남미를 순방했을 때 그는 비행기에서 내려오며 손을 들어 엄지손가락과 검지손가락으로 원을 만들어 '이곳에 오게 되어 행복하다, 만족한다'는 뜻을 표했다. 그러나 TV에서 그의 손가락 동작을 본 남미 국민들은 모멸감을 느꼈다. 사실 그의 손가락 동작은 남미에서 남녀간의 은밀한 성적인 표현이었기 때문이다. 이와 비슷한 사례로 소련의 후르시초프 수상은 미국을 방문했을 때 비행기 트랩을 내려오면서 소련사회에서 따뜻한 환영에 대한 감사의 표시인 두 손을 머리 위로 거머쥔 모습으로 답례했다. 그러나 손님을 맞이하는 미국인들은 그 손짓을 소련의 우위를 전달하는 오만한 표시로 받아들였다. 이러한 동작 표시의 부적절한 사용과 오해는 커뮤니케이션 과정을 방해하며 큰 불행을 낳을 수 있다.

b. 공간의 이용

인류학자 에드워드 홀은 처음으로 사람들이 공간을 어떻게 이용하는지에 대해 기술했다. 그는 사람들이 상황에 따라 이용하는 공간의 거리를 다음과 같이 네 종류로 나누었다. ① 친밀한 거리(intimate distance): 45cm 이내, 애인 간, 엄마와 아기 간의 거리. ② 사적 거리(personal distance): 45~120cm, 조용한 대화, 사교할 수 있는 거리. ③ 사회적 거리(social distance): 120~360cm, 학생과 선생, 사장과 비서 간의 거리. ④ 공적 거리(public distance): 360cm 이상, 강의실에서 선생과 학생, 연사와 청중 간의 거리. 이렇게 두 사람 사이의 거리를 관찰함으로써 친밀함의 정도와 사회적 지위를 가늠할 수 있으며 또한 거리를 적절하게 조정함으로써 관계성에 변화를 일으킬 수도 있다. 이와같이 공간과 거리에 따른 인간생활과 메시지 전달방식을 연구하는 학문 분야를 프락시믹스(proxemics, 공간학)라고 한다.

문화에 따라서, 공간과 거리에 대한 이해와 인식이 다르다. 어떤 문화권에서는 두 사람 사이의 거리가 40~50cm가 편안하고 안정감을 주지만, 다른 문화권 사람에게는 불편하게 느껴질 수 있다. 이런 차이를 알지 못하고 내 입장에서 판단하여 거리를 조정하려고 하면, 이상한 반응을 보인다. 일례로 한 대사관 칵테일 파티를 들 수 있다. 파티에 초대된 미국 대사가 그 파티를 연 아랍인과 대화를 나누고 있었다. 그 아랍인은 이야기 도중 미국 대사에게 관습대로 가까이 다가섰다. 아랍 사람들은 친밀함의 표시로 숨소리가 들릴 만큼 가까이 다가와서 대화한다. 이것을 알지 못한 미국 대사는 불편해서 몇 발씩 뒤로 물러섰다. 그러한 거리감에 익숙지 못한 아랍인은 다시 다가서고 그러면 미국 대사는 물러섰다. 이처럼 다가가고 물러서는 코미디는 아랍인이 그 파티가 열리는 연회장이 끝에서 저 끝을 가로질러 미국인을 쫓아다닌 결과가 되었다. 미국 대사에게 그 아랍인은 저돌적으로 비친 반면 아랍인은 그 미국인을 쌀쌀하고 냉담하다고 여겼다. 각자가 생각 하는 친밀함의 거리가 달랐던 것이다. 결과 본인이 의도하지 않은 메시지를 상대방에게 보냈던 것이다.

(3) '아름다움'을 통하여

20세기 최고의 선교학자의 하나로 인정받는 데이비드 보쉬는 『변화하고 있는 선교』라는 책에서 선교의 개념과 이해와 사명도 시대에 따라서 변해왔으며 지금도 변하고 있다는 사실을 기술하면서 현시대에는 할 수만 있다면 포이에시스를 통해 선교하는 방식을 제안했다.[75] 포이에시스(ποιησις)는 '시적 상상력을 자극하는 창조적이고도 선동적인 이미지들의 표현'을 의미한다. 보쉬가 포이에시스를 제안하는 이유는 하나님의 선교를 테오리아(관찰, 분석, 보고(Report), 해석 과 비판적인 평가 등)와 같이 너무 좁은 한계 안에 가두거나 너무 날카롭게 하나님의 선교를 세분화하려는 시도를 경계하기 위함이다. 개신교는 16세기 종교개혁 이후 하나님의 메시지를 인간의 이성적 수단(설교, 성경주석, 신학작업)을 통해 전달하는 데 집중해왔다.[76] 그래서 혹자는 개신교회를 '입의 집'(Mund Haus)이라고 부르기도 한다. 설교가 예배의 중심이 되고 있는 현상을 묘사한 표현이다. 종교개혁 이후 개신교의 예배 분위기는 주지주의적 성향으로 변해갔고, 교회는 학교 교실과 같이 변했다. 설교자는 학교 선생님과 같고 성도들은 학생들과 같이 되었다. 그러나 하나님의 실재와 인간의 삶은 주지주의적 요소(intellectualistic factor)만 있는 것이 아니다. 감성적 요소, 신비적 요소, 초월적 요소, 의지적 요소 등 다양한 요소들이 존재한다.[77]

이렇게 다양성과 다차원성이 강조되는 포스트모더니즘 시대를 살아가는 현대인들에게 효과적인 선교는 다차원적인 것이 되어야 할 것이다. 즉 논리나 분석 보다는 이미지들, 비유들, 사건과 그림에 호소하는 방식을 적극적으로 고려해야 한다는 말이다.[78]

---

75) D. J. Bosch, 『변화하고 있는 선교』 (기독교문서선교회, 2000), 753.

76) Dr. Susan H. Moore, "Reforming the Reformation: the Puritan Agenda" (International Conference Room, Luce Center, PCTS, June 1, 2010).

77) 로버트 존스톤, 『영화와 영성』, 전의우 역 (IVP, 2000).

78) 참고: 김도훈, "창조와 하나님의 아름다움: 신학적 미학의 시도," 『장신논단』 15집 (장신대출판부, 1999). 국민일보, "그림은 하나님이 주신 언어…" (크라이스트 드로잉 쇼 김진규 감독) (2007. 4. 11 미션).

그러나 모든 것이 선교일 수는 없으므로 선교의 의미와 내용에 대한 윤곽을 정해야 할 것이다. 보쉬는 구원 사건의 관점에서 그 의미와 내용의 적절성을 평가해야 할 것이라고 하면서 신약성경에 묘사된 다음 6가지가 선교의 주된 의미와 내용이 되어야 한다고 했다.[79] 즉 ① 그리스도의 성육신, ② 그의 십자가상의 죽음, ③ 그의 부활, ④ 그의 승천, ⑤ 오순절 성령 강림, ⑥ 재림.

동방정교회 문화가 지배적인 러시아에서 4년 동안 선교를 한 필자에게는 보쉬의 이러한 제안이 강한 인상을 주었다. 필자는 학교에서 '동방정교회의 선교'를 가르쳐왔다. 가르치면서 '아름다움으로서의 선교'(Mission as Beauty)개념을 발견했다. 이것은 신교나 구교에서 찾아보기 어려운 선교개념이다. 그러나 동방정교회는 오래 전부터 이런 선교개념을 가지고 있었다.

콘스탄틴 대제가 기독교를 공인한 이후 사막의 수도사들이 생겨났다. 사막의 수도사들은 흔히 세속의 삶의 현장으로부터 도피해 자기만의 구원에 관심을 가지고 조용하게 명상하며 노동하며 살다가 떠난 사람들이라는 인상을 가지고 있다. 이것은 사막의 수도사들에 대한 피상적인 인상이다.

사막의 수도사들도 선교했다. 그들의 선교 방식은 '수동적인 선교'(Passive Missions)였다. 수동적인 선교란 선교 대상에게 적극적으로 다가가서 하나님의 사랑과 복음을 전하는 '적극적인 선교'와 대비되는 개념이다. 사막의 수도사들은 도시에서 벗어나 인적이 드문 사막이나 깊은 숲속이나 섬 속으로 들어가서 작은 오두막집이나 수도원을 짓고 그 안에서 노동하며 성경을 읽고 성찬식을 하며 기도하고 그리스도를 닮기 위한 수련 생활을 했다. 수도사들의 이러한 모습으로 인해 주위 사람들이 찾아

79) 보쉬, 『변화하고 있는 선교』, 753.

가서 상담을 하고 위로를 받고 지혜를 얻고 하나님의 말씀을 받았다. 수도사들의 삶에 거룩한 매력을 느꼈기 때문이다. 수도사들은 수도원에 머무는 것 자체를 최고라고 생각하지 않았다. 수도생활의 궁극적인 목적은 하나님의 성품을 닮는 것이다. 하나님의 성품은 거룩과 사랑이다. 하나님의 성품을 닮기 위해 노력하던 수도사들은 내적인 감동과 필요에 따라서 때때로 도시 속으로 들어가서 하나님의 사랑과 복음을 전했다. 그러나 대부분의 경우 사람들을 수도원 안으로 끌여들여 감화를 주고 위로를 주고 지혜와 말씀을 줌으로써 복음을 전했다. 사람들을 수도원 안으로 끌어들인 것은 수도사들의 삶으로 인해 풍겨나는 거룩한 아름다움에 매력을 느꼈기 때문이다.

슬라브족이 정교를 받아들이는 과정에는 비잔틴 정교회의 예전의 아름다움이 결정적인 역할을 했다.[80] 9세기에 키예프공국의 군주였던 블라디미르는 종교 선택을 두고 고민하다가 사신들을 여러 나라에 파견했다. 다시 돌아온 사신들은 이슬람교, 유대교, 가톨릭, 정교회에 대해 보고했다. 블리디미르는 정교를 택했다. 그 주된 이유는 콘스탄티노플 소피아 대성당에서 드려진 예배의 장엄함과 아름다움에 대한 보고가 감동을 주었기 때문이었다. 슬라브 민족의 미적(美的) 요소가 본래부터 탁월했기 때문에 정교를 택했는지 아니면 정교를 택함으로 미적 요소가 개발된 것인지는 판단하기 어렵지만, 분명한 사실은 러시아인을 비롯한 슬라브족의 예술성이 탁월하다는 것은 세계적으로 인정되고 있다.

러시아 안으로 들어간 정교회가 이후에 선교사들을 통해 복음이 전파될 때 뚜렷하게 나타나는 특징이 성당을 아름답게 건축한 것이었다.

14세기에 우랄산맥에 위치한 페름이라는 도시에 들어가서 주리안

80) 남정우, "정교회 선교역사와 선교특징,"『장신논총』제2집 (장로회신학대학교, 2009), 289-320.

민족을 대상으로 선교한 스테판은 성당 건물을 도시 중앙에 웅장하고 아름답게 건축함으로써 주리안 민족의 관심을 끌었다. 아름다운 성당 건물을 보고 찾아오는 주리안 사람들에게 성당 건물과 아름다운 내부 시설물들을 설명함으로써 복음을 전했다. 19세기 말에 일본에 들어가 선교한 러시아 정교회 선교사 니콜라이 카사트킨도 도쿄에 성당을 웅장하고 아름답게 건축함으로 선교했다. 이러한 사례들을 언급하자면 끝이 없을 것이다.

정교회는 교회당을 주로 비잔틴 양식을 따라 왕궁처럼 돔(Dome) 형식으로 지붕을 만든다. 양파 모양의 돔 형식으로 만드는 이유는 우주만물의 왕이신 하나님이 거하시는 집이기 때문이다. 교회당 내부에는 수많은 이콘(Icon, 聖畵像)이 있다. 지붕 천장에는 부활승천하신 그리스도, 종말의 심판자이신 그리스도의 모습이 그려져 있다. 성당 내부 분위기의 초점은 부활 이후 세계의 재현이다. 정교회 내부에는 청각적 요소보다 시각적 요소에 호소하는 영적 매체들로 충만하다. 이 점에 있어서 개신교와 큰 차이점이 있다.

그러나 여기서 우리는 아름다움을 강조하는 선교방식의 위험성을 지적하고 경계해야 할 것이다. 그것은 아름다움을 강조하다 보면 자칫 외모에 신경을 쓴 나머지 도덕적 요소나 신앙의 본질인 거룩성을 외면하고 겉치레에 빠져서 주님이 혹독하게 비판한 '회칠한 무덤 같은 아름다움'에 빠질 위험성이 있다는 사실이다.[81)]

---

81) 이런 위험성에 빠지지 아니하려면 발타자르의 견해를 경청하는 것이 필요하다고 생각한다. Hans Urs Von Balthazar, *THE GLORY OF THE LORD*, ed. by John Riches (Ignatius Press, San Francisco, 1989).

(4) 대화의 3대 원리

인간은 대화적 존재이다. 그러므로 사람들에게 복음을 효과적으로 전하려면 효과적인 대화의 원리를 알아야 한다. 흔히 대화가 중요하다는 말을 많이 한다. 사람들이 함께 살아가는 가정과 직장에서 대화가 중요하다. 비유하자면 대화는 공동체 생활에 혈액순환과 같은 것이다. 몸에 혈액순환이 잘 되어야 몸이 건강해지고 따뜻해지고 면역력이 높아져서 왠만한 질병을 이겨내고 기분도 좋고 재미있게 일할 수 있는 것처럼 공동체 생활에서는 대화가 잘 통해야 모두가 행복하고 오해가 생기지 않고 단합이 잘 되고 생산성이 높아진다.

그런데 대화가 무엇인가? 물어보면 대답이 여러 가지이다. 경상도 사람들은 '대놓고 화부터 내는 것이 대화다'– 라고 하고, 서울 사람들은 '대충 화기애애한 분위기를 만드는 데 협조하는 것'이라고 한다. 남자들은 대체로 대화의 가치를 '가치 있는 정보 교환이나 그 대화 속에서 사용된 단어들의 지적인 수준'에서 찾으려고 한다. 그러나 대화의 진정한 가치는 '인격적인 만남 그 자체'에 있다. 인격적 이라는 말은 '지, 정, 의를 존중하는 태도'를 의미한다. 대화할 때 진짜로 중요한 것은 그 대화 속에서 오가는 단어가 아니고 열린 마음, 존중하는 태도이다. 대화를 나누고 있는 두 사람이 얼마나 솔직하게 마음을 열어놓고 있으며 그 대화에 성실하고 진지하게 임하고 있는가가 더욱더 중요하다. 대화는 지식의 전달만을 위해 존재하는 것이 아니다. 그것은 두 사람 간의 사랑과 신뢰를 더욱더 두텁게 하는 데도 대화는 중요한 의미를 가진다.

수가성 우물가에서 이루어진 사마리아 여인과 예수님의 대화(요 4장)를 자세히 살펴보면 이것은 완전히 동문서답이다. 지식 정보전달 측면에서 보자면 빵점이다. 그러나 이 대화의 결과는 놀라울 정도로 생산적이다. 그 여인과 예수님의 대화가 어떻게 이루어졌는지 좀더 자세히 살펴보자.

예수님: 물 좀 달라

여　인: 당신은 유대인 남자로서 어찌하여 사마리아 여자인 나에게 물 좀 달라 하십니까?

예수님: 네가 만일 하나님의 선물을 알고 또 네게 물을 좀 달라 하는 누군인 줄 알았더라면, 거꾸로 네가 그에게 물을 구하였을 것이다.

여　인: 선생님, 내가 보니 당신은 지금 물은 고사하고 물길을 두레박도 없는데 누가 누구에게 물을 주겠다는 말씀입니까? 이 우물은 야곱의 우물입니다. 보아하니 나이 30정도밖에는 안 되는 것 같은데, 당신이 이스라엘의 시조 야곱보다 더 위대한 사람입니까?

예수님: 이 물을 마시는 사람은 다시 목마를 것이다. 그러나 내가 주는 물을 마시는 사람은 영원히 목마르지 아니할 것이다.

여　인: 그런 물이 있으면 내게 주십시오. 그래서 뜨거운 대낮에 물 길러 오지 않도록 해주십시오.

예수님: 네 남편을 불러오라. (물 이야기 하시다가 갑자기 웬 남편 이야기?)

여　인: 나는 남편이 없습니다.

예수님: 네 말이 맞다. 너에게 남편 다섯이 있었으나 지금 있는 남편도 네 남편이 아니니, 네 말이 맞다.

여　인: 선생님, 내가 보니 당신은 보통 랍비가 아니라 선지자로소이다. (여인의 신앙고백이 나온다. 놀라운 일이다.)

뿐만 아니라 요한복음 4장을 계속 읽어보면 이 여인은 예수님의 열성적인 팬이 되고 전도의 헌신자가 된다. 여인은 물동이를 버려두고 마을로 뛰어들어가서 "우리가 기다리던 메시아를 내가 우물가에서 만났다. 와 보라"고 전했다. 여인은 열성적인 전도자가 되고 헌신자가 되었다. 예수님을 만나서 대화하기 이전의 모습과 예수님을 만나서 한 다섯 마디 대화를 주고받은 이후의 모습이 이렇게 달라질 수가! 여기서 우리는 예수님의 대화법에 주목해볼 필요가 있다. 예수님은 우리 인생의 구세주일 뿐만 아니라 대화법에 있어서도 스승이시기 때문이다. 짧은 대화이지만 예수님과 사마리아 여인 사이에 오간 대화를 자세히 분석해보면 선교에 있어서 좋은 대화, 효과적인 대화의 기본 원리가 담겨있다.

좋은 대화, 효과적인 대화의 3대 원칙이 있다. ① 존중, ② 공감, ③ 능동적 경청이 그것이다.

첫째, 존중이다. 예수님의 대화 속에 존중의 원리가 담겨있다. 사회적으로 말하면 그 당시 사회에서 예수님은 랍비이고 순수한 정통 유대인이고 남자이다. 그러나 대화의 상대인 이 사람은 피가 섞인 사마리아 부족의 혼혈족이고 여자이고 게다가 동네 사람들로부터 손가락질받는 비천한 여자이다. 이런 두 사람, 만나기도 어렵고 만나도 대화가 통하기 어려운 관계이다. 그런데 대화는 성공적이었다. 어떻게 해서? 존중하는 태도, 겸손한 태도 때문이다. 예수님이 수가성 우물가에서 그 여인을 만났을 때 처음 한 말은 "물 좀 주세요"이었다. 우리 성경에는 예수님이 반말하고 여인은 존댓말을 한 것처럼 번역되어 있는데 원문에는 그렇지 않다.

"물 좀 주세요." 이것은 겸손한 부탁의 말이다. 상대방을 높이는 말이다. 언제든지 받는 자보다는 주는 자가 높은 위치에 있기 마련이다. 예수님은 엄청난 능력을 가진 하나님의 아들이시다. 그러나 이 시간 "물 좀 주세요"라고 부탁한다. 이 말 한마디 속에 자신을 낮추고 상대방을 높이는 지혜가 담겨있다. 물론 이런 예수님의 겸손한 마음과 태도를 여인이 액면 그대로 순수하게 받아들이지 못하지만, 예수님은 만나서 대화를 시작하실 때 주어진 상황 속에서 자기를 낮추고 상대방을 높이는 말로 대화를 시작하셨다. 이것이 중요하다.

신학교를 다닐 때 추석 연휴를 맞이해서 사천에 있는 고아원에 가서 위로행사를 해준 일이 있었다. 어린이들이 좋아하는 과자, 풍선, 그림, 장난감을 많이 준비해 갔다. 아이들을 즐겁게 해주려고 노래를 부르며 율동을 했다. 그러나 아이들의 얼굴은 밝지 않았다. 게임을 해도 적극적으로 참여하지 않았다. 고아들이라서 그런가 보다 그렇게 생각을 했다.

행사를 마치고 떠나오기 전 간단하게 예배를 드리면서 설교를 했다. 그때 아이들에게 "연말 성탄절에 우리가 다시 올 텐데 그때는 여러분들이 우리를 위해서 선물을 준비해달라"고 했다. 아이들도 같이 간 선생님들도 내심 놀란 눈치였다. "오늘 여기 와서 보니까 이 고아원 주위에 아름다운 나무들이 많아요. 단풍나무, 은행나무... 우리가 사는 동네에는 이런 나무가 없어요. 그러니까 예쁜 나뭇잎을 모아서 성탄절 선물을 만들어 준다면 좋겠어요. 기대해도 되나요?"아이들이 큰 소리로 "예"하며 얼굴이 환하게 밝아지는 것을 보았다.

거기서 깨달았다. 늘 받기만 하면서 살아 온 아이들, 자기들도 뭔가 줄 수 있다는 사실을 발견했을 때 다시 말하면 자아 존중감이 생겼을 때 마음이 밝아지고 적극적인 모습으로 변하는 것을 보았다. 좋은 대화를 하려면 상대방이 누구든지 존중하는 마음, 자기를 낮추고 상대방을 높이는 마음이 필수적이다.

둘째, 공감이다. 대화의 중요한 두 번째 원리가 공감해주는 마음이다. 본문을 보면 대화하시다가 예수님은 갑자기 "가서 당신 남편을 불러오라"고 하셨다. 그러자 여인은 "나는 남편이 없나이다"라고 대답했다. 그럴 때 예수님이 다시 "너에게 남편 다섯이 있었지만 지금 있는 남자도 진정한 의미에서 네 남편이라 할 수 없으니 네 말이 참되다"고 말씀하셨다. 여인의 대답에 공감하며 인정하는 말을 해준다. 그럴 때 여인의 신앙이 갑자기 업그레이드되어서 예수님을 "주여"라고 부르면서 "내가 보니 당신은 선지자로소이다"라고 신앙고백을 한다. 나중에는 물동이를 버려두고 동네에 들어가서 만나는 사람마다 전도하며 "와서 보라, 이는 그리스도가 아니냐? 내가 오늘 우물가에서 그리스도를 만났다, 와 보라!"며 흥분하며 전도하는 여인이 되었다.

젊은 부인이 우울증에 빠졌다. 매사 슬프고 짜증만 났다. 기운도 없고 식욕도 없다. 가슴은 무거운 바위를 얹어놓은 듯 답답하다.

남편이 미국 유학을 떠나고 성질이 까다로운 시어머니를 모신 지 2년 만에 이런 상태에 빠졌다. 시어머니는 매사에 불만이 많았다. 전등을 켜면 전기를 낭비한다고 나무라시고 수돗물을 쓰면 수돗물을 낭비한다고 화를 내셨다. 음식을 못 한다고 구박을 하시더니 "도대체 네가 제대로 할 줄 아는 것이 무어냐?"며 며느리를 무능력자로 몰아세우셨다. 화가 났지만 무서워서 내색할 수도 없었다.

이제는 부인 스스로도 자신이 쓸모없는 바보로 보였다. 인간은 인격을 무시당하고 비난을 막무가내로 참고만 있으면 마음이 병든다. 기다리던 남편이 귀국했다. 손님들이 모두 돌아가고 오랜만에 단 둘이 남았다. 남편은 다정하게 부인을 안고 위로했다.

"그동안 당신 고생 많았지? 우리 어머니 성질은 내가 잘 알지. 정말 당신 고생 많았어. 잘 참아주어서 고마워."

부인은 울음을 참을 수 없었다. 남편에게 약한 모습을 보여주고 싶지 않았지만 흐르는 눈물을 어쩔 수 없었다. 얼마간 울고 나자 마음이 밝아지고 가벼워지는 것을 느낄 수 있었다. 그런데 이상하게도 도무지 고생한 일들이 하나도 생각나지 않았다.

"내가 무슨 고생을 했지?"

공감이 약이다. 사람이 시련을 당하면 외로움을 느낀다. 그 이유가 여러 가지이고 그 증세도 여러 가지이다. 그러나 원인이 무엇이고 증세가 무엇이든 간에 그가 하는 말에 진심으로 공감해주고 마음을 알아주는 한 사람만 있으면 넉넉히 극복한다.

셋째는 능동적 경청(Active listening)이다. 귀로만 듣는 것이 아니라 마음으로 듣는 것이다. 사실에 대해서만 반응하는 것이 아니라 말하는 사람의 마음과 감정에 반응하는 것이다. 예수님은 능동적 경청을 하고 계신다. 예수님은 랍비이지만 최대한 자기를 낮추어 사마리아 여인에게 "물 좀 주세요!"라는 말로 대화를 시작했지만 사마리아 여인은 그 말을 곱게 받아들이지 않았다. "당신은 딱 보니 정통 유대인, 그것도 존경받는 랍비인 것 같은데 어찌하여 사마리아 여자인 나에게 물 좀 주세요! 라고 말을 합니까? 지금 내가 아무도 없는 대낮에 혼자 물 길러 나왔다고 나를 놀리는 겁니까? 내가 사마리아 여자라고 무시하는 겁니까?" 필자 같았으면, 아니 우물가에서 물 좀 달라고 하는데 뭐 그리 말을 길게 하는가? 주고 싶으면 주고 말고 싶으면 그만 두면 될 것을. 유대인, 사마리아인, 그런 말을 뭐 하러 하는가? 그랬을 것 같다.

그러나 예수님은 말꼬리 잡고 반응하지 않았다. 들리는 단어보다는 말하는 사람의 마음과 감정을 헤아리면서 대화를 했다. 이 여인이 이렇게 예민하게 반응을 보이는 것은 그만한 이유와 사정이 있다는 것을 마음으로 인정하면서 대화를 계속 이어간다. "네가 만일 하나님의 선물과 또 네게 물 좀 달라는 이가 누구인줄 알았더라면 네가 그에게 구하였을 것이요 그가 생수를 네게 주었으리라"

여자가 대답한다. "지금 도대체 무슨 말 하는 거요. 지금 당신에게는 물 길을 두레박도 없고 물 담을 그릇도 없는데 이 깊은 우물에서 무슨 생수를 나에게 준다는 말이오. 참, 웃기는 양반이네. 당신이 이 우물을 물려 준 우리 조상 야곱보다 더 큰 사람이요?"

우물가에서 이루어지는 예수님과 이 여인의 대화는 사실 대화라기보다는 동문서답이다. 이런 여인에게 복음을 전하시려는 예수님이 답답하게 보인다. 시간 낭비인 것처럼 보인다. 그러나 대화는 계속 이어졌고 결과는 그 어떤 제자가 한 일보다 놀라운 열매가 나타났다. 그 이유는 단어로 대화를 한 것이 아니라 마음으로 대화를 했기 때문이다.

대화를 잘하려면 능동적인 경청을 해야 한다. 능동적인 경청이란 수동적인 경청과 대비되는 말인데, 수동적인 경청은 그냥 말을 잘 듣고 이해하는 태도를 의미한다. 그러나 능동적인 경청이란 상대방이 하는 말소리 만 듣는 것이 아니라 그렇게 말하는 이유, 의도를 이해하고 그 이유와 의도를 가능한 긍정적으로 이해하고 그를 도와주려고 하는 마음을 가지고 듣는 태도를 의미한다. 능동적인 경청을 잘하는 사람이 대화를 생산적으로 만들고 대화를 매력적으로 만든다.

행복한 가정은 따뜻한 대화가 있는 가정이다. 따뜻한 대화, 친절한 대화, 사랑의 대화가 있는 곳에 기적이 생긴다. 따뜻한 대화가 축복이다. 따뜻한 대화는 상처를 아물게 하고 적의를 없애주며 두려움을 내쫓는다. 성실한 대화는 근거 없는 오해와 혐의를 사라지게 하고, 상상적 위험을 근절시키며, 사람들 사이에 신뢰감을 회복시켜 준다. 사랑의 대화는 긴장을 회복시켜 주며 용기와 자유를 주고 영혼을 거듭나게 만든다. 대화를 통해 기적이 일어난다. 따뜻한 대화를 성령 충만을 구하라. 성령님은 사람들 사이에 존재하는 유리벽을 허물고 사랑의 대화가 가능하도록 도우시는 하나님의 능력이기 때문이다. 바벨탑 건축사건으로 단절된 인간사회에 오순절 성령강림 사건으로 방언을 주셨다. 방언을 주심으로 다른 사람의 언어를 알아들을 수 있도록 하셨고 또한 다른 사람들이 이해할 수 있는 언어로 하나님의 사랑, 예수 그리스도를 전파할 수 있도록 해주었다.

성령님은 예수님의 마음이다. 예수님의 마음으로 대화하면 많은 사람들과 따스한 대화를 할 수 있다. 예수님의 마음은 겸손한 마음이다(빌 2:1-11). 예수님의 마음은 온유한 마음이다(마 11:29). 선교란 복음의 커뮤니케이션이기 때문에 예수님의 마음으로 대화하는 지혜와 능력을 키워나가야 한다.

(5) 이야기 형식으로

슬프게도 많은 선교사역자들이 이야기의 중요성과 효과성을 잘 알지 못하며 '이야기하기'의 능력과 기술을 배우지 못하고 있다. 게다가 '이야기하기'를 '논증하는 것'보다 못하는 편견을 가지고 있는 경우가 많다. 한마디로 이야기하기는 유치하며 논리정연하고 객관적이며 명제적인 사고를 선호하는 성인들에게는 매력 없는 방법이라는 생각이다. 그러나 최근에 커뮤니케이션을 전문적으로 연구하는 학자들이 '이야기가 의사소통과 교육과 삶에 아주 효과적이다'는 사실을 밝혀내고 있다. 그 대표적인 예가 2011년 EBS에서 인기 가운데 방영했던 "이야기의 힘"이라는 다큐멘터리이다.[82]

---

82) EBS, 『이야기의 힘』(황금물고기, 2011).

이야기하기 방식으로 복음을 전하는 것이 얼마나 효과적인지 미국 바이올라 대학교 선교학 교수인 톰 스테펜(Tom A. Steffen)은 일곱 가지로 제시한다.[83)]

ⓐ 이야기하기는 전세계적으로 늘리 사용되는 보편적인 의사전달 방법이다. 어린아이들, 청소년들, 어른들, 논인들, 이야기를 싫어하는 사람은 없다. 모든 사람들이 이야기를 좋아하며 이야기하려는 욕구를 갖고 있다. 이것이 이야기 하기가 중요한 첫번째 이유이다.

ⓑ 세계 인구의 절반 이상이 구체적인 형태로 배우는 것을 선호한다. 이 세상에는 글을 읽을 수 없는 사람들이 2/3 정도라고 한다. 이러한 사람들은 추상적 개념이나 명제적 표현이나 철학적 표현보다는 구체적 형태의 이야기나 상징으로 배우고 자기자신을 표현하는 것을 더 좋아한다.

ⓒ 이야기는 우리의 상상력과 감정을 건드린다. 효과적인 의사전달은 생각뿐만 아니라 감정이 생겨나는 마음과 상상력을 움직인다. 이야기는 날짜, 시간, 장소, 이름, 전후 관계 등을 제시해주는 동시에 눈물, 기쁨, 두려움, 분노, 자신감, 확신, 빈정거림, 소망 등의 감정을 불러일으킨다. 사람들이 이야기를 좋아하는 것은 자기 삶의 거울이 되고 사실과 느낌을 잘 엮어놓기 때문이다. 이야기는 상상력을 자극하고 삶을 변화시키는 놀라운 경험을 하게 한다.

ⓓ 성경의 75% 가량이 이야기이다. 성경의 15%는 시가이고, 나머지 10%는 생각을 체계적으로 정리해놓은 것이다. 헬라의 영향을 받은 사도 바울의 글이 대부분 이 영역에 들어간다. 그러나 성경의

83) 톰 스테펜, "왜 이야기로 복음을 전하는가?," 『퍼스펙티브스 2』 (예수전도단, 2010), 92-96.

많은 부분이 왕에서 노예까지 하나님의 말씀을 따라서 산 사람들에서 자기이익을 따라서 산 사람들에 이르기까지 다양한 이야기들로 가득하다. 하나님의 말씀인 성경이 이렇게 이야기로 가득하다는 것은 복음을 전하는 선교사들에게 무엇을 의미하겠는가?

ⓔ 젊은이들을 끌어들이고 잠재적인 신자들을 개종하며 교리를 받아들이게 하는 데 모든 주요 종교가 이야기를 사용한다. 불교, 이슬람, 힌두교, 기독교 등 모든 주요 종교가 이야기를 사용해서 구성원을 늘리거나 제한하며 다음세대가 확고한 신자가 되게 한다. 이 종교들은 참 신자와 거짓 신자, 적절한 행동과 부적절한 행동을 구별하는 데 이야기를 사용한다. 좋은 이야기는 헌신하는 구성원들을 만들어낸다.

ⓕ 이야기는 즉석 전도자를 만들어낸다. 사람들은 좋아하는 이야기를 쉽게 반복한다. 그 이야기가 흥미있는 소문이든 예수 그리스도의 복음이든지 말이다. 좋아하는 이야기를 억제하는 것은 맛있는 과자가 든 상자를 거부하는 것만큼이나 어려운 일이다. 조만간 그 상자를 열고 과자를 먹게 되듯이 재미있게 들은 이야기는 반복하여 말할 수밖에 없게 된다. 이야기는 이야기꾼을 만들어낸다.

ⓖ 예수님은 이야기를 통해 신학을 가르치셨다. 예수님은 조직신학을 책을 쓰신 적이 없으시지만 어디를 가든지 신학을 가르치셨다. 많은 경우 비유를 담은 이야기를 통하여 청중을 놀라게 하여 인생에 대한 새로운 관점을 가지고 생각하도록 하셨다. 신학이 담겨있고 생각하게 만들고 상상력과 감정이 부딪히게 하는 예수님의 이야기는 어느 편에 설 것인지를 선택하라고 요구한다. 예수님은 대단한 이야기꾼이셨다. 성경은 창조 이야기로 시작하여 재창조의 비전으로 끝나는 책이다.

성경에는 이야기들로 가득하지만 선교사역자들의 전략에서는 '이야기 사용'을 찾아보기가 쉽지 않다. 앞으로 복음을 전하려고 할 때 우리는 성경 전체의 이야기를 잘 알고 '이야기 사용'을 적극적으로 고려하여 전략을 마련해야 할 것이다.

(6) 선교적 커뮤니케이션의 삼중 문화 역동성

우리는 앞에서 사람과 사람 간에 커뮤니케이션이 결코 간단하지 않다는 사실을 살펴보았다. 같은 문화 안에서도 쉽지 않은데 타문화권 속에 들어가서 하나님의 사랑을 전하는 것은 더더욱 쉬운 일이 아니다. 타문화권 속에 들어가서 복음을 전하다 보면 선교사의 의도와는 전혀 다른 오해나 갈등, 예상치 않은 결과를 얻을 수 있다. 그 원인은 선교사 자신에게서 비롯된 것일 수도 있고 원주민에게서 비롯된 것일 수도 있으며 때로는 제3의 요인에서 비롯되기도 한다.

선교현장에서 복음을 전할 때는 세 가지 문화가 복합적으로 작용한다. 성경의 문화, 선교사의 문화, 원주민의 문화가 그것이다. 이 세 가지 문화가 어떻게 복합적으로 작용하는지를 분석해보면 복음을 전할 때 선교사가 유의해야 할 부분이 어떤 것인지를 파악할 수 있다.

선교사가 전하고자 하는 복음의 메시지는 하나님으로부터 직접 받은 것이 아니다. 그리고 선교사가 복음 메시지를 원주민들에게 전할 때 진공상태에서 순수한 복음 메시지가 훼손됨이 없이 선교사의 마음으로부터 원주민의 마음속에 들어가는 것이 아니다. 선교사의 마음속에 있는 복음 메시지는 선교사의 문화장벽(표현, 행동, 표정, 가치관, 습관 등)을 통과해 나와서 다시 원주민의 문화 장벽을 통과해 원주민의 마음속으로 들어가는 것이다. 이러한 과정을 거치는 가운데 복음의 메시지는 애초의 모습과는 전혀 달라진 모습으로 원주민의 마음속에 수도 있음을 생각하면서 선교사는 어떻게 하면 복음의 메시지를 하나님이 원래 의도하신 대로 온전하게 전할 수 있을지를 고민해야 한다.

선교현장에서 이루어지는 복음전달의 커뮤니케이션 과정을 분석하고 연구하는 데 탁월한 공헌을 한 사람은 미국 성서공회의 유진 나이다(Eugene Nida)이다. 그는 도표를 그려 선교현장에서 역동적으로 상호작용하는 세 가지 언어의 관계성을 알기 쉽게 보여주었다.

아래 그림을 자세히 살펴보면, 하나님의 마음에서 나온 메시지가 원주민의 마음속에 들어갈 때까지는 8단계를 거쳐서 선교현지인에게 전달된다는 것을 알 수 있을 것이다. 예를 들어 십계명의 전달과정을 생각해 보자. 하나님의 마음에서 시작된 십계명(성서의 문화 S)이 하나님의 음성(M)을 통하여 수신자 모세(R)에게 전달된 다음 모세에 의하여 성경에 기록되었다. 벌써 2단계를 지나온 것이다. 그 다음 선교사는 히브리어 성경(S)을 한글로 번역하여(M) 만들어진 한글성경(R)을 읽고 선교사는 십계명을 이

선교적 커뮤니케이션의 삼중문화 모형

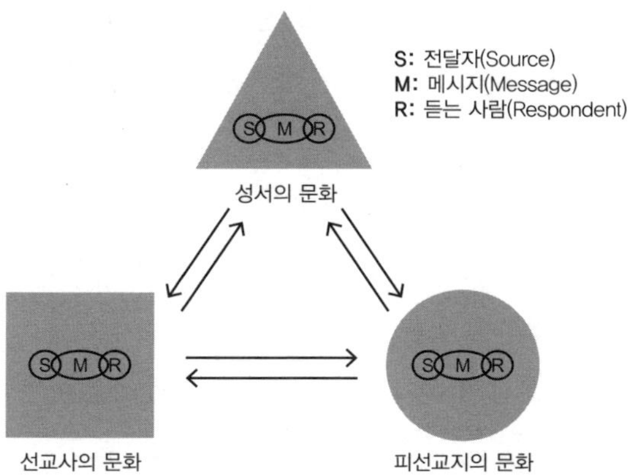

해한다. 5단계를 지나왔다. 그 다음 한국 선교사가 태국에 들어가서 한국어성경(S)을 태국어로 번역하고 설명해주는 과정(M)을 거쳐 태국 사람이 듣고 십계명을 이해하게 된다(R). 여기까지 8단계를 지나왔다. 맨 마지막에 십계명을 듣고 이해한 태국 사람의 가슴속에 새겨진 십계명과 맨 처음 하나님이 십계명을 주실 때 그 심정을 비교해보면 많은 차이가 있을 것이다.

선교현장에서 이루어지는 복음 메시지의 전달과정은 이렇게 여러 단계를 거치면서 본래의 메시지가 의도한 것이 변색되거나 축소 또는 과장되거나 왜곡될 가능성이 많이 있음을 생각해야 한다. 이것을 생각할 줄 아는 선교사는 원주민으로부터 자주 피드백을 받아보아야 하며 선교사도 자신의 이해와 지식이 바른 것인지 자문해보아야 한다.[84)]

원주민이 성경을 잘못 이해한 경우에는 선교사가 인내심을 가지고 가르치면 고쳐질 것이다. 그러나 선교사 자신이 잘못 이해하고 있으면 고쳐질 가능성이 적다. 그러므로 선교사도 자신의 시대적 문화의 자녀이기 때문에 자신도 모르는 사이에 편견을 가질 수 있음을 기억하고 스스로 겸손해야 한다. 선교사의 성경 해석방식을 절대시해서는 안 된다. 선교사는 베드로가 고넬료를 만나기 전에 성령의 인도하심을 받은 것처럼 항상 열린 마음과 태도를 가지고 성령님의 조명과 인도하심에 순종하겠다는 생각을 가져야 한다. 성령의 인도하심은 선교사에게만 있는 것이 아니라 선교주민들에게도 있다. 그러므로 선교사는 상호배움의 태도를 가져야 한다. 상호배움이란 선교사가 원주민과 원주민 문화, 원주민의 신앙생활을 통해 배우고, 원주민은 선교사의 문화와 가르침과 신앙생활 모습을 통해 서로 배우는 것을 의미한다.

베드로가 이방선교의 새 지평을 여는 최초의 세례식을 거행한 것처

84) 참고: 장재일, 『밥하면서 보는 복음서의 유대적 배경』(쿰란출판사, 2009).

럼, 선교사가 선교현장에서 열린 마음으로 성령의 인도하심을 받으면 상호배움의 축복을 경험할 수 있다. 선교현장에서 이루어지는 상호배움의 경험은 주님의 가르침을 다각도에서 이해할 수 있는 안목이 생기며, 주님의 가르침의 본 뜻을 더 온전하게 이해하고 깨달을 수 있도록 도와주기 때문에 신앙생활의 풍성함을 누리게 해준다.

선교사만 항상 가르치는 자, 베푸는 자, 명령하는 자, 판단하는 자의 자리에 있으려고 해서는 안 된다. 그 자리는 성령님에게 내어드리고, 때로는 선교사도 원주민과 함께 배우는 자, 받는 자, 순종하는 자, 판단을 받는 자가 되어야 한다. 그럴 때 인간 선교사의 선교가 아니라 삼위일체 하나님의 선교가 이루어지며 미처 알지 못했던 경계선들을 넘어 풍성한 삶을 예비해두신 하나님께 영광을 보게 된다.

지금까지 어떻게 하면 복음을 잘 전달할 수 있을 것인가에 대하여 살펴보았다. 선교는 타문화권 속에 들어가 예수 그리스도의 복음을 전하는 것이다. 전할 때, 말과 행위와 인격으로 전해야 하고 언어뿐만 아니라 비언어적 요소들을 고려해서 올바르게 의미있게 전해야 하고 문화적 코드를 맞추어서 전해야 한다. 그리고 선교현장에서 역동적으로 작용하는 세가지 문화를 생각하며 전해야 하고 청각적인 요소뿐만 아니라 시각적인 이미지와 매체들을 복음적으로 활용하여 전해야 할 것이다. 가능하면 추상적이고 명제적인 방식보다는 구체적인 이야기하기 방식으로 복음을 전하면 글을 모르는 사람들도 복음에 긍정적으로 반응할 것이다. 그리고 현대인들이 즐겨 사용하는 인터넷, 스마트폰, SNS, 음악, 미술, 영화, 건축, 이미지 등을 적극 활용하여 복음을 전하는 방식을 개발해야 할 것이다.

그러나 핵심은 복음을 전하는 전하는 선교사이다. 복음은 선교사의 말과 행위와 인격으로 전해진다. 선교사와의 만남과 대화 가운데 복음적 영향과 감동을 받은 사람들에 의하여 복음이 전파된다. 그러므로 선교사는 말과 행위와 인격이 복음에 합당한가 항상 점검하고 복음적인 언어 표현과 행위를 연습하고 복음에 합당한 인격과 인품을 가꾸어야 한다. 그리고 대화의 3가지 원리를 기억하고 예수 그리스도를 본받는 대화적 삶을 연습해야 한다. 그럴 때 복음이 힘있게 제대로 전해질 것이다.

여기 있는 이유

어떤 분들은 말합니다.
그런 위험한 곳에 뭐하러 가느냐고…
생각해보니 맞는 말씀입니다.

또 다른 분들은 말합니다.
그렇게 모슬렘이 강력한데 어떻게 복음을 전하겠느냐고…
그 말씀도 맞습니다.

이런 말도 듣습니다.
가족과 그렇게 자주 헤어져서 되겠느냐고…
선교사에게 그런 일이 있을 수도 있는 거라고 대답했습니다.
그러나 그 말씀이 옳았습니다.
오늘 밤 저는 옆 나라에 있는 아내와 아이들이 그리워
몇 번이나 얼굴을 씻었습니다.

그래도 여기 있어야 할 이유가 있는가 생각해 보았습니다.
그리고 그 이유는 '사랑'임을 알았습니다.
떨려도 전해야 하는 이유도

뒤통수를 맞고도 다시 그에게 웃음을 보여야 할 이유도
그리움을 찬물로 닦아내며 참아야 할 이유도
모두 ‘사랑’임을 알았습니다.

바벨탑 너머로 흩어지는 우리들의 뒷모습을 바라보며
몇 번씩 찬물로 얼굴을 씻으시던 그 ‘사랑‘
배신한 우리를 앞에 두고 십자가에 달리시던 그 ‘사랑‘
골짜기, 어둠, 낯선 곳도 마다하지 않으시고
오늘도 여기저기 발걸음을 옮기시는 그 ‘사랑’

바로 그 ‘사랑’ 때문에 오늘 제가 여기에 있고
내일 당신이 여기에 있고
그 날 이들이 거기에 있을 것입니다.

제Ⅲ장

교회개척 사역으로서의 선교

01 교회개척과 선교

오스카 와일드의 단편 소설 중에 이런 이야기가 있다. 이것은 어디까지나 상상에 기초한 소설이다.

부활 승천하신 예수님이 한번은 은밀하게 다시 땅으로 내려와 도시의 밤거리를 거닐고 있었다.

길을 가다가 알콜 중독자를 만났다. 그를 보니 아는 사람이었다. "아니, 이보게 나를 모르겠나?" 그가 술 냄새를 풍기며 예수님의 얼굴을 자세히 살피더니 "아니, 예수님이 아닙니까?" 38년 동안 병들어 누워있던 사람이었는데 예수님이 고쳐주셔서 걷을 수 있게 된 사람이었다. "아니, 자네가 왜 이렇게 되었나?" "예수님, 예수님이 제 다리를 고쳐주셔서 제가 다시 걸을 수 있게 되었지만 하도 오래동안 누워있다 보니 학교를 다녔겠습니까? 친구가 있겠습니까? 아무것도 아는 것이 없고, 뭘 할 수 있는 능력도 기술도 없어서 그냥 이리저리 거리를 방황하다가 너무 외롭고 힘들어서 술을 마시기 시작했는데, 지금은 이렇게 알콜 중독자가 되었습니다."

다시 길을 가다가 어두운 다리 밑에서 조폭들이 오토바이를 세워놓고 검은 안경을 쓰고 담배를 피우며 웅성거리고 있는 모습을 보았다. 그 중에 두목같이 생긴 녀석이 눈에 들어왔다. 가만히 보니 아는 얼굴이었다. 예수님은 가까이 다가가서 "아니, 자네는 내가 눈을 뜨게 해준 그 친구가 아닌가?" "아, 예수님, 맞습니다. 태어날 때부터 소경된 저를 고쳐주셨지요." "그런데 이게 어찌된 일인가? 왜 여기에 있는가?" "예수님, 앞을 보지 못할 때는 그저 깜

깜하고 답답할 뿐이었습니다. 그런데 눈을 뜨고 보니 이 세상이 왜 이리 아니꼽고 더럽고 매스껍고 치사하고 유치하고 징그러운지요. 그래서 이 놈의 세상을 뒤엎어보려고 조폭이 되었고 지금은 두목까지 되었습니다."

예수님은 이런 사람들을 만나고 도시의 어두운 밤거리를 혼자 걷다보니 다리에 힘이 빠졌다. 좀 쉬고 싶었다. 마침 붉은 등불이 새어나오는 작은 오두막집이 보여서 그리로 들어갔다. 반갑게 맞이하는 여자의 목소리가 들리고 이어서 속옷 차림의 젊은 여자가 다가왔다. 얼굴에는 짙은 화장과 립스틱으로 마치 인형 같은 여자가 역겨운 술냄새와 담배냄새를 풍기며 예수님의 팔짱을 끼었다. 그곳은 매춘을 하는 집이었다. 예수님이 그 여인의 얼굴을 자세히 보니 막달라 마리아였다. "아니, 네가 이런데서? 나를 모르겠니?" "누구시더라? 아니, 예수님?" "너는 일곱 귀신에게 사로잡혀서 고생하던 아이가 아니더냐?" "예, 예수님, 맞습니다. 예수님이 고쳐주셔서 저는 자유인이 되었습니다. 새 사람이 되었습니다. 그러나 세상은 나를 그렇게 보아주지를 않았습니다. 어디를 가나 나를 보고 손가락질하며 옛날에 귀신들렸던 여자라고, 옛날에 몸 팔던 여자라고 수군거렸습니다. 모처럼 옛날 신분을 감추고 일자리를 얻어 조용히 살려고 하면 누군가가 고자질을 하여 쫓겨나기를 수없이 반복했습니다. 결국 제가 할 수 있는 일은 이 일밖에 없었습니다."

이 이야기의 교훈은 선교에 있어서 영혼구원만이 전부가 아니라, 이 땅에서 육신을 가지고 사회생활을 하는 인간들에게는 후속적인 기독교교육이 반드시 필요함을 말해준다.

앞 장에서는 주로 개인의 영혼구원 사역으로서의 선교를 기술하였다. 타문화권 속에 들어가서 영혼구원 사역을 하기 위해서 넘어야 할 문화적 심리적 경계선들에 대하여 말하였고 적절한 현장화 작업이 무엇인지에 대하여 말하였다. 그리고 선교의 핵심 내용이 복음이라는 사실과 복음을 전하는 방식들에 대하여 기술하였다.

여기서는 주로 교회개척 사역으로서의 선교를 말하려고 한다. 선교지에 교회를 세우는 것이 얼마나 중요한지 모른다. 아무리 영혼구원 사역이 왕성하게 이루어져도 현지에 교회가 세워지지 아니하고, 교회가 견고하게 조직되지 아니하면 구원받은 영혼들은 옛 신앙으로 돌아가버릴 것이다. 예수의 복음을 듣고 영접했다고 금방 천국에 가는 것이 아니다. 후속적인 기독교교육이 없고 규칙적인 예배와 성도의 교제와 전도활동이 이루어지지 않는다면, 옛 신앙과 가치관과 습관으로 돌아가버릴 것이다. 이미 이루어진 선교를 견고하게 하고 앞으로 선교를 확장해나가기 위해서는 반드시 교두보(橋頭堡)가 필요한데 그것이 선교지의 교회이다.

역사적으로 개신교 선교운동의 효시는 모라비안(Moravian) 운동이다. 모라비안은 18세기 보헤미아의 개신교 신도들을 말한다. 1725년에 로마 가톨릭의 탄압을 피해 독일의 진젠도르프(Zinzendorf. 1700–1760) 백작의 영지로 이주했다. 진젠도르프는 독일 경건주의 사상의 영향을 받아 유럽 각지에서 핍박받는 개신교 신자들을 긍휼히 여기는 마음으로 자신의 영지 안에 피난처를 마련해주었다. 그 소문을 듣고 수많은 개신교 신자들이 모여들었다. 진젠도르프는 이들을 중심으로 복음주의 선교운동을 펼쳐나갔다. 모라비안들은 기도운동과 자립전도의 원리로 선교했는데 주로 농부, 목수 등과 같은 평신도들이 지원해 자비량 선교사로 나갔다.

첫번째 선교사는 그릇을 굽던 도베르(Dober)와 목수였던 니츠만(Nitchman)이었다. 1732년 10월 그들은 신대륙의 노예들에게 복음을 전하기 위해 스스로 노예로 팔려 떠났다. 배가 항구를 떠날 때 이들은 "죽임을 당한 어린 양처럼 그 고난의 상을 받으리라!"고 외쳤다. 이때부터 이 외침은 모라비안 운동의 구호가 되었다. 그 후 모라비안은 25년만에 100

명의 선교사를, 그리고 1760년까지 226명의 선교사를, 1792년에는 300명까지 그린란드, 인도, 남태평양 군도, 아메리카, 서인도 제도 등지에 선교사를 보냈다.

모라비안 형제들은 이방인들의 개종에 깊은 관심을 가졌다. 모라비안 형제회는 28년 동안 그린란드, 북미 등을 비롯해 28개국에 선교사를 파송했다. 진젠도르프는 웨스트팔리아 조약(Treaty of Westphalia Peace, 1648)에서 만들어진 국가교회적 원리를 무시하고 개개인의 전도와 회심을 강조했다. 이것은 시대를 앞선 선교사상이었다. 모라비안 선교사들의 영혼구원의 열정은 모두가 본받아야 할 중요한 정신이다. 그들의 헌신과 희생은 모든 사람들로부터 칭찬받아 마땅할 것이다.

하지만 개종시킨 다음 어떻게 해야 하는지에 대해서는 모호한 입장을 가졌다. 문화적 변혁 명령에 대해서도 관심을 기울이지 않았다. 오직 개개인의 회심에만 강조점을 두었다. 모라비안 교도들은 교회개척을 강조하지 않았다.[1] 선교현지에 교회를 조직해 견고하게 하는 일에는 깊은 관심을 보이지 않았다는 것이다.

모라비안 선교사는 천신만고 끝에 그린란드에 도착해 타고온 배를 해안가에서 불태우고(현지에 뼈를 묻겠다는 심정으로), 현지주민들과 사귀면서 현지언어를 배웠다. 그들에게 현지어로 예수의 복음을 전하고 그들이 복음을 받아들이면 세례를 준 다음 미련 없이 다른 마을로 다른 부족으로 이동해 똑같은 일을 했다. 한 사람에게라도 더 복음을 전해서 영혼을 구원하는 일이 모라비안 선교사의 목표였기 때문이다. 그렇게 혼신의 힘을 다해 전도하다가 처음 세례를 준 마을로 돌아와보니 사람들이 모두 옛날 우상 앞에 엎드려 절하고 있었다. 왜냐하면 교회가 없었기 때문이다. 후

1) 데이비드 보쉬, 『세계를 향한 증거:선교의 신학적 이해』, 160.

속적인 기독교교육이 없었기 때문이다. 그러므로 복음을 전해서 예수를 영접하게 하는 일도 중요하지만 선교현지에 교회를 세우는 일이 선교사역의 진보를 위해서 매우 중요하다.

02 **선교현지** 주민들을 일깨워

선교적으로 현지주민들을 일깨우는 데 있어서 중요한 부분이 선교현지주민들에게 글을 가르쳐 자신의 언어와 글자로 성경을 읽고 이해하도록 만들고 성경이 증거하는 하나님을 믿도록 하는 것이다. 기독교는 선교사역에 있어서 이 부분을 선교사역의 중요한 사역으로 여겨왔다. 그러나 로마가톨릭교회 경우에는 선교지에서 성경을 그렇게 강조하지 않는다. 로마가톨릭교회는 바티칸Ⅱ공의회(1962–1965) 이전까지만 해도 토착언어로 성경을 번역하거나 미사 드리는 일을 법으로 금지했다. 오직 히브리어, 헬라어, 라틴어, 이 세 개의 언어만 거룩한 언어이기에 다른 토착어로 성경을 번역하거나 예식서를 번역하는 일은 불경스러운 일로 간주되었다. 이런 편견 때문에 종교개혁 이후 약 200년 동안 세계선교를 주도했던 예수회(1540–1773)가 해체되고 3,000여 명의 유럽 선교사들이 몽땅 철수하자마자 선교지에 세워졌던 로마가톨릭교회와 선교회가 모래성처럼 무너지고 말았던 것이다. 현지언어와 글자로 된 성경이나 교리서, 기독교 문서가 없었기 때문이다.

기독교는 처음부터 선교사역의 핵심은 성경을 가르치고 성경을 배우게 하는 것으로 이해했다. 그 주된 이유는 종교개혁 운동의 3대 슬로건 중의 하나가 '오직 성경으로'(Sola Scriptura)였기 때문이다. 전승이나 교리보다 하나님의 말씀인 성경으로 돌아가서 성경을 읽고 이해하고 성경대로 실천하는 것이 종교개혁 운동의 기본 정신이었기 때문이다. 그 다음은 치이겐발크(Bartholomew Ziegenbalg, 1682–1719)와 프뤼차우(Henry Plutschau,

1677-1747)의 영향 때문이다. 이들은 경건주의 신학운동의 본산지였던 독일의 할레(Halle)를 다니다가 덴마크 국왕 프레드릭 4세의 권면을 받고 인도의 트랑크바르 지역에 들어가서 선교했다. 이들은 처음부터 선교의 분명한 다섯 가지 원칙을 세우고 그 원칙에 따라서 죽을 때까지 성실하게 선교했다. 그중에 첫째, 둘째를 보면 학교 교육과 성경 번역의 사역을 얼마나 중요시 했는가를 알 수 있다.

> 첫째, 교회와 학교를 병행해야 한다. 그리스도인은 하나님의 말씀을 읽을 수 있어야 하며, 따라서 모든 기독교인 자녀들은 교육을 받아야 한다. 둘째, 그리스도인들이 하나님의 말씀을 읽게 하려면 그들의 글자로 기록된 말씀을 그들이 가지고 있어야 한다.[2)]

이러한 원칙을 실천하기 위해 치이겐발크는 즉시 신약성경 번역에 착수했으며, 일평생 현지어로 성경을 번역 출판하는 일에 헌신하다가 선교지에 나온 지 13년 만에 그의 나이 36세에 죽었다. 선교현지에서 먼저 현지언어로 성경을 번역하고 성경을 가르치기 위해 교육사업과 계몽사업을 강조한 치이겐발크의 선교신학과 선교원칙은 이후 근대 개신교 선교의 아버지라고 불리는 윌리엄 캐리에게서도 발견되며, 이후 대부분의 기독교 선교사들의 선교사역에서도 발견된다.

이렇게 현지주민들을 일깨우려는 교육사업과 계몽사업은 현지인들의 민족 자주의식을 일깨우는 데도 중요한 영향을 끼쳤다. 아프리카 감비아 출신이며 현재 미국 예일대학 신학부에서 비교종교학과 선교학을 가르치는 라민 사네(Lamin Saneh)라는 흑인 교수가 있다. 그는 자주 '선교와

---

2) 스티븐 니일, 『기독교선교사』 (성광문화사, 1979), 287.

식민지주의: 지역어 운동과 서구화'에 대해서 강의하면서 선교사들의 토착어 성경 번역이 민족의 자의식과 독립의식을 일깨웠다고 주장한다.[3)]

그동안 일반적으로 가르치기를 선교는 자의식이 가장 투철했던 단계에서 서구의 식민지주의와 그 궤를 같이했고, 따라서 그러한 결합으로 인해 선교에 관련된 주제들을 연구하는 사람들은 두 힘(선교와 식민주의) 간의 본질적인 유대에 관한 온갖 판단을 내려왔다. 비판적인 역사가들은 선교가 '기도하는 제국주의'라는 생각을 가지고 있다. 이러한 일들로 인해 선교는 식민지 권력과 유착이라는 좋지 않은 평판을 얻게 되었다. 현대 정치적 민족주의는 "선교를 식민주의의 명예스럽지 못한 유산의 한 부분이다"라는 편견과 평판을 강화했다.

라민 사네는 이것은 선교를 잘못 이해한 것이라고 지적한다. 그는 특별히 선교를 '지역어(토착어) 번역'으로서 이해하면서, 선교는 식민주의를 극복할 수 있도록 만들어준 귀중한 하나님의 축복으로 이해한다. 라민 사네는 이렇게 말한다. "기독교는 창시자의 언어가 없이 확산되었다. 신약성경은 예수의 모국어로 기록되지 않았다. 기독교인들은 예수 자신의 언어를 포기했는데 그것은 그의 뜻에 의한 것이었다."[4)]

라민 사네는 기독교 선교와 무슬림 선교를 대조시킴으로써 '번역가능성으로서의 선교'(mission as translatibility)를 주장하였다. 기독교와 이슬람은 모두 선교적으로 강한 열정을 지닌 종교이다. 그럼에도 불구하고 근본적인 차이가 있는데 그것은 경전의 번역가능성에 대한 태도에서 극명하게 나타난다. 성경의 번역을 기독교에서는 선교의 주요한 열매로서 간

---

3) 라민 사네, *Translating the Message: the missionary impact on Culture*, 전재옥 역, 『선교신학의 이해』(대한기독교서회, 1993), 132-191.

4) Lamin Sanneh, *Disciples of All Nations:Pillars of World Christianity* (New York: Oxford Uni. Press, 2008), 25.

주하는 반면, 이슬람은 아랍어로 된 코란에 대하여 보편적인 집착을 가진다. 그래서 무슬림은 코란의 번역을 거부한다. 이슬람의 독특한 선교사 훈련기관은 어린 소년소녀들이 아랍어로 된 경전을 외우는 코란학교이다. 이런 암송방식으로 아프리카 및 여타 지역에서 이슬람을 확장해나간다. 이슬람의 역사적 기원을 표시하는 히즈라(이주)는 신앙의 언어적 지리적 중심성이라는 유산을 물려준 반면, 기독교 전통은 일찍이 예루살렘을 신앙의 지리적 중심지로 삼는 것을 포기하는 움직임과 더불어 오순절 사건은 자기 주변 가까이에 있는 친근한 언어로 신앙을 번역 고백할 수 있는 유산을 창출해내었다.

새로운 지역에 들어간 기독교는 성경의 번역으로 말미암아 지역주민들과 민족을 일깨우는 정신적 촉매자가 되었다. 일례로 아프리카에 들어온 기독교는 아프리카 토착어로 성경을 번역하고 토착어를 강조함으로 지방자치를 고무시키는 결과를 낳았다. 각 지역에서 일어난 지역갱신운동, 지역부흥운동은 대부분 기독교 선교로 말미암아 생긴 운동이었다. 지역 언어가 성경번역에 사용되고 예배 시간에 적극적으로 사용되면서 지역 언어를 사용해오던 지역주민들은 긍정적인 자기이해를 가지게 되었고, 그 응답으로 지역갱신과 지역부흥에 대한 모종의 소명감과 확신을 가지게 되었다고 사네는 분석하였다.[5] 이와 같이 지역어 작업을 통한 선교사들의 사역은 민족운동의 정서를 배양하는 데 도움이 되었으며, 성경번역과 예전에 사용되는 모국어는 자기 지역을 사랑하고 섬기는 데 필요한 긍정적인 정서를 결정화하는 데 영향을 주었으며 자극했다. 이와 같이 번역으로서의 선교사역은 서구 식민주의의 울타리를 극복하게 하는 데 크게 기여했다는 것이 라민 사네의 주장이다.

그동안 서구 선교는 서구 식민주의와 긴밀하게 결합되어 있으며 종

5) Lamin Sanneh, *Translating the Message*, 230.

종 식민주의를 위해 봉사했다는 비난을 들었다. 그러나 사네는 여러 지역의 선교 역사를 관찰하면서 선교와 식민주의 사이에 내부적인 모순이 있으며, 번역으로서의 선교가 민족 정체감을 자극하고 강화해 서구 식민주의를 극복하도록 이끌어주었다는 사실을 지적한다. 선교는 민족주의의 발생과 성공에 필요한 자원을 제공한 반면에, 식민주의는 민족주의에 대한 모반으로서 나타났다. 각성된 민족주의자의 중심에는 선교사의 번역과 거기에 수반된 언어적 연구가 자극한 문화적 자존심이 자리한다. 사네는 이렇게 말한다. "9세기에 이루어진 슬라브족 선교가 그렇게 분명하게 증명한 것처럼 우리는 선교가 문화적 민족주의를 낳는다고 공정하게 말할 수 있다."[6]

이와 같은 라민 사네의 주장은 19세기 말~20세기 초 한국 선교현장에서도 확인된다. 한국장로교 선교의 아버지라고 불리는 언더우드를 비롯한 기독교 선교사들은 한결같이 성경 번역과 성경 교육에 힘을 쏟았다. 특히 언더우드가 우리나라에 들어와서 행한 선교사역이 수십 가지에 달하지만, 그가 가장 중요하게 여긴 일은 성경을 번역하고 성경을 출판하고 성경을 배포하는 일 그리고 성경을 가르치는 일이었다. 1909년 한 해 동안 모두 70만 권 이상의 성서가 배포되었다. 비록 1전짜리 마가복음 단권의 성경이긴 했지만 말이다. 나중에는 성서공회를 만들어 성경 번역 출판 배포사업을 전문적으로 책임지게 했다.

당시 언문(諺文)이라 천시받던 한글로 성경을 번역 출판하고 한글로 된 성경을 한국 민중들이 읽고 예배하고 성경을 배우면서 한국 민중의 교육수준이 높아지고 의식이 깨어났다.[7] 그동안 사대부의 오만과 편견

---

6) 라민사네, 『선교신학의 이해』, 160.

7) 언문(諺文): 상말을 적는 문자라는 뜻으로, '한글'을 속되게 이르던 말이다. 한글은 주

으로 400여 년간 죽어지내던 한글이 부활하면서 한국 문화에 대한 자긍심이 생겼다. 중국 문화권과 일본강점으로부터 독립, 자립하려는 의식이 생겨났다. 이때문에 1919년 삼일만세운동을 기독교가 주도할 수 있었던 것이다.[8)]

세계선교와 성경 번역은 필수적인 관계성을 지니고 있다. 선교는 우리 인간의 계획이나 전략이 아니다. 하나님의 뜻을 실행하는 것이다. 하나님은 성경을 통해 우리에게 계시하고 있다. 전도와 교회개척, 교회 생활과 제자도에 관한 가르침의 핵심이 성경에 있다.

예수님의 기록이 담겨있는 복음서는 그리스어로 적혀있는데 이는 사실상 예수님이 하신 말씀의 번역이다. 예수님은 히브리어도 조금 활용하셨을 것으로 추측되지만 주로 아람어를 사용하셨다. 그러나 그분의 말씀이 정작 기록된 것은 히브리어나 아람어가 아닌 그리스어였다. 이 과정이 바로 현재 번역 과정에서 일어나는 것과 비슷하다고 할 수 있다.

우리는 라민 사네 교수의 말에 경청할 필요가 있다. 사네 교수는 "기독교 믿음 자체가 번역 위에서 형성되었고 번역을 떠나 존재하지 않는다."고 강조했다. 이는 기독교 자체가 계시받은 언어 없이 번역된 종교라는 뜻이다. 이것은 초대 기독교인들이 그들의 성경을 정확하게 번역했다, 혹은 임의로 번역했다–그런 이야기가 아니라 번역 과정 없이는 기독교나 기독교인들이 존재하지 않았을 것이라는 지적이다. 번역은 교회가 잉태된 특징이자 교회 선교의 척도이다. 번역이 없다면 현지 문화 속에서 교회는 인식될 수도 유지될 수도 없다.

시경이 지은 이름이다. 그러나 세종대왕이 한글을 만들 때 본래 이름은 '훈민정음'(訓民正音)이었다. 참고: 뿌리깊은 나무.

8) 참고: 이만열, 『한국기독교문화운동사』(대한기독교출판사, 1987).

성경을 현지 부족언어로 번역하는 일을 주된 사명으로 삼고 사역하는 선교기관 가운데 '위클리프 성경번역선교회'(Wycliffe Bible Translators, 이하 WBT)가 있다. 이 단체는 과테말라에서 선교하던 미국 선교사 타운젠드(William Cameron Townsend)에 의해 1942년 조직되었다. WBT가 출범하기 전에 각 부족을 위한 전문적인 성경 번역자 양성의 필요성을 느끼고 전문적인 성경 번역자 훈련을 위해 1934년 여름, 마침내 최초의 훈련캠프(Summer Institute of Linguistics, 이하 SIL)가 시작되었다. 이것이 토대가 되어 WBT가 창설되었던 것이다.

이후 WBT는 SIL의 후원을 받아 세계 여러 나라에서 성경이 없는 미전도 종족을 위한 성경 번역과 문맹퇴치 사역을 활발하게 전개하고 있다. 위클리프 성경번역선교회(WBT) 국제총재 존 워터스 박사에 따르면, 2005년 기준으로 70개국에서 온 5,000명의 위클리프 선교사들이 60개국에서 1,200개의 성경 번역 프로젝트를 수행하고 있다고 한다.

역사적으로 보면, 성경 번역의 역사는 크게 세 시기로 구분할 수 있다. 제1기는 기원전 3세기경 구약성경이 희랍어로 번역된 일로 시작해 성경이 고대의 언어들로 번역된 시기이다. 15세기 중엽까지 모두 33개 언어(시리아어, 콥트어 등)로 성경이 번역되었다. 제2기는 문예부흥 및 종교개혁과 때를 같이해 성경이 유럽의 주요 언어들로 번역된 시기이다. 새로 발명된 인쇄술로 18세기 말에 이르러서는 성경이 번역된 언어의 수가 34개(영어, 독어, 불어 등)로 늘어났다. 제3기는 미주, 아시아, 아프리카에 교역의 문이 열리면서 시작된 근대선교와 때를 같이 해 선교사들에 의해 수많은 언어로 성경이 번역된 시기이다.

워터스 박사에 따르면, 1800년에는 겨우 68개 언어로 신구약 성경, 신약 혹은 성경의 일부분이 번역됐다고 한다. 그러나 오늘날 400개 언어로 성경 전체가 번역됐다. 1,200개 언어로 신약이 번역됐으며 800개가 넘는 언어는 쪽복음과 같이 신약의 일부분이 번역됐다. 전세계 인구 63억 명중(2005년 기준) 50억 명 대상 1,600개의 언어로 성경이 번역됐다.

그러나 엄청난 도전이 남아있다. 4,000개가 넘는 언어를 사용하는 10억 명의 사람들은 여전히 자신들의 언어로 된 성경 전체 또는 신약 성경이 없다. 현재 그중 1,400개 언어의 성경 번역 작업이 진행되고 있다고 한다. 아직도 약 2,600개 언어는 전혀 손도 대지 못하고 있는 실정이다. 이미 번역된 신구약 성경이나 신약 중 어떤 것은 언어의 변천으로 인해 개정과 재번역이 필요하다. 성경이 없는 대부분 사람들은 가난하게 살며 제한된 교육을 받아 사회적 정치적으로도 거의 힘을 못쓰는 소외된 이들이다. 그러나 그들 역시 하나님의 형상을 입고 태어난 사람들이다.

한국에서는 세계 성경번역선교회(Global Bible Translators)가 WBT 선교 사역에 뜻을 같이해 참여하고 있는데, 현재 GBT에서 파송된 약 130명의 순수 한국인 성경 번역 선교사들이 동역하고 있으며, 2025년까지 지구상에 성경이 필요한 모든 언어그룹에 번역할 선교사를 보내는 이른바 '비전 2025'라는 거대한 기도 제목을 갖고 활동하고 있다.

매년 12월 둘째 주일은 세계교회가 함께 지키는 성서주일이다. 성경을 주신 하나님께 감사하고 아직도 복음을 받지 못한 이들에게 성경을 전하는 일에 앞장서기로 다짐하는 주일이다. 우리는 성경의 가치와 필요성 그리고 성경 보급을 확대하는 일에 더욱 매진해야 할 것이다. 우선 우리는 성경이 없는 세계 곳곳에 성경을 보급하는 일에 앞장서야 한다. 대한성서공회의 발표에 따르면, 2010년 한 해 동안 해외에 수출된 성서는 1백24개국에 2백16개 언어로 총 5백 45만 6천 6백 98부로 집계됐다. 이와 같은 결과는 이 땅에 복음이 처음 들어오던 때부터 성경 반포에 열심을 냈던 한국교회가 1백년이 지난 오늘에 이르기까지 그 열정은 좀처럼 식지 않았음을 반증하고 있는 것이다.

그러나 2010년 국내 성경 보급 부수는 오히려 35만2천8백61부가 감소한 것으로 나타났다. 그 이유는 모바일 성경 보급의 확산으로 인쇄 매체의 성경 수요가 상대적으로 감소했기 때문으로 분석된다. 최근 기독교인들 중에는 모바일 성경 보급의 확산으로 성경을 지참하지 않는 경우가 많아졌고 앞으로 이러한 현상은 더욱 확대될 조짐을 보이고 있다. 심지어 예배 때마다 대형 스크린에 성경 본문과 찬송가 가사 등을 보여주는 것도 성경을 지참하지 않는 일에 일조를 하고 있는 것으로 드러났다. 무엇보다 우리는 성경을 가까이 하고 성경을 보급하는 일에 앞장서야 한다. 특히 세계 60억 인구 중에 아직도 성경을 모르는 45억 인구를 향해 우리는 지속적으로 성경을 보급해야 할 것이다. 성경보급과 성경교육은 사람을 영적 정신적 사회문화적으로 깨운다. 깨워서 하나님 나라 운동을 일으킨다.

실제로 120년 전 서양 선교사들이 조선에 들어와서 가장 힘쓴 사역은 성경보급과 성경교육이었다. 그 결과 정말 영적으로 정신적으로 사회문화적으로 놀라운 변화가 일었다. 차종순은 그 놀라운 변화를 '세 가지 차원에서의 해방 사역'이라고 표현하였다.[9)]

---

9) 차종순, "선교와 선교사 현지화의 문제" [DVD 광나루 특강: 6회(2008-1학기)] (서울: 장로회신학대학교 교수학습개발원, 2008). 참고: 이덕주, 『한국교회의 처음 이야기』(홍성사, 2008).

(1) 영적으로 깨어남

우리나라에 선교사가 들어왔을 때 1897년 서재필 박사는 'Korea-repository'에서 대한민국 국가 예산을 1,450만 달러라고 보고하였다. 당시 남북한 13도 땅값의 총액이 400만 달러였는데 1년에 무당 굿을 하는데 1,200만 달러가 소요되었다고 한다. 기독교가 들어오기 전 대한민국에는 무당의 숫자가 20만 명에 달하였다. 모든 곳에 장승과 신사와 사당이 즐비하였다. 우리나라를 비롯한 동양에는 정령숭배(animism) 사상이 팽배해있었다. 그래서 사람이 죽으면 영이 세분화되어 혼, 백, 귀가 되어 혼은 나가돌아다니고, 백은 무덤에 있고, 귀는 위패에 있다고 한다. 그래서 영이 제사를 통해서만 100% 죽는다고 해서 후손들에게 계속 제사를 드려주어 죽어서 다음 세상에 태어날 수 있도록 후손들을 각종 질병으로 볶아대는 것이라고 한다. 참고로 옛날에 8자 고친다는 것을 효도하는 것이라고 하는데 8자는 죽은 사람들의 위패에 사용하는 것인데 "顯考 學生府君 神位" 이렇게 8자인데 관직을 한 사람들은 예를 들어 영의정이면 학생대신 관직인 영의정 세 글자를 집어넣기 때문에 9자가 된다. 그래서 8자를 고친다는 것은 관직을 했다는 뜻이다. 그런데 성경이 보급되고 세계관의 변화가 이루어지면서 그러한 믿음과 제사행위가 허무한 것임을 알게 되었다. 영적으로 깨어나기 시작한 것이다.

조선시대에는 여자 의사가 없어서 가난한 여성들은 무지한 무당들을 찾아가서 처방을 받았다. 어느 여성은 배가 아파서 무당을 찾아갔는데 무당이 대나무를 30cm 정도의 길이로 깍아서 비단으로 감아싸서 먹으라고 했다. 그것을 16개나 먹고 위와 간을 다쳐서 여수 애양원을 찾아왔다고 했다. 당시 콜레라로 탈수가 되고 위경련과 장경련을 일으킬 때 무당을 찾아가서 호소하면 무당이 고양이를 데려와서 문고리에 걸어놓고 회초리를 한 개주고 간다고 했다. 그 이유는 위와 장에 쥐가 있어서 그렇다고 배가 아프면 회초리로 고양이를 때려서 울게 하면 쥐가 놀라서 조용히 한다는 것이었다.

1894년부터 1895년까지 우리나라에 콜레라가 돌았다. 그때 개신교 선교사인 언더우드 선교사가 쉘터하우스(Shelter-House), 피난처를 만들고 모아스라는 의료선교사에게 환자들을 돌볼 것을 부탁했다. 그는 설사 촉진제를 먹게 하였고 따뜻한 방에서 몸을 보호하고 치료하였더니 환자의 66%가 치료되었다. 환자 무당도 차별 없이 고쳐주었다. 그러자 더 이상 무속에 의존하지 않게 되었다. 많은 사람의 사고와 세계관이 무속적 사고에서 과학적 사고로의 전환이 이루어졌다. 기독교 의료선교사가 한국에 들어 왔을 때 가장 많이 부딪혀야 했던 질병들은 피부병, 매독(이것은 동방예의지국 조선 말년의 문란함을 그대로 보여주었다), 각종 호흡기 질환 등이었다. 그래서 의료선교사들은 의료검열위원회를 결성하여서 사람들에게 물을 끓여 먹고 행주도 삶아서 사용하고 도마도 깨끗이 삶아서 사용하라고 했다. 성경을 보급하고 성경을 함께 읽고 성경에 따라 사는 삶을 가르치자 어둠의 영으로부터 해방되어 영적으로 자유함을 누리는 백성들이 많아지게 되었다.

(2) 정신적으로 깨어남

우리나라에는 신라시대를 거쳐 고려시대 때도 국자감이라는 대학이 있었다. 국자감에서 성균관에 이르기까지 조선왕조 시대에도 학교 교육을 중요시 했다. 그래서 조선의 시골에 가면 서당이 있었고 사당에서 향교로 향교에서 교육을 마치면 과거 초시에 응하였다. 초시(조흘강)에서 생원과 · 진사과 · 대과응시 자격시험인 대과초시(관시향시) 초장(제1차시) 중장(제2차시)전시까지 통과하여 장원으로 급제하여 관직을 얻게 된다. 그런데 조선 왕조에서는 10%의 양반에게만 과거시험을 응시하게 하였다. 그러나 선교사들이 성경을 가르치고 서양 문물을 소개하면서 "지식-관직-권력-재력"을 모으는 조선시대의 과거제도가 바뀌게 되어 중국학에서 서양학으로 중심이 옮겨지고 서민들도 평민들도 양반들도 모두 응시할 수 있는 평등한 기회가 주어지게 되었다.

1883년 4월 미국인 공사로 루이시스 푸트(Lucius H. Foote) 부부가 조선에 오자 조선정부는 친선사절로 보빙사(報聘使)를 미국에 파견했다. 민영익을 전권대신으로 하여 부대신 홍영식, 종사관 서광범, 수행원 유길준 · 고영철 · 변수 · 현흥택 · 최경석 등 8명으로 구성된 사절단은 1883년 7월 하순 인천을 출발해 나가사키 · 요코하마 · 샌프란시스코 · 시카고 · 워싱턴을 거쳐 뉴욕에 도착했다. 9월 18일 미국 대통령 C. A. 아서를 접견하고 국서를 전달했다. 그 후 보스턴으로 가서 세계박람회와 공업 제조회관을 비롯하여 여러 공공기관을, 뉴욕과 워싱턴에서는 정부 각 기관을 시찰하면서 미국 제도에 관한 각종 지식을 습득했다. 미국 대통령 C. A. 아서는 민영익 일행에게 세계여행 티켓 3장을 주었다. 러시아를 거쳐 프랑스 파리로 그리고 인도양으로 해서 대한민국에 들어왔다.

돌아온 그들은 정부에 많은 건의를 하였는데 그 중에 두가지를 말하자면, 첫번째, 우체국을 만들어 전세계와 교류하자고 하였다. 그래서 우정국을 만들었다. 두 번째는 서양학교를 지어서 인재를 양성하자는 제안을 했다. 결과는 육영공원을 통해 1886년 9월에 학교가 세워졌다.

교사는 의료선교사였던 알렌의 주선으로 뉴욕 유니온 신학교에서 신대원을 졸업하고 목사안수를 받지 못한 젊은 세 명의 미국인이었다. 이들이 첫번째 서양학교 신식교육의 교사가 되었다. 그러나 3년이 지나면서 정부가 교사들의 봉급을 주지 않아서 흐지부지되었다. 그래서 육영재단은 힘을 잃게 되었다. 그때 1894년 정부는 관리양성과제를 배재학당에 위탁해서 서양의 신식학문을 가르치도록 했다. '배재학당'(培材學堂, 현 배재중 · 고교)은 우리나라 최초의 근대식 중등교육 기관으로 1885년 8월 3일 미국의 북감리교 선교사 H.G 아펜젤러가 세웠다. 서양문물이 이제 막 전해지던 시기 배재학당의 시작은 매우 미약했다. 방 두 칸의 벽을 헐은 교실에 학생은 겨우 두 명(이겸라 · 고영필). 그러나 서양식 교육기관에 대한 관심은 대단했다. 고종은 이듬해 '나라의 인재를 양성하는 곳'이란 뜻이 담긴 '배양영재'(培養英材)란 간판을 써주며 궁 바로 옆의 정동 땅을 내주었다. 신식학문을 습득한 인재의 필요성을 절감했기 때문이었다. 이후 조선 사회를 뒤바꾼 것은 기독교 선교사와 교회가 세운 학교였다.

(3) 사회문화적으로 깨어남

1901년 겨울에 황해도 평산 감바위골 교회에서 예배를 마친 후 남선교 회원들이 여자 성도들을 다 내보내고 중요한 4가지 안건을 결정하였다. "첫째, 여편네들은 3일에 한번씩 때리지 아니하면 야시가 되어 남편을 홀린다고 하나 오늘부터 우리는 때리지 않기로 한다. 둘째, 부인네들은 부엌 흙상에 앉아 밥을 먹지만 오늘부터는 남편과 겸상하여 앉아서 밥을 먹기로 한다. 셋째, 오늘부터는 부인네들에게 존댓말을 쓰기로 한다. 넷째, 이렇게 하면 동네사람들이 흉을 볼지라도 우리는 이렇게 할 것이다." 1901년을 기점으로 하여 여성해방은 교회라는 공간에서 이루어졌다. 기독교가 한국 땅에 들어와서 했던 공로를 한마디로 말하라고 했을 때 윤치호는 여성해방이라고 했다. 그리고 1917년에는 이광수도 야소교가 조선에 준 공로가 8가지가 있는데 그 중에 첫째가 여성해방이요 또한 여성의 재혼을 허락한 것이라고 했다.

조선왕조 500년 동안 사람들은 카스트제도 안에서 살아왔다. 조선에도 노예제도가 있었다. 흔히 종이 노예라고 생각하지만 종 밑에는 칠천민(七賤民)이 또 있었다. 또 그 칠천민 밑에는 백정들이 있다. 초기에 선교사들은 이런 사람들이 사는 곳에 가서 복음을 전하였고 그곳에 교회를 세웠다. 당시 선교전략이 10가지가 있었는데 첫번째가 선교의 대상은 사회의 하층민과 여성과 아동들이었다. 그래서 서울에서 천민이 살던 인사동이나 승동에 교회가 세워졌다. 옛날 마을 지명을 "상계 중계 하계, 상평 중평 하평리"라 불렀다. 상동에는 양반들이 사는 곳이요, 중동에는 중층사람이 사는 곳이요, 하동에는 백정이나 무당 기생 당골내가 있는 곳이다. 그래서 초기 선교사들은 굿하는 당집이나 당산나무 아래에서 복음을 전했고 상여를 넣는 당골내 집을 구입해서 흰 페인트를 칠하고 십자가를 달고 언덕위에 하얀 교회를 만들어 예배를 드렸다. 그래서 당시 교회는 동네 입구에 많이 있었다. 이렇게 선교사들이 세운 교회에 다니는 어느 사람은 관료들도 함부로 할 수 없었다. 이렇게 교회에서 천민들이 보호를 받게 되었다.

1894년(고종 31) 7월27일부터 추진되었던 갑오개혁(甲午改革) 이후 1895년(고종 32) 1월 한국 최초의 근대적 정책백서이자 헌법 성격의 문서인 홍범14조(洪範十四條)가 공표되었다. 그런데 14번째 조항에 "⑭ 인재를 구함에 문벌 · 지벌에 구애받지 않고, 널리 골고루 등용한다"는 표현이 등장했다. 과거시험을 천민들도 볼 수 있게 만든 것이다. 이것은 기독교 선교사들을 통해 이루어진 사회변화였다. 이후 천민제도를 없애고 백정들과 천민들이 해방되었고, 그들도 상투를 틀 수 있게 되었고 군대도 갈 수 있게 되었으며 세금을 낼 수 있게 되었다. 이렇게 대한민국의 카스트 제도를 없애고 만민평등을 이룬 1900년도에 대한민국의 4개의 'Mission School'에서는 전체 학생의 41%가 천민과 백정의 자제였음이 조사 보고되었다.

예수 그리스도는 세상을 밝히는 빛이시다. 예수 그리스도를 증거하고 믿게 하는 성경을 현지어로 번역 교육하는 일은 예수 그리스도의 빛을 선교현지에 비취게 하는 귀한 사역이다.

우리는 주의 백성이오니

David Fellingham 예수전도단 역

우리는 주의 백성이오니
주의 그 큰 이름 선포합니다
이곳 어두운 세상에 빛으로 부르셨네
주의 얼굴 구할 때 역사하소서
교회를 세우시고
이땅 고쳐주소서
주님나라 임하시고
주 뜻 이뤄지이다

| 선교 시편 6 |

선교사 마펫의 한국선교 보고 1

한국인들 가운데 문자를 해독할 수 있는 사람이 얼마인지
정확하게 파악하기는 불가능합니다.
일반적으로 말한다면
귀족과 중인들은 거의 문자를 해독할 수 있지만
하층민과 여성 대다수는 교육을 받지 못하고 있습니다.

그런데 과거 25년간 선교사역의 결과로
이런 상황이 점차로 개선되고 있습니다.
선교사들은 "언문"을 채택했습니다.
이것은 한국식 알파벳인데 정말 훌륭한 문자입니다.
선교사들은 미션 학교에서 한글로 된 책을 가지고
일반 교육과 성경교육을 했는데
결과 수천 명의 기독교 여성이 문맹에서 벗어나게 되었습니다.

출처: World Missionary Conference, 1910: Report of Commission 1– Carrying the Gospel to all the non-christian World (Oliphant, Anderson & Ferrier Edinburgh and London and The Fleming H. Revell Company, 1910), 71–80.

03 주와 구세주로 받아들이게 하여

주와 구세주로 받아들이게 한다는 말은 예수 그리스도를 자신의 왕으로 구원자로 고백하며 영접하게 만든다는 뜻이다.

주(主, Lord)라고 하는 말은 히브리어로 '아도나이'라고 하고 헬라어로는 '퀴리오스'라고 하는 단어를 번역한 말인데, 주인 또는 왕을 의미한다. 구세주(救世主, Saviour)는 어려움에 빠졌을 때 자신을 구해줄 구원자를 말한다. 선교란 성경의 가르침을 따라서 예수 그리스도가 주와 구세주이심을 깨닫고 고백하고 찬양하도록 가르치는 사역이다.

현지주민들은 선교사를 만나서 성경을 배우기 이전에 그들 나름 대로의 오래된 주(主)와 구세주(救世主)를 가지고 있다. 독일의 사도라고 불리는 보니파티우스(Bonifatius, C. 680-754)가 722년 독일 헤세(Hesse)의 가이스마르(Geismar) 마을에 도착해보니 마을 주민들은 마을 한가운데 있는 커다란 떡갈나무를 신성시하며 주와 구주로 믿고 있었다. 그들은 나무에 상처를 주거나 나무를 숭배하지 않는 자는 무서운 벌을 받을 것이라고 믿고 있었다.

보니파티우스는 나무는 주와 구세주가 아니라고 가르쳤고 "나무를 베어 버려도 아무 일도 없을 것이다."라고 단언했다. 그리고 실제로 나무를 베어 버렸는데 아무 일도 일어나지 않았다. 마을 사람들은 보니파티우스가 전하는 하나님이 자신들이 섬겨온 신보다 더 강한 신이라는 것을 인정했다. 보니파티우스는 베어버린 그 나무를 가지고 베드로 기념교회당을 건축했다. 구약성경을 보면 가나안 땅에서는 농산물의 풍요를 가져다준다고 알려진 바알(남자 신)과 아세라(여자 신)을 주와 구세주로 섬겼다. 바벨론 페르시아 로마 제국 시대에는 황제를 신격화해 주와 구세주로 섬기게 했다. 하지만 이것은 거짓이며 예수님이 참 주와 구주라는 사실을 알게 하고 옛날 의지해오던 주와 구세주를 버리고 오직 예수 그리스도를 주와 구세주로 고백하고 의지하고 사랑하도록 만드는 것이 선교사역이다.

그러나 오늘날 다원주의적 가치관이 지배하는 세상 한가운데서 예수 구원의 유일성과 절대성을 바르게 가르치고 바르게 믿게 하기란 쉬운 일이 아니다.

호주 선교사들이 경상남도 해안가를 다니며 전도했는데 하루는 무당들이 선교사님을 찾아왔다. "선교사님, 우리도 예수를 믿기로 했습니다." 선교사는 너무 반가워하며 정말 잘 결심했다고 칭찬해주며 차를 대접하는데 무당들은 "선교사님, 예수님을 우리가 모시는 12번째 신으로 모시기로 결정했습니다."라고 했다.

선교란 성경을 가르쳐서 예수 그리스도를 그들 자신의 유일한 주와 구세주로 영접케 하는 것이다. 그런데 그리스도의 유일성과 주권성을 잘 알지 못하는 많은 사람들은 예수 그리스도를 여러 주들과 구세주들 중의 하나로 생각하는 경향이 있다. 그리하여 2010년 로잔 3차대회는 그리스도가 누구신지에 대하여 명쾌하게 선언하고 고백하게 하였다.

• 그리스도는 만물의 창조주이시며 역사를 지배하시는 분이시고 열

방들을 심판하시는 심판자이시고 하나님께 돌아오는 모든 이들의 구세주이시다. 그분은 아버지와 아들과 성령의 신적인 동등성과 본성 가운데 하나님의 본성을 공유한다.

- 예수 그리스도는 하나님께서 아브라함에게 약속하셨듯이 열방에게 하나님의 구원의 축복을 가져오는 이스라엘의 유일한 사명을 성취하기 위해 하나님에 의해 지명되고 보냄 받은 메시아이다.
- 예수님의 탄생을 통해 하나님께서는 인간의 육신을 취하셔서 온전한 하나님과 온전한 인간으로 우리 가운데 거하셨다.
- 예수께서는 그의 생애 동안 하나님에 대한 온전한 신실함과 순종으로 자신의 길을 걸어가셨다. 그분은 하나님의 나라를 선포하시고 가르치셨으며, 그의 제자들이 하나님의 통치 아래 살아가야 하는 방법을 친히 보여주셨다.
- 예수께서는 사역과 기적을 통해 마귀와 악의 권세를 누르는 하나님 나라의 승리를 선포하셨고 보여주셨다.
- 예수께서는 그의 죽으심과 십자가를 통해 우리를 대신하여 모든 형벌과 수치를 당하시므로 우리의 죄 값을 온전히 치르시기 위해 우리의 죄를 짊어지셨고 죽음과 악의 권세를 물리치시고 모든 피조물의 화해와 구속을 성취하셨다.
- 예수께서는 그의 육체적인 부활을 통해 하나님에 의해 입증을 받으시고 높임을 받으셨으며 구속된 인류의 모본이 되셨으며 만물을 회복하셨다.
- 예수께서는 그의 승천 이래 주님으로서 모든 역사와 만물을 다스리고 계신다.
- 예수께서 재림하실 때 하나님의 심판을 수행하고 사탄과 악과 죽음을 물리치시고 하나님의 우주적 통치를 이루실 것이다.

• 그러므로 우리는 그리스도를 선포한다. 하나님께서는 그리스도 안에서만 온전하고도 궁극적으로 자신을 계시하셨으며 그리스도 한 분만을 통하여 세상의 구원을 성취하셨다. 따라서 우리는 제자로서 나사렛 예수의 발 아래 무릎을 꿇으며 "주는 그리스도시요 살아계신 하나님의 아들"이라고 고백한 베드로의 고백과 "나의 주시며 나의 하나님"이라고 고백한 도마의 고백을 하게 된다. 비록 우리가 그분을 볼 수는 없으나 그분을 사랑한다. 그리고 우리는 그분을 얼굴을 맞대고 볼 그 날인, 그의 재림의 날을 기다리며 소망 가운데 즐거워한다. 그 날이 올 때까지 우리는 "다른 이로써는 구원을 받을 수 없나니 천하사람 중에 구원을 얻을만한 다른 이름을 우리에게 주신 일이 없음이라"는 베드로와 요한의 고백을 해야만 한다.

우리가 예수님을 믿는 가장 큰 이유는 구원받기 위함이다. 구원을 받는다는 말은 건져냄을 받는다는 뜻이다. 건져냄을 받는다는 것은 어딘가에 빠져 있었다는 것을 말해주고 있다. 어디에 빠져 있는가? 일반적으로는 인간이 죄악 가운데 빠져 있고 사망의 늪지대(불안, 허무, 두려움, 절망)에 빠져 있다고 설명한다. 실존적으로 맞는 말이다.

그런데 왜 그렇게 되었는가? 본질적인 원인은 인간이 스스로 주와 구세주가 되려고 했기 때문이다. 하나님이 에덴동산을 만드시고 인간을 거기에 두셨을 때 기본 질서는 지금과는 달랐다. 아담과 하와가 행복하게 살았던 에덴동산의 중앙에는 하나님이 두신 선악과 나무가 있었다. 중앙에 아담과 하와가 있었던 것이 아니고 하나님이 두신 선악과 나무가 있었으며, 하나님은 아담과 하와에게 "동산의 각종 나무의 열매는 네가 임의로 먹되 선악을 알게 하는 나무의 열매는 먹지 말라"(창 2:16-17)고 명령하셨다.

이 명령은 인간이 자유와 축복을 마음껏 누리되 절대적 자유, 무한한 자유는 아니며, 중심의 권위는 하나님께 있음을 인정하며 존중해달라는 뜻이었다. 즉 에덴동산은 하나님이 주와 구세주 되심을 인정하고 존중하는 기본 질서 안에서 지켜질 수 있다는 뜻이었다. 그런데 아담과 하와는 자기 자신이 에덴동산의 중심이 되고자 하는 욕망의 유혹에 넘어가 선악과 나무 열매를 따먹었다.

이후 아담과 하와의 타락한 욕망의 유전자를 이어받은 인간은 예외 없이 자기 자신을 세계의 중심으로 생각하며 산다. 능력이 생기면 자기 성을 쌓으려 하고 바벨탑을 쌓으려 한다. 자신을 절대 화하려 하고 심지어는 신격화하기도 한다. 이때문에 갈등과 싸움과 전쟁은 끊이질 않는다. 이때문에 사망의 늪에 빠지게 된 것이다. 죄란 자신의 중심과 세상의 중심에 하나님을 주와 구세주로 모시지 않는 것이며 사망의 음침한 벌레들은 죄의 그늘에서 성장하는 것이다.

이러한 비극 가운데서 비참하고 곤고하고 허무하게 살아가는 인간들을 하나님이 불쌍히 여기시어 제 2의 선악과 나무를 인간 세상에 세워주셨는데 그것이 십계명이다. 십계명의 핵심은 하나님을 인간 세상의 주와 구세주로 인정하고 고백하고 존중하며 찬양하라는 것이다. 천국은 사람들이 자발적으로 십계명을 성실하게 지키는 곳에서 이루어진다.

하나님은 십계명으로 이스라엘 백성들을 모범적인 천국 백성들의 공동체로 만들어서 세상의 빛으로 삼으시려는 비전을 가졌다. 그러나 실패했다. 하나님의 선한 뜻을 믿지 못하고 깨닫지 못하는 이스라엘 백성들은 하나님을 실망시켰다.

그러나 하나님은 다시 인간들을 불쌍히 여기시어 제3의 선악과나무를 세워 주셨다. 그것이 예수의 십자가이다. 예수의 가르침과 삶과 죽음은 철저하게 하나님 아버지를 주와 구세주로 믿고 고백하며 찬양하는 삶이 어떤 것인지를 보여주는 것이다. 천국은 예수 그리스도를 주와 구세주로 믿고 사랑하고 따름으로 시작되는 나라이다.

현대인들은 많은 경우 돈, 권력, 섹스를 주와 구세주로 섬기고 있다. 이때문에 사망의 음침한 골짜기에서 벗어나지 못하고 있다. 심지어는 교회 다니는 사람들 중에서도 이러한 고착증에서 벗어나지 못하고 있는 경우가 많다. 어떻게 하면 이들을 일깨워 예수 그리스도를 진정으로 그들 자신의 주와 구세주로 받아들이게 할 것인가?

인격 속에 적절한 상황화 작업이 이루어지도록 하는 것이다. 풀러신학교 선교학 교수인 찰스 크래프트는 복음이 한 사람의 인격 속에 제대로 뿌리를 내리기 위하여, 복음이 한 사회집단 속에 견고하게 활착하기 위하여 세 가지 차원에서 상황화가 균형있게 이루어져야 한다는 사실을 강조하였다. 그 세가지 차원이란 "충성의 차원", "진리의 차원" 그리고 "능력의 차원"이다.[10]

먼저 충성의 차원에서 적절한 상황화 작업이 이루어져야 한다. 세 차원 가운데 가장 중요한 부분이기 때문이다. 충성의 차원이란 관계의 차원에서 헌신의 내용과 정도에 관계된 문제이다. 즉 누구에게 무엇에게 얼마만큼 충성하고 있던 사람을 예수 그리스도에게 헌신할 수 있도록 만드는 작업이다. 현지 문화와 상황 속에서 예수 그리스도를 사랑하고 기뻐하고 예수 그리스도에게 충성과 헌신을 바칠 수 있도록 현지 상황을 잘 활용하여 흥미롭게 실감나게 그리고 의미 있게 가르치고 모범을 보여주고 훈련하고 도와야한다.

---

10) 찰스 크래프트, "세가지 중요한 차원의 상황화," in『적합한 기독교』(생명의 말씀사, 2007), 167-192.

그 다음 진리 차원에서 적절한 상황화가 이루어져야 한다. 진리 차원에서의 상황화는 주로 "이해"에 관심을 가진다. 비기독교인들은 모두 영적인 진리에 대하여 무지하며 오류에 오염되어 있다. 사단의 거짓말을 진리인양 믿고 살아간다.[11] 그리하여 하나님을 오해하며 두려워하며 멀리하려고 한다. 영적으로 소외된다. 하나님에 대한 올바른 지식이 없기 때문이다. 진리는 무지와 오류에 대한 해독제이다. 현지 상황 속에서 하나님이 누구신지, 나는 누구인지, 성경말씀에 기초하여 하나씩 배우고 적절하게 실감나게 이해하게 되면 영혼의 해독작용이 일어난다. 영적인 눈에서 비늘같은 것이 벗겨져나가고 마비된 영혼이 다시 회복되고 건강해지는 체험을 하게 된다.

세 번째는 능력 차원에서 적절한 상황화이다. 능력 차원에서의 상황화는 주로 "자유함"에 관심을 가진다. 하나님을 모르고 하나님을 믿지 않으며 하나님을 사랑하지 않는 사람이나 사회집단은 무엇엔가 포로가 되어있으며 부자유하다. 두려움에 포로가 되어있다. 이런 경우 기독교를 확실하게 믿게 하려면 헌신과 성경공부만으로는 안 된다. 그 선교현장에서 기도의 능력을 실감나게 체험케 해야 한다. 영적인 대결에서 승리하는 체험을 하게 해야 한다. 예수님이 성령의 능력으로 묶인 자들을 자유케 하셨다(눅 4:18-19)는 것을 기억하고, 예수님의 신적/ 권위의 능력 아래에서는 어떤 것도 무능하다(빌 2:5-8)는 사실을 현지에서 실감나게 입증해 보여주어야 한다. 예수님은 이런 능력을 자신을 따르는 자들에게 허락하셨다(눅 9:1; 요 14:12; 행 1:4-8). 사탄의 능력을 하나님의 능력으로 패퇴시켜야 한다. 이것은 단순히 지식과 올바른 충성만으로 이겨낼 수 없다. 예수님을 믿고 성경 말씀을 믿고 예수의 이름으로 악하고 더러운 영들을

11) 크리스 터만, 『우리가 진리라고 믿고 있는 거짓말들』(나침반, 2001).

쫓아내며 약한 것을 고치는 기도를 담대하게 하고 성령님의 임재와 역사를 구해야 한다. 믿고 구하는 자들에게 약속대로 함께 하시며 역사하시는 살아계신 하나님을 증거하는 것이 능력대결에서의 상황화 작업이다.

이론상 이 세 가지 차원을 분리하였지만 선교현장에서는 함께 동시에 작용하기도 하며 상호보완적으로 작용한다. 마치 사람의 인격 안에 지 · 정 · 의가 함께 작용하는 이치와도 같은 것이다. 그런데 서양식 교육을 받은 선교사들은 많은 경우 이 세가지 차원 중에서 주로 진리 차원에서의 상황화 작업은 잘 하는 반면, 능력대결에서의 상황화 작업에 대해서는 무지하고 소홀히 여기는 경우가 많다. 하지만 아시아, 아프리카 선교현장에서는 많은 경우 능력 차원에서의 상황화 작업이 강하게 요청되고 있기 때문에 이러한 요청에 대하여 적절한 이해와 준비가 필요하다고 본다.

선교사역의 핵심이라 할 수 있는 '적절한 상황화 작업'은 다음세대 신앙교육에도 적용되어야 한다.[12] 지금까지 상황화 사역은 주로 지역과 종족이 다른 문화권 속에 들어갔을 때 적용되어야 할 사역으로만 이해되는 경향이 있었다. 이것은 유감스러운 일이다. 이후로는 적절한 현장화 작업이 공간적 차원에서의 타문화권뿐만 아니라 시간적 차원에서의 타문화권, 즉 세대에 따라서도 적절한 현장화 작업이 이루어져야 할 것이다. 그 이유를 말하자면 크게 두 가지이다. 첫째, 같은 지역 같은 부족이라 할지라도 세대에 따라서 다른 문화를 형성하고 세대 간에 넘어야 할 문화적 경계선들이 점증하고 있기 때문이다. 특별히 오늘날과 같이 문화적으로 급변하는 시대 속에서는 세대 간의 차이가 크기 때문에 동일 문화권이라

12) 남정우 엮음, 『다음 세대를 위한 선교전략』(베드로 서원, 2011).

할지라도 세대별로 현장화 작업이 새롭게 이루어져야 복음진리를 의미있게 전할 수 있기 때문이다. 둘째, 교회를 떠나는 청소년 세대와 명목상 기독교인들을 복음 진리 안으로 인도하기 위함이다.

개혁교회의 주요 원리 중의 하나는 '교회는 항상 개혁되어야 한다.'는 명제이다. 라틴어로 'Ecclesia est semper reformanda'이다. 그런데 이 명제를 선교학적으로 재해석해 본다면 '교회는 세대별로 항상 새롭게 현장화되어야 한다.'라고 할 수 있다. 교회의 정통적 진리와 가르침은 세대별로 현장화되어야 새로운 세대와 복음적 의사소통이 가능해지며 새로운 세대의 문화를 건강하게 만들어갈 수 있으며, 새로운 세대 가운데서도 교회공동체를 세우고 하나님의 나라를 확장해나갈 수 있는 것이다.

다음세대의 신앙교육을 위하여 선교적 차원에서 현장화 작업이 적절하게 이루어지려면 어떻게 해야 하는가? 앞에서 언급한대로 세 가지 차원에서 상황화 작업이 적절하게 이루어지도록 해야 할 것이다.[13] 그것은 관계적 차원에서, 인지적 차원에서 그리고 능력(체험) 차원이다. 그 첫째가 의지적 차원에서 이루어지는 가장 중요한 충성(헌신) 즉 관계의 차원이다. 이것은 이전에 주와 구세주로 섬기던 것을 버리고 예수 그리스도를 자신의 주와 구세주(Jesus Christ as his own Lord and Saviour)로 고백하고 섬기게 하는 차원의 작업이다. 둘째는 주로 인식적 영역에서 이루어지는 진리 차원이다. 이것은 가르침에 의하여 거짓과 무지와 편견에서 벗어나 성경의 진리를 바로 이해하고 수용하도록 만드는 작업이다. 셋째는 감정적 영역에서 이루어지는 능력 차원이다. 알게 모르게 사탄에게 매여 있는 인간들을 예수 그리스도를 알고 믿는 믿음으로 자유케 하는 능력을

13) 찰스 크래프트, "세가지 중요한 차원의 상황화," in『적합한 기독교』(생명의 말씀사, 2007), 167-192.

체험하도록 만듦으로 두려움에서 자유케 하는 작업이다. 이 세 가지 차원에서 모두 현장화가 적절하게 이루어질 때 다음세대 비기독교인들도 예수 그리스도를 그들 자신의 주와 구세주로 고백하며 신실한 기독교인으로서 견고하게 세워질 것이다. 이때 비로소 교회도 견고하게 세워지는 것이다.

04 현지교회의 구성원이 되게 하는 것이다

(1) 선교 모라토리움

아르헨티나 부에노스 아이레스 신학교 교수를 하다가 1969년 아르헨티나 연합감리교회 주교가 된 파구라(Frederico Jose Pagura)가 남긴 글 "선교사여 돌아가든지 머물러라"(Missionary, go home or stay)는 선교 모라토리움을 대변하는 유명한 글이 되었다.

> 선교사여, 돌아가든지 머물든지 하라. 만일 그대가 영원한 하나님의 말씀인 복음과 그대가 여기까지 가져온 문화적인 습성을 구분하지 못하고 가르친다면 그대는 돌아가야 한다. 만일 그대가 희망도 끝도 없이 계속되고 있는 불공평한 고난에 시달려 지쳐 죽어가는 사람들의 사건들과 불안과 갈망을 이해하지 못한다면 돌아가야 한다. 자신의 국적에 대한 충성과 성실이 "권세있는 자를 낮추시고 비천한 자를 높이시기 위하여"(눅 1:52) 오신 예수 그리스도에 대한 충성과 순종보다 더 강한 선교사는 돌아가야 한다. 그대가 구원하러 온 잃은 자들을 사랑하고 존경할 수 없다면 그대는 여기에 있을 필요가 없다. 그대들이 과거에 저질렀던 것과 같은 오류를 대가로 지불하고서라도 사람들과 교회가 성숙해지고 독립하고 책임감 있는 단계에 이르는 것을 기뻐할 수 없다면 그대는 돌아가야 한다. 그런 것이 돌아가야 될 때가 되었다는 징조들이다.

그러나 그대가 자신을 희생하면서까지 우리들이 겪고 있는 이 진통기의 모험과 고통을 견디어나갈 용의가 있다면 복음이 오는 시대의 희망의 선포와 증언일 뿐 아니라 이미 역사를 변화시키고 있는 희망과 자유에 대한 선포와 확언이라는 것을 아는 기쁨을 우리와 함께 경축하고 이제야 겨우 눈을 뜨기 시작한 우리를 봉사하는 데 더 많은 시간과 그대의 소중한 것들과 생명을 바칠 각오가 되어 있다면 그대는 머물러야 한다. 가서는 안 된다(Stay)!!! 할 일이 너무 많다. 그리스도가 주인이며 개척자로서 수행할 거대한 일들을 위해 손과 피가 너무도 부족하다.

1970년대 아프리카와 아시아 지역의 현지교회들은 위와 같은 내용으로 '선교사 모라토리움'(Moratorium)을 선언하여 서구 선교사들의 선교사역을 주춤케 하였다. 그당시 모라토리움의 대상은 서구 선교였다. 그러나 오늘날 한국선교사들을 향해서도 이와 비슷한 요구가 이미 선교현장에서 나오고 있다. 2005년 인도차이나 지역의 한 국가에서는 기독교의 퍼주기식 선교로 인하여 선교행위 금지 명령을 정부가 선포한 적도 있었다.

선교사 모라토리움은 한국에서도 있었다.[14] 국제 YMCA 총무이며 선교협의회(IMC) 의장이던 모트(J. R. Mott)는 극동지역 선교대회 준비차 극동지역 순방중에 1925년 12월 28, 29일 양일동안 서울 조선호텔에서 간담회를 가졌다. 모트는 조선 기독교의 교역자들과 선교사들의 의견을 들어보고자 하여 한국교회 대표 31명, 선교사 31명, 설비위원 4명 등 도합 66명이 모였다. 토의 제목은 "조선에는 어떠한 당면 문제가 있으며 기독교 세계의 지식과 경험으로 원조를 원하느냐"는 것이었다. 주로 발언은 한국인이 하였고 선교사들은 주로 듣는 입장이었다.

14)『묘동교회 80년사』(묘동교회, 1990), 65-175에서 요약.

그때 조선예수교연합공의회 부회장 한석진 목사는 다음과 같이 선교사들을 비판하였다. ① 한국에 와있는 선교사들은 복음전파라는 귀중한 사명을 띠고 일하고 있으나 그들이 하는 일이 한국교회에 도움이 되기는 커녕 오히려 해를 끼치고 있다. ② 그들의 자금으로 일하고 있으므로 왈가왈부 할 것은 못되나 참말로 한국교회의 발전을 기대하려면 그들이 모두 이 세상을 떠나고 새 선교사들이 새 선교정책으로 일할 수 있는 시간이 도래한 후라야 할 수 있다. ③ 한국에는 한국의 고유문화가 있고 전통이 있는데 종종 선교사들은 한국의 이러한 고유 문화와 전통을 무시한 채 독선적이요 우월적 고압적 자세로 선교함으로써 오히려 역효과와 전도의 방해가 된다. ④ 선교사업을 성공시키며 선교사업을 가장 효과적으로 하려면 선교사가 한 나라에 오래 머물지 말고 교회의 기초가 서게 되면 그 사업을 원주민에게 맡기고 다른 곳에 가서 새로운 일을 시작하는 것이 좋을 것이다. 선교사들이 한 곳에서 오랫동안 체류하면 자기가 세운 교회며 학교라는 생각으로 사유 재산시하고 우월감으로 영도권을 행사하려고 하니 이것은 참된 복음정신에 위배되며 교회발전에 방해가 될 뿐이요 조금도 도움이 되지 않는다. ⑤ 원로 선교사들을 향하여 "선교사들이 우리나라에 와서 수고를 많이 하여 머리가 희게 되었으니 진심으로 감사를 드립니다. 그러나 이제는 이분들이 우리나라에서 할 일을 다 하였으니 본국으로 돌아가든지 그렇지 않으면 하나님 앞으로 가셔도 좋을 줄 압니다. 이것이 참으로 한국을 위한 것입니다."[15)]

한국 주재 선교사의 대부(代父)로 활약하던 마펫에게 "마 목사, 당신

15) 당시 통역을 정인과 목사가 하였는데 차마 한석진 목사의 발언을 모트에게 그대로 전할 수가 없어서 그 요지만 대략 통역하여 전했다고 한다. 그러나 한국에서 30년 이상 있었던 선교사인 마펫, 게일, 브레어, 무어, 노블, 트롤로프, 에비슨, 베커, 빌링스 같은 선교사들은 한마디도 빼놓지 않고 다 알아들었다.

도 속히 이 나라를 떠나지 않으면 금후에는 유해무익(有害無益)한 존재가 됩니다. 마 목사는 처음부터 나와 함께 일한 친구요 동지로서 그를 진심으로 사랑하기 때문에 하는 말이니 용서하시기 바랍니다." 한석진 목사는 선교사들에게 '있어서는 안 될 자리를 미련 없이 떠날 수 있는 용기와 물러날 시간과 때를 정확하게 파악하고 그때를 놓치지 않는 지혜를' 요구하였다. 이 모임에서 얻어낸 결론은 '선교사가 처음으로 조선에 들어와 개척한 것은 헤아릴 수 없는 가치가 있으나 그 개척시기에 쓰던 사업방침은 오늘에 조화되지 못하고, 선교사 중에는 이 돌변하는 시대를 따르지 못하고 조선인과 조선인 인도자에 대하여 시대에 불합(不合)한 방법과 태도를 가져 동료 선교사나 조선 교역자 사이에 불호감(不好感)이 생기기도 하니 그러므로 선교사와 조선 교역자 간의 관계를 재고하는 것이 요청된다.'는 비판을 하였던 것이다.

현지인들이 선교사들에게 '떠나달라'고 요구하는 이유는 '우리와 너희는 다르다'라는 의미일 것이다. 한 가족이라면 그렇게 말하지 않을 것이다. 여기서 다르다는 것은 피부나 언어의 차이는 분명 아닐 것이다. 그렇다면 우리가 가져야 할 태도는 좀더 분명해진다. 우리는 다스리러 가는 것이 아니다. 현지인과 하나가 되도록 힘써야 한다. 그들과의 생활양식과 문화적 차이를 최소한으로 줄이고 생활의 격차도 줄이도록 노력해야 한다. 예수님은 자신을 따르는 사람들을 자기의 가족이라 고백하였고(막 3:33-35) 제자들을 친구라고 불렀다(눅 12:4; 요 11:11; 15:14-15). 그는 의복도 자신을 따르던 사람들과 똑같이 입었기에 잡히시던 날 밤에 가룟 유다가 입을 맞추어 알려주어야 할 정도였다(막 14:44 이하). 그런데 오늘날 상당수의 선교사들은 너희의 것을 버리고 와서 배우라는 식으로 선교하고 있다.

우리는 복음을 먼저 받아들였을 뿐 현지인들과 다를 것이 없다. 모라토리움을 주장하는 이들에게 따질 수 있는 자격이 우리에게 없다. 그들을 향한 우리의 대우에 그들이 반응한 것뿐이다.

탈봇신학교의 톰 스테판 교수는 '선교사가 현지에 입국하기 전에 어떻게 사역을 이양하고 떠날 것인가를 미리 준비할 것'을 주장했다.[16] 자녀를 낳기 전에 결혼해서 독립시킬 것까지 고려한다는 전략을 말한다. 그러기 위해서 첫째, 현지인 지도자를 양성하고, 둘째, 처음부터 모든 일을 스스로 할 수 있도록 훈련시켜야 한다. 무조건 크고 좋은 시설로 시작하지 말고 작은 규모에서부터 현지인의 능력에 맞게 성장하는 것을 도와야 한다. 외부의 지속적인 자금지원이 있어야 움직이는 조직을 만든다면 선교사는 결코 떠날 수 없다. 선교사는 현지인들과 동역하는 관계를 만들어야 한다. 선교사가 중심이 되어 목회하고 리더가 되고 관리도 한다면 현지인들과 선교사가 결코 동역자가 될 수 없다. 현지인들이 일하고 영육간에 돕는 역할을 하는 선교사가 하나님의 일꾼이다.

하지만 주의할 것은 돕는 것이 또 다른 자만이 되어서는 안 된다는 사실이다. 테오 순더마이더(Theo Sundermeier)는 서구선교의 병폐를 '도움만을 주려고 하는 병'(Helferssyndrom)에 걸린 것이라고 진단한다. 이런 자세는 늘 자신은 무언가를 주는 자라는 교만한 태도를 갖게 만들어 또다른 차별을 가져올 수 있기 때문이다. 협력 선교 즉 에큐메니컬 선교는 십자군의 정신이 아니라 십자가의 정신으로 선교에 임하는 것이다. 참된 선교사의 자세는 스스로 쇠함으로써 현지교회가 '흥하는 것'이다. 즉 선교는 증인들의 '쇠함'으로부터 증거의 주가 되는 그분의 '흥함'으로 이어지며,

---

16) Tom A. Steffen, Passing the Baton: Church Planting that empowers (La Habra, CA: Center for Organizational & Ministry Development, 1997), 232, 2-3.

이것은 그 증거를 듣는 자들에게 참 증거가 되므로 그들 또한 주의 증인들이 되는 것이다.

그리스도인은 그리스도의 사람이다. 모든 활동의 중심에 그리스도의 빛이 있어야 하고 그리스도를 본받는 모습이 요구된다. 성육신하신 그리스도를 본받아 우리 자신을 최대한 낮추어 선교지의 영혼들과 하나가 되어야 한다. 그들과 하나가 되어 확실한 동질감이 형성되어 있다면 떠나가 달라고 요구할 이유가 없을 것이다. 무언가 너무 차이가 나고 이질적이라고 생각되니까 떠나 달라고 요구하는 것이다. 또한 현지인을 참으로 존중해야 한다. 그들을 존중하지 않는 한 결코 그들이 변화될 수 없다. 그들이 바른 지도자로 설 수 없다. 그들이 선교사보다 훨씬 잘 할 수 있다는 사실을 인정하고 그들을 키워야 한다. 그들을 세워야 한다. 아울러 우리의 선교 방향은 철저히 현지인 스스로 서게 하는 자립선교, 철저히 동역하는 에큐메니컬 선교 그리고 미전도 지역을 향하는 선교를 수행해야 한다.

선교사 모라토리움은 선교를 멈추라는 요구이기보다는 참으로 섬기는 자세를 가지고 예수님의 성육신적 선교를 실천해달라는 요구로 받아들여야 한다. 선교의 전적인 폐지가 아니라 효과적인 선교사역 완수를 위해 더욱 성숙한 관계를 만들라는 요구를 의미하는 것으로 이해해야 할 것이다.

(2) 과연 현지교회를 위한 선교인가?

호주 원주민들 중에 이르 요른트(Yir Yoront) 부족이 있다. 이들은 오래 동안 돌도끼를 사용해왔다. 그런데 선교사가 그 부족 속에 들어가서 쇠도끼를 도입하였다. 돌도끼 대신에 쇠도끼를 사용하면 짧은 시간에 많은 생산을 할 수 있고 그러면 그들의 삶이 더 윤택해질 것이라는 생각 때문이었다. 그런데 선교사들이 전혀 예상치 않은 결과가 나왔다. 그 부족 사회가 분열되고 나중에는 내분과 내전이 일어나서 서로 죽이는 무서운 일이 일어나서 그 부족이 와해되고 말았다. 어찌하여 이런 일이 일어났는가?

선교사가 쇠도끼를 갖다주기 이전에는 돌도끼가 아주 중요한 생산수단이었다. 그리고 돌도끼는 항상 그 부족의 추장이나 원로들만이 간직할 수 있었다. 그래서 벌목을 하거나 사냥을 하거나 주요한 생산활동을 할 때에는 젊은이들이 추장이나 원로들을 찾아와서 인사를 드리고 돌도끼를 빌려가서 생산활동을 하고, 끝마친 다음에는 다시 원로들에게 돌려주었다가 필요할 경우에는 다시 받아갔다. 이것은 알게 모르게 사회질서와 도덕질서를 유지하는 관습이 되었다.

그런데 선교사가 모든 청년들에게 쇠도끼를 나누어주자 이제 더 이상 청년들이 원로들에게 돌도끼를 빌리려 오지 않았다. 그러자 원로들에 대한 존경도 사라졌고 원로들의 훈계나 잔소리를 더 이상 듣지 않게 되었다. 청년들은 저마다 각자 간직한 쇠도끼를 가지고 경쟁적으로 벌목을 하고 사냥을 하고 자기 소유를 늘리기 위하여 경쟁적으로 노력했다. 이것은 결국 부족원들 사이에 갈등과 분쟁을 낳았다. 그러나 존경을 잃어버린 원로들은 부족원들의 갈등과 분쟁을 해결하는 데 아무런 영향력을 행사하지 못하였다. 결국 싸움과 전쟁으로 확대되었고 이것이 결국은 공동체의 와해를 가져오게 되었다는 것이다.

선교사가 쇠도끼를 도입할 때는 이런 불행을 위하여 도입한 것이 결코 아니다. 그러나 선교사의 행동은 기대치 않은 불행한 결과를 낳고 말았으니 어찌하면 좋은가?

선교의 초점은 선교사가 아닌 현지주민에게 있는 것이다. 주님과 현지인들이 사랑하고 기뻐할 수 있는 교회를 세우는 것이다. 모(母)교회, 선교사에게 충성하는 공동체를 세우는 것이 아니다. 물론 그동안 개척하고 조직하는 일을 도와준 모교회와 선교사에게도 기쁨이 되면 더욱 좋겠지만, 굳이 우선 순위를 말하자면 모교회나 선교사보다는 현지인들에게 사랑과 기쁨이 될 수 있도록 교회를 세우는 것이 선교적으로 옳은 일일 것이다.

러시아인 전도사 세르게이로부터 들은 말이다. 1990년대 서울에서 온 한국인 선교사가 페테르부르크에 교회를 세웠다. 교회를 세우면서 교회 이름을 무엇이라고 할까 고민하다가 후원하는 영락교회를 생각해 '페테르부르크 영락교회'라고 하기로 했다. 그러나 '영락'(永樂)이라는 말을 러시아인들은 전혀 모르니까 그 뜻을 풀어서 '영원한 즐거움의 교회'라는 뜻으로, 러시아어로 '볘취나야(영원한) 라다스치(즐거움) 체르코비(교회)'라고 쓴 간판을 달았다.

얼마 뒤 그 교회 앞을 지나다니던 러시아 청년들이 키득키득거렸다. 이상하게 여긴 선교사가 그들 중 한 사람을 붙잡고 왜 그러느냐고 물었더니, 러시아 청년들 사이에서는 이 교회가 마약하는 장소가 아닌가 해서 그런 반응을 보인다고 했다. 알고 보니 '볘취나야 라다스 치(영원한 즐거움)'라는 표현은 주로 담배와 마약을 선전할 때 사용되는 광고 문구라는 것이었다. 선교지의 교회는 선교지의 문화와 정서를 고려하고 선교지 마을 주민들로부터 존중받고 사랑받고 기쁨이 될 수 있는 방향으로 만들어져야 선교적 사명을 잘 감당하는 공동체가 될 것이다.

쿠바에 들어가서 선교했던 ○○○ 선교사로부터 들은 이야기이다. 그는 브라질에서 오랫동안 사역하다가 쿠바의 문이 조금 열려서 교회를 개척하게 되었다. 후원하는 교회가 공산권 선교에 뜨거운 열정을 가지고 있었기 때문에 쿠바에 교회를 세우는 일에 많은 재정을 지원하겠다고 약속했다. 교회를 지을 큰 대지를 도시 한가운데 마련했다. 그러나 선교사가 현지 사정을 살펴보니 지난 50년 동안 쿠바는 가난을 면치 못하고 있었으며, 길과 지붕을 수리한 집이 하나도 없었다. 이런 상황 가운데 한국인 선교사가 돈이 있다고 도시 한가운데 새 예배당을 예쁘게 짓는 것은 어울리지 않다는 생각이 들었다. 선교사는 교회 건축을 유보하고 먼저 마을 주변의 길과 지붕을 수리하는 운동을 전개하면서 그들에게 필요한 도움을 주었다. 5년 동안 현지에서 새마을 운동을 전개한 결과 마을의 모습이 달라졌다. 그리고 교회 건축을 시작했더니 마을 주민들이 적극적으로 도와주었고 헌당식을 할 때는 마을 주민들이 함께 기뻐하며 진심으로 축하해주었다.

선교사와 후원교회가 선교지에 교회를 세운다는 것이 어떤 의미를 가지는 일인가? 누구를 위한 교회인가? 그곳에 세워지는 교회가 그 지역사회 속에서 사랑받으며 빛과 소금의 역할을 잘 감당하는 공동체가 되게 하려면 어떤 기준을 가지고 어떻게 실천하는 것이 필요한가를 깊이 생각하고 교회개척을 해야 할 것이다.

선교지에서 교회를 세울 때 건축 경비보다 더 중요하게 생각해야 할 것이 사람을 세우는 경비이다. 크고 좋은 건물을 세워도 사람을 바로 세우지 못하면 그 건물은 선교의 방해물이 되고 만다. 그런데 한국교회는 건물 세우는 일에는 열심을 내면서 사람을 세우는 일에는 상대적으로 약하다.

한국교회의 러시아 선교가 1909년에 최관흘 선교사로부터 시작돼 지난 2009년은 100년이 되는 역사적인 해였다. 본격적인 러시아 선교는 개방 이후인 1990년을 기점으로 시작되었다. 10여 년을 지나면서 그 수는 폭발적으로 증가해 너도 나도 러시아로 향해 붐을 일으켰다. 당시 한국교회의 열정과 유행은 대단했다. 그러나 그 이후 10년의 세월 속에 한국의 IMF, 러시아 물가 폭등, 러시아의 신종교법 등으로 거품이 빠지기 시작하더니 절반으로 줄어들고 러시아에 대한 향수가 사라지니 이제는 파리만 날리는 형국이 되었다.

거품이 빠져 버린 러시아 선교는 그 원인이 무엇인가? 러시아인 전도사 세르게이는 그 원인을 이렇게 말한다.[17)]

첫째, 초창기의 복음전도의 열매가 사라지고 있다는 것이다. 처음에는 그물로 고기를 건지듯이 보여줄 만한 것이 있었는데 지금은 아닌 것이다. 아무리 외쳐도 선물공세를 한다해도 쳐다보지 않는 상황의 변화가 일어나 열매가 열리지 않는 것이다.

둘째, 비싼 물가를 들 수 있을 것이다. 투자비용이 너무나 많이 들어가는 것이다. 몇 년째 세계 최고의 물가를 자랑하는 모스크바, 러시아, 기본 식품을 제외하고 모든 물가는 서울을 능가한다.

셋째, 한국교회의 러시아 선교에 대한 부정적인 이미지이다. 초장기에 사역을 주도했던 몇몇 탁월한(?) 인물들에 의해 사업적인 성격의 물질사역, 선물공세, ㅇㅇ합창단, 지나친 이기주의 등 이러한 부정적인 일들이 소문으로 퍼지면서 러시아 선교가 실패했다는 낭설로 이어졌다. 오늘의 상황은 파송의 발이 거의 단절되는 경험을 하고 있는 것이다.

넷째, 한국교회의 선교에 대한 무지함도 큰 역할을 했다고 본다. "선교는 교회개척이다" 그리고 "3개월에 몇 명이 모이고 1년이 되니 예배장소가 좁아서 교회 건축을 해야겠습니다."라는 보고를 기다렸던 한국교

---

17) 『크리스찬투데이』(2009년 9월 15일), 'Sergei 선교칼럼: 100주년 러시아 선교 회고와 전망'.

회, 서둘러 현지답사를 보내고 헌금해서 건축을 시도했던 것들이 오늘에는 나타나지 않음으로 인해 스스로 실망하고 열정이 식어버리면서 러시아 선교의 실패를 운운하는 것이다.

어쨌든 이러한 상황을 살펴보면서 러시아 선교 침체의 원인을 정리해보면 선교에 대한 조급함과 무지함이 가져다준 결과라고 할 수 있다. 파송받는 사람도 분명한 사역의 철학과 전략 없이 호기심으로 무작정 나가고 본다는 식이었고 보내는 사람들도 아무런 생각 없이 교회 이미지 관리 프로그램이나 자랑거리 부흥의 일환으로 삼기 위한 경우가 많았던 것이다.

이제 한국교회는 선교사역에 있어 몇 개의 교회를 개척했느냐를 물어서는 안 된다. 교회개척은 어디에서나 쉬운 일이 아니다. 사람들이 갈수록 현대화되고 세속화되어 가기 때문이다. 더구나 무슬림처럼 기름 팔아 지원할 일도 없고 기막힌 정치력이나 조직력이나 탁월한 전략이 있는 것도 아니고 강압적이지도 않은 개신교의 선교활동은 결코 쉬운 일이 아님을 명심해야 한다.

그럼 교회개척을 포기해야 한다는 말인가? 아니다. 건물을 세우는 일보다 사람을 세우는 일에 열심을 내다보면 교회를 더욱 견고하게 세울 수 있을 것이다. 결국은 사람이다. 사람을 키우는 일이다. 이것이 선교사역 중 가장 우선적으로 해야 할 핵심 사역이다. 지도자를 양성하지 않으면 미래가 없다. 많은 경우 선교사가 철수하면 사역도 사라지는 경우가 대부분이다.

어떤 한국 선교사는 러시아에서 15년간 세월을 보내며 교회를 개척하고 이리저리 뛰면서 열심히 사역했다. 그러나 정작 중요한 제자 혹은 지도자 육성에 소홀히 하다가 어느 날 파송교회 후원금 중단, 질병 발생 등 여러 가지 상황으로 인해 급기야 철수하게 되었다. 함께 일하던 전도

사는 혼자서 1년 정도 지속하다가 흔적도 없이 사라지고 말았다. 유감스러운 것은 한국인의 선교 형태가 대부분 이러하다는 사실이다. 선교사의 말을 잘 듣고 시키는 대로 잘하고 수하노릇 하는 사람들은 얼마든지 있다. 왜? 월급을 주니까.[18] 한국 선교사를 잘 만나면 미국도 가고 한국도 갈 수 있다. 한국 선교사들처럼 잘 베풀고 감정적으로 동정적으로 잘 해주는 민족도 거의 없다. 잘해주는 것이 중요한 것이 아니다. 선교의 목적과 분명한 전략에 따라서 잘해주고 베풀어야 한다. 또한 선교사가 현지인 지도자를 양성하는 방식도 문제이다. 어느 지역에서는 선교사 일곱 가정이 사역을 하는데 15년 이상 현지 목회자 한 사람도 양육해내지 못했다. 여러 명 훈련은 시켰지만 이런저런 이유로 다 떠나가고 남아 있지를 않아 결국은 전무한 상태가 되었다. 여러 가지 이유가 있었지만 주된 이유는 장교를 키우려는 훈련이 아니라 사병을 키우려는 방식 때문이었다.

장교를 키우려면 세 가지에 초점을 맞추어야 한다. 첫째, 신실하고(Faithful) – 신앙고백이 분명하고, 둘째, 믿음직하며(Reliable) – 정직하고 성실해 열쇠와 통장을 믿고 맡길 수 있고, 셋째, 책임감 있는 (Responsible) – 교회의 교사, 찬양대원, 재정부장, 예배 인도자, 전도사, 목사의 역할을 맡겼을 때 앞장서서 그 역할을 능력 있게 잘 수행할 수 있는 사람이 되게 한다. 이러한 사람, 이러한 장교와 같은 교회 멤버들이 많아지면 자연스럽게 교인 수가 많아지고 성장하며 또 다른 개척 교회를 세우는 일은 자연스러운 일이다. 선교사의 최고의 영광은 선교지의 교회가 견고하게 세워지고 부흥성장하며 또 다른 교회개척에 참여하는 모습을 보는 것이다. 선교란 선교 현지교회의 신실하고 믿음직하며 책임 있는 구성원이 되게 하는 사역이기 때문이다.

18) 참고: Rice Christian. 죤 네비우스, 『네비우스 선교방법: 선교교회의 설립과 발달』 (서울: 성광문화사, 1981), 14-17.

(3) 역사적으로 모범적인 사례

역사적으로 현지인과 현지문화를 존중하고 현지교회를 견고하게 세우는 선교사역의 모범의 하나는 '한국 장로교회의 중국 산동성 선교'라고 할 수 있을 것이다.[19)]

1912년 한국장로교회는 총회창립을 기념해서 공자의 탄생지인 중국 산동성에 선교사를 보내기로 하였다. 그러나 일방적으로 추진하지 않았다. 총회는 산동성을 선교지로 정하는 일을 추진하기 위해서 3년마다 한 번 열리는 중화 예수교장로회 화북대회에 2인의 목사를 파송하였다. 산동성은 미국 북장로교 선교부의 선교지역이었으나 산동성 복판 내양현 일부 지역을 시험삼아 한국교회의 선교지역으로 할양하였다. 이렇게 중국교회와 미국선교부와의 대화와 협력을 통하여 현지에 선교사를 파송한 것이다. 이후 약 50년간(1913-1957) 5대에 걸쳐[20)] 선교사를 파송함으로 한국 선교사가 산동성에서 책임 있는 선교를 하였다.

산동성 선교는 현지 문화를 존중하는 선교였다. 주중 한국 선교사들은 중국인에게 선교하려면 중국인이 되어야 한다고 생각하여 중화사상에 적응하고 그들의 전통과 관습을 존중하며 따르려고 노력했다. 양복 대신에 중국인 복장을 하고 그들의 음식을 먹으며 잠자리도 4-5인씩 동석하고 더러운 이불을 덮으며 중국의 옛 도덕 예의를 배우며 따라 행했다. 그들은 양국간 문화적 동질성을 잘 이용했다. 예의를 존숭하여 관리를 찾

19) 최재건, "한국 장로교회의 중국 산동성 선교," 『한국교회사학회지』 제18집 (2006), 217-245.

20) 5대에 걸친 선교사 파송은 다음과 같다. 1대: 박태로 · 사병순 · 김영훈 목사의 파송(1913~1937), 2대: 방효원 · 홍승한 목사와 김병규 조사의 파송(1917~1921), 3대: 박상순 목사의 파송과 김윤식 의사의 자원(1918~?), 4대: 이대영 목사와 김순호 여선교사의 파송(1921~?), 5대: 방지일 목사의 파송(1937~1957).

아간 것이 신변보호의 계기가 되기도 했다. 이런 점에서 그들은 서양 선교사들보다 유리했다. 방지일 선교사는 "1937년 현재 중국에 약 6천 명의 서양 선교사들이 있는데 그들이 자신을 동일시하기가 어려워 중국인을 복음화하는 데 매우 어렵다. 한국 사람들은 중국인들과 동일시 하는 것이 훨씬 쉽다"고 회고했다. 중국인들은 넉넉한 선교비로 자동차까지 사용하며 선교하는 미국계 선교사들의 활동과 비교하여 한국 선교사들이 중국옷을 입고 마차를 타거나 걸어다니며 선교하는 것을 보고 감격하기도 했다.

외국인들을 일반적으로 무시하는 중국인들이 한국인 선교사들에게 호감을 가진 또 하나의 이유는 선교사들이 훌륭한 한문 실력을 가지고 있었기 때문이다. 중국어로 못하는 선교사들이 초기에는 필담으로 소통하였는데 그 문장 실력에 중국 지성인들도 감탄하였다. 이때문에 그 지역 사람들이 선교사의 글씨를 받으러오는 경우도 많았는데 성구를 한문으로 멋지게 써주어 전도에 많은 도움이 되었다고 한다. 이처럼 같은 한문문화권이란 점이 중국선교에 도움이 되었다.

그들은 행정적인 면에서도 중국교회의 치리회에 속하여 중국현지교회와 갈등을 일으킬 소지를 만들지 않았다. 처음에는 중국교회가 갓 파송된 한국의 세 선교사들에게 이명을 요구했을 때 한국 총회는 허락하지 않았다. 그러나 3년 뒤 "선교사들이 산동성에서 사역할 때에는 그곳 회원이 되고 귀국하면 한국교회 회원이 된다"고 결의하였다. 이로써 선교사는 현지교회의 일원이 되고 현지교회를 세우고 성장시키는 일에 헌신하는 것이 옳은 태도임을 확증한 것이다.

중국에서 한국선교사들은 네비우스 원칙을 그대로 지키려고 하였다. 그러나 미국 선교사들로부터 많은 지원을 받아온 중국인들 때문에 어려움이 많았다. 헌금을 하지 않는 교인들에게 주일 예배 때에는 헌금을 하도록 가르치고 십일조를 하게 하여 자립하는 교회가 되게 하였다. 그렇게 모아진 헌금은 모두 선교활동을 하는데 사용하였다. 자금을 통하여 자전을 하도록 한 것이다. 결과 1921년에는 내양현 동북향 유과정(楡科頂)에서 남녀교인 20여 명이 헌금하여 자력으로 예배당을 건축하였다. 그리고 중국인 성경을 인쇄하여 배포하고 사경회를 시작하여 성경공부를 하고 성경을 외우고 강론하며 전도하는 교회가 되게 하였다. 결과 1931년에는 산동성에 모두 15개 교회를 세우고 36개의 예배처소를 마련하였다. 세례교인이 10,043명, 6개의 학교, 139명의 학생을 가르치고 있었다. 그러자 1932년 한국선교사들이 중국 산동대회의 승인을 받아 "내양노회"를 설립한 다음 중국 산동성의 16개 노회 가운데 하나로 편입시켰다. 철저하게 현지교회, 현지노회와 협력하고, 현지교회의 성장을 추구하는 선교를 한 것이다. 결과 1942년에는 교회가 35개, 세례교인은 1,716명으로 성장하였다.

(4) 성육신적인 현지교회개척

선교지에 교회를 세울 때도 문화적 코드를 맞추는 것이 중요하다. 폴 히버트는 교회를 세울 때 선교현장이 어떤 종류의 사회 공동체인지를 그 유형을 분별해야 한다고 강조한다. 히버트에 따르면 선교지의 사회를 4가지 유형으로 구분할 수 있다.[21] ① 무리 사회(bands), ② 부족 사회(tribes), ③ 농촌 사회(peasnts), ④ 도시 사회(cities)가 그것이다.

무리 사회는 일반적으로 사냥과 채집생활을 하며 소수의 사람들로

21) 폴 G. 히버트, 『성육신적 선교사역: 교회사역을 위한 선교현장 이해』 (기독교문서선교회, 1998).

무리를 지어 생활하는 사회이다. 이러한 무리들은 자신이 거주하는 지역 내에 식량이 고갈되면 다른 곳으로 이동한다. 이들은 몇 가구의 친척들과 한두명의 외부인들로 구성되어 있다. 오늘날 무리사회를 이루고 사는 사람들은 대부분 농부들이나 도시 거주민들이 싫어하는 병방으로 내몰린 사람들이다. 이들 가운데는 에스키모인, 부쉬맨, 호주 원주민, 아프리카 피그미족 등이 있다.

부족 사회는 무리 사회와 비슷한 면도 가지고 있지만 규모가 더 크고 적어도 5년 이상 한 곳에 머물러 살면서 사냥, 채집, 원예농업을 하고 가축을 기른다는 면에서 특징을 가진다. 부족의 규모는 수십명에서 수천만 명에 이르기까지 다양하다. 부족은 민족과는 다르지만 부족으로서의 강한 정체감을 가지고 있다. 부족은 세계 도처에서 발견되는 인간 사회 유형이며 현대에는 국민국가에 흡수되고 있는 실정이다.

농촌 사회는 일정한 지역에 머물러 살며 농사를 지으며 농경문화를 발전시켜온 사회이다. 이들을 하나로 묶는 것은 농사와 시장, 축제 그리고 목공예와 대장장이, 공예, 잠업, 석수와 같은 전문화된 기술의 발전으로 인해 조성된 상호의존이다.

도시 사회는 정부, 종교, 사업, 수송, 그리고 정보교환 등 복잡한 체계들을 기반으로 한다. 지난 4세기 동안에는 새로운 유형의 도시들이 등장하여 성장하고 있는데 사업과 무역, 서비스업을 기반으로 한 도시이다.

각 사회는 독특한 사회 질서와 문화 질서를 지니고 있다. 그러므로 선교지에서 교회를 할 때는 각 사회가 지닌 사회 질서, 문화 질서의 특성들을 잘 파악해야 한다. 사회 질서라고 하면 사회 조직 측면에서 그 사회 안에서의 신분과 역할을 파악하고, 사람들 간에 상호관계가 어떻게 맺어져 있는가를 파악하고, 그 사회 안에 존재하는 작은 사회적 그룹들을 파악하며, 각 그룹의 사회적 성향(진보적, 보수적)을 파악하고, 사회적 영역(경제, 정치, 법률, 비지니스)에 따른 사람들과 그룹 등의 현실을 파악하는 것을 말한다. 문화 질서라고 하면 상징체계에 의한 의사소통 방식을 파악하고, 신념과 감정과 가치 체계를 파악하며, 세계관을 파악하고, 여론의 형성 과정 등을 파악하는 것을 말한다.

각 사회에 따른 사회 질서와 문화 질서의 특성들을 잘 파악하고 활용해야 각 사회에 적합한 성육신적 교회를 세울 수 있다. 그래야 활착을 잘한 나무와 같이 선교현지에서 교회가 건강하게 성장할 것이다.

(5) 자립적인 교회를 세워야 한다.[22)]

한국교회는 19세기 서구선교의 유명한 성공 사례로 언급된다. 케네쓰 라투렛은 이렇게 말했다. “선교초기부터 재정 자립을 강조한 결과, 한국교회는 19세기와 20세기의 선교로 세워진 신생교회 중에 어떤 다른 장로교회보다 가장 많은 헌금을 드리는 교회가 되었다.” 선교의 위대한 세기인 19세기에 개신교를 접한 중국(1807)이나 일본(1859)보다 더 늦은 시기에 개신교를 받아들인 한국(1884)은 가난하고 조그마한 선교지에 불과했지만 놀라운 교회성장과 선교사 파송의 역사를 만들어나왔다. 지금은 세계 제2위의 선교사 파송교회가 되었다. 이렇게 발전할 수 있었던 이유는 처음부터(1890년) 철저하게 네비우스(John Nevius)의 자립선교 전략을 바탕으로 건강한 교회개척과 성장을 추구하였기 때문이다.[23)]

---

22) 이 부분은 변창욱, “한국교회의 자립선교 전통과 선교지에서의 비자립적 선교 행태: 자립적 선교 패러다임으로 변화를 모색하며”『선교와 신학』 제27집 (장로회신학대학교출판부, 2011), 239-278을 요약한 것이다.

23) Kenneth Scott Latourette, *A History of the Expansion of Christianity, Volume VII: Advance Through Storm, A.D. 1914 and After, With Concluding Generalizations*

1891년 미북장로교 선교부가 발표한 선교정책을 보면 자립 원칙이 강하게 반영되어 있음을 알 수 있다. 예컨대 보수를 받는 현지인 사역자의 숫자는 최대한 줄이고, 미션 스쿨(mission school)의 경우에 교과서 값은 받도록 하며 학비도 무료로 하지 말 것을 제안한다. 또한 신학반의 경우 숙박과 식비는 각자 내도록 하고 예외적인 경우에만 교통비를 지원했다. 찬송가와 성경을 비롯한 전도용 책자도 무료로 주어서는 안 되며 종이값의 1/3 이상에 판매하도록 했다.[24] 의료사업의 경우에도 극빈자를 제외하고는 무료진료를 지양하고 적은 진료비라도 내도록 하고, 입원환자는 자신들의 침구를 가져오고 식비도 지불하도록 했다. 또한 병원의 비싼 의료설비(plant)는 선교자금으로 구입하지만, 병원 운영비 대부분은 환자들이 내는 진료비로 충당했다.

1890년부터 네비우스 자립 선교 원칙에 따라 선교한 지 9년이 되던 1899년 9월 당시 한국 장로교회의 자립 현황을 보면 아래의 〈표-1〉과 같다. 언더우드는 당시 전국에 총 188개 장로교회 중에서 186개 교회가 예배당 건축비와 보수비, 교회 경상비, 교육비, 국내 및 해외 선교비 등 거의 모든 경비를 스스로 감당하는 자립교회로 그리고 자전하는 교회로 건실하게 성장하고 있었다고 밝혔다.

(New York: Harper & Brothers, 1945), 404.

24) C. A. Clark, 『한국교회와 네비우스 선교정책』, 97-113; Harry A. Rhodes, *History of the Korean Mission: Presbyterian Church U.S.A., 1884-1934* (Seoul: YMCA Press, 1934), 88-89.

전체 교회	완전 자립교회	부분 자립교회	완전 자립교회 비율
188개	186개	2개	98.9%

〈표-1〉 한국 장로교회 자립 현황 (1899)

한국교회 선교가 시작된 지 25년이 되고 네비우스 자립 선교 원칙에 따라 선교한 지 19년이 되던 1909년, 미국 북장로교 선교부의 한국인 사역자 사례비 지불과 신축 예배당 자립 현황을 살펴보면 다음과 같다.

한국인 사역자 수	한국교회 전액 부담	한국교회 + 선교자금 지원	완전자립 비율
1,052명	991명	61명	94.2%

〈표-2〉 한국인 사역자 사례비 자급 현황 (1909)

위의 〈표-2〉를 보면, 1909년 당시 1,052명의 한국인 유급 사역자 중 991명의 사례비를 한국교회가 전액 감당하여 94.2%의 매우 높은 자급률을 보이고 있다. 그 나머지 61명의 교역자들은 한국교회가 전액 재정 부담이 어려웠기 때문에 선교사의 재정 후원을 부분적으로 받기도 했으나 그 비율은 단지 5.8%에 지나지 않았다.

선교사가 선교지에서 교회개척을 시작할 때마다 현지 교역자 고용문제는 늘 뜨거운 감자였다. 풀러신학교의 박기호는 필리핀 선교사로 사역하던 초기에 장로교(합동) 선교사들(GMS) 간에 다음의 2가지 방법을 놓고 의견 대립이 있었다고 소개한다.

> 첫째, 사역 초기에는 자유롭게 현지인을 고용하여 사역을 촉진시킨 다음 점차적으로 자치, 자립, 자전하는 교회로 발전시켜 나가자는 의견과

> 둘째, 봉급을 주고 현지인들을 고용하여 교회들을 개척하는 일은 처음부터 지양하고, 철저하게 자치 · 자립 · 자전하는 원리 위에서 교회들을 개척하자.[25]

위의 첫번째 방법은 소위 "옛 방법"에 속하며 두 번째는 네비우스의 "새 방법"을 지칭한다.[26] 박기호는 현지인을 돈을 주고 고용하면 처음에 교회수도 급속히 늘어나고 교인들도 늘어나지만 자립 교회에 이르지 못한다고 주장한다. 문제는 현지인 교역자를 고용하지 않던 선교사들도 조급한 마음과 후원교회의 지나친 기대 때문에 자신의 생각을 접을 수밖에 없다는 것이다. 또한 교회를 개척한 후 처음에 현지 교역자를 돈으로 고용했다가 몇 년 내에 순차적으로 지원 액수를 조금씩 줄여나가는 방법, 즉 옛 방법을 사용한 경우에 목표한 기간 내에 자립에 성공한 교회는 없었다고 보고했다.[27] 역사적으로 보면, 현지 교역자를 고용하여 점차적으로 지원금을 줄여나가는 방법(gradual reduction)은 서구 선교부가 1850년대-1860년대부터 지금까지 사용해온 것이다. 그런데 박기호처럼 쉬와르츠(Glenn Schwartz)도 이러한 방법에 의해 완전 자립까지 이른 교회가 거의 없다고 주장한다. 이론적으로는 그럴듯하지만 심리적으로 "이 교회는 내 교회"라는 인식이 현지 목회자와 교인들 속에 생겨나기 때문에 높은

25) 박기호, 『타문화권 교회 개척』(서울: 개혁주의신행협회, 2005), 12.

26) 옛 방법은 개척 초기에 선교부 자금으로 지원을 많이 하다가 점진적으로 지원액을 줄여나가는 것이고, 새 방식은 처음부터 자립 원리를 적용시켜 유급 현지인 일군들을 고용을 최소화하는 것이다(John L. Nevius, *Planting and Development of Missionary Churches* (New York: Foreign Mission Library, 1899), 8; C. A. Clark, 『한국교회와 네비우스 선교정책』, 25).

27) 첫 해에 100% 지급, 둘째 해에 70% 지급, 셋째 해에 30% 지급, 넷째 해에 완전 자립을 계획했는데 목표한 4년 만에 자립에 성공하지 못했다고 한다(박기호, 『타문화권 교회 개척』, 12).

자립의 단계까지 나가지 못한다는 것이다.[28]

그러므로 자립하는 교회를 세우려면 "처음부터" 자립의 원칙을 고수해야 한다. 빈곤의 문제는 자립과 아무런 관련이 없다. 예배당 건물은 외국 선교자금으로 건축되어서는 안 된다. 현지인 전도자나 교역자 사례비를 선교자금으로 지불해서는 안 된다. 현지 교인들이 충분히 감당할 수 있는 일에 선교사들이 지나치게 참견하게 되면, 자립정신이 아니라 거지근성을 초래하게 된다. 너무 많이 도와주게 되면 현지교인들이 가지고 있지만 인식하지 못하고 사용하지 않고 있는 능력을 건전하고 자연스럽게 발휘해나갈 수 있는 기회를 빼앗게 된다.

한국에 온 선교사들은 선교 초기부터 자립정책을 철저하게 적용시켜 나갔다. 그 결과 전도 사업에서 거의 완벽에 가까운 자급을 이루었다. 이처럼 한국교회는 선교사의 도움을 의존하지 않고 자력으로 예배당을 세웠다. 이렇게 세워진 교회는 선교사 교회가 아닌 한국인 교회였고 주인의식을 가진 교인들은 교회에 더 큰 애착을 가지고 교회를 자립 운영해 나갔다.

예외적인 경우도 있었다. 그러나 선교부 자금으로 교회 건축비를 지원하지만 지원 액수가 총 건축비의 "1/3"을 넘지 않도록 했다. 이 경우에 두 가지 방안이 있었다. 첫째 방안은 현지 교인들이 교회 건축비 전부를

28) Glenn J. Schwartz, *When Charity Destroys Dignity: Overcoming Unhealthy Dependency in the Christian Movement* (Lancaster, PA: World Mission Associates, 2007), 66-67. 쉬와르츠는 28년이 지나도 자립교회에 이르지 못한 교회의 사례를 들고 있다. 그러나 쉬와르츠의 주장과는 달리, 1877년과 1890년 개최되었던 중국 개신교 선교사대회의 자료를 보면 완전 자립에 도달한 교회들이 상당수 있고, 부분적인 자립에 이른 교회의 숫자도 많은 것으로 보인다.

감당할 수 없을 만큼 가난한 경우에 교인들이 건축비의 2/3를 부담하도록 하고, 나머지 1/3은 선교부에서 지원하는 것이다. 두 번째 방안은 한국교인들이 건축비의 1/3을 감당하도록 하고, 나머지 2/3의 건축비 중에서 1/3은 선교부의 선교자금으로 지원하고, 나머지 1/3은 선교부 돈에서 빌려주고 3년에 걸쳐 갚아나가도록 했다.

선교사가 외부 자금으로 지어준 교회는 외부인의 교회일 수밖에 없다. 현지 교인들의 마음이 들어있지 않기 때문이다(마 6:21). 미국의 어느 선교팀이 남미에 가서 미국교회의 후원으로 교회를 건축해주고 난 지 2년 후에 현지 교인들이 미국으로 급하게 보내온 편지 한 통을 받았는데 거기에는 "미국에 있는 친구 여러분, 당신들이 이곳에 건축한 당신들의 교회 건물 지붕에 비가 새고 있습니다. 속히 와서 수리하고 가시기 바랍니다."[29]

한국교회는 지금 세계에서 몇 안 되는 자립하고 선교하는 교회가 됨으로써 서구교회 선교의 자랑이 되었다. 그런데 지금 우리는 선교지에 어떠한 교회를 세우고 있는가? 일부 선교지에서 물량공세를 폄으로써 서구 선교가 과거에 받던 비난을 받고 있지는 않는가? 한국교회가 본격적인 선교사 파송을 시작한 1980년대를 기준으로 30여년이 경과한 지금, 초기 선교사들이 은퇴하고 현지교회 지도자들에게 지도력과 교회 건물을 이양해야 하는 시기가 도래했다. 그런데 선교사들이 세운 현지교회가 자립의 기반위에 세워져있지 않고 너무 의존적이어서 넘겨줄 수 없는, 아니 넘겨주면 심각한 문제가 제기되는 상황에 직면해있다.

가난하기 때문에 자립할 수 없고 가난하기 때문에 헌금할 수 없다고

29) Schwartz, *When Charity Destroys Dignity*, 55-56.

생각하는 선교사는 온전한 자립뿐 아니라 부분적인 자립교회를 세울 수 없다. 선교역사는 부유한 교인들이 자립에 이르지 못하고 가난한 교인들이 자립에 성공한 많은 사례들을 우리에게 보여주고 있다. 한국은 중국이나 일본보다 더 가난했지만 한국교회만이 가장 자립교회에 성공했다. 한국교회는 가난이 자립과 직접적인 관련이 없음을 보여주는 단적인 예이다. 선교지에서 의존성의 문제는 단지 30년이나 50년 전에만 일어났던 문제가 아니다. 지금도 전세계 모든 선교지에서 교회개척과 설립뿐 아니라 현지 목회자, 개발 프로젝트, 의료 프로젝트 등 선교의 제 방면에 영향을 미치고 있는 실제적 문제이다. 우리는 가난의 문제를 너무 안일하게 생각하여 몇 푼의 돈이나 헌 옷만 가져다주면 해결될 것으로 생각한다. 도움을 준 시혜자로서 우리는 기뻐하지만, 수혜자 입장에서는 의존성이 더 심화되고 "의존성 증후군"(dependency syndrome)에 빠질 수 있음을 깨닫지 못한다. 만일 선교사들이 100% 외부 자금으로 현지 목사의 사례비와 교회를 건축해주면 현지 교인들이 스스로 주도권을 쥐고 일할 수 있는 잠재력을 빼앗아 버릴 수 있다. 건강한 현지교회는 외부 자금에 결코 의존하지 않기 때문이다.

그러나 외부 선교자금은 칼의 양날과 같아서 사용하기에 따라서 현지 교회에 해가 되기도 하지만 유익을 주기도 한다. 성경도 우리의 유여(裕餘)한 영적 · 물질적 자원을 지혜롭게 현지 교회와 나눌 것(고후 8:14)을 명하고 있다. 하지만 선교사는 현지교회 지도자들이 주님을 바라보지 않고 선교사나 재정 후원자를 바라보게 해서는 안 된다(빌 4:19). 비자립적이고 의존적인 교회를 세우게 되면 하나님보다는 선교사를 바라보기가 쉽다. 우리가 나눌 것은 "은과 금"이 아니라 우리에게 있는 보배인 "예수의 이름"이어야 한다. 현지인들과 '함께'(with) 하지 않고 선교사가 일방적으로 베푸는(for) 자라는 인식을 갖게 되면 선교사는 자신도 모르게 우월의식이나 간섭주의적 태도(paternalism)에 빠지기 쉽다. 이 경우에 '시혜자-수혜자'의 일방적인 관계가 되고, 현지인들은 종속적이고 의존적인 관계로 고착화되기 쉽다. 이러한 관계에서는 바람직한 선교나 건강한 파트너십을 기대하기 어렵다.

네비우스의 자립 정책은 외국 선교비의 지원을 전혀 안주고 안받는 것이 아니다. 선교사들은 단순히 생각이나 말로만 자립을 강조하는 것이 아니라 헌금 훈련, 전도 훈련, 직업 기술 훈련, 소득 증대를 위한 농업이나 과수묘목 수입과 신품종 개발 뿐 아니라 날 연보, 성미제도 등 총체적이며 통전적인 접근을 시도하며 선교지 상황에 맞는 다양하고 특화된 자립 선교 방안을 개발하여 자립의 기반을 마련해 주려고 노력했음에 주목할 필요가 있다. 선교지 자립 문제는 언제나 이양(devolution)을 전제로 하는 말인데, 이양에 대한 분명한 생각이 없으므로 자립 문제는 그동안 주요 사안으로 취급되지 못했다. 그러나 이제는 한국 선교사들이 세계 도처의 선교지에서 자립 교회를 세워가기 위한 새로운 대안을 마련할 때가 되었다.

자립선교에 대하여 역사적으로 연구한 변창욱 교수는 앞으로 자립 선교 방안 마련을 위하여 몇가지 제언을 한다.[30] 첫째, 현재 선교사나 선교부의 과도한 재정 지원으로 운영되는 모든 선교 사업의 후원액수를 점진적으로 축소해나가 수년 내에 완전 자립하는 방안을 추진해야 한다. 다만 신학교육, 미션 스쿨, 성경과 전도용 소책자 반포, 의료사업의 특수 분야는 그 성격상 완전 자립을 추진하기가 어렵다고 하더라도 부분적인 자립이라도 가능하도록 해야 한다. 둘째, 모든 선교지부에서 현지 교

30) 변창욱, 위의 책, 268-269.

인들에게 성경적 헌금의 원리와 방법에 대해 지속적으로 가르쳐야 한다. 계속적인 십일조 생활은 현지교회의 자립교회 설립의 관건이 되기 때문이며 현지교인들의 믿음을 확인하는 시금석은 헌금생활에 있기 때문이다. 교회가 새로 시작되는 곳에서는 개척 초기부터 자립 원리와 헌금 훈련을 강조해야 한다. 셋째, 현지교인들이 가난해서 드릴 돈이나 물질이 없다면 쌀(성미)이나 농수산물, 열대 과일 등의 지역 특산물로 드릴 수 있도록 가르쳐야 한다. 또한 예배당 건축시에도 날 연보와 같이 날을 정하여 자발적 봉사를 하게 해야 한다. 넷째, 선교사 자신이 이양과 자립에 대한 확신과 강한 의지가 있어야 한다.

네비우스의 자립정책을 통해 자립 교회의 아름다운 전통을 가진 한국교회가 선교지 도처에서 물량주의 공세 때문에 비난받고 있는 현실은 역사의 아이러니다. 한국교회가 하나님이 허락하신 물질적 축복으로 선교지에 많은 교회를 세우는 것은 좋은 일이다. 하지만 "네 물질 있는 곳에 네 마음이 있다"는 말씀에 비추어 볼 때, 세워진 교회 대부분이 현지교인들의 물질적 참여나 마음 드림이 없이 세워졌다는 점에서 우리의 교회 개척 방식은 재고되어야 마땅하다. 또한 선교지 교회 대부분이 빈민층에 세워져 있기 때문에 자립의 관점에서 보면, 밑빠진 독에 물 붓기 식의 지원을 언제까지 할 것인가라는 문제가 제기될 수 있다. 이제는 자립의 기반이 있는 중산층이나 도시 지역에서 교회개척을 시도해야 할 것이다. 선교사는 선교지 교회가 완전 자립을 이루지 못한다고 하더라도 부분적인 자립을 이룰 수 있도록 해야 한다. 이것이 한국교회의 자립 선교 전통이 오늘의 한국 선교에 주는 교훈이며 도전이다. 얼마나 많은 교회를 세웠느냐보다는 얼마나 자립하는 교회를 세웠느냐가 더 중요하다. 100년전 에딘버러 세계선교사대회에서 마펫은 "선교지 교회가 자립의 기반 위에 세워지기 전까지는 어떤 교회도 민족 복음화를 성취시킬 수 없다"고 외쳤다.

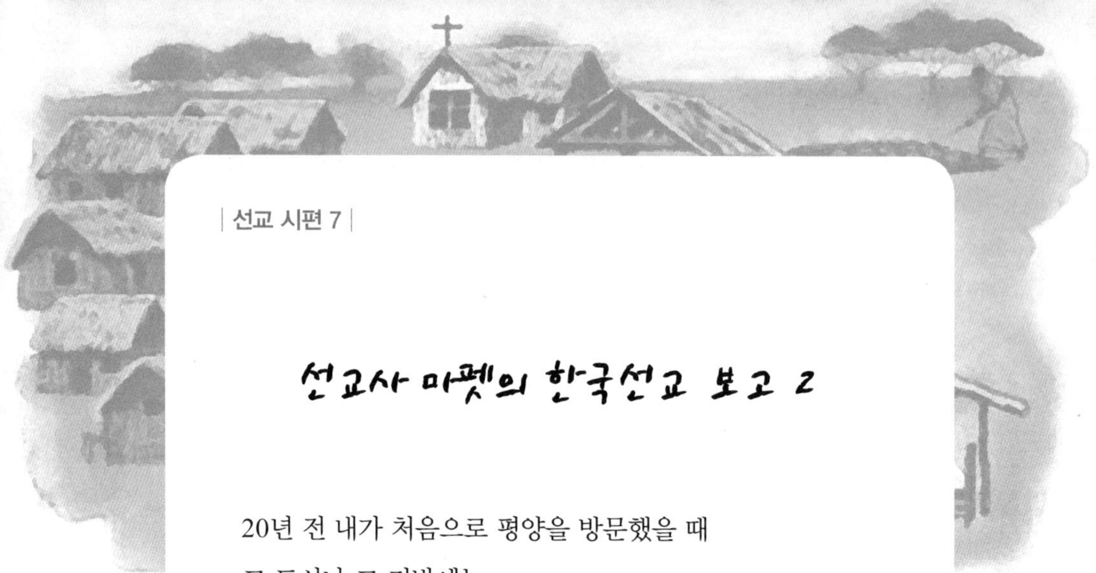

| 선교 시편 7 |

선교사 마펫의 한국선교 보고 2

20년 전 내가 처음으로 평양을 방문했을 때
그 도시나 그 지방에는
예수 믿는 사람이 하나도 없었습니다.
그런데 지금은 거기에 9개의 교회가 세워져 있고
그 도시에서 15마일 반경 안에
50개의 교회가 설립되어 있으며
평안도 지역 전체에는
300개의 교회가 자리잡고 있습니다.
그리고 지금 한국 땅 전체에는
2500개 이상의 교회가 설립되어 있고
수백 개의 마을 주민이
예수 믿는 사람들로 변화하고 있습니다.

(1910년 에딘버러 세계선교사대회에서)

선교사 마펫의 한국선교 보고 3

한국인들은
그들의 교회당과 기독교 학교건물을 건축하는 데
헌신적으로 그 비용을 충당했으며
목회자와 교사들의 생활비를 마련하는 일에도
영웅적으로 헌신했습니다.

어떤 사람은 자신의 황소를 팔고
대신 자신이 직접 쟁기를 끌면서
예배당을 건축했습니다.
어떤 사람들은 자신의 집을 저당 잡히고
교회당을 건축한 다음
나중에 다시 집을 되찾는 일도 있었습니다.

곡식과 쌀을 팔아 옥수수나 고구마를 구입해
겨울에 가족들이 연명하며 남은 돈으로
목회자의 생활비를 충당하기도 하고
교회당 건축비용으로 바치는 이도 있었습니다.

한국 여성들은 결혼반지를 바치기도 했고
심지어는 그들의 긴 머리카락을 잘라서 팔아
거기서 얻은 돈으로 복음전파에 헌신하기도 합니다.

| 선교 시편 9 |

선교사 마펫의 한국선교 보고 4

한국교회는 선교적인 교회이기 때문에
한국인들이 모여 사는 곳에는 어디에나
복음이 전파되고 교회가 세워집니다.

어떤 한국인은 나에게 말하기를
중국 청도에 10만 명의 한국인들이 살고 있는데
산적들이 하도 많아 먹을 쌀이 없고
수많은 사람들이 땅굴에 숨어서 산다는 소문을 들었다고 했습니다.

그래서 자기가 거기로 가서 복음을 전하겠다고 했습니다.
그리고 세 아들을 데리고 가서 중국인들과 함께 살다 보면
그들이 중국어를 잘 배워서 선교사가 되어
중국인들에 복음도 전할 수 있을 것이라고 했습니다.

지금 한국교회 성도들은
제주도에 사는 10만 주민들 사이에서 일하고 있는 선교사와
시베리아에 살고 있는 50만의 한국인들
그리고 만주에 살고 있는 한국인들을 위해
자신들이 파송한 일꾼들을 지원하고 있습니다.

05 교회성장과 선교

(1) 교회성장과 선교

교회의 성장과 선교는 밀접한 관계를 맺고 있다. 특별히 미전도 종족 지역에서는 교회개척과 교회성장이 선교에 중대한 역할을 한다. 이러한 사실을 간파한 맥가브란은 "(선교지에서) 교회성장은 하나님이 기뻐하시는 뜻이다"라고 하였다. 교회성장과 선교의 역동적인 관계성을 역사적으로 보여준 실례가 바로 한국교회이다. 1세기 전만 하더라도 한국은 땅 끝이었으나 이제는 그 땅 끝 나라가 새로운 땅 끝으로 향하여 나아가는 선교국이 되었다. 그 이유는 한국교회가 많이 성장하였기 때문이다. 1945년 해방 당시 기독교인의 수는 천주교를 포함하여 불과 50만 명 안팎에 불과했으나 가장 최근의 조사 결과(2006 인구주택 총 조사)에 따르면 기독교인 총수는 1,391만 2천명(개신교 861만6천명, 천주교 514만 6천명)으로 전체 인구의 약 27%를 차지하고 있다.

한국에서 교회성장과 선교의 관계성을 깊이 연구한 사람은 손윤탁이다.[31] 초대 예루살렘 교회의 성장을 분석한 그는 성경적인 교회성장의 의미는 단순히 숫적인 성장(growing more)만이 아니라 질적인 성장(growing

31) 손윤탁, "한국교회의 성장과 선교," 한국연합선교회, 『한국선교와 신학교육』, 1910 에딘버러 세계선교사대회 100주년 기념 2010 한국대회 논문집 7권 (한국연합선교회, 2010), 113-146.

up), 내적인 성장(growing together) 그리고 교회 바깥에 있는 사람들로부터 칭송을 받는 외적인 성장(growing out) 이 네 가지라고 하였다. 교회성장에 대한 이러한 이해는 로잔대회에서 큰 활약을 한 올란도 코스타스(Olrando E. Costas)의 글에서도 발견되는데, 그는 교회가 그리스도의 몸이기 때문에 교회의 성장도 다차원적으로 통전적으로 이해되어야 마땅하다고 하면서 참된 교회성장이란 수적이고(numerical), 유기적이며(organic), 개념적(conceptual)일 뿐만 아니라 성육신적(incarnational)이어야 한다고 했다. 교회성장학자 이광순 교수도 이와 비슷한 견해를 가지지만 그는 사도행전 2장 42절을 인용하여 교회의 수적인 성장은 질적인 성장과 내적 성장 그리고 외적 성장의 결과임을 강조하였다. 역시 풀러신학교에서 공부한 안승오 박사도 교회성장과 선교와의 밀접한 관계성을 전제하면서 '교회 사역의 3차원'을 제시하였다. 첫째는 '하나님을 향한 차원(reaching-up)'인데 주로 예배, 설교, 기도 등으로 이 차원이 역동적으로 이루어지면 교회가 성장한다는 것이다. 둘째는 '교회 안을 향한 사역'(reaching-in)으로 공동체 소속 교인들의 상호 보살핌과 협력을 의미한다. 이러한 사역은 주로 소그룹, 친교, 제자 양육 등으로 활성화된다. 셋째는 '교회 밖을 향한 사역'(reaching-out)으로 세상을 향하여 복음전도와 사회봉사와 선교하는 것을 의미한다.

교회성장의 본질은 피상적으로 생각하는 몸불리기식의 성장이 아니라 믿음의 성장이요, 사랑의 성장이요, 봉사의 성장이요, 선교적인 성장이다. 그래서 조지 피터스(george W. Peters)는 건강하고 온전한 교회는 반드시 네가지 기둥으로 세워지는데 "그것은 적합(fitness), 형태(form), 기능(function) 그리고 초점(focus)이다"라고 했다. 즉 질적으로 믿음이 충만한 적합한 교회(행 1:1-5:42), 충분히 봉사할 수 있는 형태를 가진 교회(행 6:1-7), 지역사회에서 복음전도로 뻗어나가는 기능을 다하는 교회(행 8:1-12, 25)

그리고 세계복음화에 초점이 맞추어진 교회(행13:1-28:31)이다. 그는 이러한 교회의 모델이 바로 사도행전적 교회라고 하였다. 사도행전의 역사는 참된 교회성장의 모습을 보여주며 교회성장은 곧 선교로 이어진다는 사실을 보여준다. 성령으로 말미암은 세계선교는 예루살렘에 교회를 세움으로 시작되었고 그 교회가 질적으로 내적으로 외적으로 수적으로 성장하면서 온 유대와 사마리아와 땅 끝을 향하여 선교가 진행되어 나갔으며 2천년 역사 가운데 계속하여 지역을 넘어(inter-reginal), 사회집단을 넘어(inter-social), 문화를 넘어(inter-cultural), 민족을 넘어(inter-national), 종교를 넘어(inter-religional), 오만과 편견 그리고 각종 경계선들을 넘어 복음이 전파되었으며 또 다른 교회를 세움으로 세계선교에 기여하였다.

손윤탁은 지금까지 교회성장과 선교와 관계성에 대하여 비슷한 주장을 한 여러 신학자들의 가르침을 아래와 같이 도표화하여 교회성장의 본질을 선교적으로 올바르게 쉽게 이해할 수 있도록 하였다.

한국교회의 구체적인 성장 활동	교회성장의 질적인 측면 (Kent R Hunt)	교회성장의 네 가지 차원 (O. E. Costas)	행2:42-47중심 교회성장 해석 (K. S. Lee)	사도행전적 성장의 네 기둥 (G. W. Peters)
성경공부 사경회 중심	Growing Up (reaching-up)	개념적 성장	사도들의 가르침을 받아	질적 공동체로 적합함
구역 활동 구제와 봉사	Growing Together (reaching-together)	유기적 성장	서로 교제하고 떡을 떼며	봉사적 교회 구조
애국충군의 교회 (3.1운동주도 등)	Growing Out (reaching-out)	성육신적 성장	온 백성의 칭송을 받으니	지역 전도를 위한 기능
결과: 선교사 파송 교회의 수적성장	Growing More	수적인 성장	구원 받는 사람을 날마다 더하게 하심	세계선교에 초점을 둔 교회

이 표에 따르면 교회성장은 단순히 사이즈가 성장하는 것이 아니다. 교회성장의 참된 의미는 질적, 양적, 성육신적, 선교적으로 성장하는 것이다. 그러므로 세계선교의 비전을 가진 선교사는 현지교회를 소중히 여기고 “안 믿는 사람은 믿게 만들고 믿는 사람은 더 잘 믿게” 하는 목회에 최선을 다하고, 현지교회가 성서적으로 성장할 수 있도록 최선을 다해야 할 것이다. 그것이 곧 세계선교에 기여하는 일이다.

(2) 교회의 본질 – 선교

앞에서 우리는 교회성장과 선교의 관계성에 대하여 말하였다. 그러나 교회성장이 반드시 선교에 기여하는 것만은 아니라는 사실을 성경에서, 역사에서 배운다. 일례로 초대 예루살렘교회가 처음에는 성장하면서 선교에 적극적이었지만 어느 순간엔가 ‘경계선을 넘어 땅 끝까지 이르러 내 증인이 되어라’는 주님의 선교 명령을 잊어버리고 교회내향주의에 빠질 때 주님은 스데반의 순교를 필두로 핍박이 일어나게 하여 온 유대와 사마리아와 다른 지역으로 흩어지게 하신 것을 사도행전에서 보게 된다. 그러므로 교회는 교회성장의 목적이 교회 자체에 있는 것이 아니라 하나님 나라의 비전을 실현하는 세계선교에 있음을 항상 기억해야 할 것이다. 교회는 선교에 의하여 존재하게 되었고 선교를 위하여 존재한다. 교회 자체를 위하여 존재하는 것도 아니고 교회 확장 자체를 위해 존재하는 것이 아니다. 그런데 많은 경우 이 진리를 잊어버릴 때가 있다. 다음 “구조소”(Lifesaving station)이야기는 이러한 현실을 풍자적으로 말해준다.[32]

32) Theodore O. Wedel, "Evangelism - The Mission of the church to those outside her life," *The Ecumenical Review* (Oct 1953), 19-25.

자주 배가 파선하는 위험한 해안에 난파한 사람을 구조하기 위하여 작은 인명 구조소가 있었다. 움막처럼 보잘 것 없는 집과 작은 배 한 척 뿐이었지만 몇 사람의 헌신적인 일꾼들이 불철주야로 바다를 살피면서 난민 구조에 전력하였다. 숱한 사람들이 이 작은 인명 구조소에 의해 구조되었고 이 집은 점점 유명하게 되었다. 이를 통해 구출 받은 사람들과 이 일에 호감을 가진 사람들이 인명 구조소와 관계를 맺고 싶어했고 그들의 시간과 돈을 바치게 되었다. 새로운 배들을 매입하고 선원들이 증원되면서 인명 구조선도 그 규모와 시설이 점점 비대해 지고 현대화되었다.

좋은 가구와 시설이 구비되어 구조소는 회원들이 즐겨 모이는 사교 장소처럼 되어갔다. 인명 구조 작업에 대한 관심과 활동이 줄어들었고 마침내 자기들이 모은 돈으로 구조선에서 일 할 선원들을 고용하여 그들로 하여금 대신 구조 활동을 담당하도록 하였다. 인명 구조에 대한 이상(理想)은 화려하게 변모한 인명 구조소의 장식품에서만 볼 수 있게 되었다. 주요한 행사를 여는 큰방에 구조선을 상징적으로 들여다놓고 그것을 예배하듯 대하였으나 인명 구조에 대한 열정은 냉각되어 있었다.

그 즈음 큰 배가 파선하여 고용된 구조선 선원들이 익사 직전에 구출한 난민들을 데리고왔다. 누추하고 병든 사람들도 있었고 불구자도 더러 보였다. 아름답게 장식된 인명 구조소가 삽시간에 더러워지고 소란스럽게 되자 구조소 사람들은 불쾌해졌고 새로운 대책 마련에 나섰다. 관리위원회가 모여 난파당한 사람들은 구조소에 들어가기 전에 밖에 간이 목욕실을 만들어 먼저 깨끗하게 한 후에 들어 올 수 있도록 규정을 만들었다. 그 다음날 구조소 회원들 간에 의견 마찰이 노골화되었다. 대부분의 회원들은 더 이상 구조 활동을 계속하기를 반대하고 자기들의 사교 클럽으로 그 집과 시설을 사용하기를 원했다. 몇 사람들만이 집과 시설이 원래 인명 구조를 위한 것임을 주장했으나 투표 결과 그들의 의견은 관철되지 못하였다. 만일 그들이 계속해서 인명 구조 활동을 원한다면 다른 곳에 구조소를 만들라는 권유를 받았고 결국은 다시 시작하는 수밖에 없었다.

몇 해가 지나자 새로 시작했던 구조소도 처음의 것과 같은 현상을 되풀이했고 다시 구조 사업에 헌신하는 사람들에 의해 또 다른 구조소가 세워졌다. 역사가 흐르는 동안 이 같은 일들이 계속 반복되었다. 지금도 그 해안 지대에는 사교장들로 변한 인명 구조소들만 있을 뿐 자주 난파하는 배에 탄 대부분의 선원들은 구조받지 못한 채 죽어가고 있다.

위의 이야기의 메시지는 교회가 그 본래의 목적을 잊어버리고 스스로만을 위해 편리함과 확장과 세상적인 성공을 추구하는 것이 얼마나 위험한 것인가를 지적하는 경고이다. 교회가 자기 본질과 존재 목적을 망각하면 그때부터 교회는 병들고 망하는 길로 접어들게 된다.

교회는 하나님의 선교의 도구이다. 목적이 아니다. 이것을 기억하고 하나님의 선교를 알고 섬기는 겸손한 종의 자세를 취해야 한다. 종의 권세와 능력과 영광은 주인을 바로 알고 주인에게 순종하는 데 있다. 만일 종이 주인의 뜻을 알지 못하고 알아도 겸손하게 순종하지 않는다면 아무리 유능한 종이라도 버림받을 것이다. 교회는 하나님의 선교의 도구이다. 그러나 보통 도구가 아니라 여러 도구들 중의 하나가 아니라 아주 중요하게 여기는 도구이다. 하나님은 자신의 선교를 위하여 다른 도구들도 사용하시지만 교회라는 도구를 통하여 일하기를 아주 기뻐하신다. 교회는 하나님의 아들이 피로 값을 치루고 세운 '그리스도의 몸'과 같이 소중한 공동체이기 때문이다.

(3) 교회의 4대 속성과 선교

모든 교회(종교개혁교회, 로마가톨릭교회, 동방정교회)가 받아들이고 정통과 이단의 판별 기준이 되어온 "니케아 콘스탄티노플 신조"(381년)에는 교회론과 관련된 중요한 신앙고백이 들어있다. 그것은 "우리는 하나의 거룩하고 보편적이고 사도적인(one, holy, universal and apostolic) 교회를 믿는다"라는 고백문이다. 여기서 교회를 수식하고 있는 네 개의 형용사를 일컬어서 교회의 네 가지 속성이라고 한다. 교회는 바로 이 네 가지 특성을 가지고 있다는 것이다. 교회가 뭐냐를 규정하는 초대교회의 기본적인 규정이 이 속에 들어있다. "이 네 가지 속성은 하나님이 교회에게 주신 은총(gift)이자 선교적 과제(task)"라고 찰스 밴 엥겐은 말한다.[33]

첫째, 교회는 하나다(one).

서울의 어떤 아파트 지역에서 10여 년 전에 통합측 교단의 어떤 분이 교회를 지을 땅이 모자라니까 상가를 빌려서 들어갔더니 이미 교회가 있었다. 두 번째로 들어가서 마음에 조금 걸렸는데 조금 있으니까 교회가 또 들어왔다. 마침내 네 번째 교회가 또 들어왔다. 그런데, 어느 날 그 지역의 아파트 주민들이 반상회를 해서 도저히 안되겠다. 상가 건물에 약국도 있어야하고 골고루 있어야 하는데 교회만 들어 있어 주민들만 불편하니, 제일 먼저 들어온 교회만 남아 있고 나머지는 다 나가라고 결정했다. 그러나 나머지 두 교회는 안 나가기로 정했다. 통합측은 두 번째로 들어갔는데 조금 억울하지만 할 수 없이 옮겼다고 한다. 아주 창피한 일이다. 일반 시민들이 우리보다 더 잘 안다. 교회가 하나라는 것을. 성경에서도 교회가 하나고 이 중요한 정통 신조도 교회는 하나다. 그리고 일

33) Charles Van Engen, *God's Missionary People* (Baker Book House, 1991), 65.

반 국민들까지도 교회는 하나라고 알고 있는데 교회가 지역사회 속에서 경쟁하고 분열하는 모습은 선교를 가로막는 모습이다.

교회의 4대 속성

속성	선교적 사명
하나이다.	분열을 없애고 하나를 이루어 나간다.
거룩하다.	죄악의 요소를 없애고 거룩성을 회복한다.
사도적이다.	선교적 사명을 다한다.
보편적이다.	만민이 기도하는 집으로 만들어 나간다.

세계교회의 분열과 많은 교파에 대한 논의는 신학자들에 따라서 각각 다르다. 독일신학자 칼 바르트는 교회가 하나됨을 상실한 것은 교회의 죄악이고 교회의 수치라고 말했다. 그러나 화란의 신학자 아브라함 카이퍼는 교회가 다수로 존재하는 것은 불가피하다고 생각하였다. 불가피한 이유는 진리가 다수이기 때문이 아니고 역사의 노정위에 있는 교회의 지식의 불완전성 때문에 그렇다는 것이다.

지금 현실적으로 선교적으로 중요하게 다루어야 할 한국교회의 주제는 하나됨이다. 통계청이 발표한 한국 인구센서스 자료에 따르면 2006년 5월 기준으로 불교인구가 22.8%로 가장 많고, 기독교 18.3%, 천주교 10.9% 순으로 나타났다. 그런데 1995년부터 2005년 사이 3대 종교 중 불교는 3.9% 증가했고, 천주교가 74.4% 증가한 반면에 기독교는 1.6% 감소한 것으로 드러났다. 이렇게 기독교 인구가 감소한 이유에 대하여 많은 학자들이 기독교의 교파가 너무 많다는 점과 이로 인하여 사회적 공신력을 잃고 있다는 사실을 주된 이유로 지적하였다. 2010년 현재 한국 개신교 교단 수는 300여 개이며, 그 중에 장로교단 수는 100개를 넘는다. 향후 20년 기독교가 이 문제를 심각하게 생각하고 교회의 하나됨과 연합 그리고 사회적 공신력을 회복하는 노력을 적극적으로 하지 않는다면, 2026년 기독교 인구 통계는 엄청나게 줄어들 것이다. 그러므로 지역교회는 같은 지역에 있는 다른 교회들과 연합하여 하나를 이루는 일에 열심을 내어야 한다.[34] 차이점보다는 공통점을 강조하고 홀로 선한 사업을 하기보다는 연합해서 함께 지역사회를 위한 봉사활동을 많이 해 나감으로 교파는 달라도 교회가 하나임을 여러 형태의 연합 모임을 통하여 자주 증거해야 한다. 교회가 나누어지고 싸우고 갈등하는 모습은 선교의 큰 장애물이다. 불신자들에게 지역교회들이 서로 연합하는 모습을 보여주는 것이 선교의 시작이다.

둘째, 거룩성이다(holiness)**.**

교회의 속성은 거룩성이다. 교회는 예수 그리스도를 머리로 하는 예수 그리스도의 몸이기 때문에 거룩하다. 거룩하신 예수 그리스도의 몸은 교회 밖에 없다. 그래서 교회가 거룩하다. 교회는 그리스도의 몸이므로 거룩하신 그리스도의 모습을 반사한다. 이것을 특별히 강조한 분은 칼바르트였다. 우리가 거룩하신 예수님의 말씀, 그분의 복음을 어디서 들을 수 있는가? 잠실운동장에 하루종일 앉아 있으면 거룩하신 주의 말씀이 들리는가? 아니다. 어디가야 거룩한 주의 말씀이 들리는가? 교회다. 교회가 그리스도의 거룩성을 반사하는 곳이다. 교회는 예수 그리스도라는 진주를 가슴에 품고 있기 때문에 거룩한 것이다.

---

34) 필립 버틀러, “협력관계가 가진 힘,” 랄프 윈터 · 스티븐 호돈 공저, 『미션 퍼스펙티브』 (예수전도단, 2000), 514-519.

그런데 현실적으로 교회는 죄악에 많이 물들어 있다. 역사적으로도 그렇고, 현실적으로 그렇다. 교회의 죄악을 결단코 가볍게 평가할 수 없는 그런 처지에 있다. 초대교회 시대에는 그리스도인들이 주로 진리를 변증(apology)하는 데 힘을 사용했는데, 요즘은 창피스러운 일에 대하여 변명하는(excuse) 데 에너지를 사용하고 있다. 이렇게 교회가 여러 가지 문제로 사회의 지탄을 받고 있는 처진데 어떻게 교회를 거룩하다고 할 수 있는가?

그래도 거룩하다. 그 이유는 성령의 거룩하게 하심 때문이다. 성령께서 거룩하게 만들어간다(벧전 1:2). 어떤 안수집사가 옛날에 예수를 모를 때 길가다가 거지를 만나면 뭐 저런게 있는가 하는 생각이 들어서 구둣발로 엉덩이를 차고 싶었다. 세월이 지나서 교회 다니고 안수집사가 되고 난 후에 그런 거지를 보면, 구둣발로 차고 싶은 생각은 없어지고 이제는 불쌍한 생각이 들어서 동전이나 천원짜리를 주고 간다는 것이다. 이 사람의 마음, 옛날에 가졌던 공격적인 마음이 세월이 흐르면서 남을 긍휼히 여기는 마음으로 자기도 모르게 바뀌어진 것이다. 누가 이렇게 바꾸느냐? 교회 안에서 역사하시는 성령께서 이렇게 바꾸어주는 것이다. 우리가 모르는 사이에 성품이 변한다. 성령이 역사하면 성품과 인격이 바뀌게 되어 있다. 우리가 잘나서 그렇게 되는 것이 아니라 교회에 역사하시는 거룩하신 영이 우리를 바꾸고 있기 때문이다.

서울 인근에 어려운 사람을 돕는 시설을 보면, 정말 예외적인 몇군데를 제외하고는 그 일을 하는 사람들 중에는 압도적으로 그리스도인이 많다. 세계역사를 보아도 인권운동에 헌신한 주역들 중에는 압도적으로 그리스도인들 많다. 필자는 그리스도의 교회가 역사적으로 많은 과오가 있었고 그것을 고쳐야 한다고 생각하지만, 그럼에도 불구하고 그리스도인의 공동체는 역사 속에 빛의 역할을 참 많이 감당해왔다고 생각한다. 세기에 위대한 거룩한 인물 100명을 뽑으면 80% 이상이 그리스도인들이다. 우리가 완벽하게 거룩한 것은 아니지만 전체적으로 보면 그리스도인의 공동체가 다른 어떤 공동체보다 훨씬 더 거룩한 특징들을 가지고 있다. 그것은 우리가 잘나서 그렇게 되는 것이 아니고 교회 안에 역사하시는 거룩한 영이 우리를 그렇게 만들어가시기 때문에 교회를 거룩하다고 하는 것이다.

현실적인 교회는 많은 부분에서 거룩하지 못하다. 하지만 말씀과 기도와 성령의 역사로 계속 좀더 거룩해지려는 노력을 해야 한다. 그리스도인은 세상 사람보다 조금 더 진실하고 성실해야 한다. 윤리 도덕적으로 깨끗해야 한다. 초대교회 시대 즉 로마제국 시대 콘스탄틴이 기독교를 공인하기 이전에는 그리스도인들이 많은 박해를 받았다. 그런데 주후 313년 콘스탄틴이 기독교를 공인하였다. 그 이유가 무엇이었는가? 지동식 박사가 쓴 "로마제국과 기독교"라는 책을 읽어보면 당시 그리스도인들의 거룩한 삶 때문이었다고 한다. 3-4세기 로마제국은 군사적으로 경제적으로 강해졌지만 윤리 도덕적으로 타락하여 젊은이들 사이에 성병이 만연하여 불구자 아이들이 많이 태어났다. 그러자 생각이 있는 원로들은 나라의 미래를 걱정하던 중 기독교인들 중에서 여자를 붙잡아 아이를 낳게 하였다. 그러자 기독교 여성들은 모세의 어머니 요게벳처럼 어린아이를 안고 기도와 말씀을 가르쳤는데 나중에 그 아이들이 자라서 로마제국의 학자, 정치가, 군인이 되었다. 숫자는 적었지만 그들은 영향력이 있는 지도자들이 되었다. 콘스탄틴은 이미 이것을 보았다. 그래서 전쟁에서 큰 승리를 거둔 다음 기독교를 제국의 종교로 공인하였다는 것이다. 거룩한 생활은 사회적으로 큰 영향력을 발휘한다. 제국을 바꿀 수 있는 힘이 있다. 하나님이 거룩한 자들과 함께 하시기 때문이다.

한국교회사를 읽어보면, 구한말 서울에서 사또로 임명을 받은 이들 중에서는 어느 특정 지역에는 내려가지 않겠다고 하는 이들이 있었다. 그 이유는 그곳에는 기독교인들이 많아서 뇌물이 통하지 않고 협박도 통하지 않기 때문이었다. 지역사회 속에서 빛과 소금의 삶을 살면 선교가 잘 된다.

사람들은 3명만 모여도 다수(majority)와 소수(minority)가 생긴다. 2명이 뭉치면 다수가 되고, 1명이 남으면 소수가 되는 것이다. 역사는 다수와 소수의 갈등 속에서 전개된다. 그런데 대부분의 소수는 다수에 의해서 동화되거나 흡수되거나 멸절되어 버린다. 실제로 살아남는 소수는 거의 없다. 그런데 역사상 살아남은 대표적인 소수가 둘 있다. 유대인과 초기 그리스도인이다. 이 두 그룹의 공통점은 스스로를 '거룩한 공동체'로 인식했다는 점이다. 거룩이 무엇인가? 거룩을 뜻하는 히브리 말 '카도쉬'는 구별되었다, 다르다는 뜻이다. 이들은 소수지만 자신들의 특징을 세상과는 다름에서 찾았다. 자신을 하나님의 백성으로 인식했다. 그것이 힘이 된 것이다. 성도는 세상적인 쾌락이 불편하다. 그래서 사회 생활할 때 불편함이 있다. 그래서 잃는 것도 있지만 반대로 얻는 것 또한 얼마나 많은가? 저절로 성도임이 증명된다. 성도임을 알기에 전도의 계기가 되기도 한다. 구별되었다는 거룩함은 불편함이 아니다. 그 안에 어떤 고난이라도 이기게 만드는 힘의 원천이 숨겨져 있다. 선교의 능력은 거룩에서 나온다.

셋째, 보편성이다(universality)**.**

보편성이란 교회가 만민의 교회라는 뜻이다. 지역이나 인종이나 계급이나 이런 것에 차이가 없는 교회는 만민에게 열려진 만민의 교회다. 쉽게 이야기해서 교회는 어떤 개인 혹은 집단의 사적인 교회가 아니라는 말이다. 교회는 예수 그리스도의 교회고 그런 까닭에 만민의 교회, 만민을 향해서 열려져 있고 만민이 교회의 주인인 교회다. 그렇기 때문에 교회를 사유화시키면 안 된다. 교회를 사유화시키는 것은 바로 이 교회는 원칙적으로 만민의 교회라는 기본정신과 충돌되는 잘못된 행위다. 아무리 목사님이 훌륭하다고 해도 그 교회는 그분의 교회가 아니다. 또 어떤 장로님께서 그 교회를 세우는 데 결정적인 공헌을 하였다고 하더라도 그 교회는 그분 개인의 교회가 결단코 아니다. 한국 기독교의 짧은 역사 속에서도 교회를 사유화시키기 때문에 일어나는 문제가 많이 있었다. 교회는 만민의 교회다. 교회의 단 한 분 주인은 예수 그리스도시고 그런 의미에서 만민이 교회의 주인인 것이지... 어떤 개인이나 계급이나 집단이 교회의 주인인 것은 아니다.

만민의 교회이어야 하는 이유는 ① 구원의 보편성 때문이다. 구원에 어떤 제한이 없다. 요 3:16, 엡 3:6에서도 보면 인종의 차별이 없는 것이다. 유대인이나 이방인이나 모두 교회의 주인이 될 수 있다. ② 만민을 향한 선교의 요청 때문에 그렇다. 모든 족속으로 제자를 삼아... 여기에 제한이 없다. ③ 만민이 그리스도 안에서 한 형제, 자매된 공동체이기 때문이다. 갈 3:28에 보면 유대인과 헬라인이 하나다. 인종의 차별을 뛰어넘는 정신이다. 가히 혁명적인 일이다. 복음의 능력이 굉장하다고 할 수 있다. 인종의 장벽을 뛰어넘은 새로운 공동체를 탄생시킨 것이다.

그런데 이 정신이 2천년 기독교 역사 속에 제대로 실천되지 않았다. 민주주의가 가장 발전했다고 하는 미국에서도 20세기 중엽까지 흑인교회와 백인교회가 구별되어 있었다. 교회까지도 철저하게 인종차별을 하고 있었다. 학교도 흑인 학교, 백인 학교가 있었다. 사회도 그 모양이었다. 버스를 타도 앞자리는 백인, 제일 끝이 흑인의 자리였다. 이 인종차별을 극복하기 위한 마르틴 킹 목사님의 노력을 대단히 훌륭했다. 20세기 가장 위대한 목사님 중의 한 분이라고 저는 생각한다. 그분의 노력이 없었다면 미국은 지금쯤 굉장한 혼란에 빠졌을 가능성이 있다. 그 수많은 노력으로 법적으로는 인종차별을 철폐하는 데 성공하고 그렇기 때문에 미국사회가 오늘날 어느 정도 안정을 유지하고 있는 것이라고 생각한다. 그분의 설교는 오고오는 세대에 감동을 줄 것이다. 킹목사의 꿈은 바로 주님이 원하시는 것이었는데, 그것을 이루기가 어려웠고 결국 킹 목사는 죽어야 하는 엄청난 벽이 존재하고 있었다. 킹 목사님의 생애를 연구해 보면 어떻게 그렇게 담대했는지 놀라울 뿐이다. 밤 열두 시가 되면 전화가 와서는 "이 검둥이 놈 내일 꼭 죽을 줄 알아라"하고 협박을 하고 끊어 버리는 일이 많았다. 그러니까 아침에 일하러 나갈 때 하늘을 보면서 오늘이 마지막 날인가! 내 생명이 그렇게 길지 않겠다고 생각하시면서 살았다. 결국 암살을 당하신다. 인종의 차별을 뛰어넘고 흑인과 백인이 한 형제가 되는 나라를 만드는 것이 인권이 가장 신장되었다고 하는 미국의 교회에서도 굉장히 힘든 일이었다. 불과 30여 년 전에 있었던 일이다.

나찌시대 독일의 교회는 민족을 위한 교회란 슬로건을 내걸고 독일사람들의 예배에 다른 민족들이 참석하지 못하도록 했다. 자기 민족의 우월성을 많이 강조했다. 그래서 나찌 시대 독일 교회는 민족주의와 결탁을 한 애국의 교회였다. 주교는 전쟁에 나가는 군인들을 위해서 기도해 주었다. 1940년대 초 독일의 군대가 막 이겼다. 그때 독일 교회가 전국적으로 전쟁에서 이긴 것을 감사하는 감사의 예배를 다 올렸다. 그런데 이게 정말 감사할 일인지를 생각해보아야 하는데, 폴란드의 그리스도인들은 어떤 상황이었겠는가? 평화로운 폴란드가 나찌 군대의 침략으로 많은 사상자를 내고 피눈물이 나는 기도를 드리고 있었을 것이다. 프랑스의 교회는 어떠했겠는가?

애국과 결탁한 독일 교회의 죄악된 모습인데 그 당시 그것을 죄악이라고 느낀 사람이 없었다. 언제 깨달았는가? 1945년 전쟁에서 지고 난 뒤에 독일 전역이 잿더미가 되고 전쟁터에 나간 사람이 죽거나 병신이 되어서 돌아오고 그 아비규환과 같은 엄청난 것을 경험하고 자기들의 죄악이 얼마나 엄청난 것이었던가를 그제서야 깨달은 것이다.

교회가 어느 지역주의에 편승해서 경상도파, 전라도파, 이북파가 되면 안된다. 양반 교회 상놈교회가 되어서도 안 된다. 죄성을 지닌 인간은 본성상 끼리끼리 모이는 것을 좋아한다. 그러나 교회는 동창회가 아니다. 클럽이 아니다. 동호회도 아니다. 만일 그렇게 분위기가 돌아간다면 교회의 속성인 보편성을 버리는 것이다. 교회가 선교적 사명을 감당하려면 먼저 교회의 보편성을 회복해야 한다.

넷째는 사도성이다(apostolicity).

교회는 사도적이어야 한다. 사도적이라 함은 선교적이라는 뜻이다. 선교는 교회공동체의 본질이다. 독일신학자 에밀 부룬너(E. Brunner)가 잘 말하였듯이 불이 타오름으로 존재하듯 교회는 선교함으로 존재한다.[35] 선교가 없는 곳에는 교회가 없다(없어진다). 따라서 교회도 선교도 없는 곳에는 신앙도 없다. 그러므로 목회자, 선교위원회뿐만 아니라 모든 교우들이 선교에 참여해야 한다. 선교적 교회의 모델이라 할 수 있는 교회, 안디옥교회가 바울과 바나바를 선교사로 파송할 때 바울과 바나바만이 금식기도를 한 것이 아니라 성경을 보면(행 13:2) 교회 모든 교우들이 다 함께 금식기도를 하였다. 일반 교우들은 선교에 방관자가 아니다. 구경꾼이 아니다. 안디옥교회 교우들이 금식기도에 참여한 이유는 자기들도 보내는 선교사라는 의식을 가지고 있었기 때문이다. 바울과 바나바가 1차, 2차 선교사역을 마치고 돌아왔을 때 금식기도한 후에 파송하는 일에

35) Emil Brunner, *The word and the World* (London: SCM, 1931), 108.

동참한 안디옥교회 교우들이 바울과 바나바를 따뜻하게 맞이하여 위로하였고 선교현장에서 바울과 바나바를 통하여 일하신 하나님의 역사를 듣고 하나님께 영광을 돌림으로 안디옥교회 교우들은 선교에 동참하였다(행 14:26-28).

그리스도인 가운데는 가끔 '교회가 왜 선교를 해야 하는가?'라고 묻는 이가 있다. 교회가 왜 선교를 해야 하는가? 라는 질문은 선교의 동기를 묻는 질문이다. 아마도 많은 한국교회가 '교회가 왜 선교를 해야 하는가?'라는 질문에 '주님의 지상 명령이기 때문에' 또는 '잃어버린 영혼을 구원하기 위해서' 또는 기타 여러 가지 이유로 선교의 필요성을 말할 것이다. 그리고 교회가 선교를 해야 한다는 자체에 대해 이의를 제기하지는 않을 것이다. 그러나 아직도 상당히 많은 사람들이 실제로는 선교의 필요성을 거부하거나 선교운동에 의구심을 품는다. '아직 우리나라에도 믿지 않는 사람들이 많은데...' '우리 교회와 같이 작은 교회가 어떻게 세계선교를 할 수 있을까?'

장신대 총장을 역임한 서정운 박사는 선교를 반대하는 이유를 크게 '자기지역 우선주의'와 '세계도처에 교회가 있다는 생각'으로 요약하고 있다.[36] '아직 우리나라에도 믿지 않는 사람들이 많이 있는데 왜 굳이 많은 교회 예산을 투자하며 고생을 감수하고 선교하느냐'는 주장이고 또 '세계도처에 이미 교회가 있는데 왜 굳이 우리가 선교해야 하느냐'라는 주장이다.

그러나 우리가 초대 교회의 예를 살펴보더라도 예루살렘이 다 복음화 되지 않았더라도 유대에 복음을 증거하였고 유대가 다 복음화 되지 않았더라도 사마리아에 복음을 전하였고 사마리아가 다 복음화 되지 않았

36) 서정운, 『교회와 선교』 (서울:두란노서원, 1993), 10-11.

더라도 안디옥 교회에서 파송 받은 사도 바울에 의해서 로마에까지 복음이 전해진 사실을 우리는 성경을 통해 알 수 있다. 만약 예루살렘이 다 복음화 되어야 다른 지역, 다른 문화권, 다른 민족에게 복음을 전할 수 있다고 생각했더라면 아직까지 복음은 예루살렘에서 벗어나지 못했을지 모른다. 그리고 언더우드(1859-1916)가 미국이 다 복음화된 다음 한국에 가서 선교하겠다고 고집을 부렸다면 한국선교는 이루어지지 않았을 것이다.

또한 '세계 도처에 이미 교회가 있는데 왜 굳이 우리가 선교해야 하느냐'는 주장은 매스컴에서 보도되는 세계에 대한 막연한 생각으로 이미 세계가 상당 부분 복음화 되었다고 착각하는 것이다. 그러나 우리가 근대 선교 역사를 살펴보더라도 '해안선 선교시대', '내지 선교시대', '미전도 종족 선교시대', '미전도 세대 선교시대'로 변천되어 왔음을 알 수 있는데 이는 복음이 전해지지 않은 부분을 새롭게 발견해가는 과정이었다. 우리가 사는 이 세계를 면밀히 살펴보면 아직도 많은 사람들이 복음에 대해 한번도 듣지 못한 사람들이 존재하고 있고, 또 복음을 듣고 회심한 신자들이 있지만 그들 스스로의 힘으로는 독립적인 교회를 이끌어갈 수 없고 또 그 지역을 전도할 수 있는 교회의 자체 역량이 안 되는 민족과 국가들이 있다. 이와 같은 사람들에 대해서 전혀 무관심하고 이들에 대해서 어떠한 선교적 노력을 기울이지도 않은 채, 세계 도처에는 이미 교회가 있기 때문에 선교적 노력을 할 필요가 없다고 주장하는 것은 스스로를 속이는 행동이요 무지한 행동임을 넘어서 하나님 앞에 죄된 행동임을 명심해야 할 것이다.

비교적 늦게 복음을 받아들인 한국에서 기독교가 오히려 크게 발전하고, 특히 장로교회가 크게 발전할 수 있었던 이유 중의 하나는 "교회의 본질은 선교이다"는 사실을 기억하고 실천하였기 때문이라고 본다.

예를 들면 1907년 독노회를 최초로 조직하게 되었을 때 이를 기념하여 이기풍 목사를 제주도 선교사로 파송하였고, 1912년에는 총회가 조직된 기념으로 중국 산동성에 김영훈 박태로 사병순 등 3명의 선교사 파송을 결정한 일이다. 외국인 선교사를 받아들인지 불과 22년(27년) 만에 외국에 선교사를 파송한 일은 20세기 피선교국 역사 가운데 유례를 찾아볼 수 없는 기록이었다. 한국은 가까운 이웃나라 중국이나 일본보다 늦게 복음을 받아들였지만 선교하는 일에는 더 일찍 발을 내디딘 것이다. 이러한 한국교회의 초기 선교역사를 분석한 변창욱 교수는 그 의의를 10가지로 정리하였는데[37] 그 중에 세 가지만 인용해보면 다음과 같다. ① 한국교회는 처음부터 "선교하지 않는 교회는 진정한 교회가 아니다."라는 선교적 교회론을 가지고 있었던 교회였다. ② 초기 한국교회는 역사적으로 중요한 사건이 있을 때마다 이를 기념하여 선교사를 파송했고 장로교의 모든 교회가 해외 선교 사업에 참여했다. ③ 한국교회의 선교사 파송은 교단이 크게 성장한 이후에 이루어진 것이 아니라 이제 막 교단이 조직되던 초기부터 시작되었다. 신생교회로서 교회 재정이나 인력 면에서 넉넉하지 못한 형편에서도 해외선교에 진력하였던 것이다.

이와 같이 교회의 본질인 선교에 매진하는 한국교회였기 때문에 아시아 44개 국가 중에서 유독 한국에서 기독교가 가장 크게 부흥할 수 있었다고 생각한다. 그런데 최근에 와서는 선교를 지역교회의 숫적인 성장운동으로만 생각하거나 목회의 수단으로 생각하거나 특별한 사람들만의 활동으로 생각하는 오해로 말미암아 교회는 본질적인 모습을 상실하고 혼란을 경험하는 상황에 빠지게 되었다. 선교를 외면한 교회는 사도적이지 않은 교회이며 그런 교회는 필경 교회와 선교 모두를 잃어버릴 것이다.

37) 변창욱, "제11강: 한국교회의 선교역사," 주안장로교회『총회세계선교대학』(2009), 113-114.

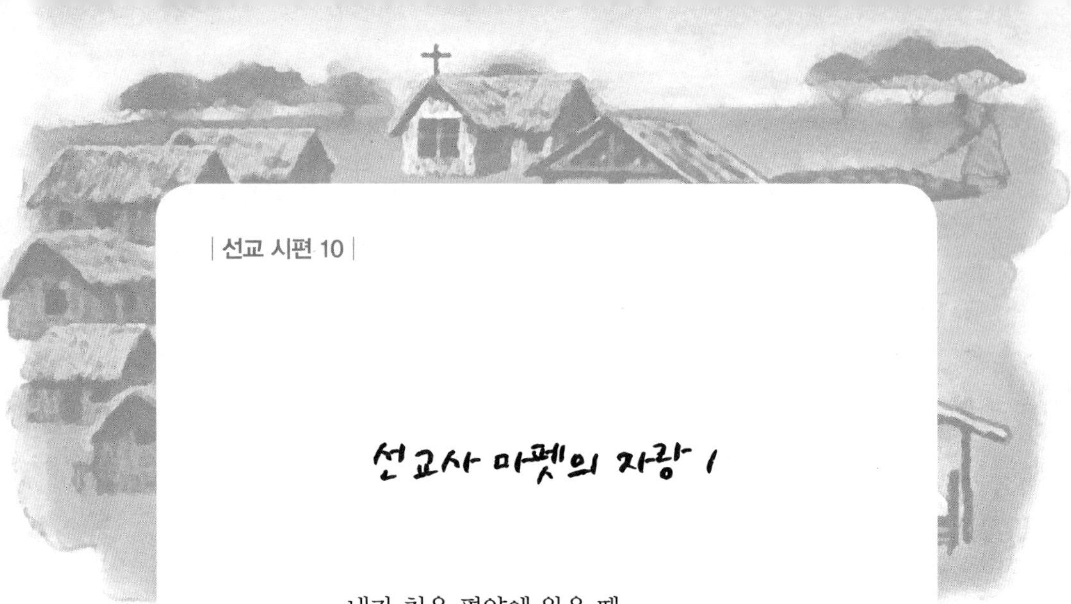

| 선교 시편 10 |

선교사 마펫의 자랑 1

내가 처음 평양에 왔을 때
나를 돌로 쳤던 사람들 중의 하나가
최초의 한국인 목사가 되었으며
지금은 그가 한국교회가 파송한
첫 선교사가 되었습니다.
이것은 나에게 큰 기쁨입니다.

| 선교 시편 11 |

선교사 마펫의 자랑 2

나는 한석진 목사와 김창식 목사와 같은 사람들
이야기를 들려주고 싶습니다.

1894년 그들은 실컷 두들겨 맞고
차꼬에 채워져서 감옥에 갇히게 되었으며
하나님을 저주하지 않으면
처형해 버린다는 위협까지 받았습니다.
그러나 그들은 굳세게 버티었고 결국 형장으로 끌려나왔습니다.
마지막으로 하던 주장을 철회할 수 있는 기회가 주어졌고
그렇지 않으면 바로 목을 벤다고 했습니다.

그러나 그들은 다음 순간
바로 처형될 수 있다는 것을 알면서도
그리스도를 모른다고 할 수 없다고 했습니다.
그런데 놀랍게도 그들은 거기서 풀려났습니다.
그리고 그들은 그 일생을 주님께 드렸습니다.

하나님께서 그런 사람들을 교회를 세우는 데 쓰셨다는 것은
결코 놀라운 일이 아닙니다.
내가 아는 바에 따르면
한 목사는 열네 교회를 세우는 도구로 쓰였고
그 중 한 교회는 성도가 400명에 이르는데
그는 3년 전에 목사로 안수를 받고
그곳의 담임 목사가 되었습니다.

| 선교 시편 12 |

선교사 마펫의 자랑 3

나는 길선주 목사 이야기도 하고 싶습니다.
그는 한국교회 최고의 설교가이고
가장 큰 영적 능력을 받은 분입니다.
그는 하나님의 말씀의 위대한 진리에 근거한 설교 원고를 들고
회중 앞에서 그 말씀을 전할 때
평양중앙교회의 1500명 회중의 마음을 휘어잡습니다.
그는 복음을 듣기 전에
여러 해 동안 몇 달씩 산 속에 들어가서
진리를 찾는 구도자의 삶을 살았습니다.
어느 해 그는 3개월을 깊은 골짜기에 혼자 들어가서
적게 먹고 거의 말은 하지 않으면서
성냥불로 다리를 지지거나
옷을 벗고 냉수를 끼얹거나
얼음으로 눈을 비비거나 하면서까지
맑은 정신으로 진리를 찾아보려고 했습니다.

그러던 중 그가 복음 이야기를 듣고
그의 죄를 깨닫는 기도의 아픔을 통해
그리스도를 그의 구주로 영접하게 되었습니다.
그리고 그 이후로 줄곧 영적 능력이 충만하게 지내오고 있습니다.

나의 일생에서 가장 행복했던 날 중의 하루는
1907년 10월에 있었습니다.
그때 여러 해 동안 그레이엄 리(Graham Lee) 목사와 나
그리고 많은 목사님들의 조사(助事)로 일해오던
길 목사가 안수를 받고
중앙교회의 목사로 취임했던 것입니다.

그때부터 우리는
그를 돕는 조사의 자리로 한발 물러섰습니다.

제Ⅳ장

하나님 나라 사역으로서의 선교

01 교회와 하나님 나라

우리는 앞 장에서 교회개척과 교회성장 사역으로서의 선교를 말하였다. 그런데 여기서 끝나면 안 된다. 그러면 교회주의로 빠지고 만다. 선교의 목적은 이 지구가 교회로 가득 채워지는 것이 아니다. 예수님이 선교사로 이 땅에 오셨을 때 취임 설교의 제목은 "회개하라 하나님 나라가 가까웠느니라"였다. 기도를 가르쳐주실 때도 "아버지의 나라가 오게 하시며 아버지의 뜻이 하늘에서와 같이 땅에서도 이루어지게 하소서"라고 기도하라고 하셨다. 그분은 돌아가실 때도 '하나님 나라'를 말씀하셨다. 선교의 목적은 하나님의 나라이다.

대한예수교장로회(통합) 총회세계선교부에서 작성한 〈우리의 선교신학〉 제4항은 "선교와 하나님의 나라"에 대하여 다음과 같이 선언한다.

> 선교의 주제는 하나님의 나라이다. 성부, 성자, 성령, 삼위일체 하나님의 사역인 하나님의 선교의 목표는 예수 그리스도의 복음전파를 통한 하나님 나라의 구현에 있다. 하나님의 나라는 하나님의 주권과 통치가 확립된 나라를 뜻하며 하나님에 의해 건설되고 확장되며 완성된다. 선교는 다가올 새 하늘과 새 땅으로 완성될 하나님 나라를 지향하여 예수 그리스도의 재림까지 계속되어야 한다. 역사 속에서 하나님 나라 지향적인 선교는 그리스도 중심적으로 선교 공동체인 교회를 통해 세상을 향하여 전개된다.

그리고 제 5항에서는 "선교와 교회"에 대하여 다음과 같이 선언한다.

> 하나님의 선교는 교회를 통해 기본적으로 수행된다. 예수를 주와 구주로 믿는 사람들의 공동체인 교회의 최대의 과제가 선교이다. 모든 족속으로 제자를 삼고 세계를 복음화하는 일이 교회의 기본적인 관심사인 것이다. 교회는 모든 자원과 힘을 합하여 온 세상의 모든 사람들에게 때를 얻든지 못 얻든지 온전한 복음을 전파할 책임이 있다. 온전한 복음은 인간을 구원하는 전도와 정치와 경제적 정의 실현과 자유와 평화의 구현 및 환경보호나 창조세계의 보전 등을 포함한다. 이처럼 교회의 존재이유는 인류의 역사와 자연 속에서 하나님의 나라를 이룩해나가는 데 있다. 교회는 이 같은 선교사명을 감당하기 위해 사람들을 하나님께 바로 예배하게 하고 성경과 교리를 바로 가르치며, 사랑으로 서로 섬기고 함께 사귀며 선교하도록 훈련하고 전력을 다하여 사역할 책임이 있다.

하나님의 사랑과 선교의 주된 관심은 교회가 아닌 세상이다. 교회는 하나님 선교의 도구이다. 그러나 시시한 도구가 아니라 주요한 도구이다. 교회는 목적이 아닌 도구임을 잊어서는 안 된다. 교회는 하나님 나라와 세상 구원을 위해서 존재하는 것이다. 그런데 교회가 이것을 잊어버리고 교회내향주의에 빠지는 경우가 더러 있다. 교회가 본래의 목적을 잊어버리고 스스로만을 위해 외형적인 성공을 추구하는 것은 맛을 잃은 소금이 되기 시작하는 것이다.

성경은 분명히 말한다. 교회는 하나님 나라를 위하여 존재하고, 하나님 나라에 의하여 존재하고, 하나님 나라에 의하여 교정된다. 교회가 발전하여 하나님의 나라가 되는 것이 아니다. 하나님 나라는 삼위일체 하나님의 코이노니아가 있는 곳이며, 교회뿐만 아니라 존재하는 모든 피조물이 학수고대하는 샬롬인 것이다. 교회는 하나님의 왕국과 하나님의 선교를 위하여 봉사한다. 봉사하는 거기에 교회의 존재 의의가 있는 것이다.

하나님 나라는 어떤 나라인가? 복음서나 신약성서 어느 곳에서도 하나님의 나라는 이런 것이다-라고 예수가 단정적으로 말씀하신 적이 없다. 주로 비유를 통하여 하나님 나라를 설명한 적이 많았는데 그 정확한 의미를 밝히는 데는 여러 가지 해석이 있다. 그 정확한 의미를 이해하려면, 소외된 자들을 돌보시고 축사하시고 여러 가지 교훈을 주신 예수의 모든 행동과 가르치심의 맥락 속에서 이해될 때 비로소 올바른 이해에 도달할 것이다. 그럼에도 불구하고 복음서에 나타난 하나님 나라에 관한 예수님의 가르침을 종합해 볼 때 다음과 같이 하나님 나라의 특성을 말할 수 있을 것이다.

첫째, 하나님의 나라는 삼위일체 하나님의 나라이다.
둘째, 소외당한 자들에게 열려 있는 나라이다.
셋째, 율법을 사랑으로 자발적으로 순종하는 나라이다.
넷째, 화해와 용서의 나라이다. 복수와 한(恨)이 없는 나라이다.
다섯째, 모든 사람과 생명이 육신적 정신적으로 건강한 나라이다.
여섯째, 남녀노소 빈부귀천 모든 민족 모든 인종에게 차별이 없는 나라이다.
일곱째, 영생복락의 나라이다. 죽음과 눈물과 불안이 없는 영원한 나라이다.
여덟째, 어린 양 예수님을 영원히 찬양하는 나라이다.

이러한 하나님 나라를 위한 봉사의 선교를 잘 감당하려면 무엇보다 ⑴ 먼저 성령 충만을 받아 성령의 인도하심을 따라가야 하고, ⑵ 영적 책임과 사회적 책임을 균형 있게 잘 감당해야 하며, ⑶ 하나님의 선한 일꾼들과 협력할 줄 알아야 한다. 이렇게 선교할 때 비로소 하나님의 뜻이 하늘에서 이룬 것 같이 선교현지에서도 이루어지게 될 것이다.

02 성령의 인도하심을 따라

선교는 성령의 인도하심을 따르는 것이다. 시대적 유행이나 선교사의 야망을 따르는 것이 아니다. 선교하려면 성령의 인도하심을 알아야 하고 그 인도하심에 순종해야 한다. 선교행전이라고도 불리는 사도행전을 성령행전이라고 부르는 이유가 여기에 있다.

성령은 선교의 영이시다. 그런데 성령을 누구에게 부어주시는가? 구약시대에는 사명자들에게만 성령을 부어주셨다. 왕, 제사장, 선지자들에게만 사명을 부어주셨다. 성령을 받은 자는 사사나 왕으로서 하나님을 대신해 통치의 사명을 감당했고, 이스라엘 백성과 하나님 사이에서 중보의 역할을 맡은 제사장의 사명을 수행했고, 하나님의 마음과 뜻을 전달하는 하나님의 입이 되어 선지자의 임무를 수행했다. 구약시대에 성령을 받는다는 것은 곧 이런 사명자가 된다는 뜻이 있었다.

예수님이 공생애를 시작하실 때 성령이 임하셨다. 이것은 이제부터 예수가 사명을 시작하시는 것을 하나님 아버지가 공인하신다는 뜻이다. 실제로 예수님의 나이가 30세 즈음 되었을 때 요단강에서 세례 요한으로부터 세례를 받으실 때 비둘기 같은 성령이 그 위에 임하셨다. 그때부터 예수는 왕, 제사장, 선지자와 같은 모습으로 선교 사명을 수행하셨다. 예수님이 부활 승천하신 다음 예루살렘에서 120명의 그리스도인들이 마가의 다락방에서 기도하며 약속하신 성령을 기다리고 있을 때 8일째 되던 날 성령이 임하여 거기에 모인 120명이 모두 외국어를 말하는 방언을 했다. 거기에 모인 120명은 왕도 아니었고 왕이 될 사람도 아니었다. 제사장도 아니었고 제사장이 될 사람들도 아니었다. 그런데 그들에게 성령이 임했다. 그 증거로 외국어로 방언을 말하기 시작했고 때마침 유월절을 맞이해 외국에서 예루살렘으로 올라온 유대인 디아스포라들에 의해 확인되었다. 120명이 여러 가지 외국어 방언을 말하는 모습을 본 예루살렘 시민들이 "저들이 대낮에 술에 취했다"고 비웃었다.

그때 베드로가 일어나서 수천 명의 예루살렘 시민들 앞에서 목소리를 높여 설교하기 시작했는데 구약성경 요엘서 2장의 말씀을 인용했다. 때가 되면 하나님 아버지가 남종과 여종에게 성령을 부어 주실 것이라 하셨는데, 그 약속의 말씀이 이루어져서 오늘 120명의 그리스도인들이 이렇게 성령을 받아서 외국어 방언을 말하고 있는 것이니, 이상하게 여기지 말고, 이제부터 하나님의 아들이시고 그리스도이시며 우리의 구속자이신 나사렛 예수를 주와 구세주로 영접하라고 말했다.

이 설교가 끝난 다음 성령을 받은 120명은 모두 사명자 즉 선교사가 되어 나사렛 예수, 십자가에 피흘려 죽으신 예수가 곧 부활하신 예수이며 그리스도이시라고 증거했다. 선교사가 되었다는 뜻이다. 예루살렘 대집회가 끝난 다음 베드로의 설교대로 성령은 남종과 여종에게 임했다. 스데반과 여러 집사들에게도 임했고, 에티오피아 내시에게도 임했고, 고넬료의 식구들에게도 임했고, 자주 장사를 하던 루디아라는 여인에게도 임했다. 성령을 받은 그들은 한결같이 예수를 증거하는 선교사가 되었다.

구약시대에 왕과 제사장과 선지자에게만 임하시던 성령이 이렇게 사회적으로 평범한 남자와 여자에게 임하셨다는 것은 이제 하나님의 사명을 왕이나 제사장이나 선지자만 수행하는 것이 아니라, 평범한 남자와 여자들도 수행하기 원하신다는 하나님의 뜻의 표시인 것이다.

성령 임재와 성령 충만

그리스도의 신실한 선교사가 되기 위해서는 성령 충만을 받아야 한다. 그 이유는 예수님이 그렇게 말씀하셨기 때문이다. 예수 그리스도를 주와 구세주로 알고 믿는 제자들에게 "성령을 기다리라 성령이 임하시면 나의 증인이 되리라"고 약속하셨고 그 약속대로 오순절에 성령이 소나기같이 임하였을 때 예수를 믿는 120명이 모두 선교사가 되었다. 오순절 마가의 다락방에서 기도를 하다 성령을 받게 된 120명은 성령 세례를 받기 이전에도 이미 예수를 주와 구주로 고백했던 '사도들'과 '신도들'이었다(행 1:13-15). 그런 그들에게 성령 세례가 내리고 나서야 그들이 다들 선교사가 되었던 것이다. 불신자들 120명이 마가의 다락방에서 성령을 받고서 예수를 믿으면서 동시에 선교사가 된 것이 아니었다. 예수를 주와 구주로 고백하는 믿음을 가지게 되는 것, 즉 거듭남과 마가 다락방의 120명이 체험한 성령 세례는 성령의 별개의 활동의 하나이다.[1] 다시 말해 성령의 임재와 성령 충만의 경험은 비록 같은 성령의 사역이지만 완전히 동일한 활동이 아니다. 마가의 다락방에서 120명이 겪은 성령 충만의 경험은 거듭남을 전제로 한 성령의 또 다른 별개의 역사이다. 그래서 이미 예수를 주와 구주로 고백했던 사도들과 신도들에게 예수님께서 성령(충만)이 임할 때까지 기다리라고 말씀하셨고, 그들이 전심으로 기도를 했을 때 약속하신 성령(충만)을 받은 것이다. 이러한 사실은 행 8:12-16에서도 드러나는데, 많은 제자들이 빌립에 의해 하나님 나라와 예수 그리스도의 이름에 관하여 빌립이 전파하는 것을 믿고 주 예수의 이름으로 세례를 받았다(행 8:12). 그렇게 거듭남을 받은 이후의 그들이 성령(충만)받

1) R. A. 토레이 저, 『성령의 인격과 사역』, 장광수 역 (크리스찬다이제스트, 2006), 142-146.

기를 기도하기 위해 베드로와 요한이 그들에게 내려갔다(행 8:15). 이는 거듭나는 것과 성령 충만함에 이르는 것이 완전히 동일한 것이 아님을 증명한다. 또한 사도행전 19장에서는 사도 바울이 전도여행을 다니다가 에베소에 도착해서 에베소 교인들을 만났을 때 바울이 그들에게 질문을 던진다. '너희가 믿을 때에 성령을 받았느냐' 즉 너희가 성령(충만)을 받고서 예수를 믿고 있느냐, 성령(충만)을 받지 않은 채로 예수를 믿고 있느냐고 바울이 묻는 것이다. 그때 그들이 받지 못했다는 것을 바울이 알았을 때 바울은 바로 그 자리에서 그들에게 안수하여 그들이 성령 충만을 받도록 기도하였다.

이런 의견에 대해 반대하면서, 나름대로 다른 방식의 성경 주석을 통해 거듭남과 성령 충만의 완전한 동일성을 주장하는 학자들도 있다. 그들의 의견대로라면 마가의 다락방에서 성령 충만의 체험을 한 사도들의 손을 통해 많은 표징과 치유의 기적이 나타났던 것처럼(행 5:12-16), 오늘날도 별다른 성령 충만의 체험 없이 예수를 주와 구주로 영접하는 수많은 신도들 중에서도 마찬가지로 그런 역사들이 역력하게 나타나야 한다. 그런데 그렇지 못하다. 오늘날 성경에 기록된 성령 충만의 능력이 나타나는 사람들은 한결같이 거듭남을 전제로 한 별개의 체험으로서 성령 충만의 체험을 고백하고 있다.[2)]

성령은 선교(사명)의 영이시다. 성령을 받았다는 것은 선교의 사명을 받았다는 뜻이다. 성령이 하나님의 뜻을 깨달아 알게 하신다. 성령이 하나님의 뜻을 준행할 수 있는 용기와 지혜를 주신다. 하나님의 선교는 성

2) De Lonn Lynn Rance, The Empowered Call: The Activity of the Holy Spirit in Salvadoran Assemblies of God Missionaries (Fuller Theological Seminary Ph.D. Dessertation, 2004)

령의 인도하심을 따를 때 이루어진다.

20세기 교파별 증가현상 가운데서 괄목할만한 교파는 오순절 교파이다. 1900년 당시 전세계적으로 300만이던 오순절 교인숫자가 2000년도에는 5억 명으로 증가하였다. 놀라운 발전이다. 전세계에서 오순절 교회 신자는 매일 8,700명이 증가하고 있다고 한다. 어떻게 이렇게 폭팔적인 성장을 할 수 있단 말인가? 제럴드 앤더슨은 성령을 의지하고 성령 충만을 사모하고 강조하는 오순절 교단의 특성 때문이라고 보았다. 이 부분에 대해서는 한국장로교회가 경청해야 할 부분이 있다고 본다. 초대교회 시대 모교회 역할을 자처하던 예루살렘교회가 당시 안디옥에서 무슨 일이 일어나고 있었는지 알지 못한 것처럼(행 11:19–30; 13:1–3), 지금 한국 장자교단을 자처하는 장로교단은 오순절교단 안에서 무슨 일이 일어나고 있는지 제대로 알지 못하고 있다.

장로교회와 오순절교회는 모두 제한된 성령 이해를 가지고 있으며 성령 하나님을 믿으며 성령을 사모한다. 그러나 굳이 비교해보자면, 장로교회는 성령의 9가지 열매와 같은 인격적 변화를 강조하고 오순절교회는 방언, 치유와 같은 은사를 강조한다는 사실이다.[3)]

물론 오순절교회가 성령 세례를 지나치게 중시하며, 성령 세례의 증거는 방언과 육신의 치유라고 주장함으로써 성령의 역사를 누구든지 눈으로 쉽게 식별할 수 있도록 하며, 또 실제적인 도움을 입을 수 있는 성령의 은사를 매우 강조한다는 것에 대해 논란의 여지가 있지만, 한 가지 분명한 사실은 장로교회에 비해 오순절교회는 성령을 사모하는 마음이 더 강하다는 사실이다.

성령에 대한 이러한 태도로 인해 지역적으로 약간의 예외는 있지만,

---

3) 참고: iworldmission.com(선교연구)(2002. 8월호), "안승오 박사: 성령 이해와 선교."

근래에 전세계적으로 가장 왕성하게 성장하는 교회는 오순절 혹은 카리스마틱 계열의 교회들로 나타나고 있다. 기독교 운동의 통계를 잘 내기로 유명한 데이비드 바렛(David Barrett)은 2000년 현재 전세계에 6억 4,000만 이상의 오순절 및 카리스마 교회 출석자들이 있다고 주장한다.[4)]

이 통계를 인용하지 않더라도 실제로 오순절이나 카리스마틱 교회들은 매우 왕성하게 성장하고 있다. 오순절 계통인 하나님의 교회는 미국에 800만, 하나님의 성회는 브라질에 1,720만, 한국에 150만, 국제 오순절 성결교회는 세계에 260만, 사중 복음교회는 세계에 280만, 하나님의 오순절교회는 세계에 60만 등으로 나와 있고, 오순절 그룹 예수전도단(YWAM)은 세계에서 두 번째로 큰 초교파 선교단체이다.

오순절 계통 교회들의 이러한 성장 현상은 선교지에서도 여실히 나타나고 있다. 남미의 경우 개신교의 70~80% 이상이 오순절 혹은 카리스마 계통의 교회들이라 할 수 있다. 필리핀의 경우에는 개신교로 분류될 수 있는 교단이 대략 270개 있으며 개신교인의 총수는 496만 6,882명으로 집계되어 있다. 이 중에 3분의 1이 넘는 176만 6,000명이 오순절 계열 교회의 교인으로 집계되어 있다. 뿐만 아니라 현재 급성장하고 있는 교회들은 대부분 독립적인 교단이면서 그분위기는 기도와 성령을 강조하는 오순절의 특성을 보여주는 교회들이다. 이에 비해 현재 20년의 역사를 가지고 있는 필리핀 장로교회는 200여 개의 교회가 있는데, 출석교인이 100명을 넘는 교회는 세 손가락 안에 꼽을 정도며 90% 이상의 교회들이 아직도 자립하지 못하고 있는 형편이다.

---

4) David Barrett, *2000 Statistics in Frontier Mission*, Gary B. McGee, '오순절 및 카리스마 선교' in 제임스 M. 필리스 & 로버트 쿠트 편, 『선교신학의 21세기 동향』 (서울: 도서출판 이레 서원), 86에서 재인용.

장로교회와 오순절교회의 성령 이해는 모두 제한된 것이다. 양자택일의 문제로 이해될 것이 아니라 통전적으로 이해되어야 할 것이다. 그러나 선교와 관련지어 분명히 말할 수 있는 사실은 사도행전과 교회역사가 증거하듯이, 선교와 교회성장의 주도자는 성령님이시라는 사실이다. 그런고로 참으로 능력 있는 선교와 교회성장을 이루기 위해서는 성령을 바로 이해하고, 성령을 사모하고, 성령을 의지하고, 그분의 뜻을 따라서 선교에 임하는 자세가 중요한 것이다.

성령의 역사는 말로 다할 수 없이 아주 다양하다. 시끄러울 수도 있지만 아주 조용하게 역사하기도 한다.[5] 불처럼 역사하기도 하지만 물처럼 역사할 수도 있다. 강력한 능력을 주시기도 하지만 눈에 잘 보이지 않는 거룩한 열매를 맺게 하시기도 한다. 따라서 성령이 어떻게 나타나시고 역사하는가 하는 것은 성령께서 자의로 하실 일이다. 문제는 누가 참으로 성령을 사모하고 그분의 능력을 덧입어 살고 그분의 인도하심에 민감한가 하는 것이다. 아쉽게도 개혁교회는 성령의 역사에 거의 무관심하거나 성령의 역사를 지나치게 제한하려는 경향을 많이 보인다. 이런 경향을 지닌 교회에 성령께서 역사해 초대교회의 능력 있는 선교와 비약적인 교회성장을 이루시기를 기대하는 것은 무리가 아닐 수 없다.

성령은 인격적인 하나님이시다. 성령은 우리의 자유의지를 결코 무시하시는 분이 아니다. 특별한 예외가 있겠지만, 일반적으로 성령은 우리가 사모하고 모셔들이지 않는데 억지로 우리를 잡아끌어 가시는 분이 아니다. 그러므로 모든 성도는 성령을 사모해야 한다는 것이다. 그분이 우리의 사역과 삶을 지배하시도록 늘 우리를 내어드릴 뿐 아니라 늘 그분과 소통해야 한다. 그분께서 주시는 능력을 덧입기 위해 간절히 기도

5) 김명용, "개혁교회 성령론과 오순절교회의 성령론,"『장신논단』 제15집 (장로회신학대학교출판부, 1999), 223-248.

해야 한다.

특별히 선교사들은 현지인 사역자들이 선교사를 의존하도록 만들 것이 아니라 성령을 의지해 목회할 수 있도록 훈련시켜야 한다. 선교지에서 일어나는 가장 심각한 현상은 선교사 의존병이며 이것이 선교지의 교회를 영구히 어린아이 교회로 만드는 가장 심각한 병폐로 보인다. 이를 위해서는 선교사 자신 역시 후원자나 인간의 꾀를 의지할 것이 아니라 늘 성령을 의지하는 훈련을 쌓아야 하며 이를 선교지 사역자들에게 가르치고 보여주어야 할 것이다. 이러할 때 선교의 영이신 성령께서 우리의 선교를 능력 있게 이끌어가시게 되는 것이다.

『초대교회의 복음전도』의 저자 마이클 그린(Michael Green)은 "복음은 성령의 인도하심에 순종하는 사람들을 통해 분명히 예상되지 않은 방법으로 전파되었고 그리고 그분이 열어놓은 문들을 통해 움직였다"고 하며 사도행전에는 선교 전략이 거의 없었음을 시사하고 있다.[6] 그러나 이에 반해 도널드 맥가브란(Donald A. McGavran)은 바울이 안디옥에서 지중해 밖 세계의 큰 지역에 복음을 전하기 위해 전략을 세웠다고 주장한다. 여기서 선교를 위해 전략을 세워야 하느냐? 아니면 아무런 전략 없이 성령의 인도만 기다려야 되느냐 하는 문제가 제기된다. 이 문제해결을 위한 전제로 만일 '전략'이란 말이 '성령의 인도 아래서 개발된 체계적인 관리와 성령의 지시와 통제에 복종하는 융통성 있는 운영법'(modus operandi)을 의미한다면 바울에게는 전략이 있었다고 볼 수 있다. 바울은 성령의 인도하심에 철저하게 순종하는 선교 전략을 가지고 있었기 때문이다.

마이클 그린은 구원사를 세 시대로 구분할 수 있다고 했다. 제1의 시대는 구약시대에 해당하는 성부 시대이다. 제2의 시대는 성자 시대이며

6) 마이클 그린, 『초대교회 복음전도』, 박영호 역 (서울: 기독교문서선교회, 1988).

예수께서 육신으로 계신 30년간으로 세 개의 시대 중 가장 짧은 시대이다. 제3의 시대는 성령 시대이다. 성령 시대는 사도행전에 있는 오순절로부터 시작하며 현재까지 계속되고 있으며, 그리스도 재림의 날까지 계속될 것이다. 이처럼 제3의 시대 성령은 주도적으로 지상명령의 완수를 위해서 선교의 역사를 이끌어가는 것이다.

허버트 케인은 성령이 50회 이상 언급된 사도행전 속에서 성령의 다양한 역할을 분명하게 드러냄으로써 성령이 복음전파를 위해 다양하게 역사함을 증거하고 있다.[7] 즉 1장에서 성령은 약속의 영, 2장에서는 말씀의 영, 3장에서는 치유의 영, 4장에서는 담대함의 영, 5장에서는 구별의 영, 6장에서는 지혜의 영, 7장에서는 영광의 영, 8장에 서는 전도의 영, 9장에서는 위로의 영, 10장에서는 인도(guidance)의 영이시다. 그리고 28장에 나온 바울의 마지막 말은 이사야 선지자를 통해 말씀하셨던 성령을 지칭하고 있다(사 6:9–10).

달라스 신학교 선교학 교수인 조지 피터스(George Peters)는 사도행전에서 성령은 세계선교의 시발자(Initiator)요 동기 부여자(Motivator)요 감독자(Superintendent)라고 언급했다. 그리고 성령은 고도의 선교전략가(Strategist)라고도 했다. 그는 사도행전에서의 성령의 역할을 8가지로 요약했다.[8]

첫째, 성령은 종교적인 경계를 뛰어넘어 복음을 전했다. 성령은 빌립을 사마리아로, 베드로를 고넬료에게, 바울과 바나바를 더 넓은 선교지역으로 이끌었다. 성령은 확실하게 하나님의 복음을 전파할 그분의 유일한 사자들을 선택했다.

---

7) Herbert J. Kane, Understanding Christian Missions (Baker Book House, 1978).

8) George W. Peters, "A Missions Program that Succeeds", Bibliotheca Sacra (Jan. 1975), 66-68.

둘째, 성령은 그분의 종들이 어떤 곳에서도 큰 능력(Power)과 담대함으로 하나님의 복음을 전하도록 무장시켰다.

셋째, 성령은 그분의 종들로 하여금 크나큰 장애와 심한 반대와 잔혹한 핍박 속에서도 인내하도록 했다. 성령은 그분의 종들로 하여금 순교하기까지 지켰다.

넷째, 특히 성령은 그분의 종들을 선교지역으로 인도했고 특별한 사역자들에게는 그들이 원하는 지역을 가는 것을 금하기도 했다.

다섯째, 성령은 그분의 종들이 심한 긴장과 문제들을 해결하도록 안내했다.

여섯째, 성령은 복음의 선포, 성도들의 개인적인 삶을 통한 정열적이고도 역동적인 증거, 성도들의 헌신, 교회의 끊임없는 기도, 예수 그리스도의 복음을 위해 고난받고자 하는 성도들의 의지, 하나님의 능력 있는 증거와 신적인 간섭의 기대 등을 통해서 복음을 세계로 확산시키기도 하고, 교회로 하여금 갈보리 십자가에서 못 박히시고 다시 승리하심으로 사신 그리스도에 대한 세계 속에서의 살아있는 증거가 되도록 했다.

일곱째, 성령은 주 예수 그리스도의 전체적인 몸을 복음화의 위대한 과제 안에서 구성했다.

여덟째, 성령은 교회의 형성과 지교회의 설립과 성장을 위해서 사도들에게 큰 영감으로 메시지를 증거하고 광범위한 문서를 기록하도록 했다.

이처럼 우리는 사도행전을 '신약성경에서 유일한 역사서'로서 사도행전 전체의 선교역사가 성령으로 시작되어 성령으로 진행되어 갔으며 어떻게 실제적으로 성령이 선교에 역사했는가를 알 수 있다. 성령이 없었다면 초대교회는 집안에서 나오지 못하는 빈약한 무리들이 될 수밖에 없었을 것이지만, 초대교회는 성령의 능력을 힘입고 세계로 뻗어나갔으며 그들의 힘이 성령의 역사로 증가하게 되었다. 그들은 매일같이 하나님의 기적을 경험했다. 주님의 지상명령이 성취되는 것은 힘이나 능력으로 되는 것이 아니라 오직 성령으로 되는 것이다(슥 4:6). 그러므로 선교하는 사람은 성령의 능력을 사모해야 한다. 성령의 인도하심에 기쁘게 순종해야 한다. 선교의 능력과 지혜는 성령으로부터 나오기 때문이다.

선교에 참여하는 현대 선교사와 교회 가운데 더러 오해하는 부분이 있다. 선교와 전도의 능력이 훌륭하게 준비된 설교, 많은 재정, 일류대학 출신의 교역자들, 편리한 교회당 시설, 넓은 주차장, 현대화된 교육 기자재, 세련된 교회 행정에서 나온다고 믿는 것이다. 물론 그런 부분이 있지만 선교의 능력은 근원적으로 성령에서 나온다. 성령이 함께하시고 성령이 강하게 역사하실 때 선교사와 교회는 큰 능력을 얻고 선교가 왕성하게 이루어진다. 그러므로 성령의 능력을 사모해야 한다. 성령의 바람을 사모해야 한다.

제도화된 많은 교회가 생각해온 가장 큰 오해는 나무가 바람을 움직인다는 것이다. 그러나 나무는 바람을 움직일 수 없다. 바람이 나무를 움직이게 하는 것이다. 다시 말하면 성령이 감동할 때 마른 뼈들이 살아나는 것처럼 성도들의 심령이 뜨거워지고 선교적 사명을 성취할 수 있는 능력이 생기는 것이다. 많은 경우 성령 대신 소위 잘 짜인 프로그램이 선교의 붐을 일으킬 수 있다고 생각한다. 그래서 좋은 프로그램을 소개하는 세미나가 난무하고 목회자들은 이 프로그램을 배우려 동분서주했다.

이제 교회는 나무를 껴안는 대신 바람을 타는 '윈드 서퍼스'(wind surfers)를 키워내야 한다. 즉 성령의 바람을 타고 하나님의 세계를 향해하는 성령주의자(프뉴마너트)가 선교를 위해 절실히 필요하다.[9] 성령주의자의

9) 참고: "성령 바람을 타는 교회,"『국민일보』 해외석학 칼럼 (2007년 4월 6일).

교회는 어떠한 교회인가? 한마디로 말하자면 바람과 불같은 성령(행 1:3-8)을 전적으로 의지하는 교회다.

예를 들어보자. 해변에서 윈드서핑을 즐기는 사람들을 보라. 육지에서는 윈드서핑의 기본기술을 익힌다. 이는 말씀을 통해 하나님이 주신 계약과 예수 그리스도의 구원의 도를 깨닫고 믿는 단계를 의미한다. 그 다음에는 파도치는 바다를 향해 나가야 한다.

여기에서 잠깐 우리 교회의 모습을 돌아볼 필요가 있다. 과연 모든 교회들이 세상이라는 파도를 향해 뛰어나가고 있는가? 아니면 윈드서핑을 하면서도 육지훈련으로 만족하고 있는가? 육지에서의 윈드서핑이란 아무런 의미가 없다. 바다로 가야 한다. 파도를 타야 한다. 바로 이것이 전도요 선교인 것이다.

그럼 이제 파도를 타보자. 바람타기를 즐기기 위해 윈드서퍼들이 한결같이 말하는 것은 '물결과 바람'에 몸을 맡겨야 한다는 조언이다. 여기에는 믿음이 필요하다. 눈에 보이지 않고 손에 잡히지 않더라도 철저히 그리고 완벽히 자신을 '물결과 바람'에 맡겨야 하는 것이다. 즉 교회는 세상을 두려워하지 말고 성령의 바람을 의지하고 자신의 몸을 맡겨야 한다. 성령의 인도하심을 따라야 한다.

성경에 나타난 하나님의 선교방식은 "특수한 방법을 통한 보편적 목적을 성취"하는 방식이다.[10] 하나님의 선교방식이 최초로 분명하게 나타난 곳이 창세기 12장 1-3절이다. 당시 수많은 사람들을 중에 하나님은 아브람을 택하여 불렀다. 이것은 특수한 방법이다. 수많은 사람들 중에 아브람이라고 하는 한 사람을 택하여 하나님의 사람으로 삼으신 것은 특별한 사건이며 하나님의 특별한 행동이기 때문이다. 그러나 목적은 보편

10) 참고: 이광순, 『선교의 특수성과 보편성』(미션아카데미, 2000).

적이었다. 하나님이 아브람이라고 하는 특별한 한 사람을 택하여 하나님의 사람으로 삼으시고 복을 주신 이유와 목적은 아브람 한 사람만을 위한 것이 아니라 그로 말미암아 땅의 모든 사람들이 하나님의 복을 받게 하려는 하나님의 보편적인 목적을 위한 것이었다.

하나님의 이러한 선교방식은 구약성경과 신약성경 도처에서 발견된다. 중동지역에 수많은 민족들 가운데서 하필이면 애굽에서 종살이 하던 하비루 민족(이스라엘)을 택하여 하나님의 소유로 삼으시고 건져내어 시내산으로 인도하여 언약을 맺고 계명을 주어 광야에서 거룩하게 만든 다음 가난안 땅으로 인도하여 강한 나라를 만든 하나님의 특별한 행동은 점차적으로 여러 민족과 여러 나라들을 위한 제사장 나라가 되게 하시려는 하나님의 보편적인 목적이 있었다(출 19:3-6).

신약에 와서는 12제자를 택하신 일, 바울을 택하신 일이 대표적인 예가 될 것이다. 부활하신 예수님이 당시 수많은 사람들 가운데서 하필이면 사울을 택하여 자신의 소유로 삼으시고, 그를 새로운 존재로 만드신 주님의 특별한 행동의 목적은 그를 통하여 많은 이방인들이 하나님의 품으로 돌아오게 하려는 구원의 보편적인 목적이 있었다. 지금도 이 글을 읽는 독자와 이 글을 쓰는 필자도 하나님의 특별한 선택과 구원을 받은 이유는 우리들만의 축복을 위한 것이 아니라 다른 많은 불신자들에게 하나님의 사랑과 복음을 전하게 하기 위함이다. 이와 같이 성경이 가르쳐주는 하나님의 선교방식은 "특-보주의적 동전 방식"(Par-Uni Coin Model, 특수주의적 방법과 보편주의적 목적이 동전의 양면처럼 되어 있는 방식 - 필자가 만든 신조어)이다.

그렇다면 우리도 선교현장에서 "특-보주의적 동전 방식"을 사용해야 한다. 주님처럼 간절하게 기도한 다음 특별한 사람을 택하여 선교사의 소유로 삼고 언약을 맺고 거룩하게 만든 다음 그를 통하여 하나님의 사랑과 복음이 다른 주위 사람들에게 전파되도록 만드는 방식으로 선교해 나가는 것이 좋은 선교의 방법이 될 것이다.

그런데 하나님은 자신의 선교의 목적을 이루어 나가실 때 마치 4개의 방(좌심방, 좌심실, 우심방, 우심실)으로 이루어진 심장(Heart)처럼 멈추지 않는 4기통 엔진이 달린 선교의 열차를 타고 선교하신다.[11)]

첫째 엔진은 모든 민족과 부족과 사람들을 사랑하시는 뜨거운 "자비의 엔진"(Universal Motif)이었다. 하나님이 천지만물을 창조하셨고 모든 민족과 부족을 위하여 지금도 햇빛과 비를 내려주신다. 하나님은 애굽도 사랑하셨고 모압과 암몬과 블레셋도 사랑하셨다. 하나님이 세상을 이처럼 사랑하사 독생자를 주셨다. 기독교인만을 위하여 독생자를 주신 것이 아니다. 이러한 말씀과 사실은 모두 모든 민족(유대인과 이방인, 기독교인과 비기독교인)을 사랑하시는 하나님의 마음을 보여준다. 이 사랑과 자비의 뜨거운 마음이 선교 열차를 움직이는 주된 엔진이다.

둘째 엔진은 특별히 택한 사람을 자신의 소유로 만드시고 거룩하게 하여 선교사로 보내는 "파송의 엔진"(Missionary Motif)이었다. 모세를 택하여 파송하셨고, 이사야 호세아 예레미야와 같은 선지자들을 택하여 파송하였고 마지막 날에는 자신의 독생자 예수를 파송하셨다. 지금은 필자와 독자를 파송하신다.

셋째는 악령과 죄와 가난과 질병과 폭력의 쇠사슬과 죽음의 공포에 매여 있는 사람들을 자유케 하는 "해방의 엔진"(Liberating Motif)이었다. 모세를 통하여 애굽에서 종살이 하던 백성들을 자유케 하셨고 예수를 통하여

11) 참고: Johannes Verkuyl, *Contemporary Missiology*, 최정만 역, 『현대선교신학개론』(서울: 기독교문서선교회, 1991), 143-51.

질병과 악령에 사로잡힌 자들을 자유케 하셨다. 지금도 예수의 이름으로 귀신을 쫓아내며 치유하고 회복의 역사를 이루시기를 원하신다.

그리고 마지막은 모든 민족과 부족과 사람들을 구원하시려는 하나님의 보편주의적 목적을 방해하는 교만, 선민주의, 우상숭배, 거짓, 게으름, 자문화중심주의 등을 깨부수어버리는 "적대 엔진"(Antagonism Motif)이었다. 적대 엔진은 하나님의 보편적주의적 선교목적을 보다 순수하게 강력하게 지속적으로 추진할 수 있게 하는 데 도움을 주었다. 금송아지를 깨부어 버린 일, 바알과 아세라를 섬기는 이방인들을 제거해 버리고, 바알과 아세라를 섬기는 유혹에 빠진 이스라엘 백성들에게 경고하고 심판하신 일, 유대주의적 선민사상에 빠진 요나를 깨우쳐 주신 일, 외식하는 바리새인들을 저주하신 일, 베드로에게 "내 뒤로 물러가라" 꾸짖으신 일, 라오디게아 교회에게 차든지 덥든지 분명히 하라고 하신 일(계 3:14-22), 등은 모두 적대 엔진이 하는 일을 보여준다.

하나님의 선교 열차는 하나의 엔진으로만 움직이는 것이 아니라 이렇게 네 개의 엔진에 의하여 움직이는 열차라는 사실을 신구약 성경이 가르쳐준다.

그러므로 우리가 선교현장에서 선교사역을 해 나갈 때도 이 네 개의 엔진을 강력하게 가동시켜야 한다. 선교현장은 복잡한 곳이다. 하나의 엔진만으로는 하나님의 선교를 성취해나갈 수 없다. 그리고 이 네 개의 엔진의 연료는 성령이다. 성령 충만을 받아야 한다. 엔진이 아무리 좋아도 기름이 없으면 움직이지 않는다. 하나님으로부터 성령충만을 받아야 선교열차의 네 개의 엔진이 움직일 것이다. 그리고 뜨겁게 기도해야 한다. 기름이 있어도 불이 붙어야 폭팔이 일어난다. 기름통에 기름이 가득해도 스파크가 일어나지 않으면 엔진이 움직이지 않는다. 기도해야 한다. 뜨거운 기도가 불이다. 기도의 불이 타올라야 위에서 부어지는 성령의 기름을 만나서 네 개의 엔진이 힘있게 돌아간다. 4개의 엔진과 기름과 뜨거운 불이 만나서 폭팔을 일으키며 전진할 때 선교의 열차는 달리기 시작한다.

| 선교 시편 13 |

선교사 마펫의 한국선교 보고 5

나는 한국이라는 나라에서 왔습니다.
그 나라에서는 1,200만 민족의 복음화를 위해서
온 교회가 일어섰습니다.
나는 오늘날 수십만 명을 복음화시키는 놀랄만한 전도운동이
한국에서 일어나고 있다는 사실을
증언하기 위해 이 자리에 섰습니다.

우리는 한국이 일본이나 중국 등 이웃 나라들과 같이
군사 대국이나 통상 대국이 되리라고 기대하지는 않습니다.
그러나 하나의 기독교 국가,
하나의 영적 강대국이 될 수는 있다고 생각합니다.
아마도 중국과 일본, 심지어 러시아까지를 포함하는
열강 제국들에게 영적으로 깊은 영향을 미치는
극동 지역의 영적 대국이 되리라고 생각합니다.

그 옛날 경제적 군사적으로 강대국들이었던
앗시리아, 바벨론과 로마에 정복되어
부끄러움을 당하고 포로로 잡혀가기까지 했던

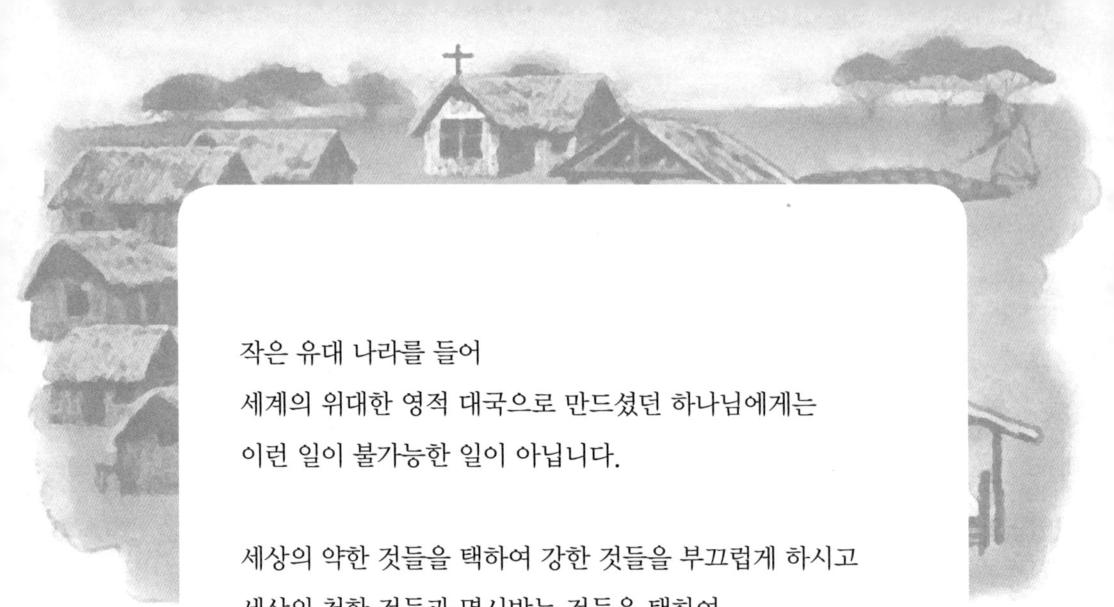

작은 유대 나라를 들어
세계의 위대한 영적 대국으로 만드셨던 하나님에게는
이런 일이 불가능한 일이 아닙니다.

세상의 약한 것들을 택하여 강한 것들을 부끄럽게 하시고
세상의 천한 것들과 멸시받는 것들을 택하여
있는 것들을 부끄럽게 하시는 하나님이
보잘것없어 멸시를 당하며
다른 나라에 정복되어 부끄러움을 당하는 한국을 통해
모든 극동 지역에 풍성한 영적 축복을 가져다주고
하나의 영적 강대국으로 삼으심으로써
그의 권능을 드러내시는 것이
하나님에게는 불가능한 일이 아닙니다.

(1910년 에딘버러 세계선교사대회에서)

03 영적 책임과 사회적 책임

하나님 나라와 하나님의 선교를 봉사하기 위하여 존재하는 교회는 어떤 일들을 해야 하는가? 하나님 나라와 하나님의 선교를 봉사해야 할 교회의 과제는 크게 두 부분으로 나뉘어진다.[12] 그 중 첫째는 하나님 나라 건설을 위한 교회의 영적인 활동과 책임이다. 영적인 책임을 다하려면 적어도 다음 여섯 가지의 기능을 성실하게 수행해야 하는데 ① 계시의 기간으로서의 기능, ② 전도의 기관으로서의 기능, ③ 영적 일꾼 양성기관으로서의 기능, ④ 예배하는 기능, ⑤ 성도의 사귐의 공동체로서의 기능, ⑥ 기도하는 집으로서의 기능이다.

교회의 이러한 영적 기능은 하나님 나라 건설을 위하여 결정적으로 중요한 기능이다. 하나님의 나라는 하나님에 의해 건설되는 나라이다. 사탄의 세력을 분쇄할 수 있는 능력도 성령의 능력이지 인간의 연약한 능력이 아니다. 그러므로 교회는 성령의 도우심을 위해 기도해야 한다. 칼 바르트는 교회가 국가를 위하여 할 수 있는 가장 큰 공헌은 기도하는 것이라고 하였다. 교회는 국가를 위하여 기도해야 하고 이 기도의 능력으로 국가는 하나님의 뜻을 수행하는 바른 국가가 될 수 있다.

그러나 교회의 선교적 과제를 영적 기능으로만 제한하면 안 된다. 하나님 나라의 건설을 위한 사회적 책임이 있다. 수레의 두 바퀴가 있듯이,

---

12) 김명용, "교회와 하나님의 나라," 『장신논단』 7집 (장로회신학대학교출판부, 1991), 161.

새의 두 날개가 있듯이 교회를 참으로 교회되게 하고 선교를 참으로 선교되게 하는 두 가지 과제를 동시에 잘 감당해야 한다. 그것은 세상과 사회 속에 존재하는 악의 통치를 종결짓고 하나님의 의와 평화의 통치를 실현하고 하나님이 보시기에 좋게 만드신 창조세계의 보존을 위해서, 그리고 참된 형제공동체의 창건을 위하여 일하는 것이다.

교회의 선교적 과제를 복음 전하는 것에 주로 집중하는 복음주의 선교신학은 선교의 과제를 협소화시킬 위험이 있다. 왜냐하면 복음주의 선교신학이 말하는 선교는 인간을 죄에서부터 구원하는 예수 그리스도의 속죄의 은혜를 전하는 것인데, 이것은 개인의 영혼구원과 교회개척을 위해서는 결정적으로 중요하지만 선교의 궁극적인 목적인 하나님 나라 건설이라는 전체적인 과제를 설명하기에는 좁은 선교개념이기 때문이다.

우리는 여기에서 복음에 대한 개념을 좀더 넓게 사용하지 않으면 안된다. 왜냐하면 예수님이 전한 복음은 개인의 영혼과 교회만을 위한 복음이 아니었고 세상 모든 사람을 위한 하나님 나라에 관한 좋은 소식이었기 때문이다(마 4:23). 이 하나님 나라의 기쁜 소식은 가난한 자에게 주어지는 기쁜 소식이고, 문둥병자 절름발이가 나음을 입는 전인적인 복음이고, 포로가 된 자와 갇힌 자가 해방을 받는 하나님의 의의 통치에 관한 기쁜 소식이기 때문이다. 물론 이 복음 속에는 죄 용서의 복음과 일곱번씩 일흔번을 용서하시는 아버지 하나님의 용서가 그 중심에 들어있다. 그러나 예수님이 전하신 복음과 오늘의 복음주의 신학이 말하는 복음 사이에는 분명한 차이가 있다. 예수님이 전하신 복음의 내용은 하나님의 나라였다.

교회의 선교는 하나님 나라를 위한 것이어야 한다. 그것이 예수 그리스도께 충성하는 교회의 바른 모습이다. 이 하나님 나라의 건설을 위해 교회는 자신에게 주어진 복음전도의 과제들을 충실하게 수행해야 한다. 교회에게 주어진 영적인 과제는 교회만이 행할 수밖에 없고 양도할 수 없는 독특한 기능이다. 교회에게 주어져있는 복음전도의 과제는 결코 국가가 대행할 수 없다.

그러나 교회는 복음전도의 봉사만으로 자신의 과제를 모두 수행한 것은 아니다. 세상 도처에 흩어져 있는 하나님의 백성들은 자신에게 주어져있는 사회적 책임을 수행해야 한다. 물론 제도적 교회도 사회적 책임을 수행하기 위해 함께 일해야 한다. 왜냐하면 하나님이 건설하기를 원하시는 하나님의 나라는 이 사회적 책임 수행을 통하여 이룩되어 나가기 때문이다. 그러면 하나님의 백성들과 교회가 수행해야 할 사회적 책임이란 어떤 것인가?

성경이 말하는 사회적 책임을 정리해서 말한다면 네 가지이다.

첫째는 가난한 이웃에 대한 책임이다.

하나님의 백성들이 세상 속에서 선교를 수행할 때 사회적으로 책임져야 할 첫번째 과제가 가난한 이웃들에 대하여 책임의식을 가지고 돌보는 것이다. 성서는 이웃 사랑의 교과서라도 해도 과언이 아니다. 구약의 율법은 가난한 자에 대한 관심으로 가득하다. 예를 들어보자. 돈을 꾸어준 자는 채권자 행세를 하면서 거드름을 피우거나 이자를 받아서는 안 된다(출 22:24). 먹을 것이 없는 가난한 자에게 돈을 빌려주고 이자를 받는 것은 하나님 보시기에 온당하지 않은 것이다. 담보로 잡은 겉옷은 해가지기 전에 반드시 돌려주어야 한다(출 22:25-26). 왜냐하면 그것은 밤의 추위를 막을 유일한 것이기 때문이다. 매년 추수한 뒤에 밭에 떨어진 이삭은 그대로 두어야 하고 밭의 네 모퉁이에 있는 곡식은 주인이 베면 안 된다(레 19:9). 왜냐하면 그 곡식은 가난한 자의 것이기 때문이다.

신약성서에 나타난 예수의 가르침 속에도 이웃에 대한 사랑의 책임을 강조하는 말씀이 많이 나온다. 대표적인 예가 선한 사마리아인의 비유이다(눅 10). "가서 너도 이와 같이 행하라"는 말씀은 오늘날 선교현장에서 하나님의 백성이 마땅히 행해야 할 사회적 책임을 말씀하고 있는 것이다. 마태복음 25장에 나오는 양과 염소의 비유 역시 사회적 책임을 일깨우는 중요한 말씀이다. "너희가 여기 내 형제 중에 지극히 작은 자 하나에게 한 것이 곧 나에게 한 것이니라."

그러므로 하나님의 백성들은 종교를 떠나서 가난하고 어려운 이웃을 돌아보고 긍휼을 베푸는 사회적 책임을 적극적으로 감당해야 한다. 그것이 곧 주님을 섬기는 선교의 한 축이다.

둘째는 정의의 수립이다.

하나님은 정의의 신이시다. 하나님의 나라는 정의가 지배하는 나라이다. 불의는 하나님의 나라를 가로막는 악한 힘이다. 사탄은 불의의 영이고 이 세상에 불의의 조직과 영역을 확대시키고 있다. 영적으로 성숙한 교회는 세상 속에서 불의의 조직과 영역을 확대시키고 있는 사탄의 활동을 감시하고 이를 대처할 수 있는 능력을 가져야 한다.[13]

구약의 가르침에 의하면 정의는 국가의 흥망성쇠를 좌우하는 결정적

13) 이 부분에 유익한 통찰력을 주는 신학자로서 자크 엘륄(Jacques Ellul, 1912~1994)을 들 수 있다.

인 시금석이다. 정의를 버린 국가는 하나님으로부터 버림을 받는다. 이것은 이스라엘 뿐만 아니라 이방민족에게도 꼭같이 적용된다. 정의가 국가의 흥망성쇠를 좌우하는 시금석이 되는 이유는 불의는 하나님의 통치를 거역하는 행위이기 때문이다. 하나님은 불의한 압제를 기뻐하지 아니하신다. 이스라엘이 고백하는 하나님은 원래 이스라엘 백성이 애굽의 바로의 학정 밑에서 신음하고 울부짖을 때 강함 힘과 능력의 팔로 바로를 심판하고 그들을 해방시킨 해방의 신, 정의의 신이었다. 이 하나님에 대한 신앙이 이스라엘 신앙의 골격이었다. 압제의 상황을 부수는 하나님의 모습은 예수의 설교 속에서도 잘 나타난다(눅 4:18-29).

그러므로 교회는 불의한 압제의 상황을 부수고 정의를 수립하고자 하시는 하나님의 활동에 참여해야 한다. 예수님은 당시의 율법학자들을 "과부의 가산을 등쳐먹는 자"(눅 20:47)로 비판했다. 정의에 대한 예수님의 정신은 다음의 말씀 속에서도 명백히 나타난다. "화 있을진저 너희 바리새인이여 너희가 박하와 모든 채소의 십일조는 드리되 공의와 하나님께 대한 사랑은 버리는도다 이것도 행하고 저것도 버리지 아니하여야 할지니라"(눅 11:42). 예수님의 선교 정신 속에는 구약의 예언자들을 능가하는 철저한 예언자적 정신이 있었다. 교회의 선교는 이 예수님의 정신을 이어받아 이 세상을 하나님의 정의가 살아숨쉬는 세상으로 만들어야 한다. 교회는 세상 속에 "공법을 물같이 정의를 하수같이 흐르도록"(암 6:24)해야 할 사회적 책임이 있는 것이다.

세째는 평화의 수립이다.

평화는 하나님의 통치의 결정적인 상징이다. 하나님이 세상을 다스리시면 세상은 평화의 세계가 된다. 하나님은 세상속에 평화를 수립하기

원하신다. 그러므로 하나님의 통치의 상징인 메시야 왕국은 '평화의 왕국'으로 성서 속에 기록되어 있다.

> 흑암에 행하던 백성이 큰 빛을 보고 사망의 그늘진 땅에 거주하던 자에게 빛이 비치도다 주께서 이 나라를 창성하게 하시며 그 즐거움을 더하게 하셨으므로 추수하는 즐거움과 탈취물을 나눌 때의 즐거움 같이 그들이 주 앞에서 즐거워하오니 이는 그들이 무겁게 멘 멍에와 그들의 어깨의 채찍과 그 압제자의 막대기를 주께서 꺾으시되 미디안의 날과 같이 하셨음이니이다 어지러이 싸우는 군인들의 신과 피 묻은 겉옷이 불에 섶 같이 살라지리니 이는 한 아기가 우리에게 났고 한 아들을 우리에게 주신 바 되었는데 그의 어깨에는 정사를 메었고 그의 이름은 기묘자라, 모사라, 전능하신 하나님이라, 영존하시는 아버지라, 평강의 왕이라 할 것임이라(사 9:2-6)

메시야 왕국은 싸움이 없고 피와 죽음과 눈물이 없고 칼을 쳐서 보습을 만드는 평화의 왕국이다. 하나님은 사회 속에서 평화를 수립하기를 원하시는 반면에 사탄은 분쟁을 일으키고 전쟁과 살인의 역사를 만든다. 히틀러가 유대인 600만 명을 학살할 때 사탄이 거기 있었다. 캄보디아에서 크메르루즈 군이 붉은 이념을 앞세워 국민의 1/3을 학살할 때 그 뒤에는 사탄이 있었다. 오늘날에는 핵무기 경쟁 뒤에 사탄이 역사하고 있다. 사탄은 분열을 일으키고 전쟁과 살인의 역사를 만든다.

그러나 성령은 하나되게 하고 분노를 없애고 참게 하며 평화의 열매를 맺게 한다. 그러므로 평화를 위해 일하는 자는 하나님의 자녀이며 성령의 일꾼이다. 하나님의 대사, 선교사이다. 평화를 만드는 방법은 그리스도의 사랑과 섬김과 십자가의 죽으심을 깊이 묵상하고 그리스도의 길을 따라 사는 모범을 보여주는 것이다.

네째는 창조세계에 대한 책임이다.

그리스도의 죽음은 결코 인간의 영혼만을 위한 죽음이 아니었다. 그의 죽음은 우주적 차원을 갖고 있었다. 골 1:20절에 의하면 그리스도는 자신의 십자가의 피로 하늘과 땅에 있는 모든 것을 하나님과 화해시켰다고 증거한다. 오늘의 교회는 인간 중심적인 활동을 넘어서 하나님의 우주적 구원활동에 동참해야 한다. 오랫동안 교회는 인권을 위해서 노력해왔다. 오늘날 세계 도처에 인권이 신장되고 인간의 자유와 가치가 존중되게 하는데는 교회의 역할이 지대했다. 어쩌면 교회와 그리스도인들의 활동이 없었더라면 오늘날의 신장된 인권의 상황이 이루어지지 않았을 것이다. 인권을 위한 교회의 노력은 훌륭했고 앞으로도 계속되어야 한다. 그런데 인권을 위한 교회의 노력은 이제는 인권과 더불어 전체 피조세계와 자연의 권리를 위한 교회의 노력으로 확장되어야 한다.

성서는 자연의 권리를 언급하고 있다. 출 23:12절에 의하면 동물들도 안식일에는 쉴 권리가 있다. 출 22:30절에 의하면 소와 양의 어린 새끼는 칠일 동안 어미와 함께 있을 권리가 있다. 레 25:4절에 의하면 땅은 7년마다 한번씩 쉬어야 한다. 하나님의 백성이 땅을 쉬게 하고 땅을 보호하지 아니하면 하나님이 강제로라도 그렇게 하시겠다고 엄중하게 말씀하셨다.

"나는 너희를 여러 나라에 흩어 놓고 너희를 향해 내 칼을 뽑을 것이다 너희 땅은 황폐하게 될 것이며 너희 성들은 폐허가 될 것이다 너희 땅이 황폐하게 된 그때가 너희 땅이 쉬는 때가 될 것이다 너희가 원수의 나라로 끌려가 있는 동안 너희 땅은 비로소 쉴 수 있게 될 것이다 너희가 그 땅에 살 동안에는 안식년이 되어도 땅이 쉬지 못하였지만 폐허로 변한 동안에는 쉴 수 있을 것이다"(레 26:33-35).

동물과 땅의 안식을 명하신 하나님의 계명이 말하는 바가 무엇이겠는가? 하나님은 인간만이 아니라 자신의 모든 창조세계가 건강하고 조화롭고 평안하기를 바라신다는 것이다. 그러므로 하나님의 백성들은 창조세계의 보존과 지구환경 보호를 위한 책임적 노력에 적극 참여해야 할 것이다.

다행스럽게도 지난 50년간 정의, 평화, 창조보존을 위한 책임과 노력이 교회의 중요한 사명이요 선교임을 인식해온 WCC는 '교회와 사회 위원회'를 중심으로 사회참여운동을 펼쳐 왔는데, 그러한 노력들이 모아져 JPSS(Just, Participatory and Sustainable Society, 정의롭고, 참여적이며, 지속가능한 사회) 또는 JPIC 운동(Justice, Peace, and the Integrity of Creation, 정의, 평화, 창조의 보전)이라는 국제적 캠페인을 확산시켜 나가고 있다. 정의운동은 주로 가난과 분배의 문제, 평화 운동은 주로 전쟁과 폭력의 문제, 창조의 보전 운동은 주로 환경과 생태-정의(eco-justice) 등의 문제를 집중적으로 다루면 어떻게 하면 그 사회적 책임을 성실하게 그리고 효과적으로 감당할 수 있는지에 대하여 토의하며 협력하고 있다.

그러나 교회의 사회 봉사와 사회 책임을 논의하고 실천을 위하여 노력하면 할수록 인간과 교회의 한계성을 깊이 느낀다고 WCC 관련자들은 고백한다. 그리하여 1991년 이후에는 JPIC 운동을 정말 책임있게 잘 하려면 성령님과 삼위일체 하나님을 더욱 의지해야 할 필요성을 절감하게 되었고, 결과 사회적 책임을 잘 감당하기 위해서는 반드시 영성의 문제를 함께 깊이 생각해야 한다는 공감대가 이루어지고 있다. 그래서 2013년 부산에서 열리는 WCC 제10차 대회의 주제도 "생명의 하나님, 우리를 정의와 평화로 이끄로서"라는 기도문이다. 이것은 영적인 책임과 사회적인 책임이 서로 분리된 것이 아님을 말해주는 것이다. 선교의 하나님은 우리가 영적인 책임과 사회적인 책임을 모두 함께 잘 감당하기를 원하시고 함께 잘 감당하기 위한 노력을 할 것을 요청하시고 있는 것이다.

선교는 상술한 바와 같이 두 가지 책임을 실천하는 것이다. 즉 영적인 책임과 사회적 책임이 그것이다. 그러므로 선교사는 예수 그리스도의 복음을 전파하고 가르치고 확신케 하여 예수 그리스도를 주와 구주로 영접하고 주일을 거룩하게 지키며 교회의 신실하고 믿음직하며 책임감 있는 구성원이 되게 하는 일에 최선을 다해야 한다. 동시에 선교사는 지역사회와 세계 속에서 일어나는 인권유린, 불평등, 환경과 생태계 파괴, 성차별, 인종차별 등의 잘못된 현실을 고쳐 나가는 일에 관심을 가지고 노력해야 한다. 주님은 선교사역 이란 세상 속에서 빛의 역할, 소금의 역할을 감당하는 것이라고 했다. 선교는 궁극적으로 지역사회에 하나님 나라가 임하게 하는 사역이기 때문이다.

복음주의 선교신학의 요약이라고 할 수 있는 로잔언약(4항)은 복음전도에 대해 다음과 같이 정의를 내린다.

> 복음을 전한다(Evangelism)는 것은 기쁜 소식을 널리 퍼뜨리는 것인데 기쁜 소식이라 함은 예수 그리스도께서 성경대로 우리의 죄를 위해 죽으시고 죽은 자로부터 다시 살아나시어 통치하시는 주로서 그분은 지금도 회개하고 믿는 모든 자들에게 사죄와 성령의 자유케 하시는 은

사를 공급하신다는 것이다. 복음전도에 있어서 세계 속의 그리스도인의 현존은 불가결한 것이며 또한 이해하기 위해 주의 깊게 귀를 기울이는 것을 목적으로 하는 대화도 없을 수는 없다. 그러나 복음전도 그 자체는 역사적 성서적 그리스도를 구주요 주로서 선포해 사람들로 하여금 그에게 개인적으로 와서 하나님과 화목함을 얻도록 설득하는 일이다. 복음의 초대를 함에 있어 제자된 값을 치러야 한다는 일을 감출 수는 없다. 예수께서는 오늘도 그분을 따르는 모든 사람으로 하여금 자기를 부인하고 자기 십자가를 지고 그분의 새 공동체에 속하였음을 분명히 하도록 부르신다. 전도의 결과는 그리스도께의 순종, 그분의 교회와의 협력, 세상 안에서의 책임 있는 봉사를 포함한다(고전 15:3, 4, 행 2:32-39, 요 20:21, 고전 1:23, 고후 4:5, 5:11, 20, 눅 14:25-33, 막 8:34, 행 2:40, 막 10:43-45).

그리고 이어서 로잔언약(5항)은 정의실현, 즉 그리스도인의 사회적 책임(Christian social responsibility)에 대해 다음과 같이 말한다.

우리는 하나님이 모든 사람의 창조자이신 동시에 심판자이심을 믿는다. 그러므로 우리는 인간 사회 어디서나 정의와 화해를 구현하시고 인간을 모든 종류의 압박에서 해방시키려는 하나님의 권념에 참여해야 한 다. 사람은 하나님의 형상으로 창조되었기에 인종, 종교, 피부빛, 문화, 계급, 성 또는 연령의 구별 없이 모든 사람이 타고난 존엄성을 지니고 있으며 따라서 사람은 서로 존경받고 섬김을 받아야 하며 누구나 착취당해서는 안 된다. 이 점을 우리는 등한시해왔고 또는 왕왕 전도와 사회 참여가 서로 상반되는 것으로 잘못 생각한 데 대해 참회한다. 사람과의 화해가 곧 하나님과의 화해가 아니며, 사회 행동이 곧 전도는 아니며, 정치적 해방이 곧 구원은 아닐지라도 전도와 사회-정치적 참여는 그리스도인의 의무의 두 가지 부분이라는 것을 우리는 인정한다. 왜냐하면 이 두 가지는 다 같이 하나님과 인간에 대한 우리의 교리, 우리 이웃을 위한 우리의 사랑, 그리고 예수 그리스도에 대한 우리의 순종의 필수적 표현들이기 때문이다. 구원의 메시지는 모든 종류의 소외와 압박과 차별에 대한 심판의 메시지를 내포한다. 그러므로 우리는 악과 부정이 있는 곳에서는 어디서나 이것을 공박하는 일을 무서워해서는 안 된다. 사람들이 그리스도를 받아들이면 그의 나라에 다시 태어난다(중생함을 받는다). 따라서 그들은 불의한 세상 속에서도 그 나라의 의를 나타낼 뿐만 아니라 전파하기에 힘써야 한다. 우리가 주장하는 구원은 우리의 개인적 그리고 사회적 책임을 총체적으로 수행하도록 우리를 변화시키는 것이어야 한다. 행함이 없는 믿음은 죽은 것이다(행 17:26, 31, 창 18:35, 사 1:17, 시 465:7, 창 1:26, 27, 약 3:9, 레 19:18, 눅 6:27, 35, 약 2:14-26, 요 3:3, 5, 마 5:20, 6:33, 고후 3:18, 약 2:20).

복음전도와 사회적 책임의 관계성은 무엇일까? 이 두 가지의 관계성을 바르게 이해하려면 반드시 3중적 인식을 가져야 한다.

첫째, 선교에 있어 복음전도와 사회참여는 별개이나 동등한(distinct yet equal) 동반자라는 인식이다. 즉 어느 하나가 다른 것의 수단 또는 변명이나 핑계가 될 수 없다. 각각 그 자체가 목적이며 진실한 사랑의 표현이다.[14)]

둘째, 양자는 모두 그리스도인의 책임이라는 인식이다. 그러나 실존

14) 보쉬는 복음전도와 사회봉사의 관계성을 비유하여 말하기를, 함께 움직이는 가위의 두 날과 같다고 하였다. 이 두 날은 코이노니아에 의해 서로 붙어있다. 『세계를 향한 증거』, 270.

적 상황 하에서 종종 어느 하나에 우선권이 주어질 수 있다. 예를 들어 강도의 제물이 된 유대인에게 선한 사마리아인의 사역은 전도지를 주는 것이 아닌 치유일 것이다.

셋째, 양자는 모든 그리스도인의 의무이지만 하나님은 각 사람을 서로 다른 사역으로 부르시며 그들에게 적절한 은사를 부여하신다는 인식이다. 즉 영적 책임과 사회적 책임의 양극화(polarization)를 거부해야 하지만 특수화(specialization)를 거부하지는 말아야 한다는 것이다.

영적 책임과 사회적 책임의 관계성에 대해 많은 토론이 가능하지만, 1982년 로잔위원회가 내놓은 그랜드 래드피즈 보고서에 따르면 "복음전도와 사회적 책임은 상호 구별되면서도 또한 상호 본질적으로 관련되는 동반관계 내지 결혼관계 … 서로 경쟁하기보다는 서로에 대한 관심을 증가시키는 상향 나선 가운데 서로를 지지하며 강화한다."[15] 영적 책임과 사회적 책임 실현은 같은 것이 아니다. 하지만 선교의 궁극적인 목적인 하나님 나라를 위해 영적 책임과 사회적 책임 실현은 반드시 모두 필요하다. 그런데 한국 기독교의 선교현장에서는 세상에 대한 적대관계, 영혼과 몸의 이분법, 개인 구원과 영혼구원, 개교회주의와 교회성장주의 그리고 영생과 하나님 나라의 사유화 현상이 강하게 나타나고 있다. 올바른 선교를 위해서는 이런 현상을 극복해나가야 할 것이다.

주님은 너희는(선교사와 교회는) 세상의 빛이요 소금이라고 말씀하셨다. 세상의 빛이 되라는 말씀은 영적 책임 실천을 통해 영적으로 어두운 세상을 밝히라는 말씀으로 이해할 수 있으며 세상의 소금이 되라는 말씀은 세상 속에서 사회적 책임을 실현하라는 명령으로 이해할 수 있을 것

15) 존 스토트 책임편집, 한화룡 옮김, 『복음전도와 사회적 책임』 (두란노 서원, 1982), 13.

이다. 이 두 가지는 각기 다른 것이지만 모순되지는 않는다. 오히려 서로 보완적이며 하나님 나라를 증거하고 세워나가는 두 줄의 나선형 기둥과 같은 것이다.

04 협력하는 것이다

(1) 협력의 필요성

한국인 선교사들은 남다른 장점을 가지고 있다. 예컨데 뭐든지 잘 먹는다. 어떤 기후에도 잘 적응한다. 어디서든지 잘 잔다는 점이다. 한국교회의 선교도 남다른 장점을 많이 가지고 있다. 동시에 약점도 가지고 있는데 그중의 하나가 '협력의 부족'이다. 오늘날 선교현장에서 선교사들 간의 협력의 부재로 인해 하나님이 주신 선교의 좋은 기회들을 망쳐버리는 경우가 더러 있다. 안타까운 일이다.

선교는 본질적으로 협력적인 사역이며 동반자 형태를 가진다. 그런데 19세기 개신교 선교는 교파주의적 경쟁 속으로 들어가서 협력과 동반자의 자세를 잃어버림으로 선교의 본질을 크게 훼손하였다. 1988년에 데이빗 바렛은 세계복음화를 위한 노력은 중복과 경쟁의 문제를 해결하지 않는 한 실패할 것이라고 말했다. 이제 21세기 세계선교의 주역으로서 책임을 다해야 할 한국교회는 선교의 본질인 협력정신과 동반자신학을 회복해야 한다. 특별히 21세기 세계선교현장은 19세기와는 많이 다르기 때문이다. 지금은 국가별로 볼 때 모든 지역에 교회가 존재하는 범세계 교회 시대를 맞이하고 있다.

초기 한국교회는 만주, 일본, 러시아 지역에 선교사를 파송할 때 파송 지역의 교회들과 협력하는 것을 기본적인 선교 정책으로 삼았다. 한국교회는 초기부터 파송 교회나 선교자 중심의 선교가 아니라 현지교회와 긴밀한 협력관계에서 진행하는 동반자 선교의 전통을 수립하였다. 그러나 이런 협력 선교의 전통이 지켜지지 않고 선교현장에서 일방적, 경쟁적 선교 형태로 나타난 것은 1988년 서울 올림픽 이후 개교회 중심으로 경쟁적으로 해외 선교사를 파송하기 시작한 시점일 것이다. 교단 선교부가 신뢰를 잃고 반면에 개교회가 파송한 선교사들이 대량으로 배출되었다. 이에 따라 해외 선교현장은 개교회 중심 선교 구조로 정착되었고 걷잡을 수 없는 선교의 경쟁 시대로 들어갔다. 이로 인하여 중복 선교, 적합한 협력 선교 구조의 형성 실패, 현지의 필요나 계획에 따른 신임 선교사의 수급 정책이 세워지지 못함, 선교사 간 또는 선교단체 간의 비협력관계, 경쟁의 대상을 넘어 방해자로 바뀜, 한국인의 성급한 기질, 선교사의 소영웅주의적 태도 등으로 인하여 선교현장은 아수라장이 되는 경우가 많았다. 이 같은 문제들은 볼 때 오늘의 한국교회가 현지교회들로부터 신뢰를 받고 선교활동을 지속적으로 수행하기 위해 협력 선교를 위한 신학적 근거, 협력 선교를 정책적으로 전략화하는 것, 협력 선교의 소신과 마인드를 갖추고 훈련된 선교사를 준비하는 것이 절실하다.[16]

서정운 교수는 오늘날 선교현장에서 서로 협력 선교를 지향해야 하는 이유에 대하여 다음과 같이 말하였다. ① 쓸데없는 중복과 경쟁을 피하기 위하여, ② 사역의 다양성을 위하여, ③ 재정적인 부담을 줄이기 위하여, ④ 세계교회의 교세가 변했기 때문에, ⑤ 복음이 하나이기 때문에, ⑥ 교회의 사명이 같기 때문이다. 선교사들이 협력하지 못하고 분열하며 갈등하면 세계를 향한 그리스도인들의 증거 자체가 신뢰를 잃는다. 그러므로 이제 잘하는 선교에 대한 평가를 바꾸어야 한다. 잘하는 선교란 서

16) 한국일, "협력 선교에 대한 신학적 근거," 2010한국대회, 『2010한국대회 논문집』 (한국연합선교회, 2010), 32.

로 협력해서 하는 선교이다.

(2) 협력 선교에 대한 성서적 근거

협력 선교의 신학적, 성서적 근거는 협력 선교를 위한 근본 정신을 제공해주어야 하고, 이 협력의 동기와 목적이 하나로 모아질 때 그 협력 선교를 위한 신학적, 성서적 근거로서의 가치를 충분히 발휘할 수 있을 것이다. 선교의 목적과 동기와 선교 협력의 동기는 절대 분리될 수 없다는 것이다. 왜냐하면 협력 선교의 목적은 선교의 목적을 성취하기 위한 것이기 때문이다. 그렇다면 협력 선교를 위한 신학적, 성서적 근거는 무엇이겠는가? 민필원은 협력 선교의 신학적이고 성서적 근거는 "선교하는 우리는 하나님 나라를 위한 예수 그리스도의 한 몸"이라고 주장하였다.[17] 이 논지는 하나의 문장이지만 세부적으로는 세 가지 요소를 가지고 있다. 그것은 '하나님 나라', '예수 그리스도' 그리고 '한 몸'이다.

기본적으로 성경이 말하는 선교는 모두 협력 선교를 지지한다고 말할 수 있다. 그리고 사실상 예수 그리스도와 바울의 선교는 협력 선교의 예를 매우 잘 보여준다.[18] 그 기본적인 바탕에는 선교는 하나님 나라를 위한 일이라는 정신을 가지고 있었기 때문이다. 하나님 나라가 아닌 다른 나라를 위한 선교라면 협력할 수 없는 일이지만, 본질적으로 궁극적으로 하나님 나라를 위한 일이기 때문에 연합하고 협력해야 하는 것이다.

---

17) 민필원, "협력 선교에 대한 성서적 근거," 2010한국대회, 『2010한국대회 논문집』 (한국연합선교회, 2010), 122-123.

18) 이러한 예를 잘 보여주는 글로 이현상, 『세계선교: 협력과 갈등 그리고 도전』 (서울: 경향문화사, 2009), 33-39를 참고하라.

둘째는 예수 그리스도 때문이다. 선교의 모든 협력 동기는 예수 그리스도이다. 이 사실을 에베소서 4장 1절에서 5장 2절까지의 성경이 잘 말해준다. 찰스 밴 엥겐은 에베소서 4장, 5장을 자세히 연구하여 우리가 협력 선교를 해야하는 근본적인 동기는 우리 모두가 예수 그리스도에게 속하였기 때문이고(엡 4:1), 협력 선교를 위한 자세는 겸손과 온유함이 되어야 하며(엡 4:2, 25), 선교 협력의 수단은 '그리스도의 은사들'이며(엡 4:7), 마지막으로 선교 협력의 목표는 '성도를 온전하게 하여 봉사의 일을 하게 하며 그리스도의 몸을 함께 세우며 그리스도의 장성한 분량이 충만한 데까지 이르는 것'(엡 4:12-13)이라고 하였다.[19]

셋째는 우리 모두 한 몸의 지체이기 때문이다(고전 12). 몸의 지체가 연합하지 않고 협력하지 아니하면 결국 몸 전체가 망가지고 지체들도 약화되고 비참해진다. 모든 선교사, 모든 교회, 모든 교단, 모든 선교단체들은 한 몸 그리스도의 지체들이다. 그러므로 각 지체들은 그리스도의 마음을 품고(빌 2:5) 서로 협력하고 연합하는 것이 마땅하다.

(3) 협력의 방식

이현모는 "전통적으로 한국 선교사역은 개인주의적이다. 이는 개교회주의에서 유래되었고 교단이기주의가 그 뿌리이다. 이런 영향으로 한국 선교는 개인적, 독자적 특성을 보이며 경쟁에는 강하지만 연합에는 약한 모습을 보여왔다."고 진단한 다음 6개의 영역에서 문제를 분석하고

---

19) Charles Van Engen, "Toward a Theology of Mission Partnership," *Missiology: An International Review* 29, no. 1 (January 2001): 16-28.

대안을 제시하였다.[20] 즉 ① 개교회 중심에서 교단 내 연합 선교로의 변화, ② 한인 선교사 간의 연합, ③ 현지 교단과 선교사 간의 협력, ④ 국제 선교단체 간의 협력, ⑤ 교회 구조와 파라처지 구조 간의 협력, ⑥ 선교사와 현지 한인교회와의 협력이다.

한국 선교사들이 연합과 협력을 잘하지 못하는 근본적인 이유를 생각해본다.

첫째는 개교회주의라는 특성 때문이다. 한국에서 전도와 선교는 대부분 개교회주의를 기초로 하고 있다. 개교회주의는 선교를 하는 데 있어서 다른 교회나 선교단체와 협력하기보다 단독적인 사역을 하는 것을 더 보람 있게 생각하는 경향이 있다. 이렇게 단독선교를 표방하는 것은 교회의 규모가 클수록 더 큰 유혹이 된다.[21] 이는 한국교회가 자유와 새로운 세상을 추구하는 이민자들로 세워진 미국이라는 나라에서 교파주의 형태로 발전한 미국 개신교 선교사들의 영향을 많이 받았기 때문인 것으로 보인다. 개교회주의에 빠진 한국교회는 큰 개념의 교회 전체(보편성, 연대성, 공익성)보다는 자기 교회의 이익만을 추구할 때가 많다. 그리고 이 개교회주의를 신학적 선교적으로 비판적으로 성찰하지 않고 맹목적으로 추종하거나 옹호하는 다수에 의하여 연합과 협력이 어려워지고 있는 것이다. 여기에는 하나님 나라보다는 자기 교파 성장과 확장을 지상의 가치

20) 이현모, "한국교회 선교에서 연합운동의 필요와 대안," 『성경과 신학』 제57권 (2011), 135-161.

21) 한국교회 선교역사 126년을 살펴보면, 1970년대 이전까지만 해도 해외선교사 파송은 대부분 노회나 총회 차원에서 이루어졌다. 그런데 1970년대부터 한국경제가 급성장하고 개교회가 수적으로 경제적으로 부유해지면서 개교회 단독 파송 사례가 급증하기 시작한 것을 발견할 수 있다. 김남식, "한국교회의 선교역사," 『신학지남』 통권 272호 (2002년 가을호), 233-235.

로 생각하는 교파이기주의도 중요한 몫을 하고 있다.

둘째는 경쟁에 익숙한 습관 때문이다. 특히 해방 이후 국가 경제개발 분위기 속에서 성장한 한국인들은 무조건 '더 잘 해야 한다'는 신화를 가지고 있다. 그래서 우리는 문화적으로 경쟁에는 익숙하지만 팀워크나 연합에는 취약한 것이다. 우리의 삶의 방식은 해방 이후 지금까지 경쟁적 의식구조로 만들어져왔다. 동료라는 개념은 실제로는 경쟁의 대상인 경우가 많고 그 갈등이 생각보다 심한 것은 문화적 영향이 크다고 보인다.[22] 이런 취약점이 개인적 독립적 사역을 선호하고 연합운동에 소극적인 태도로 나타나고 있는 것이다.

세 번째 요인은 한국교회가 가지고 있는 보수적 성향 때문이다. 이상하게도 보수적 교회일수록 신앙의 정통성을 유지하기 위해서 분파적 성향을 더 띠게 된다. 신앙의 정통성을 타협할 수 없다는 것이 다른 그룹과의 연합에는 적극성보다는 조심스런 태도를 보이는 이유이다. 오순절 계통과 연합운동을 하는 것을 꺼리고 교회 전통이 다른 경우도 연합하기를 꺼리게 된다. 아더 글라서(Arthur F. Glasser)도 복음주의 선교의 가장 큰 취약점으로 이런 분파적 성향을 지적하고 있다.[23] 그러다 보니 선교사역을 동일한 교파 범위 안으로 국한시키는 경우가 많다. 정통성을 지키는 것은 필요하지만 분파적 성향은 성경적 가치관이 될 수 없다.

그렇다면 한국 선교사역에서 어떤 종류의 연합이 필요하며, 실제적

---

22) 한국 선교사들의 중도탈락 원인 1위는 동료 선교사들과의 갈등 때문이라고 한다. 문상철, "한국에서의 선교사 탈락: 선교 행정가들의 견해," William D. Taylor 편, 『잃어버리기에는 너무 소중한 사람들』(서울: 죠이선교회 출판부, 1998), 140.

23) Arthur F. Glasser, "The Evangelicals: Unwavering Commitment, Troublesome Divisions," *Mission in the Nineteens*, ed. Gerald H. Anderson (Grand Rapids: Eerdmans Publishing Company, 1991), 7-8.

연합을 이루기 위해서는 어떤 대안이 필요할 것인가?

① 개교회 중심 선교에서 교단 내 연합 선교로

개교회 파송이 잘못된 것은 아니다. 성경적으로도 교회가 직접 선교사를 파송하는 것에 아무런 문제가 없다(행 13:1-3). 그러므로 개교회 파송이 비성경적이거나 신학적 문제가 있는 것은 아니다. 다만 이 문제는 효율성에 관한 전략상의 문제이다. 예외 경우가 많이 있기 때문에 단언적으로 말할 수는 없지만 전반적인 경향을 언급해보면, 대부분 경우 개교회는 재정과 선교사 훈련, 선교사의 목회적 관리, 전략 제공 및 평가, 위기관리 등의 면에서 선교단체들에 비해서 전문성이 떨어진다. 소형교회는 물론이고 대형교회조차도 특별한 경우를 제외하고는 전문성이 떨어지게 된다. 랄프 윈터(Ralph Winter)도 이런 추세를 염려했었다. "[미국의] 대형 교회들이 전문성이 떨어진 상태에서 선교활동을 주도하려고 하면 앞으로 큰 장애에 부딪치게 될 것"이라고 그는 지적했다.[24] 전문성이 떨어지면 두 가지 양상을 보이게 된다. 선교사를 파송하지만 파송 이후 일체의 관리를 포기하고 실적 보고만을 기다리게 되거나 문제를 감당하지 못하면 점차 장기선교보다는 단기선교 위주의 활동으로 변화하는 것이다. 특히 개교회의 경우 선교 담당자가 계속 교체되는 불안정으로 인해 지속적인 관리가 이루어지지 못하는 약점을 가지기도 한다.

많은 경우 타문화권 선교는 개교회가 감당하기에는 너무 큰일이다. 개교회가 단독으로 수행하기보다는 최소한 교단적 차원에서 교회들이 연합할 필요가 절실하다. 현재 대부분의 교단들은 교단 중심의 선교활동을

24) 『국민일보』, "미교회, 선교사 파송보다 재정지원에만 치중," http://news.naver.com /main/ read.nhn?mode=LSD&mid=sec&sid1=103&oid=005&aid=0000259497.

안정되게 행하고 있다. 특히 지난 20년 동안의 기간을 통해서 교단 중심의 선교활동이 한국교회의 강점으로 부각될 정도로 활성화되고 있다.

그럼에도 불구하고 한국에서는 여전히 개교회 중심 선교가 강세이다. 왜 그럴까? 첫째는 개교회의 이름이 나지 않는다는 것이다. 성과위주의 전시적 선교를 하려는 교회는 이런 연합을 배제하려고 한다. 둘째는 개교회가 독특한 선교 목표를 가지고 있을 경우 자기 교회의 목표를 반영시킬 수 없다는 것이다. 세 번째로는 커다란 재정과 인력을 공급하는 대형교회는 공헌에 비해서 자신들이 무시되는 경향에 불편하게 된다. 마지막으로는 선교부 자체가 개교회로부터 신뢰를 잃은 경우이다. 그러나 이런 문제는 더 큰 연합을 위해서 일부는 개교회가 희생하더라도 연합으로 나가야 한다. 개교회 목회자들의 의식의 변화가 절실한 부분이다.

② 한인 선교사 간의 연합

현실적으로 개교단 차원의 연합보다 더 어려운 문제는 선교현장에서 선교사들 간의 연합의 문제이다. 선교는 당연히 팀으로 이루어져야 하는 사역이지만 이 팀 협력이라는 것이 실제로 쉽지 않은 것이 현실이다.

왜 그럴까?

첫째는 한국 목회자들의 가치관이다. 교회에서 일방적으로 주의 종이라고 대접과 존경을 받다보니 자신을 다른 사람의 밑에 놓거나 자신의 의견이 한 부분에 불과한 팀으로 협력하는 것이 어려워진다는 것이다. 자신의 뜻대로 되지 않는 것을 불편해하는 가치관이다. 둘째는 자녀교육에 대한 지나친 집착이다. 선교사들은 다른 것은 다 희생해도 자녀교육만은 희생하지 못하는 경향이 있다. 팀으로 사역할 때 사역지나 사역 조건이 자녀교육에 불리해지면 팀에서 결국 이탈할지언정 자녀교육을 양보하지는 않는다는 것이다. 다양한 이유를 표면에 제시하지만 저변에는 많은 경우 자녀교육에 대한 집착이 중요한 요인이다. 세 번째는 선교사가 팀 사역에서 자기만족이 없을 때 팀을 이탈하게 된다. 자신이 인정받지 못한다는 느낌이 들면 인내하기보다는 독립 사역을 원하게 된다. 네 번째로는 후원교회가 팀과는 다른 요구를 할 때 팀 사역이 어려워진다. 후원교회의 필요를 만족시키려는 부담을 가지게 되면 팀에 대해서 소극적이 된다.[25] 게다가 서로 다른 교파와 전통, 신학, 선교 정책이 다른 선교부나 선교단체 선교사들일 경우 연합과 협력은 더욱 복잡해지게 된다.

이렇게 복잡한 요인을 지닌 동료 선교사들과 팀 사역을 유지하고 다른 선교사들과 협력관계를 이루어가기 위해서는 어떤 대안이 필요할까? 강대흥은 우선 현실적으로 협력의 한계를 잘 설정하고 4가지 수준을 고려하여 수준에 맞는 협력과 연합을 추구해나갈 것을 제안한다.[26]

첫째는 네트워킹(Networking)의 단계이다. 가장 낮은 수준의 협력관계이다. 아이디어와 정보를 서로 공유할 수 있는 사람들이 각자의 필요에 의해 비공식적으로 교제하는 수준을 말한다. 사역과 재정은 서로 공유하지 않으므로 커다란 헌신을 요구하지 않고 별 부담이 없는 단계이다.

둘째는 협력(cooperation)의 단계이다. 별다른 조직이 없이 서로의 필요에 의해서 정보를 교환하고 협력하는 단계이다. 서로 원하는 만큼의 이익만을 주고받는다.

셋째는 조정(coordination)의 단계이다. 조직 내의 선임자 혹은 책임자가 합의된 범위 내에서 사역을 조정하고 지시하는 단계이다. 선교철학이

25) 강대흥, "선교현장의 효과적 팀 사역," 방콕선교포럼위원회 편, 『21세기 한국선교를 위한 회고와 도전』 (서울: 방콕선교포럼위원회, 2004), 138-141.

26) 위의 책, 142-43.

같아야 하고 신뢰가 있어야 가능하다.

마지막은 동역(collaboration) 단계이다. 서로 작은 것을 손해볼지라도 큰 목적을 위해서 함께 하는 형태이다. 각 선교사들은 동역의 단계에서 조직의 목적을 위해서 희생을 요구받게 된다. 서로의 온전한 헌신이 없으면 위험 부담이 많다.

이렇게 각기 상황에 따라서 적절한 수준의 협력관계를 선택해야 한다. 팀 사역의 궁극적 목표는 동역의 단계까지 도달하는 것이지만 상황에 따라서는 동역의 단계를 목표로 하지 않는 수준이 적절할 수도 있다. 경험과 신뢰를 쌓아가면서 점차 동역의 단계를 향해서 발전하는 것이 바람직할 것이다.

선교현장에서 팀 사역이 잘 이루어지게 하려면 선교사 훈련과정에 선교사의 인성 자질에 대한 검사와 훈련이 강화되어야 한다. 팀으로 일하거나 다른 선교사와 협력할 경우 발생할 문제들을 미리 이해시키고 공동체 생활에서 이를 경험하게 하면서 문제 해결 능력을 키워서 선교지로 파송해야 한다. 혹 협력하기 어려운 성격적 문제가 발견될 경우 선교사 파송을 허락하지 않아야 할 것이다.

③ 현지교회(교단)와 선교사 간의 협력

선교사역의 목표는 현지에 건강한 교회(교단)를 형성해주는 것이다. 그러므로 현지교회와 선교사 간에 건강한 협력관계가 형성되어 있지 않다면 이는 분명히 문제이다. 21세기에 들어오면서 대부분의 지역에서 현지교회들이 조직과 구조를 가지고 교단을 형성한 상황이 되었다. 19세기에는 선교현지 교회 지도자들과 갈등이 거의 없었다. 그러나 이제는 현지 교단들이 자신들과 상관없이 독자적으로 한국 선교사들이 사역하는 것에 불편함을 나타내고 심지어는 통제하려는 현상이 여기저기에서 나타나고 있다. 실제로 최근 한 국제회의에서 필리핀의 한 교단 지도자가 한인 선교사들이 독자적으로 신학교를 세우고 사역자를 훈련 배출하는 것에 분노를 표시하는 것을 보았다. 이런 현상은 한국교회 선교에서 앞으로 점차 증가할 것이다.

현지교회와의 관계 상황이 아주 복잡하고 이에 따라 해결책도 쉽지 않다. 한국 선교사가 교회들을 개척해서 교단을 형성해준 경우도 있고, 한국 선교사가 아닌 다른 나라의 선교사들이 교단을 형성해주고 한국 선교사와의 관계가 문제가 되는 경우도 있고, 처음부터 한국 선교사들이 현지 교단과 아무런 관계를 가지지 않고 사역하다가 어느 정도 사역이 커지자 갈등을 빚는 경우도 있고, 어느 정도 관계를 가지고 사역하다가 과정에서 갈등이 발생하는 사례 등 경우의 수가 워낙 많다. 경우에 따라서 협력을 증진하기 위한 해법도 각기 달라져야 할 것이다.[27)]

이 영역에서 연합과 협력을 발전시킬 때 우선적으로 분명히 기억해야 할 사항은 적절한 때가 되면 현지선교사역의 리더십을 현지인들이 가져야 한다는 사실이다. 문제는 적절한 때에 관한 판단이다. 이때문에 갈등이 생기는 경우가 많다. 그러나 현재 갈등이 있는 현장에 대한 대안으로서는 앞에서 제시한 네 가지 수준의 팀워크를 기본 틀로 활용하는 것이 좋을 것이다. 초기 단계에는 현지 교단과 선교사들이 정기적으로 만나고 서로 사역 정보를 교환하면서 서로를 이해하는 수준에서 출발해야 할 것이다. 이 단계의 목표는 사역에서 중복을 서로 피하고 각자의 필요

27) 이 부분에 좋은 참고 자료: Kwang Pyo Ahn, "A Study on the Mission Strategy to Mongolia through Unity and Cooperation" (NewYork Theological Seminary, Doctor of Ministry, 2011). 최승근, 『태국에서의 동반자 선교에 관한 연구』 (장로회신학대학교 세계선교대학원 미간행석사논문, 2011).

를 이해하기 위한 것이다. 이 수준의 관계에서 발전하면 서로 협력할 영역을 찾아가는 단계로 발전할 수 있다. 서로 원하는 만큼의 이익을 얻을 수 있는 방법을 찾는 것이다. 세 번째 단계로는 서로 어느 정도 신뢰가 형성되면 사역의 분야에 따라서 조정자를 임명하는 것이다. 이 조정자는 선교사가 될 수도 있고 현지인이 될 수도 있다. 아마도 사역의 초기에는 선교사의 비중이 많을 수밖에 없지만 빠른 시간 안에 현지인으로 이전될 수 있다면 좋다. 조정자는 현지인과 선교사 모두를 아울러서 사역을 지시하기도 하고 조정하는 책임을 맡게 된다. 마지막 단계는 현지 교단이 모든 사역의 책임을 지고 선교사들은 이들의 조정 하에서 독립적 사역을 하기도 하고 보조적 사역을 하기도 하는 단계로 나아가는 것이다.

·

④ 교회 구조와 패러처치(para-church) 구조 간의 협력

표현을 달리하면 교파 선교부와 초교파 선교단체 간의 협력, 혹은 모달리티(modality) 구조와 소달리티(sodality) 구조 간의 협력을 말한다. 일찍이 랄프 윈터는 세계복음화라고 하는 주님의 명령을 성취하기 위한 두 개의 선교적 구조가 역사적으로 존재해왔다고 하면서 교회와 전문적인 선교단체가 서로 협력할 것을 강조하였다.[28] 역사적으로 모달리티(교회)가 선교적 열정을 잃을 때는 소달리티(선교단체)가 그 열정을 내면서 모달리티를 자극했고 소달리티가 선교적 열정을 잃으면 즉시 모달리티로부터 후원이 끊어지면서 경성하였다. 한국 선교역사에서도 이 흐름을 분명하게 볼 수 있다. 1980년대 초부터 선교에 대한 열정을 먼저 일으키고 불을 붙인 것은 소달리티였다. 전문성을 가지고 기동력이 빠른 소달리티가 먼저 선교

---

28) 참조: Ralph Winter, "하나님의 구속적 선교의 두 구조,"『퍼스펙티브스』1권 (서울: 예수전도단, 2010), 403-415. 김선태,『선교학개론』(카이로스, 2006), 95-202.

의 열정을 드러냈다. 이 시기는 초교파 선교단체들의 전성기였다. 이 열정은 바로 모달리티인 교회를 자극하게 되었고 90년대를 지나면서 교회구조가 소달리티의 선교를 앞지르게 되었다. 한국은 현재는 교단 선교부 중심 선교의 시대이고 초교파 선교단체들은 인력 수급이나 재정 모금에 어려움을 겪고 있다. 이제 한국선교는 교단 선교부 중심으로 진행되고 있지만 초교파 단체들을 격려하고 상생하는 길을 배워야 한다. 이를 위해서는 선교사의 이중 파송을 활용해야 할 것이다. 교단 선교부가 자신의 한계를 인정한다면 한계 영역의 전문 사역을 위해서는 선교사를 초교파 단체를 통하여 파송하는 이중 멤버십을 활용해주어야 한다. 이중 파송의 경우 재정 책임, 사역관리, 명령 권한, 위기 시 책임 등 여러 면에서 갈등의 요인을 가진 것이 사실이지만 사역 자체의 효율성을 위해서는 이중 파송을 허락해야 한다.[29)]

⑤ 선교사와 현지 한인교회와의 협력

최근 해외 거주 한인이 800만 명을 돌파하면서 주로 미주와 호주 등에 집중되어있던 한인교회가 전세계로 빠르게 확산되고 있다. 한동안 선교현장에서 선교사와 한인교회 목회자는 상호견제 세력처럼 인식되었었다. 한인 목회자는 선교사들에 대해서 종종 비판적이었고 선교사들은 한인 목회자들과의 교제를 꺼려했다. 그 주된 이유는 이전의 대부분의 한인교회가 기독교가 발전된 서구 국가에 존재했기 때문이었다. 그러나 한인교회가 비서구권 지역에 증가하면서 한인교회가 지닌 우수한 인력과 풍부한 재정을 선교적으로 활용하는 방안이 적극적으로 논의되고 있다.

29) 한국일, "선교 패러다임의 비교연구: 교회의 선교와 선교회의 선교," 한국선교신학회『정기학술대회』(2011.12.3), 16.

실제로 한인교회는 세계선교에 거대한 잠재적 자원이다.

2010년 5월에 개최되었던 한인 디아스포라 포럼에서 문상철은 몇 한인교회들의 열정적인 선교적 비전을 이렇게 보고 했다. "태국 한인교회 가운데 최초로 현지교회화됐고 태국 선교와 교포 목회에 힘쓰고 있다"(태국한인교회). "많은 선교사들이 교회를 방문한다. 선교는 특별한 사람만이 아닌 보통사람도 할 수 있다는 인식이 강하다"(상하이한인연합교회). "국내외 선교에 열성적이다. 매년 수백 명의 젊은이들이 비전여행을 떠난다"(북경한인교회). "교회의 비전을 일본선교, 세계선교로 정하고 일본인 전도와 양육에 최우선한다"(요한동경교회). 디아스포라 한인교회는 "선교적 역동성과 성육신적 접근이 뛰어나고 목회자의 선교 신념이 강하다."[30] 이러한 한인교회를 무시하거나 경쟁의 대상으로 보지 말고 협력하는 방안을 적극적으로 모색해야 하는 것이 세계복음화의 과제를 달성하는 데 도움이 될 것이다.

⑥ 국제적인 선교단체 간의 협력

100여 년 전과는 달리 한국교회는 타문화권 선교사 파송에 있어서 세계 2위가 되었다. 영국, 독일, 프랑스보다도 많은 선교사들을 파송하고 있다. 한국교회의 선교가 이렇게 발전하게 되자 점차 일반적으로 선교지에서 한국 선교단체와 서구 선교단체가 협력하는 일이 중요한 관심사가 되고 있다.[31]

---

30)『국민일보』, "세계선교 감당하는 한인 디아스포라 교회의 몇 가지 특징," http://news2. kukinews.com/article/view.asp?page=1&gCode=kmi&arcid=0003725122&cp=nv.

31) 일례로 WEC를 들 수 있다. 오늘날 WEC에는 전체 선교사 2,200여 명중 한국인 선교사가 457명(2009)에 달하고 있다. 조만간 종주국이었던 영국 출신 선교사 숫자

서구 선교단체들은 여러 장점을 가지고 있다. 예를 들면 오랜 선교 역사를 통한 풍부한 현장경험을 가지고 있다. 경험이 많을수록 불필요한 시행착오를 줄일 수 있다. 또 다양한 전략 이론을 가지고 있다. 아직도 우리는 서구 단체에서 선교 전략을 배워오는 경우가 많다. 선교사 선발, 훈련, 관리, 위기관리 등의 면에서 우리보다 앞선 능력을 가지고 있는 것도 사실이다. 오랜 투자를 통해서 현장에 견실한 구조를 확보하고 있는 경우가 많다. 선교사의 중도 탈락 문제나 MK 교육, 은퇴 선교사의 복지 등에서 앞선 경험을 가지고 있다.

이에 비해서 한국 선교는 다른 측면의 장점을 가지고 있다. 서구 선교보다 훨씬 더 강력한 다이내믹을 가지고 있다. 성급해보이는 면도 있지만 한국 선교사들의 열정과 헌신은 결코 서구 선교사에 비해서 뒤지지 않고 오히려 우수하다. 교회개척과 같은 영역에서는 서구 선교사보다 더 좋은 열매를 맺고 있다. 제삼세계의 한부분에 속해 있어서 문화적 거리가 서구 선교사보다 짧고 적응에 유리하다. 관계 중심의 문화가 잘 수용되고 있다. 원칙보다는 필요에 반응하는 한국 선교 문화가 사역에 더 많은 열매를 제공하고 있고 상황화에 유리한 면을 제공하기도 한다. 풍부한 인적 자원이 있다. 기도의 능력이 새로운 선교 전략에 부합되고 있다.

이러한 서구와 한국의 장점이 효과적으로 연합할 수 있다면 괄목할 만한 시너지 효과를 기대할 수 있을 것이다. 그러나 이 연합이 쉬운 일은 아니다. 필자가 경험한 바에 의해도 서구와 한국의 연합 사역은 쉬운 일이 아니다. 우선 동역할 경우에 커뮤니케이션의 불편은 차치하고라도 의사결정 방식의 차이는 상당한 갈등을 불러일으키고 있다. 논리와 원칙을 중시하는 서구와 필요를 보며 빠른 결정을 선호하는 한국 선교사들의 문

를 상회할 것으로 예상되고 있다. 조동천, "한국교회 선교사 드디어 2만 명 돌파," http://blog.daum.net/chosamo/3981.

화가 자주 충돌하게 된다. 동시에 경제적 차이도 갈등의 한 요인이다. 충분한 재정 지원을 공급받는 서구 선교사와 일을 몸으로 때워가는 한국 선교사의 사역 방식은 확연히 다르다. 윤리관에도 차이가 있다. 신분을 속이는 것이나 현지의 법을 어기는 것을 선교사의 죄로 여기는 서구와 복음전파를 위해서는 신분 위장 정도는 효과적인 전략이라고 간주하고 현지의 법이 하나님의 법보다 하위의 개념이라고 보는 한국 선교사 간에 마찰이 생기는 것은 당연하다. 저돌적인 선교사역은 부작용을 일으킬 것이라고 염려하는 서구 선교사들과 그런 부작용은 사단의 공격이라고 보는 한국 선교사들이 사역에 호흡을 맞추기가 쉽지 않다.

그러나 앞에서 언급했듯이 협력은 이제 선택사항이 아니다. 이는 21세기 세계복음화를 진정으로 소망하는 청지기들에게 필수적으로 요구되는 사항이다.

(4) 협력의 확대

미국 풀러신학교의 선교학 교수인 찰스 밴 엥겐은 오늘날 세계 기독교의 선교에서 다양하게 이루어지고 있는 협력 선교의 차원을 다음과 같이 정리했다. ⓐ 교회와 교회, ⓑ 선교부와 선교부, ⓒ 보내는 선교부와 받는 교회, ⓓ 보내는 교회와 받는 선교부, ⓔ 이전에 받고 있던 교회와 지금 선교 파송자가 새롭게 받는 교회나 선교부를 섬기기 위해 협력하는 것, ⓕ 온 지구상의 개인들, 교회들, 선교단체들을 의존하며 지원을 끌어오는 다문화적 팀들, ⓖ 전세계적이고 다언어적인 협력 선교 노력[32] 등

32) Charles Van Engen, "Toward a Theology of Mission Partnership," *Missiology: An International Review* 29, no. 1 (January 2001): 13.

이다. 세분화하여 설명한다면 여러 가지를 이 리스트에 더 추가할 수 있겠지만, 넓은 차원에서 생각한다면 이 리스트가 모든 분야를 포괄한다고 볼 수 있을 것이다.

우선 선교사들끼리 잘 협력해야 한다. 동료 선교사, 선후배 선교사들이 서로 협력할 줄 알아야 한다. 그 다음 타교단 선교사들과도 기쁘게 협력할 줄 알아야 하고 현지교단 지도자들과도 기쁘게 협력할 줄 알아야 한다. 그리고 더 나아가 교회 밖에 하나님이 선하게 여기시는 기관이나 일꾼들과도 협력할 줄 알아야 한다.

교회는 하나님 나라 건설을 위하여 최일선에서 싸우는 전위대이다. 교회는 이 땅위에 존재하는 사탄의 통치를 몰아내고 하나님의 통치를 알리고 또 이 통치를 구체적으로 실현하기 위해 싸우는 하나님 나라와 하나님 선교를 위한 결정적인 도구이다.

그러나 교회는 하나님의 나라는 아니다. 교회와 하나님의 나라의 일치는 불가능하다. 옛날 로마가톨릭교회가 한때 교회와 하나님 나라를 일치시킨 적이 있으나 지금은 스스로 폐기하였다. 교회는 하나님의 나라가 아닐 뿐만 아니라 교회를 통해서만 하나님의 나라가 도래하는 것도 아니다. 하나님의 나라가 교회를 통해서만 확장되어간다고 생각하는 것은 교회에 대한 과대평가이다. 하나님의 나라를 확장시키고 건설하시는 분은 하나님 자신이지 결코 교회가 아니다. 교회는 이 하나님의 활동에 봉사하는 도구일 뿐이다. 하나님 나라 건설을 위한 하나님의 활동은 교회 안과 밖에 동시에 존재한다. 하나님은 교회를 통해서 하나님의 나라를 확장시키기도 하지만 동시에 교회 밖에 존재하는 사람이나 기구를 통해서도 하나님 나라를 확장시킨다. 하나님의 정의와 평화는 교회를 통해서만 확장되는 것은 아니다. 하나님은 교회 밖의 많은 사람들을 이용해서 하나님의 나라를 위해 봉사하는 도구로 사용하신다. 구약에 의하면 하나님은 페르시아 왕 고레스를 통해서 자신의 역사 계획을 성취하셨다. 따라서 교회는 교회 밖에 존재하는 하나님의 활동에도 유념해야 한다. 교회 밖에 존재하는 많은 선한 사람들은 하나님 나라 확장과 건설과 하나님의 선교를 위해 매우 유익한 존재라는 점을 인식해야 한다. 그리고 그들과도 협력하는 방안을 모색해야 한다.[33)]

이를 위해서는 단순히 교회들 간의 협력뿐만 아니라 지역사회 조직들 간의 협력까지 발전해나가야 한다. 선교적 교회론의 비전인 하나님 나라의 비전은 이 세상이 교회들로 가득차는 것이 아니라 교회가 지역사회 속에서 그리스도와 같이 향기로운 존재가 되고, 이 세상이 그리스도의 진리와 은혜와 생명으로 충만하게 되며, 모든 사람이 하나님의 자녀로서 더불어서 행복하게 사는 세상이기 때문이다. 날이 갈수록 우리 모두가 인식하게 되는 분명한 사실은 지역사회가 직면한 문제들은 결코 정부 혼자의 힘만으로도, 기업의 힘만으로도 그리고 우리 교회의 힘만으로도 해결할 수 없는 복잡성과 다양성을 갖고 있다는 것이다. 우리는 지금 할 수 있는 한 다양한 사회자원들을 연결하고 동원하고 협력할 수 있는 안목과 능력이 요구되는 시대에 살고 있다. 그래서 요즘 유행하는 사회과학적 개념인 거버넌스(governance)는 '사회문제를 해결하거나 새로운 공공가치를 창조하기 위해 자기조직화하는 조직들 간의 네트워크를 통한

33) 그러나 교회 밖에 많은 하나님의 나라 건설을 위한 선한 동역자들이 있다 할지라도 하나님 나라 건설의 결정적인 도구는 교회이다. 왜냐하면 교회만이 하나님의 뜻을 명시적으로 아는 공동체이고, 하나님의 나라를 위한 일꾼을 직접적으로 양성하는 공동체이기 때문이다. 교회를 통한 성령의 직접적인 지도가 없는 교회 밖의 선한 활동들은 순식간에 이기심에 물들고 잘못된 길로 나갈 수 있는 가능성을 우리는 유념해야 할 것이다.

사회적 조정방식'으로 정의하고 있다.[34] 이러한 측면에서 보면 오늘날 지역공동체를 세우고 섬겨야 하는 한국교회에 필요한 새로운 에큐메니컬 덕목은 바로 이러한 거버넌스를 위해 어떻게 다양한 개인과 조직들을 협력적으로 활용하고 네트워킹 할 수 있는 능력을 가질 수 있느냐 하는 것이다.

참된 선교란 어떤 선교인가? 크리스토퍼 라이트는 이렇게 정의한다.[35] "참된 선교란 성경 전체에 나타난 하나님의 선교를 알고 오늘날 역사 속에서 진행되고 있는 하나님의 선교에 겸손하게 참여하는 하나님의 백성들의 헌신이다."

이 정의를 제대로 이해한다면 참된 선교사가 되기 위해서는 첫째, 성경 전체에 나타난 하나님의 선교를 알아야 한다. 모르고는 되지 않는다. 둘째, 오늘 현실 가운데서 진행되고 있는 하나님의 선교를 볼 수 있어야 한다. 이미 하나님이 시작하신 선교들이 진행되고 있다. 세째는 나는 하나님의 백성임을 확신할 수 있어야 한다. 네째는 겸손한 마음으로 하나님의 선교의 작은 한 부분으로 참여하여 헌신하는 것이다. 이런 마음으로 선교하면 협력은 자연스러운 것이다.

34) 기독교윤리실천운동, 「2010교회의 사회적 책임 컨퍼런스 백서」(2010. 9.13), 4-5.

35) 크리스토퍼 라이트, 『하나님의 선교』, 정옥배 · 한화룡 옮김 (한국기독교학생회출판부, 2010), 25.

| 선교 시편 14 |

선교사 마펫의 한국선교 보고 6

한국에는 8개의 선교단체가 일하고 있습니다.
미국북장로교, 미국남장로교, 호주장로교,
캐나다장로교, 미국감리교, 미국남감리교, 영국교회,
그리고 제7일 안식교입니다.
이외에도 로마가톨릭교회가 선교부를 열었는데
45명의 유럽인 신부들이 그 안에서 일하고 있으며
한국인 신자는 약 6만 명입니다.

8개의 주요 선교단체는 우호적인 분위기 가운데
선교지를 분할하고 각 선교부는 서로 존중하며
자기 영역 안에서 최선을 다하자는 약속을 했습니다.
선교에 보조적인 도우미 단체로서
YMCA, 성서공회, 구세군,
그리고 몇 개의 다른 독립 선교단체들이 있습니다.
선교부는 모두 23개이며,
부인들을 포함해 한국에 와 있는 선교사들의 숫자는
307명입니다.
선교지가 분할되어 있지만
서울, 평양, 제물포, 부산 그리고 원산과 같은 5개 지역은 모든 선교부가 공유하는 지역입니다.
13개 도(道)마다 선교부가 있으며
한국인 복음전도자들의 수고로
전국 330개 읍내 거의 모든 곳에
기독교의 교두보를 확보했습니다.

언제 아침이 오는가?

수도원의 노수도사가 한 제자들에게
밤이 지나고 아침이 시작되는 때가 언제인지
설명할 수 있겠느냐고 물었습니다.

한 제자가 대답했습니다.

멀리 있는 동물을 보고
그것이 양인지 늑대인지
분간할 수 있는 때가 아닙니까?

좋은 대답이다.
그렇지만 내가 원하는 대답은 아니다.
수도사가 대답했습니다.

멀리 있는 나무를 보고
그 나무가 올리브나무인지 무화과나무인지를
알 수 있는 때가 아닙니까?
두 번째 제자가 말했습니다.

아니다.
정확한 대답이 아니다.

저희는 알지 못합니다.
스승님 가르쳐 주십시오.

사람의 눈을 보고
그가 형제인지 자매인지 알아볼 수 있을 때
그때가 바로 아침이 되는 때이니라.
이를 구분할 수 없다면 아직도 밤이니라.

그럼
한국 선교의 아침은 언제 올까요?

제V장

선교신학적 평가

지금까지 선교란 무엇입니까? 라는 물음에 대한 대답으로 우리는 맥가브란의 선교 정의를 번안하여 해설하는 작업을 하였다. 처음에는 단순하게 보이던 그의 선교 정의 속에 담긴 한마디 한마디가 선교학적으로 이렇게 풍부하고 깊은 의미를 지니고 있다는 사실을 미처 알지 못했을 것이다.

이제 여기서는 필자가 해설해 온 맥가브란의 선교 정의를 선교신학적으로 평가해 보고자 한다. 다시 말하면 맥가브란의 선교신학을 평가하는 것이 아니라, 필자가 앞에서 행한 그의 선교 정의 해설을 선교신학적으로 평가해 보자는 것이다. 그러기 위해서는 먼저 선교신학이 무엇인지 알아야 한다.

선교신학이란 무엇인가? 이 물음에 대하여 가장 좋은 대답을 얻을 수 있는 책은 세계적으로 탁월하고 균형잡힌 선교신학자로 널리 인정받는 데이비드 보쉬가 쓴 "세계를 향한 증거"일 것이다. 이 책은 부제가 말해주듯이, "선교의 신학적 이해"를 목적으로 쓴 책이다. 그는 "선교신학이란 선교의 동기, 방법, 정책 그리고 목표를 결정짓는 기본 원리와 전제조건에 대한 연구"라고 정의하였다.[1] 원래 이 말은 *IBMR*이라는 선교신학 잡지 편집장을 지낸 미국의 선교신학자 제랄드 앤더슨(Gerald H. Anderson)이 한 말이다. 보쉬는 이 말을 인용한 다음, 자신의 선교신학적 작업은 주로 선교신학 정립에 있어서 선교의 근거, 동기, 목표를 집중으로 다루겠다고 밝혔다. 어떤 시대 선교운동, 어떤 선교신학자의 선교신학을 연구할 때 주로 선교의 근거, 선교의 동기, 선교의 목표에 초점을 맞추어 분석하겠다는 뜻이다. 동시에 그러한 근거, 동기, 목표가 세워지는 데 작용한 시대적 환경적 전제조건들이 무엇이었으며, 그러한 선교신

1) 데이비드 보쉬, 『세계를 향한 증거』, 전재옥 번역 (두란노, 1997), 35.

학이 만들어지는 데 작용한 정신적 철학적 기본 원리를 무엇이었는가를 분석하겠다는 것이다.

선교신학에 대한 이러한 정의를 내리고 특별히 이 책 제3부에서 "지난 날의 선교신학"을 분석하고 평가하는 작업을 하였다. 즉 2천년 교회역사, 선교역사를 되돌아보면서 각 시대 주요한 선교사건이나 선교운동이나 선교대회를 분석하여 각각의 선교신학이 무엇이었는가 규명하였다. 2천년 교회역사 가운데 선교적으로 뚜렷한 흔적을 남긴 주요한 사건들을 선교신학적 관점에서 기술하고 있는 제3부(126페이지에 걸쳐서)는 보쉬가 얼마나 훌륭한 선교신학자인지를 잘 보여주고 있다. 어느 누구도 보쉬처럼 2천년 교회사를 선교신학적 관점에서 연구하고 핵심을 짚어내어 각 시대의 선교신학을 말해주고, 그러한 선교신학이 만들어지게 된 시대적 환경적 배경에 대하여 그리고 그러한 선교신학이 만들어지게 된 정신적(철학적) 기본 원리에 대하여 해박하게 말해주는 학자가 이전에는 없었다.[2)]

이러한 작업을 통하여 선교신학이라는 것이 시대에 따라서 상황에 따라서 모임에 따라서 변화해왔다는 사실을 말하고 있다. 동시에 지금 우리가 암묵적으로 가지고 있는 선교신학은 무엇인지를 규명하고, 우리가 사는 시대에 요청되고 필요한 적절한 선교신학이 무엇인지를 찾아가고 있다.

그렇다면 이 책에서 소개하고 해설한 맥가브란의 선교 정의를 선교신학적으로 평가해본다면 어떻게 평가할 수 있을까? 현대선교신학은 크게 복음주의선교신학과 에큐메니컬선교신학으로 양분되어 있는데 맥가브란의 선교 정의 해설은 어느 쪽이라고 할 수 있을까? 이 물음에 적절하게 대답하려면 우선 복음주의 선교신학이란 무엇이며, 에큐메니컬 선교

---

2) 이 작업을 이후 더욱 발전시킨 책이 그의 주저『변화하고 있는 선교』이다.

신학이란 무엇인지 알아보아야 할 것이다.[3)]

---

3) 참고: David Bosh, 『세계를 향한 증거: 선교의 신학적 이해』, 전재옥 번역 (두란노, 1993), 46-54.

01 에반젤리칼 선교신학의 특징

복음주의 선교관의 특징은 선교의 동기에 잘 나타난다. 즉 그리스도의 지상 위임명령(마 28:19-20)에서 선교의 출발점을 찾고, 우리가 선교하지 않으면 복음을 듣지 못한 사람들이 영원히 멸망에 이르게 된다는 확신에서 선교해야 한다고 생각한다. 하지만 대부분의 복음주의자들은 사회의 구조적 변화에 대한 교회의 직접적인 참여문제에 이르러서는 주춤한다. 그리고 복음주의자들은 타종교의 추구에는 타락한 인간의 참여가 반영된다는 견해를 가진다. 선교사역에서 교회개척을 가장 중심적인 것으로 받아들인다.

선교를 이렇게 단순히 '복음전파'의 측면에서 특별히 한 개인의 영혼구원의 측면에서 이해하는 것을 고전적 전통적 견해라 할 수 있다. 이를 또한 복음주의적 견해라고 하는데, 이에 의하면 선교의 가장 중요한 목표는 교회개척이며, 한 영혼의 구원을 위해 복음이 실제로 전달되지 않는 전도나 선교는 있을 수 없게 된다. 그래서 복음주의 입장에서 강조해온 전통적인 선교신학은 예수 그리스도의 죽으심과 부활하심을 주제로 하는 성자 하나님 곧 기독론 중심의 선교신학, 구속사적 중심의 선교신학이라고 할 수 있는 것이다.

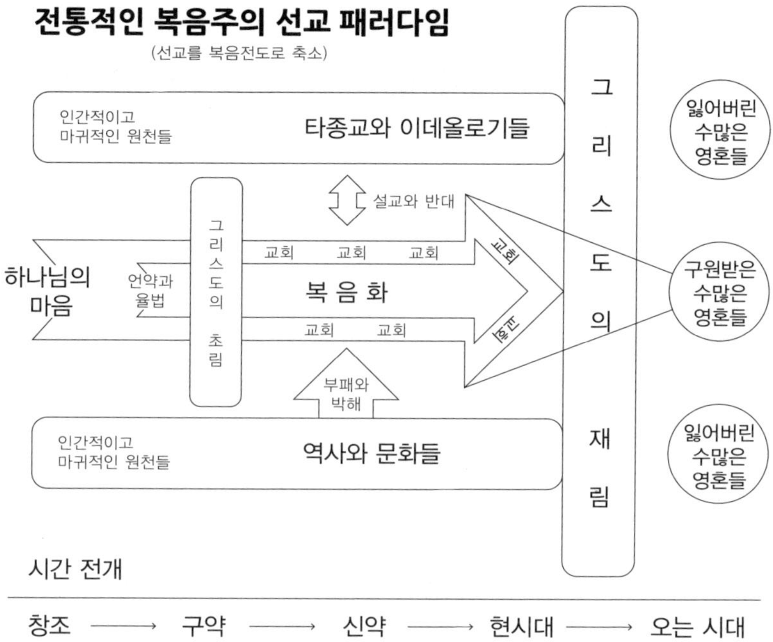

출처: 스탠 너스바움/최형근 옮김, 『변화하고 있는 선교 가이드북』(기독교문서선교회, 2010), 164.

앞에서 언급한 대로 선교에 대해 복음주의적 견해를 가진 이들은 사회의 구조적 변화에 대해 교회가 직접 참여하는 문제에 대해서는 소극적이다. 복음주의자들은 구조적 변화를 바람직한 것으로 여기고 있지만 어디까지나 전도의 결과로 이러한 변화가 이루어져야 한다고 본다. 복음주의자들이 강조하는 것은 혁명보다는 점진적인 인간 성숙이 사회구조의 변화를 이루어야 한다는 것이다. 그래서 복음주의자들은 선교활동 중 농업기술 교육, 의료봉사 및 일반교육 등을 통해 사회에 참여하고 이런 활동들이 차츰 차츰 한 국가의 하부구조의 변화를 가져오게 될 것이라고 한다. 그러나 복음주의적 견해는 결국 성자 예수님의 영혼구원의 선교사역에 국한되고 만다.

02 에큐메니컬 선교신학의 특징

에큐메니컬 선교이해의 가장 기본적인 특징은 교회와 세계의 통합이다. 하나님이 교회가 아니라 세상을 이처럼 사랑하사 독생자를 주셨다는 사실을 강조하며 교회를 구원의 방주로 보는 것을 싫어한다. 교회는 하나님의 선교를 위한 하나의 도구가 된다는 것을 강조한다. 그러므로 선교사가 된다는 것은 이 세계 안에서 하나님의 동역자됨을 의미한다. 세속화 과정을 본질적으로 긍정적으로 평가하는 경향이 있다. 선교의 목적은 사람들로 하여금 교회 안에 들어오게 하느냐가 아니라, 오히려 그들을 자기들의 고유의 종교적 전통 안에서 최대로 구원에 이르는 접촉을 하도록 해방시켜 주는 것이다. 이러한 생각으로 인해 교회 밖에도 구원이 있다는 방향으로 발전하고 있다.

에큐메니컬 선교관은 선교를 '샬롬'과 '인간화'의 관점에서 이해한다. 즉 선교란 단순히 한 개인의 영혼을 구원하는 것에만 그치는 것이 아니라 불평등과 차별이 존재하는 인간들 사이 또는 그룹들 사이에 진정한 화해를 이루고, 나아가서 인간이 인간답게 살지 못하는 곳에서 모든 인간들이 참인간답게 살 수 있도록 하는 것이어야 한다고 이해하는 견해이다.

이런 에큐메니컬적 선교관은 복음주의적 선교관이 복음이 전해지지 않은 곳에 관심을 가지는 것에 반해, 복음이 전해져 있는 곳에 더 많은 관심을 가지는 경향이 있다. 이러한 견해는 종래의 선교관이 교회개척이나 교회확장에 목표를 둔 교회 중심의 선교관이라고 비판하고, 교회는 '이 세상에 평화(shalom)를 건설하기 위하여 하나님의 손에 들려진 수단'에 불과하다고 한다. 선교의 주체는 교회가 아니라 메시야이시며 선교의 목적은 곧 "샬롬"의 수립이라고 한다. 이런 뜻에서 선교는 세 가지 측면을 가진다. 케리그마, 코이노니아 그리고 디아코니아가 그것이다. 케리그마는 그 샬롬의 선포요, 코이노니아는 그 샬롬에 동참한 사람들이 상호교제와 친교 가운데 사는 것이며, 디아코니아는 겸손한 봉사로서 그 샬롬을 실증하는 것이다. 이 세 측면이 선교에서 통합될 때 그 선교는 올바른 선교라 할 수 있다. 그렇기 때문에 '복음전파'만이 아니라 '친교'나 '봉사'도 선교의 목표가 되는 것이다. 이러한 사상을 기초로 '교회를 통한 하나님의 선교(Missio Dei)' 곧 '선교는 하나님의 사역'이라는 점이 강조된다. 곧 교회가 선교의 출발점이 아니라 삼위일체 하나님이 출발점이며 선교의 주도권 또한 교회에 있는 것이 아니라 하나님께 속해 있다. '하나님의 선교' 개념에 따르면 선교는 하나님께서 세상에서 하고 계시는 것으로서 교회는 선교의 도구가 된다. 그런 의미에서 교회의 기능은 '하나님의 선교'에 참여함으로써 세상의 사건에 변화를 가져오게 하는 일이다.

샬롬과 더불어 선교의 목표로 받아들여진 개념은 "인간화"이다. 즉 비인간적인 사회 구조를 인간화하는 것을 선교의 한 목표로 삼아야 한다는 것이다. 기독교화와 교회개척이 아니라 인간이 인간답게 살게 하는 일과 사회 구조의 근본 변화를 선교의 목표로 삼고 선교의 방향은 인종문제, 사회변혁, 학생 항거운동 등에로 바뀌어야 한다고 보는 것이다. 선교에 대한 이해가 이와 같이 달라짐에 따라 구원에 대한 이해에도 변화가 온다. 전통적으로 구원이라는 말을 예수 그리스도를 믿는 사람들에게 주어지는 새롭고 영원한 신분이라고 이해하여온 데 반하여, 새로운 선교를 지향하는 사람들은 구체적인 현실 속에서 실천되어야 할 '오늘의 구원'을 강조한다. 다른 말로 바꾸면 인류는 가난과 압제와 질병과 비인간적인 노동과 인종차별과 기아 등으로부터 구원되어야 한다는 것이다. 필요한 것은 머지않아 가게 될 하늘에 있는 빵이 아니라 지금 당장 먹을 수 있는 빵이라는 말이다. 그렇기 때문에 선교에는 복음전파뿐만 아니라 친교와 봉사가 포 함되어야 하며, 나아가서는 이 땅 위에서의 다방면에 걸친 정의가 실현되는 것이어야 한다는 것이다.

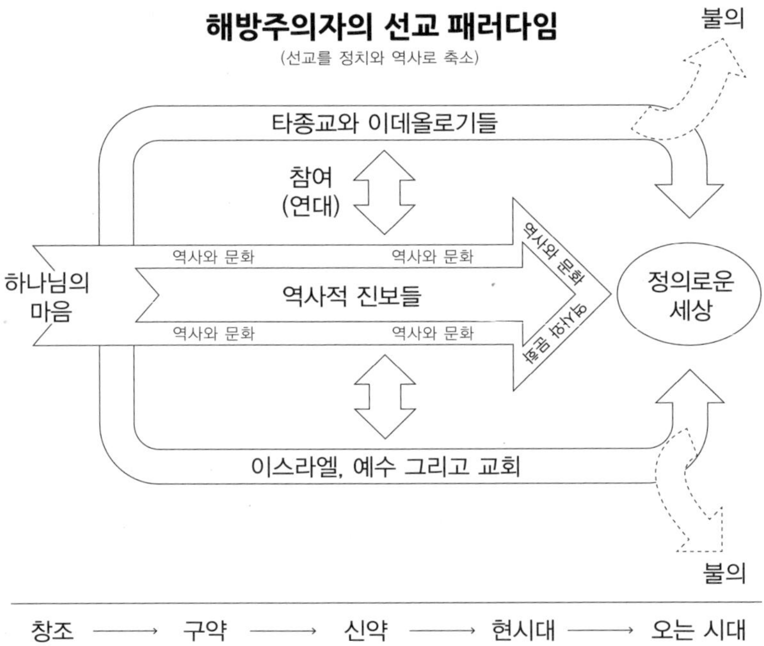

출처: 스탠 너스바움, 『변화하고 있는 선교 가이드북』, 165.

한국일 교수는 에큐메니컬 관점에서 선교를 볼 때는 주로 다음 다섯 가지 선교신학적 테제에 관심을 가진다고 하면서 에큐메니컬 선교신학자들이 주로 어떤 주제에 관심을 가지고 연구를 많이 하는지를 밝혔다.[4] ⓐ 선교와 상황성과의 관계 규명, ⓑ 선교에 있어서 파송의 의미를 새롭

4) 한국일, 『세계를 품는 선교』, 130-131.

게 파악하여 선교사 중심의 선교 모형에서 상호파송과 상호배움의 모형을 연구함, ⓒ 교회일치와 연합을 추구하는 에큐메니컬 관점에서 교파주의와 개교회주의에 의한 경쟁적 선교를 극복할 방안에 대한 논의, ⓓ 선교의 궁극적 목표를 개인의 회심과 영혼구원, 교회개척과 확장의 차원을 넘어서서 하나님의 화해사건을 세계 속에서 구현하는 방안을 논구하는 일, ⓔ 세계 분쟁과 갈등, 충돌의 현상 속에서 인류의 평화로운 공존을 위해 선교가 어떤 공헌을 할 수 있는가를 모색하는 일이다.

그러나 이런 선교관에 대하여 비판의 소리도 높다.[5] 중요한 것은 무엇인가? 무엇을 우선순위 1번에 놓을 것인가 하는 것이 맨 먼저 제기되는 문제이다. 그렇게 볼 때 에큐메니컬 선교이해는 '선한 사업들' 때문에 가장 중요한 일 곧 "모든 족속으로 제자를 삼아 아버지와 아들과 성령의 이름으로 세례를 주라"는 그 일을 소홀히 하게 된다. 가난한 자들에 대하여 깊은 열정을 가지는 것은 좋으나 잃어버린 자들에 대한 열정은 약하고, 나아가서 그리스도인들로 하여금 복음을 전하도록 일깨우기보다는 교회 갱신에 더 많은 관심을 가진다. 전혀 복음에 접해 보지도 못한 사람들이 아직도 세계 도처에 절대 다수이며 아직도 선교사들이 해야 할 일들이 많이 있음에도 불구하고, 선교사를 동원하여 보내는 일에는 관심이 적다.

선교에 대한 이해와 견해는 에큐메니컬 라인에서 실시한 뉴델리대회(1961), 웁살라대회(1968), 방콕대회(1973)에 반발한 에반젤리칼 라인에서 실시한 로잔대회(1974) 이후 양극화로 나뉘어지다가 제3차 로잔대회 이후(2010) 최근에는 서로 배우며 서로 협력하는 분위기가 대세를 이루고 있

---

5) 안승오, 『현대선교의 핵심주제 8가지』 (기독교문서선교회, 2006).

다.[6] 사실 에큐메니컬 선교신학이니 복음주의 선교신학이니 하는 표현은 이론적인 구분법이며 강조점과 특색에 따른 구분법이다. 그러므로 이런 구분과 평가는 유형론적인 것이기 때문에 개인에 따라서 상황에 따라서 변하는 것이며 절대적인 것으로 간주할 수 없는 것이다.

선교개념 이해와 선교의 실천 사이에는 긴밀한 관계성이 있다. 사람은 누구나 그렇게 주장하고 그렇게 행동하고 그렇게 지도해나갈 때는 그 마음속에 보이지 않는 가치관이 있고 그 가치관 밑에는 신념이 있고 그 신념 밑에는 기본 개념 즉, 세계관이 있기 마련이다. 그리고 그 같은 세계관 가치관이 형성되는 데는 그만한 배경이 있기 마련이다. 같은 주님을 믿고 같은 성경을 가지고 선교하면서도 보수와 진보로 나뉘는 것은 이때문이다. 필자가 섬기는 학교에서 2009년 국제학술대회를 열었다. 주제는 "1910년 에딘버러세계선교사대회 100주년: 선교와 에큐메니즘 회고와 전망"이었다.[7] 이 학술대회에 독일, 미국, 한국 선교신학자들이 참여하였는데 이 대회에서 발견된 중요한 사실은 에큐메니컬 선교신학의 발생과 발전은 주로 유럽에서 이루어졌으며, 에반젤리칼 선교신학의 발생과 발전은 주로 미국에서 이루어졌다는 사실이었다. 유럽은 주로 국가적 교회 체제 안에서 신앙생활을 하고 선교를 한다. 미국은 주로 이민자들로 이루어진 나라이기 때문에 교파중심으로 신앙생활을 하며 자발적 선교단체를 중심으로 선교를 한다. 이런 배경 때문에 선교에 대한 이해와 견해, 선교문제와 세계 문제를 풀어나가는 방식이 오래전부터 달랐는데 그것이 발전하여 에큐메니컬 선교신학과 에반젤리칼 선교신학을 만들어냈다는 사실이었다.

---

6) 참고: 신경규, "한국적 선교신학의 탐구: 두 선교신학의 합치성 모색,"『한국선교 KMQ』 36호 (KWMA, 2010 겨울호), 63-77.

7) 장로회신학대학교 세계선교연구원 · 역사와 에큐메닉스 편,『선교와 에큐메니즘 회고와 전망』(장로회신학대학교, 2009).

그러므로 한국 선교신학자들은 맹목적으로 유럽을 따라 갈 것이냐 혹은 미국 쪽으로 따라갈 것이냐를 두고 고민할 것이 아니라 성경은 무엇이라고 가르치는가, 한국에서는 어떻게 하는 것이 좋을 것인가를 고민해야 할 것이다. 필자가 보기에 한국에서는 에큐메니컬적 복음주의로 나가는 것이 좋다고 본다. 에큐메니컬적 복음주의 사상의 특징은 다음에 자세히 언급하는 크리스토퍼 라이트의 글에 잘 나타난다.

03 이분법을 넘어서

거룩성을 중요하게 생각하고 거룩성을 추구하는 종교인들은 자칫 잘못하면 이분법적 사고의 포로가 되기 쉽다. 역사적으로 기독교 세계에서도 이러한 현상이 존재해왔다. 특히 열심있는 그리스도인과 교단일수록 이분법적 사고방식으로 세계를 보는데 익숙한데 이것이 선교에 적용되면 많은 오류를 낳게 된다. 왜냐하면 하나님이 만드시고 일하시는 현장은 이분법으로 나누어지지 않기 때문이다. 그래서 최근에 로잔대회의 정신적인 지도자 역할을 하고 있는 존 스토트의 제자 크리스토퍼 라이트(Christopher J. H. Wright)가 복음적 그리스도인들이 하나님의 선교적 의도를 제대로 파악하지 못하고 살아가는 모습을 구체적으로 지적하면서 다섯 가지 영역에서 잘못된 이분법의 오류를 비판하였다.[8)]

첫째, 개인을 복음의 우주적이고 통합적인 영향으로부터 분리시켜 온 경향성을 비판하였다. 복음주의자들은 대체로 복음이 우주적으로 사회적으로 전인적으로 영향을 끼치는(끼쳐야 하는) 사실보다는 개인에게 끼치는 영향에 우선적인 관심을 두었다. 결과 선교의 우선적이고 핵심되는 사역은 개인 구원, 개인 전도가 되었다. 공적인 사회생활과 창조세계에 대한 관심은 뒷전으로 밀려났다.[9)] 이러한 경향성은 교회는 성경이 증거

8) 출처: http://www.koinoniablog.net/2009/07/false-dichotomies-in-mission-pt-2-of-2-by-christopher-jh-wright.html(2011. 1.19 검색)(Zondervan Academic blog)

9) 참고: 김주인, 『하나님의 선교와 공적신학, 그 관계성과 실천에 대한 연구』(장로회신학대학교 신학대학원 석사논문, 2012).

하는 하나님의 선교를 축소하는 결과를 낳았다. 교회는 구원받은 사람들을 천국갈 때까지 모아두는 영혼의 컨테이너가 아니라 모든 민족과 사회생활과 창조세계 전체를 위한 하나님의 의도를 증거하는 살아있는 데모버전이 되어야 한다.

둘째, 복음을 살아내는 것과 믿음을 분리시킨 것이다. 복음주의자들은 믿음을 우선시하고 믿음을 강조하였다. 결과 믿음과 믿음의 삶이 같지 않을 수도 있는 것처럼 생각할 수 있는 가능성과 믿음의 삶을 살지 않아도 머리와 가슴으로만 믿으면 구원받을 수 있을 것처럼 생각할 수 있는 가능성을 만들었다. 그래서 정통 교리를 열심히 가르치고 믿는 것이 가장 중요하고 다른 실천적인 문제는 이차적인 문제가 되었다. 복음과 신앙에 대해서 이런 이분법적인 이해로 말미암아 대다수 기독교 신자들과 복음주의자들은 자신들을 둘러싸고 있는 문화(도덕, 사회적, 정치적 문제들)에 별다른 영향을 끼치지 못하였고 영향을 끼치지 못하여도 별로 심각하게 생각하지 않았다.

셋째, 전도를 제자도에서 분리시킨 것이다. 신약성경은 제자들에 의하여 기록되었으며, 제자들을 위하여, 제자 만들기 위하여 만들어진 선교문서이다. 그런데 복음주의자들의 강조점은 여전히 결단과 회심 그리고 그리스도인을 만드는 일에 집중되어 있다. 사실 신약성경에 '그리스도인'이라는 단어는 3번 나오고 '제자'라는 단어는 269회 나오는데 말이다. 제자도가 빠진 전도는 전도를 가벼운 것, 미성숙한 행동, 이단 사설에 쉽게 먹이가 되는 희생양, 깊이가 없는 교회성장 그리고 돌짝밭에 떨어진 씨앗처럼 쉽게 시들어버리는 포교활동이 되고만다는 사실을 지난 역사와 수많은 사례들이 보여주었다.

넷째, 말과 행동을 이분법적으로 분리시킨 것이다. 복음선포는 말로만 이루어지는 것이 아니다. 인격과 행동이 동반된 말로 이루어진 것이다. 세상 사람들은 말만 많이 하고 자기가 말한대로 살지 않는 위선자들을 잘 분별하기 때문에 말과 행동을 이분법적으로 분리하는 사고방식은 세상의 비웃음을 당하기 십상이다. 여러 가지 연구들이 보여주듯이 오늘날 복음 메시지를 받아들이는 데 가장 큰 걸림돌은 복음을 선포하는 사람들이 많은 경우 복음을 따라 살지 않는다는 사실이다.

다섯째, 전도를 교회론으로부터 분리시킨 것이다. 전도는 교회의 특수 기능도 아니고 여러 가지 기능 중의 하나가 아니다. 특별한 사람만 해야 하는 일도 아니다. 교회를 단순히 편지를 전달해주는 우편배달부처럼 생각해서는 안 된다. 우편배달부는 우체국 내부가 어떠하든지 간에, 가정적 윤리적으로 어떻게 살든지 간에 편지만 제대로 전달해주면 그만이다. 그러나 교회의 기능은 그런 것이 아니다. 교회는 존재 그 자체가 전도적이며 전도적이어야 한다. 이 사명을 잘 감당하기 위해서는 교회 구성원들이 모두 복음을 잘 알고 있어야 하고 말과 삶을 통하여 복음을 증거해야 한다. 겸손해야 하고 스스로 잘못을 고쳐나가야 하며 주님을 의지해야 한다. 교회가 그리스도와 같은 인격적인 공동체가 되어야 한다. 그리스도의 몸으로서의 교회론, 하나님의 선교에 참여하는 선교적 교회론을 확고하게 세우는 일과 전도는 분리된 일이 아니다.[10]

그동안 복음주의 선교사상의 싱크탱크 역할을 해온 로잔대회는 선교에 있어서 복음전도와 사회적 책임 모두를 강조하였다. 로잔언약 제5장

10) 참고: 남정우, "평신도 은사 개발에 기초한 한국적인 선교적 교회론," 『선교신학』 제27집 (한국선교신학회, 2011).

은 그리스도인의 사회적 책임에 대하여 이렇게 선언한다.

> 사회 행동이 곧 전도는 아니며, 정치적 해방이 곧 구원은 아닐지라도 전도와 사회-정치적 참여는 우리 그리스도인의 의무의 두가지 부분이라는 것을 우리는 인정한다. 왜냐하면 이 두 가지는 다같이 하나님과 인간에 대한 우리의 교리, 우리 이웃을 위한 우리의 사랑 그리고 예수 그리스도에 대한 우리의 순종의 필수적 표현들이기 때문이다.[11]

복음주의자들은 복음전도와 사회적 책임을 마치 바지의 두 가랑이 혹은 새나 비행기의 두 날개와 같다고 생각하였다. 이 둘은 서로 동일한 것은 아니지만 둘중 어느 하나만 갖고는 의미가 없으며 어느 하나가 다른 하나를 대체할 수도 없는 것으로 보았다. 하지만 1974년 로잔언약과 그 이후 1989년까지 이어진 복음전도와 사회활동에 대한 각종 협의회와 선언서들을 분석해보면, 복음전도가 사회적 책임보다 더 우선시되고 중시되어야 함을 주장하고 있음을 부인할 수 없다. 로잔언약의 입안자인 존 스토트 자신도 "우리가 성경적 선교는 본질적으로 총체적이고 그리스도인들은 광범위한 성경적 명령(정의를 추구하고 가난하고 궁핍한 자들을 위해 일하며 그리스도의 복음을 선포하고 가르치고 치유하며 먹이고 교육하는 것 등)에 관여해야만 한다는 점에 동의한다 할지라도 전도가 이 모든 일 중 가장 우선시 되는 일이다."라고 가르쳤다.[12] 왜냐하면 기독교적인 사회활동은 선교의 일부로

---

11) 이종윤(편), 『세계복음화를 위한 로잔운동』, 한국로잔위원회 (필그림출판사, 2009), 135-136.

12) John Stott, ed. *Making Christ Known: Historic Mission Documents from the Lausanne Movement 1974-1989* (Carlisle, U.K.: Paternoster, 1996), 20 & 22-23. David J. Bosch, *Transforming Mission Paradigm Schifts in Theology of Mission* (Maryknoll, N.Y.: Orbis, 1991), 400-408.

서 먼저 영적으로 거듭나고 사회적으로 활동적인 그리스도인들의 존재를 전제로 하기 때문이다. 전도를 통하여 예수를 믿고 영적으로 거듭난 그리스도인이 없다면 그리스도인의 사회적인 책임 활동도 존재할 수 없을 것이다. 따라서 복음전도가 사회적 책임활동보다 신학적으로 우선성을 지니는 것은 자연스럽고 옳은 일이라고 생각하였다.

그러나 복음전도의 우선성(priority)이 어떤 개인, 선교단체 그리고 교회의 사고에 실제적으로 반영될 때 몇 가지 불편한 결과를 가져온다는 사실을 크리스토퍼 라이트가 예리하게 지적하였다. 일반적으로 우선성이라는 말은 '일차적, 핵심적, 긴급성, 중요성'이라는 의미를 지닌다. 그리고 우선성에서 밀려난 모든 것들은 자연스럽게 '이차적, 비핵심적, 덜 긴급함, 덜 중요함'의 의미를 지니게 된다. 이것이 현실이다. 실제로 복음주의적 선교활동 속에서는 복음전도와 교회개척에 직접적으로 관여하지 않는 모든 활동을 이차적 선교라고 묘사하는 경우가 많이 있었다. 이렇게 되고나면 이차적 선교활동에 헌신하는 선교사들은 덜 핵심적인 선교사로 분류된다. 코메디에 나오는 멘트처럼 "일등만 기억되는 이 놈의 더러운 세상!"의 논리가 선교에도 그대로 적용되어 성경적 총체적 선교를 수행하는 데 나쁜 영향을 끼치게 된다.

그래서 크리스토퍼 라이트는 '우선성'이라는 표현 대신에 '궁극성'(Ultimacy)라는 표현을 사용할 것을 제안한다.[13] 선교에 있어서 복음전도와 사회적 책임 실천의 우선성의 논의는 마치 닭이 먼저냐 달걀이 먼저냐에 관한 논의와 같다고 하면서 그는 복음전도와 사회적 책임은 모두 궁극적으로 '하나님의 선교'를 지향한다(해야)는 것이다. 그럴 때 참된 선교가 되기 때문이다.

---

13) 크리스토퍼 라이트, 『하나님의 선교』, 정옥배 · 한화룡 옮김 (한국기독교학생회출판부, 2010), 401.

라이트의 이러한 주장을 이해하려면 선교에 대한 그의 이해를 살펴보아야 한다. 먼저 그는 일반적으로 신학은 '하나님에 대한 학문'으로 이해되고 선교는 '인간의 일'로 이해되어왔음을 비판한다.[14] 그리고 선교는 본질적으로 '하나님의 일'임을 성경 전체를 통하여 증거한 다음 그가 말하는 선교개념은 근본적으로 '하나님의 선교'임을 밝히고 있다.[15] 그러므로 성경에 말하는 하나님의 선교의 관점에서 선교를 생각하는 그는 우리의 선교가 이렇게 되어야 한다고 주장했다. 즉 "근본적으로 우리의 선교는(성경에 근거하고 성경에 의해 정당성이 입증된 것이라면) 우리가 하나님의 백성으로서 하나님의 부르심과 명령에 따라 하나님 자신의 역사 안에서 하나님의 피조물의 구속을 위해 헌신적으로 참여하는 것을 의미한다."[16]

이러한 주장을 그의 책 "하나님의 선교" 전체 문맥 속에서 이해하여 재정의해 본다면 "참된 선교란 성경 전체에 나타난 하나님의 선교를 알고 하나님의 피조물의 구속을 위하여 역사 속에서 진행되고 있는 하나님의 선교에 겸손하게 참여하는 하나님의 백성들의 헌신이다." 이 정의를 제대로 이해한다면 참된 선교사가 되기 위해서는 첫째, 성경 전체에 나타난 하나님의 선교를 알아야 한다. 모르고는 되지 않는다. 둘째, 하나님의 모든 피조물의 구속을 위하여 오늘 현실 가운데서 진행되고 있는 하나님의 선교를 볼 수 있어야 한다. 세째는 나는 하나님의 백성임을 확신할 수 있어야 한다. 네째는 겸손한 마음으로 하나님의 선교의 작은 한 부분으로 참여하여 헌신하는 것이다. 그것이 복음전도 활동을 통해서든지 사회적 책임과 사랑을 실천하려는 디아코니아적 활동이든지 간에, 중요한 것은 궁극적으로 하나님의 선교와 접목되고 하나님의 선교에 겸손하

14) 위의 책, 23-24.

15) 위의 책, 25.

16) 위의 책, 25.

게 참여하여 쓰임받는 것이 우선적인 일이지, 복음전도와 사회적 책임 사이에 우선성을 논한다는 것은 별로 의미가 없는 일이다.

선교의 목표: 영혼구원, 교회설립 그리고 성경적 사회건설

선교목표에 관하여는 일반적으로 개인의 영혼구원, 토착교회 설립, 성경적(기독교적) 사회건설 등 세 가지가 논의되어왔다.[17)]

첫째는 개인구원, 특히 그중에서도 개인의 영혼을 구원하는 것이다. 개인구원의 목표는 사람의 한 영혼 한 영혼을 구원하는 것만 선교사역의 목표라는 것으로서 가장 오랜 역사를 가진 선교목표이다. 오늘날 한국교회 성도들도 선교의 목표를 영혼구원으로 생각하는 것이 대부분이다. 특히 선교의 위대한 세기로 불리는 19세기 선교에 있어서 가장 지배적인 목표였다. 그런데 개인구원이 선교의 최종 목표가 된다면 몇 가지 문제점이 발생하게 되는데, 그것은 구원받은 자들이 건전하게 영적으로 성장할 수 있는 지역교회와의 연결이 되어있지 않을 때 불완전한 목표로 남을 가능성이 많다.

두 번째로 등장한 선교목표는 교회설립이다. 이에는 로마가톨릭과 개신교의 경우 각각 다른 의미를 지닌다. 로마가톨릭교회의 선교목표는 처음부터 분명하게 교회설립(plantio ecclesia)이었다. 로마가톨릭교회에서는 한 지역이 선교되었는지의 여부는 얼마나 복음이 널리 전해지거나 얼마

---

17) 남정우, "선교역사의 관점에서 하나님 나라에 초점을 맞춘 교회적 선교신학을 모색하며," 『선교와 신학』 제7집 (장로회신학대학교출판부, 2001), 53-82; 이현모. 『선교학개론』 (대전: 침례신학대학교출판부), 236-238.

나 많은 사람이 회심했는지로 평가하지 않고 그 지역에 교회가 설립되고 주교가 착좌(着座)했는가가 선교여부의 기준으로 삼고 있다. 19세기 이후 개신교에서는 토착교회의 설립을 선교목표로 하는 방향으로 진행되었다. 특히 이 목표는 20세기 중반 교회성장학파가 교회 중심의 역할을 강조하면서 오늘날까지 복음주의의 중요한 선교전략으로 자리를 잡게 되었다.

세 번째 선교의 목표는 성경적 사회형성의 목표이다. 이는 궁극적으로 이 땅에 하나님의 나라를 설립하는 것을 선교의 목표로 하고 있다. 17세기 청교도들과 19세기 후반 과학기술의 발달로 역사에 대해 낙관적인 견해를 가지고 후천년설을 주장하던 사회복음주의자들에 의해 제시되었다. 또한 20세기 중반 이후 하나님의 선교(Misso Dei)의 영향으로 에큐메니컬 진영에서는 이 땅에 하나님의 나라를 형성하는 것이 선교의 목표로 인정되었다.

로잔대회의 중심인물인 존 스토트(John R. Stott)는 하나님의 선교(mission of God)라는 개념을 사용함으로써 선교를 폭넓게 이해하였고, 선교는 복음전도와 사회적 책임을 포괄하는 개념으로 규정하게 되었다. 그러나 그는 선교에 있어서 복음전도의 우선성(the primacy of evangelism)을 주장함으로써 사회적 책임을 다하는 것이 복음전도의 동반자로 이해하였는데, 이것은 사회적 책임이 복음전도를 대치할 수 있거나 우선순위를 바꾸지는 못하는 것으로 이해하였다.[18] 즉 복음주의 선교신학에서는 로잔대회에 와서야 선교의 목적이 비로소 세 가지를 모두 포함하게 되었다. 그럼에도 불구하고 세 번째 기독교적 사회건설은 상대적으로 덜 강조되는 목적으로

---

18) John Stott, "The Lausanne Covenant: With an exposition and commentary," in John Stott, ed. *Making Christ Known*, 20 & 22-23.

간주되고 있다.

그러나 이상에서 언급한 선교의 세 가지 목표는 상호배타적인 것이라고 하기보다는 상호보완적인 것이라고 할 수 있다. 영혼을 구원하여 개인적으로는 하나님의 형상을 회복하고 교회의 구성원이 되게 하여 교회가 부흥하고 개인은 그 속에서 영적인 성장을 이루고, 사회에 진출한 훈련받은 그리스도인들을 통하여 사회가 변화되어 하나님의 주권이 사회의 각 영역에서 이루어지는 하나님 나라의 확장이 성취되는 것은 상호간에 긴밀히 연관된 목표라고 할 수 있다. 단지 목표를 적용하는 데 있어서 선교지의 상황에 따라 우선순위가 무엇인지에 대한 고려가 주어진다면 이상의 세 목표는 상호보완적인 것이라고 할 수 있다.

사회에는 개인의 죄로 인하여 무질서와 범죄가 발생하기도 하지만 사악한 사회구조의 정착으로 사람들에게 고통을 주는 경우도 많이 있다.[19] 따라서 에큐메니컬 진영에서 사회구조적인 악을 제거하여 하나님과의 샬롬(Shalom)을 이웃과의 샬롬으로 확장하자는 개념은 복음주의의 선교목표와 상충하는 것이 아니라 오히려 보완적인 것이라고 할 수 있다. 따라서 선교 목표에 있어서도 복음주의 선교신학과 에큐메니컬 선교신학의 목표는 서로 배타적인 관계가(OR) 아니라 상호보완적인 관계(AND)라고 보는 것이 타당하다.

19) 힌두교의 카스트제도와 이슬람교의 각종 가족제도, 여성의 지위, 금식 및 전반적인 사회구조 등이 이에 대한 대표적인 예가 될 것이다. 또한 공산주의의 관료적인 구조악과 독재체제, 현대자본주의 내에서 신자유주의의 일반화로 인한 세계화 현상에서는 빈부의 격차가 격심해지는 개인적, 사회적, 국가적 양극화 현상도 이러한 구조적인 사회악이라고 할 수 있다.

04 통전적 선교신학

통전적 선교신학이란 간단히 말하여 복음주의 선교신학과 에큐메니컬 선교신학의 특성을 모두 취하여 균형과 조화를 이루고자 하는 선교신학이다. 특히 대립적인 두 명령으로 보이는 복음전도와 사회적 책임, 영혼구원과 불의한 사회구조 변혁, 어느 한 쪽을 택하는 것이 아니라 모두를 포괄하는 선교신학이다. 이것은 성경의 어느 부분도 취사선택할 수 없는 것과 마찬가지로 선교의 어느 부분도 간과 하지 않는 것을 의미한다. 이 정의에 따르면 선교의 폭은 매우 넓어져서 단순한 복음전파만이 아니라 교육, 문화 활동, 사회 활동 등 그 목적이 예수 그리스도를 증거하기 위한 것이라면 그리고 하나님이 땅 위에서 이루실 뜻의 성취를 위한 것이라면 모두 선교활동에 포괄될 수 있는 것이다. 그러나 선교의 중심은 어디까지나 사람들로 하여금 그리스도를 알고 믿고 따르며 그의 제자로서 교회의 일원이 되어 일하게 하는 데 있게 된다. 이러한 선교를 통전적 선교라 부른다. 이러한 통전적 입장에서는 사람의 구원을 영혼의 구원만이 아니라 전인적(全人的) 구원 즉 영혼과 육체 전체의 구원에 목표를 두게 된다. 그리고 통전적 선교는 사회에 관하여서도 일부가 아니라 사회 전반에 관심을 가지게 된다. 이렇게 양극단의 사역을 모두 포함할 수 있는 것은 바로 화해와 일치의 영이신 성령 하나님의 사역이 있기 때문이다. 이러한 통전적 선교가 이루어질 때 개인뿐만 아니라 분명히 역사와 사회의 모든 분야가 개선되고 발전하게 될 것이다.

선교신학자들은 통전적 선교신학이라는 용어를 어떻게 이해하고 정의하는가?

성경적 관점에서 통전적 선교의 의미를 이광순 교수는 마태복음 4장 23절을 분석함으로 그 원초적 개념을 예수의 선교에서 찾았다.[20] 그에 따르면, 마태복음 4장 23절에 나타난 예수님 선교의 통전성은 현대의 통전적 선교개념틀에 넣기에는 너무도 포괄적이고 너무도 완전하고 너무도 완성적이다. 따라서 예수의 선교를 현대 선교신학의 통전적 선교라는 협의의 개념으로 재단할 수는 없다. 예수의 선교는 '통전'의 뜻인 '다' 즉 '통전'이란 개념의 어원은 헬라어 홀로스(holos)이다. 성경에서 홀로스는 '전체의', '모든', '완전한', '모두', '함께', '전부', '전체', '완전히' 등의 의미로 사용되었는데 이 개념은 '홀로스'(holos)로 밖에 표현할 수 없는 것으로서 현대 선교신학의 어떠한 개념틀에도 가둘 수 없는 것이다. 그러므로 예수의 선교가 의미한 통전적 선교(Holistic Mission)는 현대신학의 논의보다 훨씬 더 전인적이고 온전하고 완전하며 완성적인 것이다.

현대 선교신학의 흐름의 관점에서 김영동 교수는 로저 바샴(Roger C. Basham)의 글을 인용하여 '통전적 선교이해'를 1960년대 기독교 복음과 구원과 선교에 관한 이해에 있어서 극단으로 나뉘어 있던 에큐메니컬 진영과 복음주의 진영의 견해가 1970년대 중반에 창조적으로 포괄적으로 결합된 선교이해를 통전적 선교이해라고 한다.[21] 국제적으로 통전적 선교이해는 나이로비 총회의 선교신학에 잘 나타났는데 그것은 '모든 교회

20) 이광순, "마태복음 4장 23절에 나타난 예수님의 통전적 선교와 그 계승," 『제3회 춘계(春溪)신학강좌』 (장로회신학대학교 대학원, 2004/11/17, 미간행논문).

21) 김영동, 『교회를 살리는 선교학』, 98-99.

가 온전한 복음을 온 세상에 있는 사람에게 전하는 것'을 말한다. 다시 말하자면 선교란 기독교회(개신교회), 가톨릭, 정교회, 오순절 교단 등 전 교회(the whole church)가 전도와 치유와 인간화와 해방과 사회변혁이란 온전한 구원을 가져오는 온전한 복음(the whole gospel)을 전통적으로 피선교지로 간주되던 제3세계뿐만 아니라 서구 유럽 세계를 다 포함하는 6대륙으로서 온 세상의 인종과 피부와 계층과 빈부를 망라하는 모든 사람(the whole people)에게 전하는 것이다.

실천적 과정의 관점에서 한국일 교수는 통전적 선교는 가치중립적이 아니라 하나님 나라에 비추어 약한 부분을 강조함으로 온전함과 성숙함을 추구하는 과정이라고 한다.[22] 즉 통전적 선교는 고정적 형태가 아니라 지속적인 과정이며 중용의 도가 아니라 매우 창조적 긴장을 지닌 역동적인 과정인 것이다. 주로 복음전도(evangelism)와 인간화(humanization)가 역동적으로 함께 진행하여 통전적 선교가 이루어진다. 하지만 복음전도가 빠진 인간화만으로 종결되어 버린다면 그것은 선교라고 할 수 없다. 복음전도에만 국한되었던 선교는 통전적이라고 할 수는 없지만 여전히 선교가 아니라고는 할 수 없다. 단지 완전성과 온전성, 통합성과 전인성 및 완성도가 떨어지는 선교라고 할 수 있다. 마치 육체와 영혼이 역동적으로 결합하여 하나의 인격체를 이루듯이 인간화와 복음전도도 서로 창조적으로 긴밀하게 연합하여 예수님의 선교를 닮은 통전적 선교를 이루게 된다.

성경이 증거하는 선교는 하나님의 선교이며 하나님의 선교는 본질상

22) 한국일, "통전적 선교신학: 복음주의 선교와 에큐메니컬 선교의 대화적 관점," 『제3회 춘계(春溪)신학강좌』(장로회신학대학교 대학원, 2004/11/09, 미간행논문). 26.

통전적 선교이다. 여기서 '통전적 선교'(holistic mission)라는 표현이 의미하는 바는 복음전도와 사회적 책임이 포괄적인 행위라는 점을 인식하고 그 둘이 분리되지 않고 함께 추진되는 선교를 의미한다. 흔히 '총체적 선교'라는 표현으로 바꾸어 사용하기도 한다.

사실 통전적 선교는 구약성경과 신약성경에서 풍부하게 확인된다. 구약에서는 출애굽기에서 분명하게 확인할 수 있다. 하나님은 이스라엘을 구원하실 때 단지 영적인 구원만을 베푸신 것이 아니라 정치적 경제적 노예상태에 있던 그들을 구출하고, 그들에게 경작하며 목축하며 살 수 있는 그들 자신의 땅을 주고 그들로 하여금 하나님과 언약을 맺게 하여 하나님만을 예배하며 섬기도록 만들었다(출 6:6-8). 이것이 이스라엘에 대한 하나님의 선교였다. 크리스토퍼 라이트는 출애굽기에 나타난 하나님의 이러한 선교를 '하나님의 포괄적인 구속'이라 표현하고 4가지 차원으로 정리하여 ① 자기의 목소리를 낼 수 있는 정치적 자유를 주심, ② 자신의 생계수단과 경제적 기반으로서 땅을 주심, ③ 사회적으로 부당한 대우를 받지 않게 하심, ④ 하나님을 섬기고 예배하는 영적인 권리를 갖게 하시는 선교라고 하였다.[23] 출애굽기에 나타난 하나님의 이러한 선교는 하나님의 모델이 되는 구속활동이자 선교활동이다. 그러므로 우리의 선교적 헌신도 출애굽 형태의 선교가 되어야 한다. 즉 하나님이 이스라엘을 위하여 하신 일에 나타난 것처럼 우리의 선교적 헌신도 인간의 기본적인 필요(육체적, 정신적, 사회적, 영적)에 대해 총제적인 관심을 가지는 사역이 되어야 한다는 뜻이다.

이러한 통전적 선교는 예수 그리스도의 행적과 사역 속에서도 확인된다. 예수님은 이 땅에서 천국복음을 전파하실 때 두루 다니시면서 그것을 말로 가르치셨을 뿐만 아니라 "모든 병과 모든 약한 것들을 고치"시

23) 크리스토퍼 라이트, 『하나님의 선교』, 339-343.

는 사역도 병행하셨다(마 4:23; 9:35). 사도행전 10:38은 예수님께서 "두루 다니시며 착한 일을 행하시고 마귀에게 눌린 모든 자를 고치셨다"고 설명한다. 즉 예수님의 선교는 사람들의 영혼구원에만 국한되었던 것이 아니라 그들의 육적 질병의 문제를 비롯하여 지상에서의 삶 속의 인간의 연약하고 고통스러운 영역들에 대해서도 "복된 소식"으로 다가가셨던 사역이었다. 그리고 그러한 예수님의 모범적인 행적들은 초대교회의 성도들의 삶 속에서도 구제사역 혹은 가난한 교회를 위한 헌금모금사역 등의 형태로 실천되어 왔으며, 그 이후로 그러한 성경적 가르침을 따라 신앙생활을 살아온 과거 교회역사 속의 수많은 신앙인들의 삶 속에서도 계속적으로 실천되어 왔음을 확인할 수 있다.

이러한 성경의 가르침은 교회역사 가운데서도 계속 이어졌다. 특히 종교개혁 시대 이후로 부터 19세기까지의 기간은 교회의 사회적 봉사사역이 가장 활발하게 전개되었던 시기였다고 평가할 수 있다. 그것은 바로 17세기에 독일을 중심으로 전개된 경건주의 운동과 18-19세기에 걸쳐서 영국과 미국에서 전개된 부흥운동 내지는 대각성운동의 시기를 가리키는데, 더욱이 그 시기에 경건주의자들과 복음주의자들이 가난한 자들과 소외계층들을 위해서 노력한 것이 의미있는 것은 특히 그 당시에는 유럽과 북미의 자유주의자들조차도 아직 그러한 일들에 대해서 무관심했던 시기였기 때문이다.[24]

그런데 1830년대부터 이상하게 복음주의자들이 일반적으로 복음전도에만 집중하고 사회적 책임을 등한히 하는 분위기가 만들어졌다.[25] 이

24) David J. Bosch, "In Search of a New Evangelical Understanding," in *In Word & Deed: Evangelism and Social Responsibility* ed, by Bruce Nicholls (The Paternoster Press, 1985), 68.

25) 로봉린 교수는 대반전의 원인은 금주의 의미를 재정의하는 문제, 노예제도나 종말

것은 이상한 현상이었다. 이러한 현상을 미국의 역사학자 Timothy L. Smith가 자신의 책 *Revivalism & Social Reform*에서 대반전(大反轉/Great Reversal)이라고 명명했다. 그래서 David O. Moberg는 이것을 자신의 책의 제목으로 삼고 연구했다.[26)]

하지만 이렇게 잘못된 현상에 대하여 반성하고 다시 새로운 통전적 선교로 나아가려는 움직임이 나타났다. 대표적인 인물로서 칼 헨리(Carl F. H. Henry)를 들 수 있는데, 그는 1947년에 저술한『근대 근본주의자들의 불편한 양심』이라는 책을 통하여 복음주의자들이 사회적 책임에 대하여 관심을 가져야 함을 역설하였다.[27)] 그 이후 약 30년이 흘러서 세계 복음주의자들은 공식적으로 사회적 책임에 관한 복음적 선언문인 로잔언약(1974)을 작성하게 되었고, 1982년에 개최되었던 Grand Rapids 모임에

론에 대한 입장 차이 등에서 찾고 있다. Bong Rin Ro, "The Perspective of Church History From New Testament Times to 1960" in *In Word & Deed: Evangelism and Social Responsibility* ed, by Bruce Nicholls (The Paternoster Press, 1985), 30.

26) *Great Reversal: Evangelism versus Social Concern* (Philadelphia: J.B.Lippincott Co., 1972); J.Stott, *Decisive Issues Facing Christian Today* (Grand Rapids: Fleming H. Revell: A Division of Baker Book House, 1990), 6.

27) Carl F. H. Henry는 그의 저서 *Uneasy Conscience of Modern Fundamentalism* (Grand Rapids: Eerdmans, 1947)에서, 복음주의자들에게 그들이 감당해야할 사회적 책임의 문제를 지적해주었다. 원래 1947년 초에 어떤 잡지에 기고한 일련의 논문들이었던 것을 Eerdmans 출판사에서 책으로 발간했던 것이다. Wirt의 표현을 빌리자면, 그 책은 "전후(戰後)에 성경집회를 진행하던 평화로운 복음주의자들의 모임에 던져진 폭탄"과 같이 여겨졌다. [Sherwood Wirt, *The Social Conscience of Evangelical* (Harper & Row, 1968), 47-48.] 그는 "현대사회의 위기가 기본적으로 정치적인 것이나 경제적 혹은 사회적인 것은 아니지만- 그것은 근본적으로 종교적인 것이지만- 복음주의는 그 종교적인 해결책이 현대인들의 정치-경제적 그리고 사회적 상황 속에 어떤 함축적인 의미들을 지니는지를 제시해줄 수 있도록 무장되어야 한다"는 Henry의 말을 인용하면서, 그 책이 복음주의 지도자들로 하여금 그동안 자신들이 사회에 대한 성경의 정열과 인간의 결핍에 대한 예수님의 관심을 잃고 있었음을 깨닫게 해주었다고 평가했다.

서 “복음전도와 사회적 책임의 관계 협의회”를 비롯하여 그와 같은 그리스도인의 복음전도와 사회적 책임을 균형 있게 이해하려는 복음주의자들의 모임들이 지속적으로 전개되었고, 점차적으로 복음주의자들은 사회적 책임의 부분을 적극적으로 감당하려는 방향으로 나아가게 되었다.

통전적 선교, 통전적 선교신학이란 어떤 것인가? 이 그림 하나가 통전적 선교가 무엇인지 잘 말해준다.[28] 통전적 선교는 궁극적으로 지역사회에 하나님의 나라가 이루어지도록 돕는 사역이다. 이 목적을 위하여 영적, 경제적, 정치적, 사회적 차원에서 다양한 사역을 전개하는데, 이들 사역 사이에 우선성은 존재하지 않는다. 몸의 여러 지체들과 같이 유기적으로 서로 협력하여 선교의 목적을 이루어나간다. 각 사역의 의미와 중요성을 설명하면 다음과 같다.

① 사랑의 집: 집이 없어서 남의 집에 얹혀사는 가정이나 허물어졌지만 수리할 능력이 없어서 헛간 같은 곳에서 살아가는 가정에게 소박한 보금자리를 제공한다.

② 학교: 작고 불완전해 보이는 건물이더라도 하늘을 가리는 지붕만

28) 이 그림은 한아봉사회 사무총장으로 일하는 서경기 목사로부터 얻은 것이다.

있고, 칠판과 선생님만 있으면 된다. 학교가 있으면 마을에 희망과 미래가 생긴다.

③ 우물: 물은 식수를 넘어서 생수이다. 깨끗한 물은 마을 주민들을 수인성 질병으로부터 보호해 준다.

④ 진료소: 의사, 간호사가 아니더라도 일정한 보건교육을 받은 보건요원만 있어도 주민의 건강은 상당히 향상될 수 있다.

⑤ 농업교육: 작은 농지와 작은 농사 지식만 가져도 주민들은 심각한 굶주림에서 벗어날 수 있다. 땅 한 뙈기만 있어도 채소를 얻을 수 있다.

⑥ 소액대출사업: 농지가 없고 일거리가 없는 주민은 마을을 떠나거나 아마도 빌어먹을 것이다. 그러나 소액만 대출받으면 가족의 기본 생계를 꾸려나갈 사업(퀼트, 목공예, 등)을 할 수 있다.

⑦ 마을회의: 주민들은 많이 배우지 못했어도, 마을 상황은 누구보다도 잘 알고 있다. 마을의 발전을 위해서는 주민의 중지가 반드시 필요하다. 마을 회의를 존중하고, 효과적인 진행을 위한 교육과 지원을 제공한다.

⑧ 지도자: 마을의 지도자는 마을의 질서이며 지혜이다. 마을의 지도자를 존중하고 언제나 그의 의견을 경청하는 마을 분위기를 존중하고 협력하고, 마을 지도자의 권위를 세운다.

⑨ 교회: 마을의 영적 삶의 중심지이다. 예배와 교제와 교육과 나눔이 있고 치유와 회복이 있는 곳이다. 하나님의 주권을 고백하고 찬양하고 예배함으로 하나님의 나라가 가시적으로 나타나고 확장되기 시작하는 곳이다.

통전적 선교의 비전은 지역교회를 통하여 지역사회가 영적으로 사회적으로 경제적으로 정치적으로 건강한 공동체가 되는 것이다. 지역교회와 지역사회의 관계성은 마치 영혼과 몸의 관계와 같은 것이다. 지역교회가 없는 지역사회는 영혼이 없는 몸이요, 지역사회 없는 지역교회는 몸이 없는 영혼과 같은 것이다. 하나님의 나라 운동은 지역교회와 지역사회가 협력하여 이루어나가는 영적이며 사회적인 운동이다. 건강한 삶을 위하여 사람의 지, 정, 의를 모두 중요시 하고 통전적으로 이해하며 세가지 모두를 건강하게 세워나가듯이, 통전적인 선교는 지역교회와 지역사회를 모두 건강하게 세우는 사역이다.

이와 같은 통전적인 선교의 역사적 전통은 한국교회 선교역사 가운데서도 찾아볼 수 있다. 임희모 교수는 (장로교) 총회창립100주년기념백서 발간 위원회에 제출한 원고 〈내한 장로교선교사 (1884-1910) 사역과 신학〉에서 "한국 개신교의 선교는 1884년 알렌 선교사가 한국에 입국함으로 시작된 것으로 이해할 때 1945년까지 한국에서 활동한 내한 선교사는 1,529명이다"라고 하였다.[29] 국적별로는 미국 1,059명(69.3%), 영국 199명(13.0%) 등이고, 소속 선교회별 통계는 미국 북장로회 338명(22.1%), 미국 북감리회 250명(16.4%), 미국 남장로회 190명(12.4%), 미국 남감리회 182명(11.9%), 호주 장로회 84명(5.5%), 캐나다 장로회(캐나다 연합교회 포함) 82명(5.4%) 등이다.

이들은 모두 동학혁명, 청일전쟁(1894), 러일전쟁(1904), 을사늑약 체결(1905), 한일합방(1910) 등 정치적으로 역사적으로 아주 어려운 시기에 조선 사람들에게 복음을 전하기 위하여 수고하였다. 이러한 상황 가운데서도 선교사들이 수고한 수많은 사역들을 범주별로 구분해보면, ① 병원, 의료사역, ② 학교, 교육사역, ③ 전도, 교회개척 사역, ④ 성서번역

29) 임희모, "내한 장로교선교사 (1884-1910) 사역과 신학," 1.

사역, ⑤ 문서, 출판 사역, ⑥ 사회복지 사역 등이었다.

이들의 선교정책은 ① 네비우스 선교정책, ② 순회전도, ③ 통전적 선교 등이었는데, 초기 한국주재 선교사들은 의료선교와 교육선교와 복음 선교를 통하여 개인 영혼의 회심과 교회개척과 사회 변혁을 추구하는 균형잡힌 통전적 선교를 실시하였다. 1884년 의사로 입국한 알렌은 한국 개신교 첫 선교사가 되었고 그 이후 꾸준하게 의료선교사들이 입국하여 상기 자료에 의하면, 선교사들의 24.4%가 의료선교사로 드러난다. 교사 자격으로 입국한 언더우드 선교사 이후 학교교육을 실시하기 위한 선교사들은 27.8%에 이르고, 복음전도와 교회개척을 실시한 선교사들을 포함한 나머지 수는 대략 47.8%에 이른다. 여기에는 문서선교사와 행정선교사들도 포함된다. 조선 상황에서 복음을 전하기 위한 선교 전략으로 병원의료 선교와 학교교육 선교와 전도 교회개척 선교가 거의 같은 비중으로 강조되어 선교의 통전성을 이루려 하였다. 이러한 통전적 선교에 대한 강조는 미국 남장로회 선교 통계에서도 드러난다. 1892년부터 1986년까지 한국에서 활동한 남장로회 선교사 총 수는 450명인데, 이 중 의료선교사 114명(25.3%), 교육선교사 149명(33.1%), 복음선교사 136명(30.2%)이고 이외에 미확인 선교사가 51명(11.3%)에 이른다.

초기 한국교회가 형성되던 당시에 내한한 미국 장로교 선교사들은 복음적 선교사들로서 교회연합 정신이 강하였다. 일부 한국 신학자들은 이들을 "극단적 보수주의자들 혹은 근본주의자들" 혹은 "강한 근본주의자들"로 규정한다. 그러나 초기 선교사들은 근본적인 기독교 교리들을 강조했지만 타교파에 대하여 배타적이지 않았다. 그들의 협력사역을 정리해 보면,

첫째, 서로 협력하여 병원사업, 학교사업 및 성서번역을 연합으로 추

진하였다.

둘째, 1892년부터 신사협정(Comity)을 맺어 각 선교부 혹은 각 교단이 선교지를 분할하여 선교를 전개하였다.

셋째, 본국 선교부와 의견이 달라 뜻을 이루지는 못하였지만, 장로교 선교사들과 감리교 선교사들이 한국에 단 하나의 복음적 교회를 창립하기 위하여 노력하였다.

넷째, 1901년에 설립된 평양장로회신학교에 4선교부가 공동으로 참여하여 신학교육을 시행하였다. 이러한 전통에서 4 장로교 선교부는 연합하여 1907년에 장로교 독노회를 세우고 1912년에는 장로교 총회를 조직하여 하나의 한국 장로교회를 설립하였다.

다섯째, 1907년 대부흥 운동은 에큐메니칼 선교로 진행되었다. 연합정신을 기반으로 발전되었다.

여섯째, 한국에 온 선교사들은 결혼 혹은 사업상의 이유로 교파 이동이 쉽게 가능하였고, 장로교와 감리교가 장감연합회를 조직하여 교파를 초월한 사업들을 전개하였고 1920년대에는 사회선교에 연합하여 힘을 쏟았다.

이러한 면에서 초기 선교사들은 타교파 출신자들에게 배타적이지 않았고 에큐메니칼 정신으로 서로의 은사와 특성을 존중하며 협력선교를 실시하였다.

이렇게 협력선교와 통전적 선교가 잘 이루어질 수 있었던 이유들 중의 하나는 초기에 평신도 전문인 선교사가 많았기 때문이다. 평신도 전문인 선교사가 많았던 이유는 내한한 초기 선교사들이 복음전도 선교사라는 이름으로 입국할 수 없었기 때문이다. 최초로 입국한 알렌 선교사는 경성의 외국인을 위한 의사 자격으로 내한하였고, 언더우드 선교사와 아펜젤러 선교사 역시 학교 교사 신분으로 입국하였다. 당시 조선의 상황에서 복음전도를 할 수 있는 선교사 자격이 아니라 전문적 직업인 자격으로 내한하여 오늘날의 개념으로 볼 때 전문인선교사 자격으로 입국한 것이다. 물론 이들은 병원 의료사업, 학교 교육사업, 이외에 사람들에게 복음을 전하고 회심을 시키고 교회를 개척하는 사업을 진행하였다. 이들은 병원선교, 학교선교, 교회개척선교 3가지를 통합적, 통전적으로 실시하였다.

1922년 북장로교 선교사는 144명이었는데 이중 40명의 안수 목사, 8명의 무안수 남자, 9명의 남자 의사, 32명의 미혼 여성, 55명의 부인들이었다. 안수받은 목사 40명은 목회선교사이고 무안수 남자선교사 8명과 의사 9명 미혼여성 선교사 32명 등 49명은 평신도전문인 선교사로 볼 수 있고, 선교사부인 55명 중 상당수는 각 분야에서 나름대로 역할을 수행했을 것으로 생각된다. 이러한 의미에서 당시 평신도전문인 선교사가 거의 2/3을 차지했다고 말할 수 있지 않을까? 이러한 의료 및 교육 등 전문적 직업적 선교는 평신도들이 주로 실행할 수 있는 것이다. 이러한 전문적 직업적 선교사는 복음전도와 제자도를 동시에 가르침으로서 통전적 선교를 실천할 수 있다.

오늘날 세계선교 상황은 전통적 선교사의 입국을 제한하는 지역이나 국가 혹은 민족이 많아지고 있다. 이러한 상황에서 한국교회는 전략적으로 전문인선교를 실시하기도 한다. 그러나 교회는 예수 그리스도의 복음의 통전성으로 인하여 전문인선교를 실시해야 한다. 한국교회는 미래적 선교 전략으로 전문인선교를 강화하고 전문적 직업인과 평신도를 선교 동력화하는 연구를 진행하고 실천해야 할 것이다.[30)]

30) 참고: 김성욱, 『현대 평신도 전문인 선교』 (프라이미스 키퍼스, 2010). 이현정, 『평신도 전문인 자비량 선교: 이론과 실제』 (쿰란, 2010).

지금까지 우리는 맥가브란의 선교 정의를 세단계로 구분하여 주석 작업과 같은 해설을 하였다. 첫째는 영혼구원사역으로서의 선교(152페이지), 둘째는 교회개척사역으로서의 선교(86페이지), 셋째는 하나님 나라 사역으로서의 선교(60페이지)에 대하여 설명하였다. 이러한 해설작업을 선교 신학적으로 평가해본다면 복음주의적 색체가 강한 선교신학이라 할 것이다. 그러나 분량적 순서적으로 볼 때는 복음주의적 색체가 강한 것이 사실이지만, 영적 책임과 사회적 책임 실현을 위하여 힘쓰며 서로 협력하여 하나님의 뜻(샬롬)을 이루고자 하는 하나님 나라 사역으로서 선교를 선교의 목적으로 삼고 있다는 사실을 생각한다면, 궁극적으로는 에큐메니칼적인 선교신학이라고도 볼 수 있을 것이다. 종합하면 맥가브란의 선교 정의와 해설은 '열린 복음주의 선교신학' 혹은 '에큐메니칼적 복음주의 선교신학'이라 할 수 있을 것이다.

05 재정의해 보면

선교와 성경은 불가불리의 관계성을 가지고 있다. 성경이 세계선교를 명령하기 때문이다. 다른 책은 세계선교를 명령하지 않는다. 성경이 세계선교의 메시지를 제공해주기 때문이다. 선교현장에서 무엇을 전해야 하는지를 가르쳐주는 책은 성경이다. 성경이 선교의 모델을 제공해주기 때문이다. 성경이 선교의 바른 방법을 말해준다. 성경이 선교를 위한 능력을 제공해주기 때문이다. 성경은 선교하는 사람들을 격려하고 위로하고 세상 끝날까지 함께 하시겠다는 주님의 약속을 붙잡을 수 있도록 해주는 유익한 책이다. 그러므로 올바른 선교, 책임 있는 선교를 감당하려는 자는 성경을 붙잡아야 한다.

그럼 성경이 말하는 참된 선교란 어떤 선교인가? 성경 66권에 나타난 하나님의 선교 이야기와 선교의 본질을 훌륭하게 기술한 크리스토퍼 라이트는 이렇게 정의한다.[31] "참된 선교란 성경 전체에 나타난 하나님의 선교를 알고 오늘날 역사 속에서 진행되고 있는 하나님의 선교에 겸손하게 참여하는 하나님의 백성들의 헌신이다"

이 정의를 제대로 이해한다면 참된 선교사가 되기 위해서는 첫째, 성경 전체에 나타난 하나님의 선교를 알아야 한다. 모르고는 되지 않는다. 둘째, 오늘 현실 가운데서 진행되고 있는 하나님의 선교를 볼 수 있어야 한다. 이미 하나님이 시작하신 선교들이 진행되고 있다. 세째는 나는 하

31) 크리스토퍼 라이트, 『하나님의 선교』 (IVP, 2010), 25.

나님의 백성임을 확신할 수 있어야 한다. 네째는 겸손한 마음으로 하나님의 선교의 작은 한 부분으로 참여하여 헌신하는 것이다.

라이트의 가르침을 참고하여 지금까지 해설한 맥가브란의 선교 정의를 재정의해보면 다음과 같이 정의할 수 있을 것이다.

선교란, 성경 전체에 나타난 하나님의 선교를 알고 하나님의 선교를 모범적으로 실천한 예수 그리스도의 선교를 모델로 삼아

예수 그리스도를 알지 못하는 자들과 예수 그리스도에게 전혀 충성을 바치지 않고 있는 자들에게 문화적 심리적 경계선을 너머 가까이 다가가서 적절한 현장화를 통하여 복음을 전하는 것이며,

그들에게 현지언어로 성경을 가르쳐서 예수 그리스도를 그들의 주와 구주로(as their Lord and their Saviour) 받아들이게 하며, 선교현지 교회와 보편적 교회와 하나님 나라의 신실하고 믿음직하며 책임 있는 구성원이 되게 하는 것이다.

그리고 성령의 인도하심에 따라 현지에서 영적 책임과 사회적 책임을 위해 헌신하며 하나님의 뜻이 하늘에서 이룬 것처럼 선교현장에서도 하나님의 나라가 이루어지도록 협력하는 것이다.

선교란 무엇입니까 라는 질문에 대하여 지금까지 필자는 세 가지로 대답하고 해설하였다. 영혼구원사역으로서의 선교, 교회개척사역으로서의 선교 그리고 하나님나라 사역으로서의 선교가 그것이다.

그런데 영혼구원사역으로서의 선교, 교회개척사역으로서의 선교 그리고 하나님나라 사역으로서의 선교 사이에 존재하는 관계성은 무엇일까? 이 세가지의 관계성은 마치 믿음, 소망, 사랑의 관계성(고전 13:13)과 같다. 영혼구원사역은 주로 기독론에 기초한 믿음의 역사로 이루어지고, 교회개척사역은 성령론에 기초한 소망의 인내로 이루어지며, 하나님나라 사역은 주로 신론에 기초한 사랑의 기쁨과 봉사로 이루어지기 때문이다.

믿음으로 소망이 세워지듯이 영혼구원사역으로 교회가 세워지고 성장한다. 역으로 믿음 없는 소망이 제대로 서지 못하듯이 영혼구원사역이 없는 교회는 제대로 세워지지 못한다.

소망으로 믿음이 계속 새로워지며 지속될 수 있듯이 교회개척사역으로 영혼구원사역이 새 힘을 얻고 지속된다. 소망 없는 믿음이 오래가지 못하듯이 교회가 없는 영혼구원사역은 지속되지 못한다.

사랑으로 인하여 믿음과 소망이 힘을 얻고 기쁨이 되듯이 하나님나라 사역으로 인하여 영혼구원사역과 교회개척사역이 힘을 얻고 기쁨이 된다. 사랑 없는 믿음과 소망이 공허하듯이 하나님나라 사역의 비전이 없는 영혼구원사역과 교회개척사역은 영혼 없는 사역이 되고 만다.

믿음과 소망으로 사랑이 역사(役事)하듯이, 영혼구원사역과 교회개척사역으로 하나님나라 사역이 현실 속에서 역사한다. 믿음과 소망이 없는 사랑은 현실 속에서 역사하지 못하듯이 영혼구원사역과 교회개척사역이 없는 하나님의 선교는 현실 속에서 구체적으로 역사하기 어렵다. 믿음의 역사, 소망의 인내, 사랑의 수고(살전 1:3)가 연합하여 하나님의 기뻐하시는 뜻을 이루는 것처럼, 영혼구원사역과 교회개척사역과 하나님나라 사역이 연합하여 하나님의 온전한 선교를 이루어 간다.

기독교인의 믿음의 내용은 사도신경에 집약되어 있다. 우리가 믿는 하나님은 어떤 하나님인가? 한마디로 삼위일체 하나님을 믿는 믿음인데,

성부, 성자, 성령 하나님에 대한 고백을 일목요연하게 가르쳐주고 있다. 그러므로 영혼구원사역의 핵심은 사도신경을 이해하고 확신하며 고백하는 성도들 만드는 것이다.

기독교인의 소망의 내용과 선교사역의 목표가 주기도문 안에 잘 나타나 있다. 개인적인 소망도 있겠지만, 그리스도인으로서 모두가 마음에 품은 소망 6가지가 주기도문 안에 있다. 다양한 선교사역이 지향해야 할 목표 6가지도 주기도문 안에 있다. 처음 세 가지는 하나님을 향한 소망이고, 나머지 세 가지는 나와 이웃을 향한 소망이다. 우리는 이 6개의 소망이 이루어지는 것을 희망하며 산다. 그러므로 교회개척사역의 핵심은 주기도문을 따라 소망하며 기도하는 공동체를 세우는 것이다.

기독교인의 사랑의 실천 규범이 십계명에 나타나있다. 하나님을 사랑하고, 이웃을 사랑하는 삶은 최소한 어떠한 것이어야 하는가를 가르쳐 준다. 그러므로 하나님나라 사역의 핵심은 십계명을 자발적으로 기쁨으로 교회 안과 밖에서 개인적으로 제도적으로 실천하는 개인과 시스템을 발전시키는 것이다. 하나님 나라는 모든 백성이 십계명을 자발적으로 기쁨으로 지키는 나라이다. 타문화권 속에 들어가서 문화적 심리적 경계선을 넘어 복음을 전하여 예수 그리스도를 믿게 함으로 구원을 받게 하고 교회를 세워 주기도문으로 함께 기도하는 공동체를 만들고 영적 책임과 사회적 책임을 실천함으로 하나님 나라의 비전을 선포하고 실천하는 선교사가 꿈꾸어야 할 사회의 모습이 이것이다.

성경은 하나님의 선교를 증거하는 책이다. 하나님의 선교는 믿음의 선교이며, 소망의 선교이며, 사랑의 선교이다. 하나님의 선교가 가장 잘 나타난 사건이 예수 그리스도 사건이다. 믿음과 소망과 사랑의 선교사역을 통전적으로 모범적으로 실천한 선교 모델이 예수 그리스도이다.

그러므로 예수 그리스도의 방식으로 선교하는 것이 우리가 걸어가야 할 길이다.

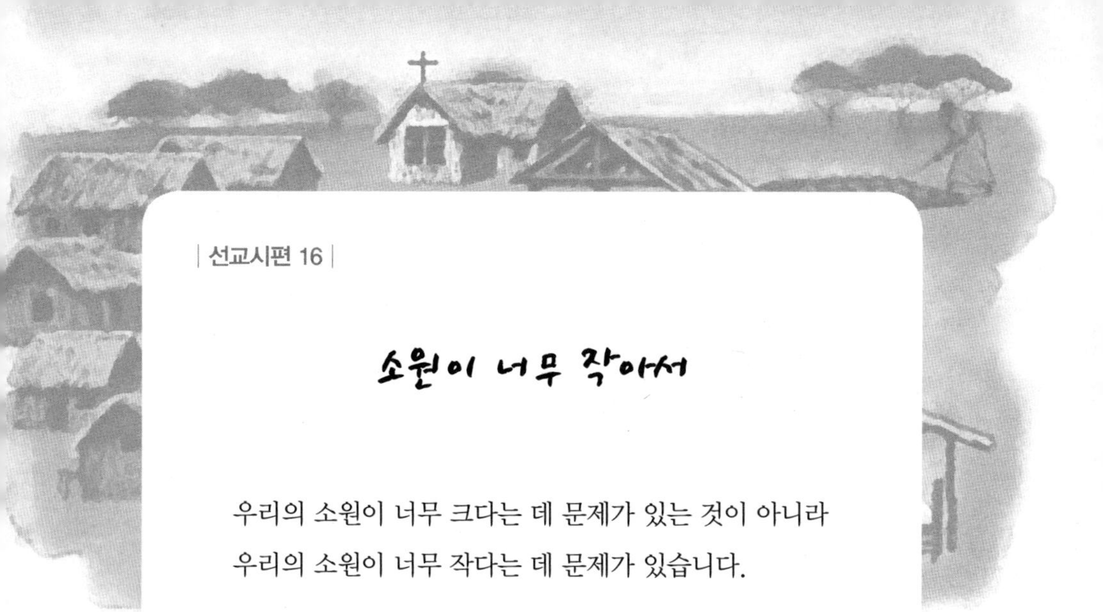

| 선교시편 16 |

소원이 너무 작아서

우리의 소원이 너무 크다는 데 문제가 있는 것이 아니라
우리의 소원이 너무 작다는 데 문제가 있습니다.

우리는 작은 소원성취에 너무 쉽게 만족해 버립니다.
이것이 문제입니다.

물질적인 소원이 만족되면 영적인 소원을 잊어버립니다.
현세적인 소원이 만족되면 영원한 소망을 잊어버립니다.
나와 내 가족의 소원이 만족되면
크신 하나님의 소원을 잊어버립니다.
이것이 문제입니다.

작은 성공이 큰 성공의 방해물이 될 때가 있습니다.
충분히 더 성장하고 성장할 수 있는데
작은 성공으로 인하여 쉽게 만족하고 교만하고
안주해 버리는 일들이 있습니다.

차라리 성공하지 못했으면
차라리 실패하고 고생을 좀더 하게 했으면
더 큰 일을 할 수 있는 사람이 되었을 텐데
작은 성공으로 인하여
성장이 멈추어버린 안타까운 경우들이 있습니다.

너무 쉽게 만족하지 마세요.
하나님을 향하여 위대한 일을 기대하십시오.
하나님 나라를 위하여 위대한 일을 시도하십시오.

제VI장

선교와 선교사

01 사람이 중요하다

선교를 하는 데 있어서 올바른 선교개념을 가지는 것도 중요하고 올바른 선교신학을 가지는 것도 중요하지만, 무엇보다 중요한 것은 선교하는 사람이다. 세상 일이 다 그러하듯이 가장 귀하고도 중요한 문제는 사람의 문제이다. 경제 문제, 군사의 문제가 아니다. 정치 문제, 자원의 문제도 아니다. 사람의 문제이다. 사람만 바로 된다면 모든 문제는 다 바르게 풀릴 것이며 미래는 밝은 것이다.

그래서 우리는 이 세상 문제에 많이 신경을 쓰지만 하나님은 사람의 문제에 신경을 가장 많이 쓰신다. 사람을 살리고 사람을 새롭게 하며 복되게 만들기 위하여 항상 골몰하십니다. 이것이 하나님의 관심이다. 망한 집이란 사업이 망한 집이 아니다. 재산을 날려버린 집이 아니다. 진급에서 누락된 집이 아니다. 사람이 죽은 집이다. 그 영혼이 죽고 소망이 죽은 집이다.

박노해는 『사람만이 희망이다』라고 하는 책에서 "희망찬 사람은 그 자신이 희망이다"라고 노래한다. 길 찾는 사람은 그 자신이 새 길이다. 참 좋은 사람은 자신이 이미 좋은 세상이다. 사람 속에 들어있다. 모든 것이 사람에게서 시작된다. 나쁜 세상도 좋은 세상도. 모든 성공적인 일의 중심에는 언제나 성공적인 사람이 있다. 만일 좋은 시대가 있었다면 그것은 좋은 지도자가 있었기 때문이다. 만일 힘들었던 시대가 있었다면 힘들게 만든 지도자가 그 속에 있었기 때문이다. 일도 중요하고 내 꿈도 중요하지만 사람만큼은 중요하지는 않다. 사람이 누구냐에 따라서 없던 것이 생겨나기도 하고 죽었던 것이 살아나기도 하고 반대로 힘들여 쌓아 두었던 것이 한순간에 물거품이 되기도 한다. 사람에 따라서 흥하기도 하고 쇠하기도 한다. 사람이 중요하다.

사람이 모든 것을 좌우한다. 좋은 집은 큰 집이 아니다. 비싼 집이 아니다. 좋은 사람이 있는 집이다. 반가운 사람, 사랑하는 사람이 있는 집이다. 좋은 교회도 마찬가지이다. 큰 교회라고 좋은 교회가 아니다. 좋은 교회는 좋은 사람들이 있는 교회이다. 신실한 사람들, 반가운 사람들, 사랑스러운 사람들이 있는 교회가 좋은 교회이다. 사람이 모든 것을 결정한다. 그러므로 사람을 소중히 여기고 사람을 세우는 일에 많은 신경을 써야 한다.

선교도 마찬가지이다. 그러므로 하나님이 기뻐하시는 선교를 추구하는 필자는 선교개념 정의해설로 이 책을 끝내지 않고, 선교와 선교사에 대하여 말하려고 한다.

예수의 복음을 전하는 데 복음의 메시지 그 자체 못지않게 중요한 것은 복음을 전하는 사람이 누구인가이다. 캐나다의 영문학자이자 커뮤니케이션의 비평가이며 문명비평가로 알려진 마셜 맥루한(M. McLuhan)이 말한 대로 "미디어가 곧 메시지"(Medium is Message)가 될 수도 있기 때문이다. 맥루한이 말한 것의 의미는 주로 방송과 신문 같은 미디어 세계에서 적용되는 것이다. 사실 방송과 신문의 미디어 소유 형태에서 콘텐츠에 대한 신뢰도가 영향을 받기 때문이다. 또한 깔끔하게 차려 입고 단정한 모습의 뉴스 앵커와 맛깔스럽지 않으나 신뢰를 주는 듯한 어투의 기자들이 현장에서 보내주는 보도는 매우 공정하고 믿을 수 있는 콘텐츠로 다가온다. 복음을 전하는 데도 이 원리가 그대로 적용될 수 있다. 목적이 아무리 선하고 좋아도 전하는 사람이 신뢰감을 주지 못하고 그 방법이 적절하지 못하면 목적은 오해를 받게 된다. 그러므로 예수의 가르침에 관한 지식도 중요하지만 먼저 예수의 복음을 전하는 사람이 예수의 복음에 합당하고 꼭 필요한 선교사다운 정체감을 가져야 한다. 예수의 복음 전달은 선교사의 입에서 나오는 말보다는 선교사의 정체의식과 인격과 삶에 따라서 성패가 좌우되기 때문이다.

선교사는 하나님의 대사(ambassador of God)이다. 이 의식을 분명히 가져야 한다. 선교사는 누구인가? 누구이어야 하는가? 민족, 국적, 교파 등과 관련해 선교사는 때때로 정체감의 문제로 갈등한다. 선교사는 세 가지 중요한 문서를 지니고 다닌다. 하나는 여권이고, 두 번째는 비자이고, 다른 하나는 성경이다. 이 세 가지 모두 해외에서의 삶과 사역에 없어서는 안 되는 것들이다. 선교사는 여권을 가지고 있다. 그것은 그를 자기 조국과 피할 수 없는 관계를 맺게 한다. 그리고 비자를 가지고 있다. 그것은 그의 신분이 나그네이며 손님이라는 사실을 상기시킨다. 이 두 가지는 일반 여행객들에게도 있다. 그러나 선교사에게는 성경이라는 문서가 하나 더 있다. 성경은 그가 그리스도를 위한 대사임을 증명한다. 선교사는 세 개의 나라에 속한 시민이다. 모든 일이 순조로울 때는 갈등이 없지만 대부분의 선교지는 어려운 곳이다. 선교사역이 현지인들의 삶과 깊이 관여될수록 갈등의 요소는 더 많아지기 마련이 다. 그 갈등의 핵심은 선교사의 선택문제로 남게 되고 선교사의 선택은 결국 선교사의 자아 정체의식에 따라서 이루어지게 된다.

근대 개신교 선교의 아버지라 불리는 윌리엄 캐리가 인도에 들어가서 선교사역을 한 지 21년이 되던 1814년 12월 윌리엄 캐리의 아들 펠릭스(Felix)는 선교사직을 그만두었다. 영국 왕의 임명을 받아들여 버마(현 미얀마) 주재 대사가 되기 위해서였다. 보통 부모 같으면 자기 아들이 대사가 되었다고 자랑할 터이나 그의 아버지 캐리는 마음에 큰 고통과 슬픔을 느끼며 하나님 앞에 나아가 울며 기도했다.

> "하나님, 내 아들 펠릭스가 왕들의 왕이신 하나님의 대사직을 버리고 일개 영국 왕의 대사가 되었다고 좋아하고 있습니다. 이를 어떻게 해야 한단 말입니까?"[1)]

그리고 아들에게 편지를 썼다. 그 편지를 읽은 펠릭스는 아버지가 대사의 직분보다 선교사 직분을 얼마나 더 영광스럽게 여기는지 그리고 선교사가 가져야 할 정체감이 무엇인지를 깨닫고 정중하게 버마 대사직을 내려놓고 다시 선교지로 돌아와서 아버지처럼 선교사의 길을 걸어갔다. 선교사는 만왕의 왕이신 하나님의 대사로서의 정체감과 자부심을 가지고 사역해야 한다. 그래야 예수의 복음이 권세 있게 전해진다.

---

1) Eugene Myers Harrison, *Giants of the Missionary Trail: The Life Stories of Eight Men Who Gave Their All for the Cause of Christ* (Scripture Press, Book Division, 1954), 31.

02 선교사의 영성

선교의 과제는 선교사의 과제이다. 선교의 기본적인 요소로 선교의 목표 설정, 때와 장소의 이해, 선교 방법과 좋은 선교사 등을 말한다. 그 중에서도 선교사가 가장 중요하고 핵심적인 요소이다.[2] 선교사의 중도탈락과 윤리적, 영적 차원의 문제가 심각하게 노출되고 있다. 이제는 어느 교단이나 교회가 얼마나 많은 선교사를 파송했느냐 하는 숫자적인 관심보다는 얼마나 잘 준비되고 훈련된 선교사를 파송하고 관리 감독하며 후원하고 있는지를 점검해야 한다. 꽤 오래전부터 선교사를 훈련하고 파송하는 담당자들의 입에 자주 오르내리는 말이 "원단이 좋아야 좋은 옷을 만들지"라고 한다. 선교현장은 무엇보다도 선교사의 영향을 가장 많이 받는다. 선교의 목적, 전략, 후원이 바르고 잘 될지라도 선교사 자신의 영성이 불안정하면 선교는 성공할 수 없다. 이 사실을 깊이 인식하고 강조하는 김영동 교수는 "선교사의 자격 구비 중 가장 중요한 것이 영성이다. 영적 자질은 기본 자질이요 자격이다."라고 말하였다. 그리고 그 자질과 자격으로서 열 가지를 언급하였다.

① 무엇보다도 우선적으로 그리스도에 대한 구원의 확신이 있는 사람이어야 한다. 선교사의 영적 자격으로서 먼저 오직 예수 그리스도 안에서 회심의 경험이 있는 참된 그리스도인이어야 한다.

② 하나님의 부르심에 대한 소명과 인도하심의 확신이 확실해야 한다.

---

2) 김영동, "선교 인프라 구축," 『명성선교 사랑방』(1), 17.

③ 성경에 대한 전문적인 지식과 연구가 있어야 한다.

④ 잃어버린 영혼에 대한 사랑이 있어야 한다.

⑤ 개인의 경건훈련을 유지하는 사람이어야 한다.

⑥ 그리스도의 봉사와 희생으로 헌신하는 사람이어야 한다. 자신의 공명심, 모험심, 영웅심, 동정, 유학, 경력 쌓기 등을 위해 선교하는 자가 생기면 안 된다.

⑦ 전도의 열매가 있어야 한다.

⑧ 적절한 훈련을 받은 사람이어야 한다.

⑨ 협력 사역에 준비가 된 사람이어야 한다.

⑩ 지역사회와 개 교회 혹은 교단에서 인정받은 사람이 좋다.

선교사의 영성이란 어떤 것인가?[3] 이 질문에 답하기 전에 먼저 "영성이란 무엇인가?"에 대하여 생각해 보자. 영성은 어떤 종교, 어떤 이데올로기에도 다 있다. 인류 역사에서 가장 악명 높은 사람을 꼽는다면 히틀러와 스탈린을 들 수 있겠다. 우리는 그들의 잔학상을 보면서 '어떤 영성이 그들을 저렇게 만들었는가?'라고 질문할 수 있다. 반대로 성 프란체스코, 앨버트 슈바이처, 마더 테레사 같은 사람들에 대해 '어떤 영성이 저들처럼 고귀한 삶을 살게 만들었는가?'라고 물을 수도 있다. 참된 영성은 참된 인간이 되어 가게 하고 악한 영성은 마귀의 도구가 되어 가게 한다.

경기도 양평 모새골에서 영성운동을 실천하고 있는 임영수 목사는 메조리 톰슨의 말을 인용하여 "영성이란 영적생활을 할 수 있는 능력이다. 다시 말해 하나님의 영을 받아들이고 그에 대해 깊이 생각하며 그에

---

3) 참고: 정흥호, "선교인을 위한 영성의 통합적 사고,"『신학논단』 제55집 (연세대학교 신과대학출판부, 2009). 141-170.

게 응답할 수 있는 보편적인 인간의 능력이다"라고 하였다.[4] 영성은 우리에게 신앙을 선택하게 하고 가치 있는 일에 전념하게 하며 삶의 방식을 결정하고 실천적인 신앙생활을 함으로써 우리 안에서 그리스도의 모습이 형성될 수 있도록 하는 것이다. 그렇게 하시는 분은 성령이시다. 즉 하나님의 영을 받아들이고 하나님을 아버지라 부르고 그분을 신뢰하며 그에게 진지하게 응답해가는 인간의 일상적인 삶에서 영성이 나타난다. 우리는 그러한 인간성을 예수 그리스도에게서 발견하게 된다.

영성은 인간의 삶과 미래에 심오한 영향을 끼친다. 왜냐하면 영성은 현재의 나의 나 됨과 앞으로 되어가야 할 나의 모습을 규정해가기 때문이다. 영성에 의해서 점차적으로 변화되어가는 것을 '영성이 형성되어 간다'고 표현한다. 사도 바울은 로마서 12장에서 "마음을 새롭게 함으로 변화를 받아서 하나님의 선하시고 기뻐하시고 완전하신 뜻이 무엇인지를 분별하도록 하십시오"라고 하였다. 이렇듯 마음을 새롭게 하고 변화를 일으키는 능력이 '영성'이다.

영성은 체험적이면서 지속적인 창조의 특성을 가지고 있다. 이 영성은 1년 전의 나와 1년 후의 나를 다르게 만든다. 영성은 계속해서 얻는 새로운 깨달음 가운데 새로운 나를 통합해간다. 이러한 과정은 현실에서는 도착 지점이 없다. 지금의 현실에서는 계속되는 순례의 여정이다. 이러한 전 과정을 영성생활이라 한다. 영성생활은 교회 생활의 울타리를 훨씬 넘어선다. 영성생활은 세계와 이웃과의 관계 안에서 하나님께 응답해 가는 삶의 전 과정이다. 그 과정에서 하나님과의 교제가 점점 더 깊어지면서 하나님에 대한 감사 · 믿음 · 복종 · 겸손 · 긍휼 · 봉사 그리고 기쁨이 더해간다. 결국 기독교 영성은 하나님으로 시작해서, 하나님께 의존하며, 하나님 안에서 끝난다.

---

4) 임영수, 『영성과 삶』 (홍성사, 2007), 12.

그렇다면 선교사가 마땅히 배워야 하고 가져야 하고 추구해야 할 영성은 어떤 것인가? 김대옥은 마태복음에 기록된 산상수훈(5-7장)이 선교사 영성의 기초라고 하였다.[5)]

마태복음 5장 1절에서 12절까지의 말씀은 선교사가 가져야 할 '복의 개념'이다. 복에 대한 이해와 영성은 깊은 관련성이 있다. 누가 복있는 자인가? 무엇이 복인가? 이 물음에 대하여 어떻게 생각하고 어떻게 대답하느냐에 따라서 영성이 달라지고 삶이 달라진다. 왜냐하면 누구나 복을 추구하고 복없는 자가 아니라 복있는 자가 되기를 원하기 때문이다. 그렇다면 선교사가 가져야 할 복의 개념이 무엇인가? 그것은 팔복이다. 심령이 가난한 자가 복있는 자이며, 애통하는 자가 복있는 자이며, 의에 주리고 목마른 자가 복있는 자이며, 긍휼히 여기는 자, 마음이 청결한 자, 화평케 하는 자, 의를 위하여 박해를 받는 자가 복있는 자임을 알고 믿고 진심으로 그런 사람이 되고 싶어하는 열망을 가져야 한다. 방동섭은 팔복이 어떻게 해서 선교사의 영성이 되어야 하는지를 자세히 설명한다.[6)]

(1) 심령이 가난한자

심령이 가난한 선교사가 복있는 선교사이다. 왜냐하면 '마음이 가난하다'는 뜻은 '마음이 비어있다'는 뜻인데 '가난한 마음에는 하나님이 주인되시기 때문'이다. 하나님이 주인이 된 그 마음은 가장 부유한 사람이

5) 김대옥, "선교사 영성의 기초로서 산상수훈," 2010한국대회, 『1910년 에딘버러 세계선교사대회 100주년 기념 2010한국대회 논문집②: 성경과 선교신학』(한국연합선교회, 2010), 133-174.

6) 방동섭, 『선교 없이 교회 없습니다』(생명의 말씀사, 2010), 236-261.

며 가장 복된 사람이기 때문이다. 복있는 선교사가 되려면 하나님을 마음 가득히 모신 선교사가 되어야 한다. 선교사의 심령이 욕심과 야망으로 가득하여 선교를 통해 성공해야 하겠다는 Success Syndrome에 빠지면 안 된다. 선교지에 가면 혼자 뭔가를 해보려는 야망의 선교사들이 많다. 선교는 주님을 통해 나의 비전을 이루는 작업이 아니다. 오히려 선교는 나를 통해 주님의 뜻을 이루는 작업이다. "나의 나된 것은 하나님의 은혜로 된 것이니 내게 주신 그의 은혜가 헛되지 아니하여 내가 모든 사도보다 더 많이 수고하였으나 내가 아니요 오직 나와 함께 하신 하나님의 은혜로라"(고전 15:10). 심령이 가난하지 않으면 선교지에서 늘 피곤한 삶을 살게 된다. 심령이 가난하지 않은 선교사는 불행한 선교사이다.

(2) 애통하는 자

선교사는 두 가지를 위해 울 수 있어야 한다. 하나는 자신의 죄악됨을 위해 울 수 있어야 하고 두 번째는 선교지의 영혼을 위해 울 수 있어야 한다. 이 두 가지를 위하여 애통할 수 있는 사람은 복있는 사람이다. 유감스럽게도 애통할래야 애통할 수 없는 사람들이 많다. 이미 그 영혼이 죽은 자요 천국의 자녀들이 아니기 때문이다. 자신의 죄악 때문에 울 수 있다는 것은 영혼이 살아있다는 뜻이요, 선교지 영혼들을 위하여 울 수 있다는 것은 하늘과 땅의 권세를 가진 그분의 자녀임을 증거하는 것이다. 선교지에 가보면 정말 울지 않을 수 없다. 너무 불쌍한 영혼이 많다. 그러나 그들을 위해 울면서도 자신의 죄악됨을 위해 울지 않으면 선교는 실패한다. 이사야 6장에서 이사야는 먼저 자신을 보았다. "화로다 나여 망하게 되었도다"(사 6:5) 망할 사람은 선교지에 있는 사람이 아니라 바로 자기 자신일 때가 많다. 주님 앞에 자신이 누구인지를 알 때 비로소 선교지가 보인다. "내가 여기 있나이다. 나를 보내소서!"(사 6:8)

(3) 온유한 자

온유한 선교사가 복있는 선교사이다. 온유함이 선교의 큰 능력이다. 온유함은 '하나님의 다스림을 받는 자세'를 말한다. 마치 토기장이의 손에 있는 진흙처럼. 이렇게 살면 때로 나를 해치는 사람들의 사악함도 하나님께 맡길 수 있다. 힘이 없어서 복수를 못하는 것이 아니라 하나님께 맡기고 살기 때문에 복수로부터 자유로워지는 것이다. "사랑하는 자들아 너희가 친히 원수를 갚지 말고 진노하심에 맡기라"(롬 12:19) 이것은 온유한 자가 실천하는 삶의 모습이다. 선교지에서 일어나는 온갖 어려움은 온유한 선교사만이 능히 감당할 수 있다. 온유한 선교사만이 선교지를 차지할 수 있다. "온유한 자는 복이 있나니 저희가 땅을 기업으로 받을 것임이요!"(마 5:5)

(4) 의에 주리고 목마른 자

사람이 "목마름을 느낀다" "배고픔을 느낀다"는 것은 두 가지 의미가 있다. 첫째는 '살아 있다'는 말이고 두 번째는 '건강하다'는 말이다. 그러니 의에 주리고 목마른다는 것은 영적으로 정신적으로 건강하다는 뜻이며 복있다는 뜻이다. 살아 있는 선교사, 건강한 선교사는 의를 찾는다. 의는 하나님의 의, 즉 하나님의 나라를 구하는 삶을 말한다. 선교사는 자기 왕국을 세워 가는 사람이 아니다. "먼저 그 나라와 그 의를 구하라"(마 6:33) 하나님의 나라가 선교지에서 이루어지기를 목말라하는 삶이 선교사의 영성이다.

(5) 긍휼히 여기는 자

긍휼을 받는 자도 복이 있지만, 긍휼히 여길 줄 아는 사람이라면 더욱 복있는 자이다. '긍휼', 그 뜻은 무엇인가? 은혜는 자격 없는 자에게 뭔가를 주는 것이지만 긍휼은 당연히 받을 자에게 받을 것을 주지 않는 것이다. 무슨 뜻인가? 우리가 죄 지은 사람에게는 벌을 주어야 하는데 주지 않는 것이다. 우리 인생은 모두 죄 값으로 진노를 받아야 하지만 하나님은 우리의 죄대로 갚지 않으셨다. 십자가 상의 예수님은 "아버지여 저희를 사하여 주옵소서. 자기의 하는 것을 알지 못함이니이다"(눅 23:24)라고 하였다. 이것이 주님의 긍휼하심이다. 선교사는 주님의 긍휼하심을 보여주는 사람이다. 긍휼을 베풀면 이웃과 좋은 관계를 이루어 선교할 기회가 생긴다. 하나님과도 좋은 관계가 된다. 긍휼은 베푸는 사람과 그 긍휼을 받는 사람을 다같이 축복한다.

(6) 마음이 청결한 자

마음이 혼탁하고 혼란스러운 사람은 복없는 자이다. 아무리 귀한 것을 많이 가지고 있어도 마음이 혼탁하고 혼란스러우면 그의 삶은 불행할 수 밖에 없다. 청결은 마음이 나누어지지 않고 한 곳으로 집중된 상태를 말한다. 키에르케고르는 청결을 '우리의 의지가 한 곳을 향해 드려진 마음'이라고 하였다. 우리의 마음이 불순물 없이 하나님께만 향할 때 청결한 마음을 갖는 것이다. 선교사는 복잡한 마음을 가지면 안 된다. 선교사의 마음이 선교지가 아니라 선교 후원자에게 가있을 때가 많다. 선교 후원자에게 마음 쓰는 것보다 선교지에 더 많은 마음을 쓰는 것이 선교사의 청결이다. 어떤 선교사는 마음이 선교지가 아니라 다른 곳에 가있는 경우도 많다. 선교사가 마음이 청결할 때 선교지가 복받는다.

(7) 화평케 하는 자

높은 지위에 있지 않아도 나로 인하여 화평케 되는 역사가 이루어진다면 나는 참으로 복있는 자로 인정받을 것이다. 선교사의 가장 중요한 사명은 선교지에서 화평케 하는 사역을 감당하는 것이다. 하나님께서 우리를 자기와 화목하게 하신 목적은 우리로 하여금 나가서 화목하게 하시는 일을 감당하기 위해서이다(고후 5:18). 성 프란시스의 기도가 우리의 기도가 되어야 할 것이다. "주여, 나를 평화의 도구로 써주소서!" 그래서 우리가 가는 곳마다 평화의 역사가 일어나야 한다. 불신이 있는 곳에 신뢰를, 절망이 있는 곳에 희망을, 미움이 있는 곳에 사랑을 심는 평화의 도구가 되는 삶, 그 복된 삶을 열망하는 영성을 가져야 한다.

(8) 의를 위하여 핍박 받은 자

핍박은 선하고 좋은 일에 대해 악한 자에게 괴로움을 당하는 것이다.

사탄은 선교사를 가장 많이 괴롭힌다. 왜냐하면 선교는 이 세상에서 죽은 생명을 살리는 가장 좋은 일이기 때문이다. 그러나 선교를 위해 핍박을 받는 것에는 놀라운 축복이 있다. 바울은 "우리가 그와 함께 영광을 받기 위해 고난도 함께 받아야 할 것"이라고 하면서 "생각컨데 현재의 고난은 장차 우리에게 나타날 영광과 족히 비교할 수 없다"(롬 8:17,18)고 하였다. 선교사가 고난을 받을 때는 결코 혼자가 아니다. 마 28:20에 보면 주님께서는 "볼지어다 세상 끝 날까지 너희와 항상 함께 있으리라"고 하셨다.

산상수훈의 말씀은 직설법으로 되어있다. 성경의 말씀을 깊이 연구해보면, 많은 경우 주님의 말씀은 직설법으로 되어있는데 직설법은 명령법인 동시에 종말론적 약속의 말씀이기도 하다. 즉 심령이 가난한 자가 복이 있다는 말씀은 실제로 심령이 가난한 자가 복있다는 뜻이기도 하고, 심령이 가난한 자가 되라는 명령이기도 하고, 심령이 가난한 자를 복있는 자로 만드시겠다는 약속이기도 하다. 이렇게 해석할 수 있는 이유는 이 말씀을 주신 분이 보통 사람이 아니라 하늘과 땅의 권세를 가지신 주님이시기 때문이다. 그리스도인의 영성은 이 약속의 말씀을 믿음으로 성장한다. 의심에서 지성이 자라듯이 믿음에서 영성이 자라기 때문이다. 그런데 하나님을 믿는 자에게 가장 어려운 일이 하나님을 믿는 것이다. 그러므로 무엇보다 선교사는 그리스도의 말씀을 최고의 가치, 최고의 행복으로 믿는 자가 되기 위해 기도하고 부단히 노력해야 한다. 선교사의 영성의 기초는 여기에 있다.

또한 영성의 핵심은 복의 개념, 성공의 개념을 예수님의 가르침에 맞추는 것이다. 모든 인간은 예외 없이 복받기를 원하고 성공하기를 원한다. 문제는 무엇을 복(福)이라고 생각하는가? 무엇을 성공(成功)이라고 믿고 있는가에 따라서 희노애락이 달라지는 것이다. 선교사가 선교사다운 희노애락을 가지려면 복의 개념, 성공의 개념이 팔복에 맞추어져야 한다.

(9) 선교사의 정체성

> 30년 동안 대학에서 가르치다가 은퇴하는 교수의 이야기를 들었다. 처음 5년 동안에는 "무엇을 가르쳐야 하나?"에 집중하였습니다. 그 다음 10년 동안에는 "이걸 어떻게 가르쳐야 하나?"를 두고 고민했습니다. 그 다음 10년 동안에는 "이걸 왜 가르쳐야 하나?"를 두고 생각했습니다. 그러다가 은퇴하기 얼마 전에는 "이걸 가르치는 나는 누구인가?"를 두고 고민했습니다.

모든 수고, 모든 사역의 핵심에는 자아 정체성의 문제가 있다. 지식 중에 가장 중요한 지식은 자기 자신을 바르게 아는 지식이다.

마태복음 5장 13절에서 16절은 선교사의 정체성을 가르쳐주는 말씀이다. 선교사는 선교지에서 누구인가? 어떤 존재인가? 어떤 존재가 되어야 하는가? 주님의 대답은 간단 명료하다. 너희는 선교지의 소금이다. 선교지의 빛이다. 소금과 빛의 공통점이 몇 가지 있다. 첫째는 대용품이 없다는 것이다. 둘째는 점진적인 자기소멸을 통하여 자기 역할을 감당한다는 점이다. 세째는 제역할을 하면서 소리가 없다는 점이다.

(10) 선교사의 생활수칙

마태복음 5장 17절에서 7장 27절까지의 말씀은 선교사의 열 가지 생활 수칙을 말씀해준다. ① 미워하지 말라 ② 간음하지 말라 ③ 거짓말하지 말라 ④ 복수하려 하지 마라 ⑤ 원수를 사랑하라 ⑥ 은밀하게 구제하라 ⑦ 진실하게 기도하며 금식하라 ⑧ 보물을 땅에 쌓아 두려고 하지 마라 ⑨ 비판하지 마라 ⑩ 좁은 문으로 들어가라. 이 열 가지는 선교사의 삶의 원리이자 원칙이다. 참된 영성은 일상성 가운데 실천되는 것이어야 한다. 선교사가 그리스도의 종으로서 그리스도의 메시지를 바르게 전하고자 한다면, 이 열 가지를 생활 가운데서 묵묵히 지키면서 선교사역을 할 때 왜곡됨이 없이 바르게 전해질 것이다.

(11) 선교사역의 목표

마태복음 6장 9절부터 13절가지 기록된 주기도문은 선교사역의 목표를 말해준다. 선교사역의 궁극적인 목적은 하나님 나라의 실현이지만, 그 목적이 이루어기 위해서는 생활 가운데서 실현해야 할 구체적인 목표들을 가져야 한다. 그것이 곧 주기도문이다.

이렇게 기도하라는 말씀은 이런 소망, 이런 목표를 가지라는 말씀이기도 하기 때문이다. 그 목표란 첫째로 선교현지에서 하나님 아버지의 이름이 거룩히 여김을 받고 높임을 받게 하는 것, 둘째로 선교현지에서 하나님의 통치가 고백되고 구체적으로 조금씩 조금씩 더 많이 실현되게 하는 것, 셋째로 하나님의 선하시고 기뻐하시는 뜻을 분별하고 실현해나가는 것, 넷째로 함께 살아가는 공동체 구성원들이 모두 일용할 식사를 할 수 있게 하는 것, 다섯째로 선교현지에서 서로 용서하며 용서받을 수 있는 삶을 살게 하는 것, 마지막은 선교사 자신을 유혹과 악에 빠지지 않도록 잘 관리하는 것이다. 이 목표는 선교사 혼자만의 결단과 노력만으로 이룰 수 있는 것이 아니다. 하늘에 계신 아버지 하나님을 알고 그분에게 간절하게 기도하며 기도에 합당한 삶을 살아갈 때 이루어질 것이다.

(12) 산상수훈과 선교

오덕호 박사는 마태복음 28장 18-20절에 기록된 예수의 지상선교명령 중에 "너희에게 분부한 모든 것을 가르쳐 지키게 하라"는 말씀의 내용이 산상수훈이라고 하였다.[7)]

예수의 지상선교명령은 전체적으로 모든 민족, 모든 사람에게 가서 선교하여 구원하라는 명령이지만, 자세히 살펴보면 그 선교와 구원을 위하여 제자들이 해야 할 일을 세가지로 말씀하고 있다. 첫째는 전도하여 예수를 믿게 만드는 일이다. 둘째는 세례를 주어서 교회생활을 잘 하도록 만드는 일이다. 셋째는 예수의 가르침에 따라 살도록 만드는 일이다.

이 세 가지는 선교와 구원을 위한 사역의 단계적 성격을 말씀하고 있다. 제자들이 해야 할 일은 먼저 이교도들에게 예수를 알게 하고 교회를 다니게 한 다음 산상수훈에 따라서 살도록 만들라는 말씀이다. 복음전도가 우선이고 그 다음 사회적 책임과 개혁을 이루어 나가라는 말씀이다. 그리고 산상수훈의 실천이 선교의 목표이며 완성적 단계라는 것이다.

7) 오덕호, 『산상수훈을 읽읍시다』 (서울:한국신학연구소, 2002), 295.

이런 의미에서 한국교회와 한국교회의 선교를 보자면 지상선교명령 중에서 주로 1단계, 2단계에만 집중하고, 선교의 사역 중에 3단계는 별로 깊은 관심을 보이지 않고 있음을 발견하게 된다. 한국교회의 선교가 생각만큼 큰 힘을 발휘하지 못하는 중요한 원인이 바로 여기에 있다.

산상수훈은 불신자들에게 전도하기 위한 말씀이 아니라, 믿는 자들을 대상으로 가르치기 위한 교훈이다.[8] 믿는 자들이란 예수의 제자들과 일반적인 예수의 추종자들을 의미한다.[9] 하여튼 산상수훈은 불신자가 아니라, 신자들을 대상으로 주어진 교훈이다. 이러한 산상수훈이 다 주어졌을 때, 청중들의 반응은 놀라움이었다. 이 놀라움의 반응을 오덕호 박사는 경외심과 칭찬과 감탄의 놀람이라고 해석하였다.[10] 그렇게 놀랐던 이유는 예수의 가르침이 당시 서기관들의 모습과는 권세가 있었기 때문이었다. 그렇게 권세가 있어 보였던 이유는 예수가 모세나 다른 권위자들을 의존하여 말하는 것이 아니라 자신의 권위로 힘있게 말하였기 때문이고, 다른 하나는 서기관들의 가르침보다도 훨씬 더 과격하고 철저하였기 때문이고, 세 번째 이유는 그 가르침대로 실천하는 모습을 보여주었기 때문이었다.

산상수훈에 대한 청중들의 이러한 감탄과 긍정적인 반응의 의미를 선교적으로 해석한다면, 산상수훈의 실천이 불신자들에게 긍정적인 반응을 일으키며 선교의 발전을 가져올 것이라는 사실이다. 여기서 필자는

---

8) 위의 책, 285.

9) 마태복음 5장 1-2절에서 산상수훈의 청중은 예수의 제자들임을 알 수 있고, 7장 28절에서는 "무리들"이라는 표현을 통하여 청중이 단순히 예수의 제자들만이 아니었음을 알 수 있다.

10) 위의 책, 286.

선교를 위한 하나의 전략을 발견하게 된다. 즉 산상수훈을 보다 적극적으로 실천하는 운동을 펼쳐나가는 것이 선교의 진보를 이룰 것이라는 사실이다.

그런데 지금까지 많은 경우 한국교회의 교인들과 교회지도자들은 교회가 너무 엄격하게 산상수훈을 실천하려고 하면 선교에 지장을 주거나 기존의 교인들도 떨어져나갈 것이라고 생각하였다. 하지만 예수의 산상수훈을 들은 청중들이 놀라며 감탄하였다는 사실을 깊이 생각해본다면, 산상수훈의 엄격하고도 철저한 실천은 더 많은 선교의 열매를 낳을 것이라고 생각한다. 실제로 산상수훈의 과격한 내용을 있는 그대로 소개해보려고 노력한 신학교 교수는 다음과 같이 말하였다.

> "평신도들일수록 그 과격한 교훈이 참으로 하나님의 뜻인 것 같다고 수긍하며 그렇게 살지 못하는 것을 마음 아프게 생각하고 또한 잘해보려고 노력하였다. 그런데 교회 지도자층일수록 그런 교훈은 믿음으로 구원받는다는 교리에 위배된다거나 혹은 그렇게 가르치면 교인들이 부담을 느껴 교회에 안 나오려고 할 것이라고 걱정하였다."[11]

오덕호 박사는 개혁주의 신학자 로핑크의 말을 인용하여 이렇게 말하였다.

> "교회가 그리스도의 교회로서 산상수훈에 따라 산다는 그것이야말로 세상에 대한 가장 저극적인 영향력의 행사요, 더 이상 생각할 여지조차 없이 가장 충격적인 정책이 아닌가? 더욱이 오로지 그런 교회만이 사실인

11) 위의 책, 288.

즉 점점 더 많은 사람들을 하나님이 선사하시는 새로운 구원의 현실 속으로 이끌어 들임으로써 세상을 참으로 변화시킬 힘이 있는 것이 아닌가?"[12)]

라고 하였다. 산상수훈의 적극적인 실천운동이 참으로 좋은 선교전략이 되는 이유가 여기에 있는 것이다.

사람이 진리를 선포하고 진리를 위하여 싸우는 것보다 진리대로 사는 것이 더 어렵다고 한다. 세상 사람들도 이것을 잘 알고 있다. 민주화를 위하여 목숨을 바쳐 싸우던 사람들이 자기는 전혀 민주적으로 살지 않는 경우를 가끔 본다. 마찬가지로 복음을 전파하고 선교하기 위하여 애쓰는 기독교인들은 많아도 복음의 가르침대로 사는 기독교인들과 지도자들을 발견하기란 그리 쉽지 않다. 그런데 산상수훈의 가르침을 있는 그대로 실천하는 삶의 모습은 많은 사람들에게 큰 호소력과 영향력을 보일 것이다. 그동안 선교를 위한 여러 가지 전략과 전술이 개발되어 왔다. 이제는 산상수훈을 보다 철저하게 보다 적극적으로 있는 그대로 실천하는 운동을 전개해나간다면, 한국교회의 선교를 크게 발전시키는 긍정적인 선교전략이 되리라 생각한다.

(13) 정기 점검

선교사들은 서로에 대해 책임을 지는 것에 대해 본능적으로 거부반응을 가진다. 특별히 장기적으로 독립된 사역지에서 일할수록 더 심하

12) 위의 책, 289.

다. 그러나 선교사들은 서로를 점검하고 책임지우는 일을 게을리할 때 타락은 불가피한 것이다. 지나치게 독립되고 사적이며 비밀스런 삶 가운데 있을 때 선교사들은 영적, 도덕적, 재정적으로 반드시 타락의 길을 가게 된다. 스스로 전혀 눈치채지 못할 뿐 아니라 스스로 정당화하는 가운데 말이다.

그래서 필자는 선교기관 상담을 할 때 이런 질문을 한다. "그 선교사는 정기적으로 책임 있는 상부기관이나 선교후원 단체에게 점검받고 설명하는 기회를 가집니까? 그 선교사는 주변의 몇몇 사람들과 만나서 자신의 계획을 점검하고 고침을 받는 기회를 스스로 만들고 있습니까?"

결국 문제가 터져서 주 앉았던 선교사들의 경우에는 거의 예외없이 이러한 과정을 무시한 선교사들이었다. 해외선교사역은 다른 어떤 사역보다 이러한 점에서 위험한 일이다. 선교사처럼 많은 자유를 누리는 사람이 드물고, 선교사는 특별한 근무시간이 없으며, 선교사에게는 뚜렷한 상관이 있지 않다. 물론 선교사의 길은 외로운 길이며 때론 혼자 가야 하는 길이다.

그러나 독수리처럼 홀로 비상하는 것과 모든 것을 너무도 독립적으로 하기에 아무에게도 책임지지 않는 삶을 사는 것은 전적으로 다른 것이다. 선교사도 정기적으로 점검을 받아야 한다. 선교후원 단체는 선교사가 영적, 육체적, 인간관계적, 경제적으로 점검받고 재충전할 수 있도록 도와야 할 것이다. 그럴 때 타문화권 선교가 건강하게 진행되고 선교의 미래가 밝아질 것이다.

(14) 선교사의 마음관리

예수님은 갈릴리 호수 남서쪽으로 약 20km 떨어진 시골 남쪽 마을 나사렛에서 약 30여 년간 무명인으로 사시다가 공생애를 시작할 때 갈릴리 호수 북쪽에 있는 항구수산도시 가버나움으로 나와서 베드로의 집을 선교거점으로 삼아 인근지역 여러 도시와 마을과 회당을 찾아다니며 선교하셨다. 요셉푸스의 기록에 의하면 갈릴리 호수 근처에는 204개의 마을이 있었고 전체 인구는 약 3백만명이었다고 한다. 예수님은 이곳에서 대부분의 시간을 보내셨다. 가끔 유월절을 지키기 위하여 1년에 한번씩 예루살렘으로 올라가는 경우를 제외하고는 대부분의 시간을 갈릴리 호수 근처에서 보내셨다. 그래서 당시 유대인들은 예수를 갈릴리 사람이라고 불렀다.

여기서 우리는 이런 질문을 해본다. 예수님이 왜 선교거점을 이스라엘의 중심부인 예루살렘으로 삼지 않고 변두리 지역이었던 갈릴리로 삼았는가?

이 질문에 대한 기존의 대답은 갈릴리 지역의 사람들이 예루살렘 사람들보다 개방적이고 새로운 진리에 대하여 수용성이 높았기 때문이라는 것이다. 사실 예나 지금이나 예루살렘은 이스라엘의 전통과 긍지와 자존심이 강하게 남아있는 지역이다. 이에 비하면 갈릴리 지역은 예수님 당시 유대인들과 이방인들이 함께 사는 지역이었으며, 남북으로 동서로 이어지는 주요 도로가 지나가는 지역이었기 때문에 상거래가 활발하였고 새로운 소식과 문화에 개방적이었으며, 외부의 침략을 자주 받아 옛 전통이 많이 무너져 버렸기 때문에 보수적이고 전통주의적 성향이 약한 지역이었다. 강한 저항과 반대가 예상되는 지역 보다는 개방적이고 수용성이 높을 것으로 예상되는 지역에서 선교를 시작하는 것이 좋겠다는 것이 예수님의 판단이었을 것으로 추측하는 것이다. 또는 높은 지역보다는 낮은 지역에서 선교를 하심으로 낮은 자들에게 먼저 복음을 전하시려는 예수님의 의도를 반영한 것으로 해석하기도 한다.

필자는 여기에 하나를 더하고 싶다. 예수님이 갈릴리에서 선교를 하신 이유는 거기에 엄청난 물이 있었기 때문이라고 생각한다. 갈릴리에는 갈릴리 호수가 있다. 갈릴리 호수에는 엄청난 양의 물이 있다.

이스라엘을 여행해본 사람은 이스라엘에서 물이 얼마나 귀한 것인지 알 것이다. 국토의 절반 이상이 광야이며 일 년 중 8개월 이상 비가 내리지 않는다. 유다 지파가 주로 거주하였던 유다 광야, 예루살렘, 헤브론, 베들레헴, 브엘세바 지역에서 발견된 고고학 유적지들을 살펴보면 한결같이 물을 얻기 위하여 물을 보존하기 위하여 얼마나 많은 지혜를 동원하고 수고했는지 알 수 있다. 옛날에는 도구도 변변치 않았는데 우물을 파기 위하여 빗물을 저장하기 위하여 대형 물저장소(cistern) 만들었다. 물저장소가 얼마나 크냐에 따라서 그 마을 거주민의 인구가 결정되었다.

창세기 26장을 보면 아브라함과 그의 아들 이삭이 우물을 파기 위하여 얼마나 수고했는지, 그리고 우물 때문에 이웃 사람들과 얼마나 갈등을 겪었는지 잘 나와있다. 그들에게 곧 물은 생명이었으며 미래였기 때문이다. 이러한 자연환경 가운데서 수백 년을 살아오면서 이스라엘 백성에게 물은 자연스럽게 하나님의 은총, 하나님의 사랑, 하나님의 축복, 하나님의 구원을 상징하게 되었다. 그것이 이슬이든 시냇물이든 샘물이든

간에 물은 하나님의 은총과 사랑이었다. 그래서 에스겔 47장이나 요엘서 3장을 보면, 성전 밑에서 물이 흘러나오고 샘이 흘러나와서 온 세상을 적실 것이라는 말씀이 나온다. 한국에서 만일 교회당이나 다른 건축물 밑에서 물이 나온다면 집을 잘못 지은 것으로 생각하며 불길한 일로 간주한다. 그러나 이스라엘에서는 축복이 흘러나온다고 이해한다. 은총이 흘러나온다는 뜻으로 받아들인다. 그것은 이스라엘에서 물이 지닌 상징성 때문이다.

이스라엘에서 물은 주로 이른 비와 늦은 비, 우물, 시냇물, 이슬 등을 의미한다. 대부분의 경우 유대인들은 이런 형식을 통하여 물을 얻었기 때문이다. 그런데 그렇게 얻는 물의 양은 얼마 되지 않는다. 그래서 물을 아껴쓴다.

그런데 갈릴리 호수에는 엄청난 양의 물이 있다. 필자는 예수님이 갈릴리 호수를 보면서 무슨 생각을 했을까 상상해 보았다. 이스라엘 사람이었던 예수님은 하나님의 엄청난 은총과 한량없는 사랑을 생각했을 것이다. 이른 비와 늦은 비, 우물, 웅덩이의 물, 이슬에서 얻는 물의 양에 비하면 갈릴리 호수의 물은 어마어마한 양의 물이다. 예수님은 갈릴리 호수의 물을 보면서 하나님 아버지의 무한한 사랑과 은총을 생각하고, 그 사랑을 세상 사람들에게 전하고 믿게 해야 하겠다는 결심을 자주 했을 것으로 생각한다. 실제로 인공위성에 찍은 갈릴리 호수의 모습은 마치 사람의 심장 모양과 비슷하다.

사실 예수님의 선교사역의 내용을 보면 하나님 아버지의 무한한 사랑과 자비와 용서이다. 이것을 전하기 위하여 가르치시고 병을 고치시고 가난한 자를 먹이시고 죽은 자를 살리시고 슬퍼하는 자들을 위로하시고 세리와 창녀들을 친구로 삼으시고 마지막에는 자신의 목숨을 대속제물로 주셨다. 갈릴리 호수와 같은 하나님의 무한한 사랑과 자비와 용서를 전해야 하겠다는 마음을 가지고 선교사역을 해나가셨던 것이다. 물론 다른 나라에는 갈릴리 호수보다 더 크고 더 맑고 푸른 호수가 많이 있다. 그러나 이스라엘에서 갈릴리 호수가 지닌 영적 의미는 이슬과 우물의 양밖에 안되는 적은 은총과는 비교될 수 없는 무한한 양의 은총을 의미하는 것이었다. 예수님에게 갈릴리 호수만큼 하나님 아버지의 크고 넓고 깊고 풍부한 사랑과 은총을 느끼게 하는 장소가 이스라엘에서는 없었던 것이다. 그래서 갈릴리 호수 주변에서 QT 하시면서 많은 시간을 보내셨고 갈릴리 호수 주변에서 하나님의 선교를 전개해나가셨던 것이다.

예수님이 선교사역을 공개적으로 시작하실 때 회당에 들어가 성경을 읽으려고 사람들 앞에 섰을 때 이사야 말씀을 드렸다. 예수님은 이사야의 글 중에서 오늘날 61장 1-2절에 해당하는 부분을 찾아 읽기 시작하였다. 이 말씀은 수백년 동안 유대인들의 메시야 대망사상을 대변해온 유명한 성경구절이었다. 유대인이라면 누구나 다 정확하게 암송하고 있는 말씀이었다.

> 주의 성령이 내게 임하셨으니
> 이는 가난한 자에게 복음을 전하게 하시려고 내게 기름을 부으시고
> 나를 보내사 포로 된 자에게 자유를,
> 눈 먼 자에게 다시 보게 함을 전파하며
> 눌린 자를 자유롭게 하고
> 주의 은혜의 해를 전파하게 하려 하심이라

책을 덮어 회당장에게 주고 앉으실 때 회당 안에서는 여기저기서 술렁이는 소리가 들렸다. 예수가 혹시 성경을 잘못 읽은 것이 아닌가? 성

경에는 분명 "여호와의 은혜의 해와 우리 하나님의 보복의 날을 선포하여..." 라고 되어있는데 .... 회당에 있는 자들이 다 주목하여 의자에 앉아있는 예수를 보았다. 뒤늦게라도 자신의 실수를 발견하고 정정하리라고 생각하면서 말이다. 그런데 예수님은 그들에게 "방금 내가 읽은 글이 오늘 너희 귀에 응하였느니라"고 하셨다.

그러자 회당 안에 있는 자들의 조용한 술렁거림이 거친 폭언으로 변하였다. 저 놈이 요셉의 아들이 아니냐? 회당에 있는 자들이 다 크게 화가 나서, 일어나 예수를 붙잡아 동네 밖으로 쫓아내어 그 동네가 건설된 산 낭떠러지까지 끌고 가서 밀쳐 떨어뜨리고자 하였다. 하지만 예수님은 그들 가운데로 지나 가셨다.

회당에 있는 자들이 왜 다 크게 화를 냈을까? 얼마나 화가 났으면 예수를 낭떠러지로 끌고가서 죽이려고 했을까?

그것은 예수가 이사야 본문을 마음대로 생략했기 때문이다. 예수에게 드린 이사야 본문을 찾아서 읽고 비교해보면, 예수는 "하나님의 보복의 날"을 마음대로 생략해 버린 것을 발견하게 된다. 혹시 실수로 빼먹은 것이 아닌가 생각하고 있는데 예수님은 단호하게 "이 글이 오늘날 너희 귀에 응하였으니라"고 선언하였다. 이 선언은 자신이 메시야라는 뜻이었다. 이 때문에 그 회당에 있던 유대인들이 예수에게 크게 화를 냈던 것이다. 수백년 동안 앗수르 바벨론 로마제국을 비롯한 여러 나라 원수들로부터 이루 말할 수 없는 고난을 당해온 유대인들은 메시야가 나타나 그들의 원수에게 통쾌한 복수를 해줄 것을 이 이사야 본문 말씀에 담아 낭송해왔는데, 요셉의 아들 나사렛 예수가 마음대로 생략해 버리고는 그것도 모자라 자신이 메시야라고 선언하는 건방진 모습을 보고 화가 머리끝까지 치밀어오른 유대인들이 그를 죽이고자 했던 것이다.

그러나 사실은 예수는 성경을 마음대로 생략하고 읽은 것이 아니다.

이사야의 본문을 그대로 읽었다. 대신 1절을 그대로 읽은 다음 2절을 읽을 때는 "여호와의 은혜의 해"까지만 읽고, 그 다음에 이어서 나오는 "우리 하나님의 보복의 날" 앞에서 멈추어 선 것이다.

그럼, 왜 거기서 멈추어 선 것인가? 그것은 보복은 하지 않겠다는 뜻이다. 오직 여호와의 은혜만을 전하겠다는 뜻이다. 이러한 예수의 뜻에 대하여 유대인들만이 분노하는 것이 아니다. 때때로 그리스도인들 가운데서도 분노한다. 그러나 예수는 선교사역을 하면서, 복수하는 말이나 행동은 절대로 하지 않으리라고 결심했다. 대신 "하나님의 은혜의 해, 용서와 자비와 긍휼의 해를 선포하는 사역"을 결심하시고 선교사역을 해 나가셨다. 그리고 십자가에 무고하게 달려 죽으면서도 복수하지 않았다. 끝까지 사랑하시며 사랑을 가르쳐주셨다. 바보같이 생을 끝마쳤다. 이 때문에 실족하는 사람들이 더러 있다. 그래서 예수님이 말씀하셨다. "나의 바보 같은 사랑으로 인하여 실족하지 아니하는 자는 복이 있도다."

선교는 사랑의 사역이다. 그러므로 사랑이 승리이다. 끝까지 사랑하는 것이 승리의 비결이다. 어느 순간에라도 미워했으면 패자이고, 비록 매를 맞았어도 사랑하는 마음이 있으면 승리한 것이다. 사랑이 최대의 자유이다. 사랑의 노예보다 더 큰 자유는 없다. 그리스도가 우리에게 보여주신 무한한 자유와 능력이 바로 이것이다. 선교는 사랑의 사역이다. 끝까지 사랑하는 자가 선교의 승리자이다.

내가 선교지의 말을 유창하게 하고 그곳 문화에 통달한다 할지라도 사랑이 없으면 그곳 사람들을 상대로 장사하는 장사꾼과 다를 바 없고, 내가 하나님의 말씀을 듣는 이의 문화 상황에 맞도록 놀랍게 전달하는 능력이 있고 그들의 문화에 대한 모든 지식이 있고 마술과 싸울 수 있는 큰 믿음이 있을 지라도 사랑이 없으면 나는 아무것도 아니다. 내가 헐벗고 굶주린 자에게 내가 가진 모든 것으로 구제하고 또 그들을 위하여 내 생명을 내어준다 할지라도 사랑이 없으면 아무 유익이 없다.

선교사의 사랑은 그들의 사고방식에 맞추어 생각하고 그들의 세계관을 이해하기에 힘쓰며 그들의 문제에 귀기울이고 그들의 고통에 함께하며 그들을 존중하고 그들의 필요에 동일시하고 그들과 친해지는 것이다.

문화는 지나가나 사랑은 영원한 것이다. 문화가 변하기 때문에 거기에 맞는 선교방법들도 변할 것이다. 예배 형식도, 교회운영 방식도 바뀌어가고, 언어도 계속 변하여가고, 여러 제도도 달라질 것은 이 모든 것은 본질이 아니기 때문이다. 선교의 본질은 사랑의 실천이다.

이러한 사실을 생각해볼 때 선교사는 자신의 영성 관리의 초점을 어디에 두어야 할까? 예수님처럼 하나님의 엄청난 사랑을 자주 느끼고 확인하는 노력과 시간을 가지는 것이다. 예수님은 갈릴리 호수를 통하여 그렇게 하셨다면 선교사도 나름대로의 갈릴리 호수를 가지는 것이 필요하다. 선교의 본질이 하나님의 사랑이기 때문이다. 선교사역은 사랑의 사역이며 선교의 성공은 끝까지 주님처럼 현지인을 사랑하는 것이기 때문이다. 사랑의 마음 관리를 위하여 선교사에게도 갈릴리 호수가 필요하다.

03 선교지 입구전략

타문화권 속으로 들어가서 선교를 시작할 때 어떤 마음과 생각을 가져야 하며, 어떤 모델을 따라갈 것인가? 이 물음에 대한 대답을 찾기 위하여 선교적 관점에서 첫번째 크리스마스 사건을 분석해본다.

(1) 서론: 하나님의 선교

선교는 본질적으로 '하나님의 선교'이다. 교회의 선교도 아니고, 선교회의 선교도 아니고, 선교사의 선교도 아니다. 교회나 선교회나 선교사는 하나님의 선교의 주요 매체들(agents)이지 선교의 주체(subject)는 아니다. 선교의 주제, 동기, 선교의 시작, 선교의 목적은 모두 하나님이다. 그러므로 선교는 본질적으로 '하나님의 선교'라고 하는 것이 옳은 진술이다. '하나님의 선교'는 구약시대 여러 가지 양태로 나타났다. 선지자들을 통하여, 출애굽과 같은 사건을 통하여, 왕들을 통하여, 무명의 신실한 종들을 통하여, 심지어는 이스라엘이 망하고 유다가 망하는 사건을 통해서 '하나님의 선교'가 계시되었다.

'하나님의 선교'가 가장 잘 나타난 사건은 예수의 파송 사건이다. 보쉬는 예수의 파송과 삶과 가르침이 기존의 하나님의 선교(Missio Dei)라는 개념을 뛰어넘어 구체적으로 실재적으로 하나님의 선교가 무엇을 의미하는 지를 잘 보여주고 있다고 하였다.[13] 그에 따르면 하나님의 선교란 곧 그리스도의 선교를 의미한다. 그는 그리스도의 삶 전체가 복합적으로 선교라고 하면서, 그리스도의 삶 자체와 그의 생애의 일대기가 바로 선교에 대한 상징이요 비유요 사건이요 도식이라고 보았다. 그리하여 예수 그리스도의 선교를 다음과 같이 6가지로 구분하고 그리스도의 각 사역이 지닌 선교적 함의를 다음과 같이 말하였다.[14] 즉 ① 그리스도의 성육신: 선교의 모델, ② 그리스도의 십자가: 선교의 비용, ③ 그리스도의 부활: 선교의 지상 명령, ④ 그리스도의 승천: 선교의 동인(動因), ⑤ 그리스도의 성령 선물: 선교의 힘, ⑥ 그리스도의 재림: 선교의 긴급성을 계시해준다고 하였다.

(2) 예수 그리스도는 선교사였다.

사실 예수 그리스도는 '선교사로서의 자의식'을 강하게 지니고 있었다.[15] 이러한 사실은 복음서 중에서도 특히 요한복음에 뚜렷하게 나타나는데, 예수 자신이 아버지로부터 '보냄을 받았다'는 표현이 44번이나 등

13) David J. Bosch, *Transforming mission* (Maryknoll: Orbis, 1991), 512-519.

14) 위의 책, 512-518.

15) Martin Hengel은 예수를 선교사로서의 철저한 자의식을 지닌 "최초의 선교사"라고 불렀다. *Between Jesus and Paul: Studies in the Earliest History of Christianity*, trans. John Bowden (Philadelphia: Fortress, 1983), 62. 예수의 가르침 전체에서 선교사 예수의 자의식을 찾아낸 논문은 존 하비의 글이다. 참고: 존 D. 하비, "예수의 교훈에 나타난 선교," William J. Larkin Jr, Joel F. Williams (eds.), *Missions in the New Testament*, 『성경의 선교신학』 홍용표 · 김성욱 옮김 (한국왜그너교회성장연구소: 이레서원, 2001), 165-190.

장한다.[16] 여기서 선교의 궁극적인 주체는 아버지 하나님이시라는 사실과 예수는 아버지로부터 파송을 받은 선교사라는 사실이 확인된다. 이렇게 예수는 세상 속으로(선교현장) 파송받아 33년 동안 선교사역을 감당하신 다음 선교지를 떠나가실 때 제자들에게 선교적 사명을 부여하셨다. 요한복음 전체로 볼 때 예수는 제자들을 "보냄을 받은 자들"(요 4:38, 17:18, 20:21) 즉 '선교사들'이라고 불렀다.

요한복음뿐만 아니라 공관복음서에서도 예수가 세례자 요한처럼(마 11:10) 말씀을 가지고 보내심을 받은 자로 기술되어 있다(마 15:24; 눅 4:18). 예수 자신이 사도(使徒)시며(apostolos, the one sent)(히 3:1) 모든 선교사들의 거룩한 모범이 되셔서 해외선교의 기반을 닦으시고 교회에 그 사명을 맡기셨다(마 28:18~20; 막 16:16~20). 성경은 말한다. "때가 차매 하나님이 그 아들을 보내사 여자에게서 나게 하시고 율법 아래 있는 자들을 속량하시고 우리로 아들의 명분을 얻게 하려 하심이라"(갈 4:4, 5) "그는 근본 하나님과 본체시나 하나님과 동등 됨을 취할 것으로 여기지 아니하시고 오히려 자기를 비어 종의 형체를 가져 사람들과 같이 되셨으니"(빌 2:6), 이는 성부께서 성자에게 맡기신 구원의 사역을 성취하기 위함이었다. 성자는 세상에 오실 때 "하나님이여 보시옵소서 두루마리 책에 나를 가리켜 기록한 것과 같이 하나님의 뜻을 행하러 왔나이다"고 말씀하셨다(히 10:7). 이와 같이 성경은 예수님께서 세상에 오시기 전부터 선교사로서의 분명한 소명을 가지고 계셨다고 증거하고 있다.

---

16) 대표적인 구절만 찾아 정리해보자면 다음과 같다. 3:16-17, 5:23, 30, 36, 10:36, 12:49, 14:24, 17:3, 18, 21, 23, 25, 20:21 등. Andreas J. Kostenberger, *The missions of Jesus and the disciples according to the Fourth Gospel: with implications for the Fourth Gospel`s purpose and the mission of the contemporary church* (Grand Rapids: William B. Eerdmans Publishing Company, 1998), 96.

(3) 예수 그리스도는 선교의 모델이시다.

존 스토트는 사복음서에서 발견되는 선교 대위임령들(마 28:19-20, 막 16:15-20, 눅 24:44-49, 요 21:19-23) 중에서 가장 핵심적인 메시지는 요한의 선교 대위임령에서 발견된다고 주장하면서[17] "아버지께서 나를 세상에 보내신 것 같이 나도 저희들을 보내었고"(요 17:18)라는 구절과 부활 후에 다시 "아버지께서 나를 보내신 것 같이 나도 너희를 보내노라"(요 20:21)라는 구절을 그의 선교신학의 중요 근거로 삼았다. 이 구절 속에서 발견되는 두 가지 중요한 선교적 함의는 '제자들은 예수의 선교사로 부름받았다'는 사실과 '선교사 예수가 제자들의 선교사역에 모델'이라는 사실이다. 그러므로 예수의 선교를 표준으로 이해되고 실천되어야 교회의 선교, 우리의 선교가 바른 선교가 될 것이다.

신실하고 충성스러운 믿음을 가진 그리스도인이라면 그리스도의 선교를 실천해야 한다는 데 이의가 없다. 그런데 선교를 실천하는 방식은 너무나 다양하다. 개인에 따라서 선교단체에 따라서, 교파에 따라서, 출신 학교에 따라서 선교에 대한 이해와 개념 그리고 방법이 너무나 다양하다. 이때문에 오늘날 선교가 혼란스러워지고 있으며 이로 인하여 선교의 부작용이 생겨나고 있고 선교사가 선교를 오히려 가로막는 기이한 일들이 생겨나고 있다. 선교의 바른 모델이 필요하다. 선교의 온전한 모델이 필요하다. 그 모델은 예수 그리스도이시다. 하나님은 베드로에게 역사하사 그를 할례자의 사도로 삼으셨고 또 바울에게 역사하사 그를 이방인의 사도로 삼으셨다(갈 2:8 참조). 따라서 이 두 사람은 성서에 나타난 선교사들의 대표적인 모델이 될 수 있다. 그러나 온전한 모델은 될 수 없

---

17) John R. W. Stott, *Christian Mission in the Modern World*, 김명혁 역, 『현대기독교 선교』 (서울: 성광문화사, 1999), 28-29.

다. 많은 장점을 가지고 있으며 좋은 교훈을 남긴 것이 사실이지만 약간의 약점과 온전치 못한 부분이 있었다.[18] 그것은 타산지석으로 삼아야 할 것이다. 선교의 온전한 모델은 예수 그리스도이시다. 그런데 선교의 모델이신 예수 그리스도가 선교지에 진입하실 때 어떤 모습으로 진입하셨는가? 이러한 질문에 대한 탐구는 선교사역을 준비하여 처음으로 선교지에 들어가는 선교사들에게 중요한 지혜와 통찰을 제공해줄 것이다.

---

18) 베드로의 부족한 점들을 찾아내어 지적해본다면 사도행전 5장, 성령을 속인 아나니아와 삽비라가 징벌을 받아 죽임을 당한 일은 복음서에 나타난 주님의 온유하심을 드러내지 못한다. 베드로의 이러한 사역은 선교의 모델이 아니다. 선교지에서 아나니아와 삽비라와 같은 성도를 만날 때마다 베드로처럼 반응한다면 수많은 선교사들과 원주민들 간의 관계가 강퍅해질 것이다. 사도행전 6장 7장을 보면 베드로는 세계선교에 대한 적절한 계획을 가지지 못했고 그의 목회가 예루살렘을 중심으로 지역적 고착 상태에 있었다. 하나님께서 핍박을 주시지 아니하셨더라면 그는 예수가 명하신 세계선교와는 거리가 먼 사고방식과 생활방식 목양방식에 매여서 살다가 생을 마감할 뻔하였다. 사도행전 10장을 볼 때 베드로는 하나님께서 이방인들을 구원하시려는 계획을 잘 모르고 있었으며 큰 보자기의 사건은 그에게 성령의 역사를 막을 소지가 있음을 암시한다. 복음서에 나타난 예수님의 마음이 베드로의 마음과는 차이가 크다.

바울의 선교사역에서 나타난 몇 가지 약점들을 찾아본다면, 사도행전 15장 39절, 바울이 2차 전도여행을 떠나려 할 때 동역자 선정 문제로 바나바와 심히 다투었는데 이런 문제는 예수님에게서 찾아볼 수 없는 내용이다. 물론 바울은 예수가 아니다. 그러므로 바울에게 예수님과 같은 가르침과 모범을 요구하는 것은 지나친 일이다. 바울은 인간적인 견지에서 볼 때 가장 훌륭한 선교사 정신을 가지고 최선을 다한 모범적인 선교사였다. 비록 인간적인 편견과 고집을 부릴 때도 있었고 적절한 반응의 시점을 놓쳐버린 적도 있었지만, 그가 고백한대로 하나님을 사랑하는 그의 마음을 보시고 하나님이 합력하여 선을 이루어 주신 일이 많았다.

여기서 필자가 강조하고 싶은 것은 베드로와 바울의 선교사역은 참고서이지, 교과서일 수는 없는 것이다. 선교의 교과서는 예수 그리스도이시다.

(4) 아기의 모습으로 선교사역을 시작한 선교사 예수

예수 탄생기사는 마태복음 1-2장과 누가복음 1-2장에 나온다. 예수의 탄생 기사에 관한 성서학적인 관점에서의 다양한 연구와 해석이 있다. 하지만 여기서는 선교적 관점에 따라서 예수의 탄생 이야기를 해석하려고 한다. 왜냐하면 아기의 모습으로 이 세상에서의 삶을 시작하신 선교사 예수의 이야기는 선교사역을 시작하는 데 필요한 지혜와 방법을 고려하는 '선교 입구전략'에 중요한 함의를 내포하고 있기 때문이다.

'입구전략'(Entrnace Strategy)이란 원래 군사 용어에서 최근에는 경제학 용어로 널리 사용되고 있는 단어인데, 이 논문에서 필자는 그 의미를 약간 바꾸어 사용하고자 한다. 정확히 말해서 선교 입구전략인데, 선교 입구전략이란 선교사가 선교지에 들어가서 맨 처음 어디에 강조점을 두고 언제 어디서 어떤 모습으로 누구와 함께 어떤 사역을 시작하는 것이 하나님의 선교에 온전하게 참여할 수 있으며, 선교사역의 본질을 드러낼 수 있고 향후 선교 발전에 유익할 것인지를 고려하여 선교의 적절한 시작 방법과 계획을 준비하는 것을 의미한다.

우리말 사전에 '아기'라는 단어는 "인간 발달단계 중 가장 어린 시절, 주로 걷기 전 또는 만 1세 전을 일컫는다" 혹은 "영아(嬰兒)와 유아(乳兒)는 젖먹이를 뜻하며 유아(幼兒)는 생후 1년부터 만 6세까지의 어린아이를 의미한다"고 되어 있다. 마태복음에 기록된 아기 예수 탄생의 기사는 세 가지 이야기로 구성되어 있는데 베들레헴에서 동방으로부터 온 박사들의 경배를 받으시는 아기 예수의 이야기(1-12절), 베들레헴에서 애굽으로 피신하는 아기 예수의 이야기(13-18절) 그리고 헤롯 왕이 죽은 다음 애굽에서 갈릴리 나사렛으로 돌아와서 정착하는 이야기(19-23절)이다. 마태복음 2장에서 예수를 가리키는 '아기'라는 단어가 한글 개역개정판 성경에 모두 9번 나오며(8, 9, 11a, 11b, 13, 14, 16, 20a, 20b, 21절), 헬라어 본문에는 모두 '파이디온'(παιδίον)이라는 용어로 8번 나온다(11b가 대명사로 바뀌었다).[19] 그런데 모두 소유격(아기의 목숨을, 20b), 목적격(아기를, 16), 여격(아기께, 11b), 전치격(아기에 대하여, 8)으로 사용되었지 주격으로 사용된 예는 한번도 나오지 않는다.

누가복음 2장에 기록된 예수 탄생의 기사도 세 가지 이야기로 구성되어 있는데 예수가 탄생하실 때 당시 국제 정치적 상황과 요셉과 마리아의 개인적 상황(1-7절), 목자들이 아기 예수께 경배한 이야기(8-21절), 그리고 태어난 지 8일이 되었을 때 성전에서 할례를 받으실 때 성전에서 일어난 이야기(22-39절)이다. 누가복음 2장에서 예수를 가리키는 '아기'라는 단어가 개역개정판 성경에 모두 7번 나오는데, 헬라어 원문에는 영어로 'the young child'라고 번역된 '파이디온'이라는 용어로 2회(27, 40절), 영어로 'the baby'라고 번역된 '브레포스'(βρέφος)라는 용어로 2회(12, 16절) 그리고 대명사의 형태로 3회(22, 33, 38절) 나온다.[20] 이것은 언어에 예민한 감각을 지닌 의사 누가의 특성이 반영된 것으로 보인다. 그런데 목적격으로 4번(12, 16, 22, 27절), 여격으로 2번(33, 38절) 그리고 주격으로 1번(40절) 나온다. 그러나 그 주격으로 쓰인 '아기'는 타동사의 주격이 아니라 자동사(자

19) Horst Balz & Gerhard Schneider (eds), *Exegetical Dictionary of the new testament: Volume 3 παγιδευω- ωφελιμοζ* (Eerdmans, c1994), 4. Frederick W. Danker from Walter Bauer`s ed., *A Greek-English lexicon of the New Testament and other early Christian literature* (Chicago: University of Chicago Press, 2000), 749.

20) '브레포스'라는 단어는 "태아, 어린아이, 유아, 작은 아이"를 의미한다. '파이디온'이라는 단어는 주로 연령이나 혈통과 관련하여 "작은 어린아이"를 의미하며, 동시에 사회적으로 낮은 지위인 '종'(παίς)을 나타낼 수 있는 말이다. Gerhard Kittel, *Theologisches Worterbuch zum Neuen Testament*, 『신약성서신학사전: 킷텔 단권 신약원어 신학사전』, 요단출판사번역위원회 역 (서울: 요단출판사, 1987), 580.

라다, 강하여지다, 지혜가 충족해지다)의 주어로 사용되고 있다.

이러한 조사를 통하여 우리가 확인하는 사실은 아기의 모습으로 선교현장(세상)에 진입하신 선교사 예수의 초기 모습은 행위를 능동적으로 주체적으로 주도하는 모습이 아니었다는 사실이다. 여느 아기와 마찬가지로 선교사 예수는 스스로 누운 모습이 아니라 선교현지인(부모, 동방박사, 목자, 시므온과 안나 등)을 비롯한 사랑하는 자들에 의하여 피동적으로 누인 모습(눅 2:12, 16)으로 선교현장에 그 모습을 드러내셨으며, 초기의 모든 모습은 부모, 동방박사, 목자, 시므온과 안나 등의 타동사 행동의 목적격 또는 여격으로 그리고 주위 사람들이 관하여 말할 때 전치격으로 존재하였다. 유일하게 주격으로 사용된 경우도 타동사의 주격이 아니라 자동사의 주격으로 자신의 주체적 의지가 작용하지 않았다. 종합하면 선교사 예수가 선교현장에 진입할 때의 모습은 선교사역을 주체적으로 의지적으로 펼쳐나가는 능력있는 모습이 아니라 연약하고 보호받고 사랑받고 자라는 아기의 모습으로 나타나셨다는 사실이다.[21)]

(5) 아기로 오신 선교사 예수 사건의 선교적 함의

대부분의 문화권에서 현지 사회 구성원이 외부인의 행동을 해석하는 세 가지 배경이 있는데 그것은 학교, 시장, 법정이다. 지역 사회 구성원들은 종종 외국인들이 선생으로(학교), 파는 사람으로(시장), 고소자로(법정)

21) 사도 바울의 증거에 따르면 '근본 하나님의 본체이신 그가 아버지 하나님의 파송을 받아 순종함으로 하나님과 동등됨을 취할 수 있는 권리를 스스로 버리고 종(둘로스)의 형체를 취하였다'(빌 2:6). 바울이 말하는 '종의 형체'(μορφήν δούλου)가 마태복음 누가복음에서는 '아기'(파이디온, 브레포스)인 것이다.

왔다는 잠재적 인식을 가지고 있다.[22)]

이러한 관점은 선교사에게도 그대로 적용된다. 선교사 자신은 자기 자신을 그런 식으로 인식시키려는 의도가 전혀 없었다 할지라도 현지인들은 마치 자신이 학교에 있는 것처럼 선교사를 교사로 그리고 자신을 학생의 역할로 보는 경향이 있다. 때로는 현지인들이 시장에 있는 것처럼 선교사를 파는 사람, 자신을 사는 사람으로 보기도 한다. 그러나 많은 경우에 마치 법정에 있는 것처럼 선교사와 현지인의 만남을 심판과 관련해서 본다. 이럴 때 선교사는 고소인으로 현지인은 피고인으로 여겨진다. 실제로 많은 경우 선교사들은 선교지에서 자신의 역할이 마치 가르치는 자, 새 것을 소개하고 파는 자 그리고 현지 문화와 종교를 판단하는 자인양 생각하고 행동할 때가 있었다.

하지만 이러한 태도는 몇 가지 심각한 문제를 일으킨다. 과연 외부인이 내부인을 제대로 가르치거나 그에게 무엇을 팔거나 그를 고소할 수 있을까? 그리고 선교사가 선교지 현지인들에게 제시하는 것이 과연 그들에게 필요한 것인지 선교사가 처음부터 가르치고 팔고 고소하는 그런 역할을 통해 복음이 제대로 전달될 수 있는지 생각해 보아야 한다.

현지인들에게는 선생의 역할이나 파는 사람의 역할 혹은 고소인의 역할이 먹힐 수도 있고 먹히지 않을 수도 있다. 현지인들은 외부인이 외부 세계에 대하여 가르치기 전에 먼저 내부인의 관점을 배우기를 기대한다. 그들은 외부인이 중요한 상품을 팔기 전에 내부인과 같은 수준에서 생활하며 그 지역 시장에 의존할 것을 기대한다. 외부인의 외부의 기준에 의해 내부인들을 고소하기 전에, 내부인 자신들의 법에 의해 자신을 판단해 보기를 기대할 수도 있다. 이처럼 순서가 중요하다. 선생이 되기

---

22) 랄프 윈터, 스티븐 호돈 공동 편저, *Perspectives on the world christian movement*, 『미션 퍼스펙티브』, 정옥배 옮김 (서울: 예수전도단, 1999), 359.

전에 먼저 학생, 파는 사람이 되기 전에 사는 사람, 고소인이 되기 전에 피고소인이 되라는 것이다. 외부인은 내부인에게 이러한 역할을 담당할 수 있기 전에 이러한 순서를 먼저 따르는 것이 지혜일 것이다.

이러한 관찰과 사실에 기초하여 도날드 라슨(Donald N. Larson)은 선교사가 현지인들에게 받아들여지기 위해서는 먼저 현지의 언어와 문화를 존중하며 배우는 사람, 외부에서 재원을 공급받아 현지인들에게 혜택을 공급해 주는 시혜자의 모습이 아니라 주어진 현지에서 자신의 생계를 꾸려나가기 위하여 현지들과의 적극적인 관계성을 맺고 물건을 사고파는 행위를 하는 상인, 일방적으로 가르치는 것이 아니라 각자가 살아온 자신의 삶의 이야기를 자연스럽게 나누는 이야기꾼의 역할을 적극적으로 개발할 것을 권한다.[23] 이것이 그 사회 내에서 받아들여질 만한 사람으로 인정받는 모습이 될 것이다. 이렇게 되면 현지인들은 선교사가 하는 이야기에 귀를 기울이게 될 것이며, 심지어는 그가 다른 사람들에게 이야기하는 것을 도와주기까지 할 것이다.

선교사 예수가 선교현장인 세상으로 들어올 때 아기의 모습으로 들어온 사실 속에 여러가지 선교적 함의가 이미 내포되어 있다. 아기의 모습으로 이 땅에 오신 예수의 모습 속에 담긴 선교적 함의를 찾아 정리해 본다면 ① 강한 자의 모습이 아니라 약한 자의 모습으로, ② 가르치는 자가 아니라 학습하는 자의 모습으로, ③ 사람들을 긴장시키는 복수자, 심판자의 모습이 아니라 사람들을 무장해제시키는 평화스럽고 사랑스러운 구원자의 모습으로 선교현장에 진입했다는 사실이다.[24] 첫번째 크리

23) 도날드 라슨은 Link Care Center의 타문화 생활 및 학습 담당 선임 고문이다. 『미션 퍼스펙티브』, 362.

24) Sherwood G. Lingenfelter, *Ministering Cross-Culturally: An Incarnational Model for Personal Relationships*, 『문화적 갈등과 사역』, 왕태종 옮김 (죠이선교회, 1989), 14.

스마스 속에 담긴 이러한 선교적 함의들을 필자는 '아기 선교신학'(Baby Missiology) 혹은 '크리스마스 선교신학'(Christmas Missiology)이라고 명명하며 그 의미를 좀더 상세히 설명하면 다음과 같다.

a. 동일화: 연약한 자의 모습으로

첫째, 중요한 선교적 함의는 동일화(Identifying)를 통한 선교현지주민들과의 긴밀한 연대(bonding)이다.[25] 선교사는 사람들에게 하나님의 가족에 속할 기회를 주기 위해 선교현장으로 나가는 사람이다. 이 목적을 달성하기 위하여 선교사는 선교지 주민들을 위하려고 하기보다는 자신이 먼저 선교현지 구성원 중의 하나가 되어 그들과 함께 해야 한다.[26] 바로 이 점에 있어서 예수는 자신의 탄생과 공생애 이전 무명시절의 삶을 통하여 모범을 보여준다.[27]

선교사 예수가 선교현장에 진입하실 때 취하신 모습은 여느 가정의 아이와 같이 연약한 아기의 모습이었다. 누가복음 2장 7절에 예수는 마

---

25) E. Thomas and Elizabeth S. Brewster, "긴밀한 유대가 가져오는 차이,"『미션 퍼스펙티브』, 371.

26) 순더마이어는 타자를 '위한'(for) 선교가 되려면 먼저 타자와 '함께'(with) 하는 선교가 되어야 한다고 주장한다. 타자와 함께 하지 않고, 위하는 선교사가 되는 것은 곧 선교사와 선교지가 '시혜자-수혜자'의 일방적인 관계가 되고 이러한 관계에서는 '우월주의'적 태도를 탈피하지 못하는 현상에 빠지기 때문이다. 그리고 한쪽이 선교의 주체가 되고 다른 쪽은 대상으로만 머물게 되는, 선교사나 파송교회와 의존적 관계에 머물게 되기 때문이다. Theo Sundermeier, "Konvivenz als Grundstruktur okumenischer Existenz heute," *Okumenische Existenz Heute* 1 (1986), 62-65. 데이비드 보쉬,『변화하고 있는 선교』(기독교문서선교회, 2000), 557에서 재인용.

27) 복음서는 전부 89장인데 그 중 예수님의 공생애이전에 대한 내용은 불과 4장뿐이다. 마태복음과 누가복음에 실린 예수님의 어린 시절에 대한 단편적인 정보도 극소수이다. 예수님의 생애에서 90%는 무명생활임을 알아야 한다. Alicia Britt Chole, *Anonymous*, 김일우 옮김,『예수님의 무명시절』(예수전도단, 2008), 20-23.

리아의 아기로 태어나서 강보에 싸여 구유에 뉘어 있었다고 기록되어 있다. 그 전까지는 하나님께서 사람에게 오실 때 주로 천사의 모습으로 오시곤 했는데[28] 하나님이신 예수가 선교현장인 인류의 역사 속으로 들어오실 때는 왜 천사의 모습으로 오시지 않고 한 '아기'의 모습으로 오셨는가? 아기가 인간의 본질을 대변하는 모습이기 때문이다. 아기는 인생의 시기 가운데서도 가장 가난하고 연약한 시기의 생명이다. 여기에 인생의 본질이 있다. 구약에서는 하나님 앞에 선 인생을 양(羊)에 비유했다. 양은 생래적으로 연약한 동물이다. 양처럼 겁 많고 둔하고 어리석은 가축도 없을 것이다.[29] 그러므로 목자의 도움 없이는 양은 생존할 수가 없다. 마찬가지로 부모의 도움 없이는 아기가 생존할 수 없다. 아기는 연약한 인간의 실존을 대변하는 모습이다. 강한 것 같으나 실상은 아기처럼 연약한 존재가 인간이다. 지혜로운 것 같으나 아기처럼 무지한 존재가 인간이다. 유능한 것 같으나 아기처럼 자기 생명도 스스로 지킬 수 없는 존재가 인간이다. 구약에서 양이 인간의 실존을 말해주듯이 신약에서는 아기가 인간의 참된 실존을 말해준다. 그래서 선교사 예수가 선교지로 진입하실 때 아기가 되신 것이다.

그런데 아기 중에서도 부유한 나라 부유한 가정의 아기가 아니라 정

28) 하나님이 때때로 자기 백성들을 찾아오셨다. 모세에게는 떨기나무 가운데서 타는 불의 형상으로 찾아오셨다. 아브라함에게는 세 천사의 모습으로 찾아오셨다. 광야에서 이스라엘 백성들에게는 구름기둥과 불기둥의 영광으로 찾아오셨다. 또한 시내산에서는 우뢰와 번개와 구름과 나팔소리와 불 가운데 임재하셨다. 성막이 세워진 후에는 지성소의 법궤 위 시은좌에 임재하셨다. 그렇지만 아무도 함부로 가까이 할 수 없는 시은좌, 오직 대제사장만이 정해진 대속죄일에 정해진 규례대로 그 임재 앞에 나아갈 수 있었다. 에스겔과 다니엘에게는 환상 가운데서 임재하셨다. 이 모든 임재 양식의 공통점은 함부로 범접할 수 없는 위엄과 거룩함이다. 그런데 첫번째 크리스마스에 하나님의 임재 양식은 친근함과 사랑스러움이었다.

29) 장영일 · 장재일 공저, 『유대광야에서 읽어보는 시23편』 (서울: 한국장로교출판사, 2009), 26-27.

복당한 속국의 어느 가난한 가정의 아기로 태어났다.[30] 예수님께서 탄생하신 곳은 마구간의 여물통이었다. 만일 우리에게 이 땅에 다시 태어날 수 있는 기회가 주어지고 인생의 운명을 스스로 선택할 권한이 주어진다면 어떤 인생의 운명을 선택할까? 사람에 따라서 대답이 여러가지일 것이다. 그러나 분명한 것 한 가지, 어느 누구도 외양간 말죽통에 태어나서 저주의 십자가 사형틀에서 인생을 마감하는 그런 종류의 인생의 운명은 선택하지 않을 것이다. 하지만 선교사 하나님은 이 땅(선교현장)을 찾아오실 때 어느 누구도 되고 싶지 않은 그런 종류의 인생의 모습을 스스로 선택하셨다. 사도 요한은 "그 말씀은 육신이 되어 우리 가운데 사셨다"라고 증거하였다.[31] 그러나 누구나 되고 싶은 그런 아름다운 인간이 아니라 어느 누구도 되고 싶지 않은 그런 사람, 정말 낮고 낮은 종의 모습의 인간이 되셨다. 그것은 가장 밑바닥에 있는 사람과 자신을 동일시함으로 긴밀한 유대감을 형성하기 위함이었다.[32] 그와 같은 겸손 없이는 진정한 선교가 불가능하다는 것을 알게 하시려는 하나님의 생각 때문이다.

선교사의 중요한 가치는 현지주민들과 자신을 동일시하는 것이다. 친구가 되는 것이다. 그러나 여기에는 위험이 도사리고 있다. 동일화는 오해받을 수도 있고 쉽게 상처를 받을 수도 있다.[33] 하지만 이 땅에 선교사로 오신 예수는 위험을 감수하고 종과 같이 연약한 아기의 모습으

30) Richard Grunow (ed), *Barth Brevier*, 이신건(외) 번역, 『칼 바르트의 신학묵상』 (서울: 대한기독교서회, 2009). "성탄절 전야," 848-849.

31) 데오 준더마이어, 『선교신학의 유형과 과제』, 채수일 엮어옮김 (대한기독교서회, 1999), 33-37.

32) 채수일, "약함에서 드러나는 영광," 『기독교사상』 552호 (대한기독교서회, 2004, 12), 277.

33) 예를 들면 이런 경우이다. 한번은 중소기업 사장이 사원 식당에 가서 사원들과 함께 줄을 서서 식당 밥을 타서 사원들과 함께 식사를 하였다. 그 모습을 본 일부 직원들이 수군거리기를 '어쩌다 한번 먹는 거니까 뭐, 별미겠지'라고 했다.

로 선교지에 첫 발을 내디뎠다. 이러한 성육신의 사건을 두고 링엔펠티는 예수가 200% 사람이 되셨다고 하면서, 그는 첫번째 크리스마스에 하나님이 인간이 되신 성육신의 사건을 한 단계 더 진전시켜 그분은 인간이 되시되 유대인이 되셨고, 당시 유대인의 문화를 그대로 취하셨다는 사실까지 선교적으로 고려해야 한다고 하였다.[34] 보쉬는 선교란 "경계선을 넘음"이라고 하였다.[35] 지리적, 문화적, 종교적 경계선을 넘어 가까이 다가가 적절한 현장화를 통하여 복음을 전하는 사역이 선교이다. 그러기 위해서 우선적으로 해야 할 일이 가능한 현지인들 가운데 살면서 그들과 선교사 자신을 동일시하는 삶이 이루어져야 한다. 같은 음식을 먹고 같은 옷을 입고 같은 언어를 사용하며 그들의 희노애락에 공감할 줄 아는 생활양식을 취해야 한다.[36] 그래야 그 사회에 받아들여지는 존재가 되며,

---

34) 사실 예수는 완전한 유대 혈통이 되셨다. 요한복음 4장에서 사마리아 여인이 그분을 그렇게 인정했고 그러한 인정을 그분은 액면 그대로 받아들이셨다. 하지만 대조적으로 사람들이 예수를 왕으로 삼으려고 했을 때는 거절하셨다. 제자들은 물론, 심지어 유대인 지도자들조차도 때로 예수에게 그가 유대인이라는 것과 그것에 수반되는 문화적 의무를 상기시킬 정도로 그는 당시의 문화인이었다. 예수께서 십자가에 못박히셨을 때 빌라도는 예수의 머리 위에 "유대인의 왕"이라고 새긴 명패를 붙였다. 이런 사실들을 종합할 때 이 땅을 찾아오신 선교사 예수는 100% 하나님이시자 100% 유대인, 즉 200% 사람이 되셨다고 말할 수 있을 정도로 선교지 사람들과 자신을 철저하게 동일시하셨다. Sherwood G. Lingenfelter,『문화적 갈등과 사역』, 왕태종 옮김 (죠이선교회, 1989), 15.

35) David J. Bosh, *Witness to the world*, 전재옥 역,『세계를 향한 증거: 선교의 신학적 이해』(서울: 두란노, 1993), 283-284.

36) 우리가 복음의 증거의 대상으로 삼는 사람들과 어느 정도까지 동일화해야 하는가? 이 질문은 논란의 여지가 많은 질문이다. 로잔위원회는 사회 경제적 수준에서 '선교지 주민들과 같이' 되어야 한다고 생각지는 않는다. 그 이유는 외국인이 그렇게 생활하려고 노력하는 모습은 진정으로 우러나서라기보다는 연극을 하는 것으로 보이기가 쉽기 때문이다. 그렇다고 선교사의 생활 양식이 현지주민들의 생활양식과 눈에 띄게 차이가 나야한다고 생각지도 않는다(로잔세계복음화위원회, "윌로우뱅크 보고서," 355). 선교사가 과연 현지인과 같이 될 수 있을까? 폴 히버트는 아니라고 한다. 북유럽에서 미국으로 이민 온 사람들이 미국 문화에 동화되는 데도 삼, 사대가 걸렸

받아들여져야 그들에게 복음을 전할 수가 있는 것이다.

이 점에 있어서 예수가 아기의 모습으로 선교현장에 진입하여 위험을 무릅쓰고 함께 거주하기 시작함으로 선교사역을 시작했다는 사실은 선교지에 들어가는 선교사들의 모습이 어떠해야 함을 가르쳐주는 중요한 지침을 제공해 준다. 신참 선교사들이 선교현지언어와 문화를 신속하게 익히는 태도와 방법을 오래동안 가르쳐온 브루스터(Brewster) 박사 부부는 가능한 선교지 진입 초기에 현지인들과 긴밀한 유대를 형성하기 위하

으며 문화적 차이가 더 큰 곳에서는 시간이 훨씬 더 오래 걸린다. 동일화에 있어 기본 문제는 형식상 똑같이 되는 것-같은 집에 살고, 같은 음식을 먹으며, 같은 옷을 입는 것-이 아니다. 동일화의 참된 정신은 형식상의 동등함이 아니라 참된 사랑과 상호관계이다. 이른바 동일화라는 것은 현지인들과 같은 마을에 살거나 현지언어를 배우기만 하면 자동적으로 '열려라 참깨' 식으로 현지인들의 마음을 열 수 있다는 잘못된 인상을 주는 경향이 있다. 중요한 것은 동일화의 양이 아니다. 오히려 질적 부분이다(폴 히버트, "사회구조와 교회성장," 358-359). 우리가 과연 그들에게 동일화되었는가 하는 것은 우리가 그 사람들에게 속해있다는 것을 어느 정도까지 느끼는가 하는 것과, 더 나아가서 그들은 우리가 그들에게 속해있다는 것을 어느 정도나 느끼는가 하는 것을 면밀히 살펴봄으로써 알 수 있다. 예컨대 우리는 그들의 국가나 종족의 감사나 슬픔의 날에 자연스럽게 참여하고 있는가? 그들이 당하는 압제로 인하여 함께 괴로워하며 그들이 공의와 자유를 추구할 때 동참하고 있는가? 그 나라가 지진으로 재난을 당하거나 내전에 휩싸인다면 우리는 본능적으로 우리가 사랑하는 그들과 함께 머물면서 고통을 나누려 하겠는가? 아니면 고국으로 돌아와 버리려 하겠는가? 예수님은 우리와 완전히 동일화하셨지만 자신의 정체성은 잃지 않으셨다. 예수님은 원래의 자신으로 남아계셨다. '그는 하늘에서 내려오셨고.... 인간이 되셨다'(니케야 신조). 하지만 예수님은 우리와 같은 사람이 되셨지만 여전히 하나님이셨다. 이와같이 "그리스도의 전도자는 자신의 개인적 진실됨 만을 빼고는 겸손하게 자기의 모든 것을 비우기를 힘써야 한다"(로잔언약 제10장). 성육신은 정체성을 잃지 않고 동일화되는 법을 가르쳐 준다. 우리는 참된 자기 희생이 참된 자기 발견으로 이어진다는 사실을 믿는다. 겸손한 봉사에는 넘치는 기쁨이 있다. (로잔세계복음화위원회, "윌로우뱅크 보고서," 355). 랄프 윈터, 스티븐 호돈 공동 편저, *Perspectives on the world christian movement*, 『미션 퍼스펙티브』, 정옥배 옮김 (서울: 예수전도단, 1999), 351-359.

여 최선을 다하는 것이 선교의 지혜라고 조언하였다.[37] 그들은 신참 선교사들이 선교현지에 적응하는 것은 마치 신생아가 부모에게 적응하는 과정과 유사하다고 하면서, 선교지의 낯선 환경이 두렵더라도 신생아가 된 마음과 태도로 위험을 무릅쓰고 과감하게 현지인들의 품에 안기에 현지인들과 관계를 맺으면, 그 현지인들도부터 선교에 필요한 도움을 받아 능력있는 선교를 해나갈 수 있을 것이라고 하였다.

인생에서 탄생과 신생아의 시기만큼이나 스트레스와 위험이 많은 때는 없을 것이다. 그러나 의사들의 관찰에 의하면 놀랍게도 출산 직후 신생아는 성인과는 달리 생리적 심리적으로 새로운 환경에 적응할 수 있는 놀라운 능력과 구조를 가지고 있다고 한다. 이때 어떤 환경에 노출시키느냐에 따라서 아이의 심리적 환경과 생리적 환경이 형성되고 그렇게 형성된 환경은 이후 인생을 살아가는데 중요한 교두보가 된다는 것이다. 그런데 이러한 사실을 알지 못하고 출산의 아픔과 위험을 너무 두려워한 나머지 마취를 한 다음 출산을 하거나 아기를 보호한다는 명분으로 최초의 일주일을 신생아실에 데려가 혼자 두게 되면, 하나님이 엄마와 아기에게 주신 새로운 환경 적응을 위한 놀라운 예리한 인식의 때와 적응의 능력을 놓쳐버리게 된다는 것이다.[38] 마찬가지로 신참 선교사가 선교지

---

37) E. Thomas and Elizabeth S. Brewster, "긴밀한 유대가 가져오는 차이,"『미션 퍼스펙티브』, 370-373.

38) "질병예찬"이라는 책을 쓴 베르트 에르가르트너는 수많은 예방주사와 진통제 그리고 과보호적인 생활습관이 인간을 약하게 만들고 있으며, 더 큰 위기로 몰아가고 있다고 지적하면서 재미있는 말을 하였다. "어릴 적에 약간의 분뇨 냄새를 맡으며 성장하는 것이 건강에는 더 좋다"라고 예방의학자 에리카 폰 무티우스가 말한 적이 있다. 그런데 2001년 알레르기 학자 이탈리아인 아필리오 보노가 베를린에서 열린 유럽 알레르기 정상회담에서 구유에 누워있는 아기 예수의 필름을 보여주면서 이렇게 말했다. "오늘날 우리가 알레르기 예방법에 대하여 제대로 알고 싶으면 2000년 전 첫번째 크리스마스를 생각하면 됩니다. 예수님은 축사(畜舍)에 태어나셨고 그 옆에는 냄새나는 가축들이 있었습니다. 그분의 부모님은 흡연자가 아니었으니 이보다 더

에서 최초에 겪는 위험을 정면 돌파하지 아니하고 우회적으로 풀어나가려고 하면 단기적인 위험은 모면하지만 장기적인 위험에 노출될 것이다. 더 큰 대가를 치루게 되거나 선교지를 떠나는 대가를 치르게 될 것이다.

b. 겸손: 학습자의 모습으로

양화진에 묻힌 선교사들의 일대기를 자세히 조사한 정연희 권사는 미국 선교사 따님의 편지를 자신의 책에서 소개하였다.[39]

"당신의 편지를 받았을 때 나는 기나긴 잠에서 깨어난 듯 한국에서 자랐던 어린 시절을 회상하며 옛날 편지와 사진을 꺼내 보았습니다. 어머니가 잘 간직해 주셨던 공주(公州)의 사진은 이미 나의 뇌리에서 희미해진 추억을 되살려 주었습니다. 그 중에 있는 사진 한 장을 발견했을 때 나의 생애 속에서 아주 지워졌다고 생각되었던 어떤 어둡고 무거운 기억이 홀연히 머리를 들고 일어나는 것이었습니다. 사진 뒷면에는 어머니의 필적으로 '방이 열두 개가 있는 케이블 선교사의 집'이라는 사진 설명이 적혀 있었습니다. 그것을 보는 순간 어릴 때 나를 괴롭히고 마음을 무겁게 해주던 문제가 무엇이었는지를 깨달은 것입니다.

공주시가 내려다보이는 언덕 위에는 선교사들의 저택들이 우뚝우뚝 서 있었습니다.[40] 높직이 솟아 있던 이 엄청난 저택들은 내가 그곳에서 자라며 듣고 보고 말하며 행동했던 어린 시절의 나를 형성하는 데 적지 않은 영향을 준

좋은 (알레르기 예방을 위한) 전제조건이 어디에 있겠습니까?" Bert Ehgartner, *Lob der Krankheit*, 홍이정 옮김, 『질병예찬』 (성균관대학교출판부, 2009), 52.

39) 정연희, 『길따라 믿음 따라』, (두란노서원, 1990), 70-76.

40) 참고 검색어: 공주 중학동 구 선교사 가옥. http://younghwan12.tistory.com/2999

대상들이었습니다. 나의 어린 시절의 틀을 만들어주고 태도 형성에 절대적인 영향을 준 마을, 한국 사람들이 살고 있는 집들과는 너무도 엄청나게 다른 서양 선교사들의 집들이 만들어준 것, 그것은 자랑과 뻐기는 마음 같은 것이었는데 지금 와서 생각하니 그것은 아무리 어렸을 때의 철없는 생각이었다 하여도 이루 말할 수 없는 부끄러움이 되어 내 마음을 고통스럽게 만드는 일입니다.

공주에 살고 있던 선교사들은 공주시내에서 대지를 구입할 수는 없었을 것입니다. 땅값이 비교적 싼 변두리에다 대지를 마련할 수 있는 정도의 재정사정이 고작이었을 것입니다. 그리고 다소 변두리라고는 하지만 집을 짓게 되었을 때는 고향에서처럼 살고 싶은 생각이 간절했을 것입니다. 집 모양이나 정원 등 고향에서처럼 만들어 놓고 심신을 달래가며 선교사업을 하고 싶었을 것이고 그렇게 함으로써 더욱 열심히 그 일에 전념할 수도 있었을 것입니다.

그러나 그렇다고 해서 선교사들이 왜 그렇게 반드시 큰 집을 지어야 했을까요? 더구나 케이블 선교사는 자식도 없었습니다. 그런데 무엇 때문에 방이 열두 개씩이나 되는 집이 필요했다는 말입니까? 대개 선교사 지망의 목사님들은 고향에서 중산층 출신들이었으니, 한국에서 그렇게 마련한 집은 고향에서 태어나 살던 집보다 훨씬 크고 훨씬 넓은 집일 수 부 밖에 없는 꼴이 되어 있었던 것입니다

이러한 양상은 마치 미국에서의 생활이 한국의 생활보다 훨씬 부요하고 우월하다는 것을 과시하는 것이기도 했을 터이고 미국 선교사들은 한국인을 내려다보며 오직 자기보다 못한 사람들을 가르치고 깨우치러 왔다는 듯한 것을 은연중에 나타내 보인 것이라고 아니 할 수가 없었습니다. 미국 사람은 한국에서 배울 것이 없다는 것을 외형적으로 단정하는 태도이기도 했습니다. 이러한 사고방식과 태도는 선교사들이 애당초 한국사람과 섞이려 들지 않고 일정한 간격을 두는 것을 당연하게 여기는 것 같기도 했습니다.

내가 분명히 해두고 싶은 것은 선교사들이 대개는 이런 식으로 살았다는 것입니다. 그때의 선교사들은 그런 식으로 하지 않고는 복음선교를 할 수 없는 것처럼, 그런 식으로 하지 않고는 한국인들을 예수교인으로 전도할 수 없다는 투였습니다. 더구나 1920년대에 서울서 활약한 선교사 들 중에는 결코 온당하다고 여길 수 없는 작태를 연출한 선교사도 드물지 않았습니다.

예를 들면 한국인 의사 중에도 아주 유능하고 훌륭한 분들이 많이 있었는데도 선교사 자신이나 가족 중 누가 병이라도 들면 반드시 미국인 의사에게 진료를 받고 수술도 미국인 의사가 아니면 받지 않는 것으로 되어있고, 모든 치료를 미국인 의사에게 받는 것을 원칙으로 고수하는 선교사가 있었습니다.

그 무렵, 어느 총각 선교사가 한국 처녀와 결혼을 했습니다. 한국에다 살림을 차리고 가정을 이루었는데 미국 선교사 어른들이 뒷전에서 신랄 하게 비난, 비평을 하는 것이었습니다. 그러한 것을 직접 목격하고 들었던 나는 충격에서 헤어나올 수가 없었습니다. 그리고 한국 감리교회가 독립을 하게 되자 몇몇 미국 선교사들은 한국인 목사들이 직접 감리교 본부 행정업무를 맡아 처리하는 것과 한국인 목사의 지시를 받는다는 것은 참을 수 없는 일이라 하여 한국을 아예 떠나버린 선교사들도 있었습니다.

더구나 몇 년 후에 들은 말은 더욱 어이가 없고 한심한 것들이었습니다. 한국 감리교회가 선교사들로부터 독립하여 직접 운영을 시작한 후 한국을 떠난 선교사들이 미국으로 돌아가 선교본부에서 불평하고 헐뜯는 내용들은 기가막힌 것들이었습니다.

"도대체 한국 감리교회 한국인 지도자라는 사람들은 유치하고 믿을 수 없습니다. 일마다 모두 엉망을 만들어 놓는 거예요." 귀국한 선교사들이 떠들썩하게 벌여놓는 험담은 한국에서 태어나고 자란 나에게 엄청난 놀라 움과 수치심을 안겨주었습니다. 그 충격은 달랠 길 없는 부끄러움으로 나의 어린 시절을 어둡게 만들었습니다.

선교사들은 대개 한국인들이 살고 있는 마을에서 멀리 떨어진 지역을 특수 지역처럼 만들어 살았습니다. 넓직한 지역에 집과 정원을 마음대로 가꾸고 살았습니다. 아이들을 교육시키기 위하여 별도로 미국인 학교를 세우고 그 교과과정도 전적으로 미국 교과과정으로 편성하여 순 미국식으로 아이들을 가르쳤습니다. 물론 한국 아이는 이 미국 학교(외국인 학교)에 들어갈 수 없었습니다. 그 학교에서는 정규 과목은 말할 것도 없고 과외활동에서조차 한국의 역사를 가르치거나 문학 또는 전통에 대한 것을 가르친 일이 없었습니다. 우리는 한국의 그 장구한 역사가 궁금했으나 배울 길이 없었고 한국 땅 어느 곳에서나 볼 수 있는 문화유적에 대해서도 그렇게 궁금했건만 알아 볼 길이 없었습니다. 우리는 한국땅에 살고 있었으면서도 한국에 대하여 소경과 귀머거리일 수밖에 없었습니다. 우리집 요리사에게도 내 나이 또래의 딸이 둘이나 있었건만 내가 그들과 함께 놀면서 친구가 된다는 것은 불가능한 일이었습니다. 나는 그들과는 섞여서 놀면 안되는 귀한 아이였고 그들은 선교사의 딸인 나하고 놀아서는 안되는 그래서 함께 어울릴 생각조차 가져보는 일이 없는, 신분이 다른 아이들이었습니다. 우리가 생활하고 있던 분위기는 그러한 생각을 당연한 것으로 받아들이게 했습니다. 우리는 어쩌다가 얼굴을 서로 마주치는 정도였습니다.

그들 자매가 마당에서 재미있는 놀이를 할 때도 나는 말도 통하지 않고 또 그런 놀이가 낯설어서 그저 멀찍이 떨어져 바라볼 뿐이고, 그들을 내가 불러서 우리집에 들어가 함께 놀겠다는 것은 생각조차 해본 일이 없었습니다. 나는 이따금 부모님을 따라서 한국 교인댁 식사 초대에 참석했습니다. 우리에 대한 한국 교인댁의 대접은 그토록 융숭하고 극진했건만, 우리집에서 한국 교인들이나 제직들을 초대한 일은 단 한번도 없었던 것이 머리에 남아 있습니다. 더구나 우리 선교사 자녀들은 언제나 미국인 교회 학교에 따로 출석하여 예배를 드렸고 부모님이 섬기는 한국인 교회에 한국인 아이들과 주일학교 예배를 드려본 일이 없었습니다. 선교사의 자녀들은 부모님하고는 헤어져 각기 다른 예배당에 간 것입니다. 나는 나의 부모님이 섬긴 한국교회를 한번도 가본 일이 없습니다.

그러나 선교사 자녀들이라고 해서 모두가 한국 어린아이들과 격리되어 있었던 것은 아닙니다. 언더우드 목사님 가문의 자녀들은 미국 건축가가 직접 설계하여 건축한 큰 석조건물에 살고 있기는 했지만 그 또래의 한국 아이들과 친하게 지냈습니다. 또 이화여고 구교사와 배재학당 사이에 한국식 건축양식으로 지었던 아펜젤러 선교사의 집은 크낙한 양식 주택보다 겨울 난방이 경제적이었고 훨씬 따뜻하고 이늑한 집이기도 했습니다. 나의 아버지는 세브란스 출신 한국의사들에게 대단한 경의를 표하곤 했습니다. 세브란스를 거쳐 미국 유학을 끝내고 돌아오면 미국 의료 선교사들보다 월등한 실력으로 새로운 지식을 도입하여 그것을 활용하는 기술이 뛰어났던 것입니다. 그들에 대한 아버지의 경탄은 깊은 존경심으로 변했습니다.

아마 내가 한국에 더 오래 머물러 있었다면 많은 것에 대하여 더 깊이 알 수 있었을 것이고 더 많은 것을 이해하고 선교사들이 한국을 위해서 공헌한 모든 위대한 업적들도 잘 알 수 있었을 것입니다. 그리고 한국 방방곡곡에 세워진 교회와 그렇게 복음이 전파된 것이 얼마나 크고 놀라운 하나님의 은총이며 축복인가도 깨달을 수 있었으리라 생각합니다. 지금까지 내가 기록한 것은 공정하지 못한 나의 편견일는지도 모르겠습니다. 그러나 나는 내가 어렸을 때 한국에 살면서 직접 보고 겪었던 것을 그대로 정직하게 피력했습니다.

사람들이란 선한 일을 한다고 하면서도 자아 중심적 판단 기준과 편견으로 하여 겪어본 일도 없는 상황에 대하여 단정을 하면서 자기의 행동 패턴에 집착하는 경우가 흔합니다. 그리하여 선한 일을 한다는 것이 실제로는 해악을 끼치게 되는 일이 종종 일어나는 것 아니겠습니까.

여기 동봉하는 몇 가지 자료와 함께 내가 이 편지를 쓰는 동안 여러가지

회고와 감회에 젖으며 먼 옛날 일들을 다시 정리하는 데 적지 않은 도움이 되었습니다. 나에게 이러한 기회를 주신 당신에게 감사를 드립니다. 매리 앨리스 무어."[41]

두 번째 중요한 함의는, 학습자로 사역을 시작하셨다는 사실이다. 그분은 언어나 문화에 대한 지식을 갖고 태어나시지 않았다는 것이다. 이런 점에서 그분은 평범한 어린이였다. 그분은 부모에게 말을 배웠으며 또래들로부터 놀이를 배웠다. 아버지 요셉에게 목수 일을 배웠으며 그 당시 모든 젊은이들이 했던 똑같은 방법으로 성경공부를 하고 예배를 드렸다. 누가복음 2:46에서 마리아와 요셉이 소년 예수를 성전에서 찾았을 때 그가 율법사들의 말에 귀를 기울이며 질문하는 장면을 볼 수 있다. 하나님의 아들이 성전에 앉아서 듣기도 하며 질문도 했다는 것은 매우 의미심장한 기록이다.[42]

오래동안 신참 선교사들의 현지 적응을 지도해온 브루스터 부부는 "신참 선교사는 일찍부터 자신이 배우는 사람이 되어야 하며 배우는 사람이 되기를 원한다는 사실을 전달해야 한다"고 말한다.[43] 이러한 학습자의 태도의 진정성은 다음의 실천을 통하여 드러난다고 하면서, 신생아의 적응과정과 신참선교사들의 적응과정에서 유사점을 찾아낸 브루스터 부

41) 세브란스 의학 전문학교 교수였던 J. D. 밴 부스커크 박사의 외동딸인 매리 앨리스 무어 여사의 편지였다. 매리는 남(南)오레곤 대학 교수인 도날드 무어(Donald Moore) 교수와 결혼하여 무어 부인이 되었고 2남 2녀를 두어 친정 부모에게 더없는 기쁨을 안겨드렸다. 밴 부스커크 박사는 1968년 12월, 87세로 별세하였고 어머니는 열흘이 모자라는 백세를 사시고 1983년 8월 세상을 떠나셨다.

42) Sherwood G. Lingenfelter,『문화적 갈등과 사역』, 14.

43) E. Thomas and Elizabeth S. Brewster, "긴밀한 유대가 가져오는 차이,"『미션 퍼스펙티브』, 371.

부는 신참 선교사들에게 네 가지 권면을 한다.[44] 첫째는 현지주민들 가운데 거주지를 마련하라. 선교사들끼리만 사는 마을이나 아파트, 현지주민들과 격리된 마을에 가서 살지 마라. 그것은 막 태어난 신생아가 부모의 품에 안기지 않고 격리된 신생아 보호실에 거하는 것과 같다. 둘째는 짐의 무게를 20kg 이하로 만들어라. 생필품은 현지에서 조달하는 것이 좋다. 신생아가 자기 먹을 분유를 사들고 태어나지 않는다. 셋째는 대중 교통을 이용하라. 대중교통을 이용하면 현지주민들의 삶과 세계관을 자연스럽게 공유하게 되고 상호 의존적이 된다. 선교사와 자기 가족만 타고 다니는 자가용을 이용하다 보면 현지주민들과 멀어지게 된다. 신생아는 혼자 다니는 법이 없다. 넷째는 현지주민들과의 살아있는 관계 속에서 언어를 배우라. 신생아는 부모에게서 생활 가운데 언어를 배우지 학교에서 교과서를 통하여 언어를 배우는 것이 아니다. 언어습득은 본질적으로 학문적인 활동이 아니라 사회적인 활동이다. 언어를 능숙하게 구사하는 것이 쉬운 일은 아니지만, 새로운 사회공동체 내에서 살아있는 여러 관계를 깊이 맺고 살아가면 그 공동체 사람들처럼 언어를 자연스럽게 구사할 수 있게 된다.

일반적으로 예수께서 학습자의 신분을 가졌다는 사실이 사람들에게 이해되거나 적용되기는커녕 거의 논의조차 되지 않는다. 그러나 성경이 증거하는 대로 하나님의 아들이 사역을 시작하시기 전 30년 동안 자신이 창조한 사람들의 언어와 문화 그리고 생활방식을 배우셨다. 그분은 그들의 가정생활과 문제들에 대하여 모두 아셨고 학습자 혹은 동료로서 그들의 입장에 서셨다. 동네 회당에서 성경을 읽고 공부하는 것을 배우셨다.[45] 그리고 그는 그 사회 사람들이 랍비라고 부를 정도로까지 존경을

44) 위의 책, 372.

45) Alicia Britt Chole, 『예수님의 무명시절』, 113-115.

받으셨다.

19세기까지 대다수의 서구선교사들과 그 발자취를 무비판적으로 이어받고 있는 한국선교사들은 종종 자신의 역할이 마치 계몽주의자인 것처럼 생각한다. 가난하고 무지한 선교지 주민들에게 찾아가서 베풀고 도와주고 가르쳐주는 것이 선교사역의 전부인양 생각한 나머지 현지주민들과 동고동락하며 그들로부터 도움을 받으며 배우는 것이 선교사역에 얼마나 중요한 부분을 차지하는지 모를 때가 있다. 이러한 태도는 시정되어야 한다. 아기의 모습으로 선교지에 진입하여 상당히 긴 기간을 학습자로 본격적인 선교사역을 준비하신 예수의 모습은 오늘날 선교사역에 중요한 선교적 함의를 제공해준다.

c. 역할: 구원자

이 세상 모든 아버지들이 이 세상에 갓 태어난 자신의 아들의 이름을 지으며 아버지의 꿈과 소망과 사랑을 그 이름 속에 함께 담아 넣듯이 하나님은 자신의 아들의 이름을 직접 지어 천사를 통해서 요셉과 마리아에게 통보하였다. "아들을 낳으리니 이름을 예수라 하라 이는 그가 자기 백성을 저희 죄에서 구원할 자이심이라"(마 1:21). 이 세상 모든 이름 중에 가장 복되고 영화로운 이름은 '예수'(예수아)란 이름이다. '예수'(예수아)란 이름 속엔 하나님의 거룩한 이름 '야웨'(יהוה)와 '구원, 구원하다'는 의미의 뜻이 내포되어 있다. 이 '예수'(ישוע)라는 이름 속에 전 인류를 향한 하나님 아버지의 구원의 의지가 담겨져 있다. 즉 '예수'(Ἰησοῦς)라는 이름 속에 이미 하나님 아버지의 인간 사랑과 구원의 의지가 다 내포되어 있는 것이다.[46]

46) 성종현, "예수 탄생의 의미," in 『교회 교육』 (장로회신학대학교 기독교교육연구원, 1994. 11), 14-15.

그런데 이러한 목적을 성취하기 위하여 자신의 아들을 선교현장으로 파송하시는 하나님 아버지는 무에서 유를 창조하시는 전능하신 분이신데 여러 가지 다른 가능성들을 배제하시고 하필이면 아기의 모습으로 선교현장에 진입하게 하셨을까?

아기는 공격하지 않는다. 비난하지도 않는다. 그러므로 아기 앞에서는 자신을 변호하거나 변명하거나 거짓을 말할 필요를 느끼지 않는다. 오히려 아기 앞에서 변호와 변명과 거짓으로 무장한 자기자신을 해제시키며 순수와 진실로 돌아갈 수 있는 새 마음을 얻게 된다. 아기 모습으로 찾아온 그리스도는 이제까지의 모든 생활과는 다른 평화의 미래를 열어준다.[47] 여기에 구원을 위한 하나님의 선교적 지혜가 숨겨져 있다.

'아기'는 모든 사람에게 친근하고 사랑스럽고 약한 존재이다. 아무리 악한 사람이라도 '아기'를 싫어하고 무서워하는 사람은 거의 없을 것이다. 예수님께서 세상에 오셨을 때 어른이나 천사의 모습으로 오시지 않았다. 만약 예수님께서 천사장의 모습으로 오셨다면 우리는 모두 무서워서 도망쳤을 것이다. 사실 천사가 나타났을 때 요셉도 마리아도 양 치던 목자들도 다 무서워했다. 그런데 예수께서는 세상에 오실 때 무서운 존재로 오시지 않았고 가장 친근하고 사랑스러운 그리고 약한 존재인 한 '아기'의 모습으로 오심으로 수고하고 무거운 죄의 짐을 지고 유형 무형의 무기들로 자신을 무장한 모든 자들을 쉬게 하시는 역사를 시작하신 것이다.

이 사실을 선교적 지혜와 전략의 관점에서 보자면 그 안에 놀라운 선교 입구전략이 내포되어 있다. 그가 한 '아기'의 모습으로 오신 이유는 범죄한 우리 인간들에게 무서운 고발자가 아닌 은혜와 진리와 구원으로 인식되기를 원하셨기 때문이다. 바로 여기에 중요한 선교적 함의가 있다.

---

47) 위르겐 몰트만, 『약한 자의 능력』, 전경연 옮김 (종로서적, 1986), 44-45.

선교사의 본질은 용서의 은혜와 진리와 구원의 소망을 전하는 것이다. 고발, 고소, 비난, 정죄가 아니다. 선교사는 고발자나 심판자가 아니다. 그렇다고 죄악을 옹호하거나 무시하는 자도 아니다. 원망하는 자도 아니다. 선교사는 어린아이와 같이 자신의 연약하고 순결한 삶을 통하여 죄를 인식시키는 동시에 용서받을 수 있는 길을 안내하는 자이며 긍휼히 여기는 자이다. 이 사실을 명심한다면 선교사가 선교지에 진입할 때 아기 예수의 모습을 마음에 간직하고 그 모습 속에 감추어진 선교적 지혜를 깊이 생각하며 선교사역을 시작해야 할 것이다.

(6) 결론: 예수의 선교 & 우리의 선교

우리 속담에 '시작이 곧 반이다'라는 말이 있듯이 선교를 어떻게, 어떤 모습으로 시작하느냐에 따라서 선교의 방향과 성격이 좌우될 때가 많다. 우리의 길이요 진리요 생명되신 예수 그리스도의 탄생을 선교적 관점에서 볼 때 우리의 선교사역의 시작이 어떠해야 함을 가르쳐주는 교훈과 지침이 담겨져 있다. 선교사 예수는 화려하고 위대한 모습이 아니라 지극히 소박하고 연약한 아기의 모습으로 선교지 생활을 시작하셨다. 여기에 선교를 시작하는 하나님의 선교적 지혜가 내포되어 있는데 그것은 연약한 인간이 되신 동일화 작업, 겸손한 모습으로 배우는 학습자 그리고 평화와 희망과 구원을 전하는 자의 모습이다.

그러나 역사적으로 진행되어온 우리의 선교는 부요함과 강함으로서의 선교, 배우기보다는 가르치려고 하는 계몽주의적인 선교, 섬김보다는 지배를 통한 성공주의적인 선교가 많았다. 선교사들은 선교지의 문명을 야만적이고 미개한 것으로 정죄하고 새로운 종교를 통해서 원주민들을 문명화시켜야 한다는 인식이 팽배했다. 만일 이러한 태도로 선교를 계속 해나간다면 선교는 평화와 소망을 심는 사역이 아니라 갈등과 분쟁을 야기하는 사역이 될 것이며 결국 절망에 처하게 될 것이다.

금년 10월 남아공에서 열린 제3차 로잔대회에서 크리스토퍼 라이트는 로잔운동이 그동안 주도해온 세계 미전도 종족 복음화운동이 사실상 실패했음을 인정하면서, 그 실패의 원인이 다른데 있는 것이 아니라 복음 사역자들의 변화되지 아니한 세속적인 가치관에 있음을 지적하고, 앞으로 복음을 제대로 전하기 위해서는 선교사역자들의 가치관이 GPS(Greed, Power, Sucess)를 넘어 HIS(Humility, Integrity, Simplicity)로 나아가야 한다고 역설하였다.

선교의 능력과 영광은 의외로 부요함이나 강함이 아니라 소박함이나 약함 가운데 종종 나타난다. 우리가 예수님처럼 성육신할 수는 없다. 하지만 선교사와 목회자가 스스로 반드시 강해야 꼭 선교적으로 승리하는 것이 아님을 알고(마 27:54, 막 15:39) 강할 때 스스로 겸비하고 약할 때 두려워하거나 비굴하지 말고 첫번째 크리스마스 사건 속에 내포되어 있는 하나님의 놀랍고도 신비로운 선교적 지혜를 깊이 묵상하며 예수 그리스도의 발자취를 성실하게 따르는 것이 참된 승리의 길임을 기억해야 할 것이다.[48)]

---

48) 참고: 마이클 그리피스, 최태희 외 역, 『늑대와 함께 춤추는 어린양』 (죠이선교회, 2006).

04 선교지 출구전략

(1) 서론: 선교지 출구전략 수립의 필요성

한국 선교사의 숫자는 1979년 79명에서 2009년 21,735명이 되었다. 불과 30년 만에 275배로 급성장하였다.[49] 한국세계선교협의회(KWMA)는 2030년까지 전세계에 10만 명의 한국 선교사를 파송할 계획을 세우고 의욕적으로 선교 동원전략을 수립 실천하고 있다. 이러한 계획을 보다 내실 있게 실천하려면 성경에 기초한 선교 입구전략과 더불어 선교 출구전략을 세우는 일이 중요하다고 본다. 즉 선교사역을 언제 어디서 어떻게 시작할 것인가에 대한 준비를 해야 하고 그 다음 선교사역을 언제 어디서 어떻게 마무리할 것인가를 준비해야 한다. 필자는 앞에서 "선교지 입구전략"을 기술하였다. 여기서는 "선교지 출구전략"을 기술하려고 한다.

최근에 신문 경제면이나 경제관련 세미나 강연을 듣다보면 자주나오는 단어가 바로 입구전략(Entrance Strategy), 출구전략(Exit strategy)인데, 경제학적인 면으로 이야기하자면 경기가 어려워져서 경기가 위축되게 되면 정부는 경기를 부양시키기 위해서 통화공급을 늘리고 금리를 인하하고 적자예산을 편성하고 세제나 제도 등을 완화하고 구조조정 등을 통해서 입구전략을 실행하게 되고, 어느 정도 경기가 부양이 되면 스테그플레이션 등을 우려해서 입구전략과 반대로 시중에 풀었던 돈을 회수하고 금리

---

49) 『2011~2012 한국세계선교 총람』 (한국세계선교협의회, 2011), 25.

를 인상하고 흑자예산을 편성하고 세제나 제도를 다시 강화하고 시장자율을 높이는 등의 입구전략과 반대의 전략을 실행하는 것이 바 로 출구전략이라고 한다.

그러나 여기서 필자의 "출구전략"은 다른 뜻으로 사용하고자 한다. 정확히 말해서 선교 출구전략인데, 이것은 선교사가 선교지에 들어가서 어떤 선교철학을 따라 여러 모양으로 여러 가지 선교사역을 하다가 언제 어디서 어떤 모습으로 사역을 마무리 하는 것이 하나님을 기쁘시게 하며 선교의 본질을 드러낼 수 있으며, 향후 하나님의 선교 발전에 유익할 것인지를 고려하여 선교의 적절한 마무리를 준비하는 것을 의미한다. 이제 선교사는 선교사역을 계획하고 준비할 때부터 선교 이양을 포함한 선교 출구전략을 미리 생각해야 한다. 물론 미래를 누가 제대로 알며 누가 장담할 수 있을까마는, 선교사 예수의 발자취를 따라서 선교하고자 하는 사람이라면 예수가 선교 출구전략(미리 생각하고, 제자들을 훈련시키며, 제자들에게 예고하고, 자신의 사역을 이양하고, 기도하고, 성찬을 베풀고, 골고다 언덕으로 올라가시고, 부활하신 다음 다시 갈릴리를 방문하여 격려하시고, 승천하심)을 주의해서 읽고 자신의 선교사역의 마무리 모습을 미리 생각하고 기도하고 준비하는 것이 옳다고 본다.

가끔 선교사를 파송하면서 "선교지에서 뼈를 묻으십시오," 또 선교사로 파송을 받으면서 "선교지에 뼈를 묻겠습니다"라고 말하는 경우를 본다. 이러한 말은 "마음과 혼과 뜻과 몸과 힘을 다해 선교현지를 위하여 최선을 다하겠습니다"라는 뜻으로 이해되지만, 만일 문자 그대로 선교지에서 사역을 이양한 다음 마무리하고 다시 나올 생각을 하지 않고 거기서 늙어죽을 생각으로 그런 말을 한다면 그것은 좋은 생각이 아니다. 진정으로 선교현지의 선교발전을 생각하지 않은 생각이다. 최근에 한국 시니어 선교사들 가운데 선교 이양과 마무리를 잘 하지 못하여 그동안 오랜동안 헌신해온 모든 수고를 수포로 만들어버리는 안타까운 일들이 발생하고 있다. 한국교회가 이제는 선교동원과 파송, 선교지 입구전략을 위하여 노력하는 동시에 선교 이양, 선교 출구전략을 본격적으로 논의하고 준비해야 할 때가 되었다고 본다.[50)]

(2) 선교 이양의 필요성과 중요성

이양이란 무엇인가? 이양(移讓)이란 문자적으로 '권리나 재산을 넘겨줌'이라는 뜻이다. 일반적으로 '선교 이양'을 말할 때는 선교와 현지교회 지도력의 이양, 선교사의 재산과 재산권의 이양을 말한다. 그런데 여기서 원초적인 질문을 해본다. 원초적인 질문은 당연하게 생각하던 것들을 다시 생각해보도록 자극하기 때문이다. 이양은 반드시 해야만 하는 것인가? 이양을 안 하면 어떻게 되고, 하면 어떻게 되는가? 해야 한다면 왜 이양을 해야 할까? 성서적으로 이양해야 하는 이유를 말할 수 있을까? 실제적으로 선교사들은 어떤 이유에서 이양을 생각하는 것일까? 이양을 할 때 방해물들이 무엇일까? 이양의 좋은 모델은 무엇이며 이양의 최악의 모델은 무엇인가? 이양이 적절하게 이루어지도록 하려면 현지지도자와 선교사 그리고 선교사와 선교본부 사이에 커뮤니케이션을 어떻게 해야 할까? 법적으로 제대로 된 이양 형태는 어떤 것인가? 적절한 이양 시기를 어떻게 정할 수 있겠는가? 이양한 선교사의 사역은 어떻게 변화되어야 하는가? 선교사가 이양해줄 사람은 어떤 사람이어야 하는가?

---

50) 참고: 조준형, "선교사 은퇴를 위한 협력과 이양," 황윤일, "선교사 은퇴 후 복지문제," in『선교와 신학』28집 (장로회신학대학교출판부, 2011).

한국교회의 선교는 역사적 경험이 짧아서 그런지 '선교 이양의 필요성과 중요성'에 대하여 아직 깊은 이해를 가지고 있지 않는 것 같다. 이에 반해 많은 서양 선교단체들은 지난 200년의 선교 역사를 통해서 선교사가 시작한 현지선교사역을 어떻게 현지교회에 이양해야 하는가에 대하여 많은 학습 기회를 가졌다. 예를 들어 1950년 중국 공산당 정부 하에서 내키지 않는 탈출을 해야만 했던 중국내지선교회(China Inland Mission)는 선교 이양을 미리 준비해두어야 할 필요성을 절감하였다. 최근 동아시아 몇 나라에서는 선교사의 활동을 제한하는 정부 조치를 경험하였다. 예를 들어 1963년 영국으로부터 독립한 말레이시아는 선교사를 급히 추방하지는 않았지만 국가의 전 영역에서 식민주의의 산물이라고 여겨진 외국의 리더십을 현지에 10년 안에 넘겨주고 외국인들이 떠날 것을 결의했다. 여기에 선교사역도 포함되었다. 이러한 말레이시아의 모델은 싱가폴, 인도네시아에도 영향을 주었으며, 이러한 국가적 조치는 선교단체나 선교사들로 하여금 선교 이양에 대한 생각을 가속화시켰다. 많은 경우 과거의 선교 이양은 자발적으로 계획적으로 이루어진 경우는 많지 않았다. 하지만 억지로든지 자발적이든지 선교 이양의 결과를 경험하면서 선교 이양은 많은 경우 현지교회의 성장을 가져온다는 사실을 발견하였다. 이러한 역사적 경험에 기초하여 요즘에는 선교현지의 정부가 비록 강제적인 이양 조치를 취하지 않는다 하여도 오늘날 세계적으로 자국 주도의 사역이 이루어지는 것에 대해서 의문을 제기하는 사람은 없다. 하지만 한국교회와 선교단체는 선교사를 파송하면서 현지에 가서 뼈를 묻으라고 하는 당부를 하고 있다. 물론 좋은 의미로 보면 힘을 다하여 헌신하라는 뜻으로 이해되지만 선교현지교회의 성장과 발전을 진정으로 위한다면 들어갈 때부터 '나옴의 전략'(Exit Strategy)을 수립해야 한다.[51)]

51) 남정우, "한국선교, 이양을 논의하고 준비해야 한다," 『한국선교 KMQ』 (한국세계

(3) 선교의 4단계

일반적으로 선교사 이양 문제를 논의할 때 랄프 윈터가 말한 '선교의 4P 단계'(Pioneer, Parental, Partner, Participant Stage)를 생각한다. 선교사가 현지에 들어가서 개척하여 양육하고 지도력을 세운 다음 제4단계에서 이양을 하고 뒤로 물러나서 쉬거나 아니면 또 다른 개척을 시작하는 과정을 생각한다. 그러나 21세기에 들어와서는 선교과정이 반드시 이렇게 4단계를 밟아가는 것이 아니다. 어떤 경우에는 곧바로 3단계 동반자 단계에 선교사가 투입되어 현지에서 선교를 시작하는 경우도 있고(현지교단과 협력관계), 북미 인디언들 속에 들어가서 사역하는 선교사들은 처음부터 현지교회의 부목사로 들어가서 인디언 담임목사의 지도력을 강화해주고, 또 다른 인디언교회 부목사로 옮겨가서 섬기면서 지도력을 강화해주는 방식으로 사역을 하고 있다. 21세기에는 정보와 교통의 발달로 현지인들이 선교본부에 와서 직접 배우고 돌아가서 파송선교사의 도움 없이 스스로 지도력을 발휘하는 경우가 많아지고 있다. 여기에다가 2차 세계대전 이후 나타난 국제정치 환경의 변화가 선교사 이양 문제를 복잡하게 만들고 있다. 이전에는 선교사 이양 문제를 주로 선교의 효율성 측면에서 선교사가 고민해야 할 문제였다. 그러나 2차 대전 이후에는 "선교 모라토리움"을 주장하며 현지 민족주의자들이 합세하여 선교 이양 문제를 현지인들이 거론하는 양상이 점점 강해지고 있다.

일반적으로 한국교회와 한국선교사들은 선교 이양의 문제를 네비우스의 3자 원칙과 연관지어 생각하는 경향이 있다. 즉 선교현지에서도 네비우스의 3자 원칙을 실천해야 현지교회가 한국교회처럼 성공적으로 성장 발전하는데, 그러기 위해서는 선교 이양이 잘 이루어져야 한다고 믿

선교협의회, 2008. 겨울호), 25-31.

는 경향이 있다. 그러나 최근에는 선교사의 경제적인 지원을 받지 않고 자립이 이루어지고 선교사의 돌봄과 간섭과 감독을 받지 않고 현지인 지도자들에 의하여 자치가 이루어지기만 하면 토착화가 성공적으로 이루어진 것인가에 대한 의문이 제기되고 있다. 1세기 예루살렘교회는 요즘식으로 말하면 서구로부터 구제헌금을 받았다. 바울이 구제헌금을 모아서 예루살렘교회에 갖다주었다. 그러나 이러한 경제적 지원이 예루살렘의 토착적 본질을 침해했다고는 볼 수 없을 것이다. 그리고 선교 이양이 이루어져서 자치적이기는 한데 토착적이지 않은 현지교회들이 있다. 몇 명의 현지인지도자들에게 서구식 교회정치를 가르쳐서 그들이 인계받아 자치를 하지만 도무지 토착적이라고는 할 수 없는 현지교회들이 많다. 그러므로 무조건 선교 이양을 한다고 토착적 교회가 된다는 단순한 사고방식은 재고할 필요가 있다.

선교 이양의 당위성과 필요성 그리고 방법에 관한 논의는 어떤 관점에서 논의하느냐에 따라서 달라진다. 가장 보편적인 관점은 마태복음 28장에 기록된 지상명령의 관점일 것이다. 즉 '세계복음화와 모든 민족을 예수님의 제자로 만드는 사역'이라는 관점에서 선교 이양 문제를 논의하는 것이 좋을 것이다. 세계복음화와 모든 민족을 제자로 삼는 사역을 성취해나가는 데 교회가 꼭 필요하다. 그리고 그 교회는 이국적인 교회보다는 토착적인 교회가 되는 것이 현지에서 지상명령을 수행해나가는 데 더 효과적일 것이다. 그러므로 선교 이양의 문제는 토착교회를 세우고 강화하기 위한 관점에서 논의하는 것이 적절한 논의가 되리라고 본다.

과거 2천년 선교역사를 살펴보면, 선교 이양이 잘 되어서 해당 지역 원주민들의 생활 속에 기독교가 깊이 뿌리를 내리고 크게 성장한 예들이 있고 그렇지 못한 경우들도 있다. 선교는 사람을 키우는 것이다. 선교사의 왕국을 만드는 것이 아니다. 선교는 현지 사람을 키워 현지에서 주님의 지상명령인 세계복음화의 과업을 달성하는 일이다. 이 과업을 성취하기 위해서는 '선교의 적절한 이양'을 연구하고 준비하고 실천해야 한다. 그래야 현지에서 자발적인 선교 배가운동이 일어날 수 있기 때문이다. 어떤 모양과 절차에 따라서 이양을 하든지 이양의 목적은 더 나은 선교를 위함이다. 더 나은 선교란 현지에 뿌리를 깊이 내리는 선교, 자발적인 배가운동을 일으키는 선교, 지역뿐 아니라 세계복음화에 기여하는 선교에 도움이 되는 선교를 말한다.

(4) 이양을 대비한 교회 건축

선교지에 예배당을 세울 때 우리는 한국교회 스타일로 멋있고 크게 지으려는 유혹을 흔히 받는다. 문제는 외부 자금으로 시작된 많은 프로젝트는 때가 되면 현지인들에게 넘겨주어야 한다는 것이다. 현지 이양을 염두에 두지 않고 지나치게 큰 규모로 지은 예배당은 현지교회에 이양하기가 쉽지 않다. 예컨대, 서울의 S교회는 몽골 울란바토르(Ulan Bator)에 1,000명 규모의 J교회를 지어주었다. 현지 선교사가 이양에 대비하여 그렇게 크게 짓지 말고, 400-500명 규모로 지을 것을 권면했지만, 한국에서 온 선교 담당자는 현장의 목소리에 세심한 주의를 기울이지 않았다. 지금 200여명이 모이는 이 현지교회는 매달 3,000-4,000불이 소요되는 겨울 난방비를 감당하지 못하고 계속하여 외부의 도움을 받아야 하는 형편에 있다.[52] 그나마 이 교회는 울란바토르 대학과 연계하여 주일에는 예배처소로, 주중에는 대학 강당으로 잘 활용되고 있다. 만약 이 교회를 예배

52) 변창욱, "한국교회의 자립선교 전통과 선교지에서의 비자립적 선교 행태: 자립적 선교 패러다임으로 변화를 모색하며," 174-175.

용도의 단독 건물로 짓는다면, 이양할 때를 대비하여 교회와 상가의 복합 건물로 지어 매달 일정 수익을 내는 자립구조로 지을 수도 있을 것이다. 앞으로 성장이 예상되는 교회라면 확장을 예상하고 설계를 하거나, 터를 넓게 잡음으로써 증축이나 개축이 가능하도록 지어야 할 것이다.

이처럼 선교사가 이양하고 떠나는 경우, 현지 교인들은 거대한 프로젝트성 건물들을 유지하고 보수하는 데에만 엄청난 경비가 든다. 또한 선교지 교회는 기존 교단과 연계하여 재산 등록을 해야 할 경우도 생긴다. 외국인 소유로 등록이 불가능하기에 현지인 개인 명의로 등록했다가, 후에 교회가 어려움에 빠지거나 교회 건물의 소유권 분쟁에 휩싸이기도 한다. 필자는 필리핀에서 A선교사가 권총 강도를 만나 부상당해 선교지를 떠난 후 교회 건물이 현지교회 사역자에 의해 사유화되어 버린 경우와 불가피한 이유로 선교사가 떠난 이후 예배당이 버려진 채 방치되어 있는 몇몇 사례를 목격했다. 만일 현지 교인들의 헌금으로 지어졌다면 이런 일은 발생하지 않았을 것이다.[53] 좋은 의도로 시작된 프로젝트였지만 현장 선교사의 목소리를 경청하지 않고, 또한 장기적으로 멀리보지 못하여 생겨나는 문제들이다. 선교지 교회는 5년에서 10년 이내에 현지교회에게 이양될 것을 전제로 그들이 감당할 수 있는 적정 규모로 지어져야 한다.[54]

---

53) 쉬와르츠는 선교사가 교회를 떠나거나, 교회를 지어준 선교팀이 떠난 후 교회 건물이 개인 재산으로 넘어간 경우를 소개하고 있다(Schwartz, *When Charity Destroys Dignity*, 56).

54) 신성주, 『타문화선교 리더십』(생명의 양식, 2009), 145-258. 제3부 타문화 리더십 계발과 이양

(5) 이양의 걸림돌

이양을 하려 할 때 일반적인 심리적 장애물 두 가지는 불안과 외로움이다. 넘겨준 다음 정말 현지지도자들이 잘 할까 걱정이 되는 것이다. 아마 예수님이 제자들에게 선교지도력을 이양해줄 때도 인간적으로는 많이 걱정되었을 것이다. 그러나 예수님은 제자들이 부족하지만 믿어주었다. 여러 번 실패했지만 낙심하지 않았고 다시 찾아가 격려해주시며 감당하게 만들어주셨다. 결과 한명은 실패했지만 나머지는 순교하기까지 충성하는 사도들이 되었다. 그러므로 이양할 때는 예수님의 모범과 믿음을 따라서 해야 할 것이다. 다른 한 가지는 넘겨준 다음 나는 뭘 할 것인가 등 앞으로 경험하게 될 공백과 외로움에 대한 걱정이다. '선교사 이양 문제' 혹은 '선교지도력 이양 문제'를 논의하면 선교사가 이제 할 일이 없어지는 것으로 생각하는 경우가 있다. 이것은 편견이다. 이양은 선교과정의 한 부분이다. 중요한 부분이다. 이양한 다음 선교사가 선교의 완성과 선교의 확대재생산을 위하여 계속 감당해주어야 할 다른 일이 있다. 이양했다고 선교가 다 끝났다 혹은 이양하면 다 끝나고 말 것이다-라고 생각하는 것은 이양 문제에 대하여 아직 온전한 이해를 가지지 못한데서 생기는 편견이다. 여전히 현지교회가 잘 성장하고 주님의 지상명령을 성실하게 수행할 수 있도록 최선을 다하는 것이 선교사의 목표라고 한다면 현지교회의 자율성을 해치지 않는 범위 내에서 창의적으로 도와줄 영역을 찾아낼 수 있을 것이다.

이외에도 영웅주의적인 이양을 조심해야 한다. 선교사가 조급하게 자랑하듯이 이양을 선언하고 자신의 명예를 위하여 이양을 무리하게 행하는 경우도 드물게 발생한다. 그리고 욕심이 장애물이 될 수 있다. 지배욕, 명예욕, 재산에 대한 욕심이 이양을 어렵게 만들기도 한다. 그리고 본국으로 돌아올 수 없는 어떤 상황으로 인하여 이양을 미루고, 이양을 거부하고, 이양을 하더라도 변칙적으로 하여 이양을 어렵게 만드는 경우도 있으며, 현지인들의 욕심과 거짓으로 인하여 부적절한 이양이 이루어지는 경우도 있다.

이렇게 부적절하게 이양이 이루어지는 것을 방지하고 시기 적절하게 이양이 이루어지도록 도와주는 '선교이양 자문기구' 같은 단체가 만들어져야 할 필요가 있다고 본다. 선교사역에 있어서 이양 문제는 아주 중요하고도 실제적인 부분이다. 선교현장에서 오래 동안 열정을 다하여 많은 성과를 이루었어도 이양 문제가 제대로 되지 않으면 선교가 수포로 돌아갈 수 있기 때문에 이양이 중요하다. 그러나 이양 문제는 이론적으로 정할 수 없는 문제이다. 왜냐하면 현장에 따라서 선교사에 따라서 현지지도력에 따라서 현지의 정치 경제 기타 사정에 따라서 선교비전에 따라서 그리고 기타 다양한 요소에 따라서 종합적으로 고려되어야 할 문제이기 때문이다.

그러므로 이양의 방법, 이양의 시기, 이양의 양태, 이양의 주체나 책임 기관, 이양 이후의 관리 방법 등을 정하는 것도 실제적인 측면들을 고려하여 논의하고 정해야 할 것이다.

선교 이양은 마치 매듭짓기와 같은 것이다. 국어사전에서는 〈매듭〉의 뜻을 네 가지로 설명한다. ⓐ 끈이나 실 따위를 매어 마디를 이룬 것, ⓑ 일의 어려운 고비나 부분, ⓒ 어떤 일과 다른 일과의 사이에 짓는 구별이나 마무리, ⓓ 끈이나 실을 소재로 하여 엇걸어 마디를 짓거나 고를 내거나 하여 여러 가지 무늬를 만드는 일 또는 그렇게 만든 장식품을 가리킨다. 이렇게 매듭은 우리 일상에서 늘 대하는 평범한 것이지만 거기에는 의외로 깊은 상징적 의미가 있다. 우리는 어떤 일을 끝마치게 될 때 "매듭을 잘 맺었다" 혹은 "매듭을 잘 맺지 못했다"라는 표현을 쓴다. 이럴 경우 매듭은 어떤 일의 완성 또는 최소한 잠정적 결론을 의미한다. 무슨 일이든 매듭짓기가 잘 되어야 완성도가 높아진다. 예를 들어 글짓기를 할 때도 매듭이 좋아야 하고 바둑을 둘 때도 매듭짓는 기술에 따라서 승패가 갈라진다. 훌륭한 작품, 훌륭한 인생의 공통점은 매듭짓기가 탁월하다는 것이다. 줄기가 굵지 않은 대나무가 강한 것은 다른 나무와 달리 일정한 간격을 두고 매듭을 지을 줄 알기 때문이다. 대나무의 강함은 높이가 아니라 매듭에서 비롯되는 것이다. 한국선교의 미래는 선교의 매듭짓기 즉 '이양'(移讓)에 달려있다.

(6) 선교 이양의 모델, 예수 그리스도

선교 이양의 원조는 아마도 예수님이 아닐까 생각한다. 예수님은 공적인 선교사역(공생애)을 시작하실 때부터 이양을 생각하시고 제자들을 택하셨다. 3년 동안 수많은 선교사역을 하셨지만 초점은 현지인 지도력 양성(제자양육)에 있었다. 그리고 때가 되었을 때 이양 계획에 대하여 언급하기 시작하셨고(이곳을 떠나 아버지께로 갈 것이다) 부족하지만 그동안 양육한 현지인 지도자들에게 모든 것을 믿고 맡기고 선교본부(아버지께로)로 돌아가셨다. 선교사이셨던 예수님도 이양 문제에 있어서는 부분적인 실패(가룟유다)가 있었다. 이양 이후 유명해진 제자들도 있고, 어떻게 사역을 했는지 알려지지 않은 제자들도 있다.

예수는 처음부터 말하지는 않았지만(요 16:4) 선교사역을 시작할 때부터 떠남을 계획하고 준비하고 계셨다. 그러므로 선교사가 선교지에 들어갈 때 선교사역을 어떤 모양으로 시작할 것인가를 준비하는 입구전략을 계획하는 동시에 선교사역을 어떤 모양으로 언제 마무리 하고 떠날 것인지를 준비하는 출구전략도 계획해두어야 한다. 선교지에서 무조건 뼈를 묻겠다는 생각은 오늘 선교현장에서 별로 바람직한 선교전략이 아니다. 사람은 계획한대로 어느날 갑자기 죽는 것이 아니라 대부분의 경우 상당히 긴 기간 동안 질병과 노쇠와 의존의 과정을 거쳐 죽음으로 들어가는데 그 긴 기간 동안 현지인들의 보살핌을 받아야 하기 때문이다. 그러면 선교사는 현지인들에게 도움이 아니라 폐해를 끼치는 존재가 되고 만다. 그러나 떠날 때를 준비하되 처음부터 말할 필요는 없다. 영원히 함께 할 것처럼 사랑하고 내일 죽을 것처럼 단호해야 한다.

그런데 언제부터 떠남을 공식화하는 것이 좋은가?[55] 예수 그리스도를 자신들의 주와 구주로 고백하기 시작했을 때이다. 예수의 죽음에 대하여 비교적 상세히 기록한 마가복음을 자세히 살펴보면, 예수의 죽음에 대한 전조가 전반부에서는 문학적 복선으로 간접적으로 나타나다가 후반부 즉 가이사랴 빌립보에서 베드로의 신앙고백이 있은 연후 예수는 비로소 자신의 수난과 죽음에 대하여 직설적인 어조로 예고하기 시작한다.[56] 그것도 세 번이나 자신의 죽음을 예고한다(막 8:31, 9:30, 10:33-34). 왜 예수는 베드로의 신앙고백이 나온 직후 자신의 죽음을 본격적으로 예고하기 시작했을까? 그동안 심혈을 기울여 가르치고 양육한 제자 베드로가 '나사렛 출신 랍비 예수가 단순하게 위대하고 훌륭한 랍비가 아니라 이스라엘이 수백 년 동안 학수고대해온 그리스도요, 아버지 하나님이 이스라엘

---

55) 참고: 김활영, "한국 선교에서 선교 이양: 현지교회에 선교사역 이양의 원리와 시기와 방안," in 「NCOWE V: 선교선략회의」 (한국세계선교협의회: 2010. 6) (미간행 자료집).

56) 마태복음과 누가복음도 예수의 죽음에 대한 예시적 측면에서 마가복음의 기본 구조를 취하고 있다. 그러나 그 죽음의 전조와 관련된 문학적 복선의 응집력은 좀더 누그러지고 수난과 죽음을 향한 신학적 강도도 다소 떨어진다. 차정식, "예수의 수난 전승에 담긴 '고귀한 죽음'의 유산," 『한국기독교신학논총』 27집, 144.

과 인류구원을 위하여 파송하신 하나님의 아들이시며 선교사라는 사실을 인식하고 고백하는 그 날을 기대해오지 않았던가? 그래서 베드로의 신앙 고백을 들었을 때 크게 기뻐하며 "바요나 시몬아 네가 복이 있도다 이를 알게 하신 이는 혈육이 아니요 하늘에 계신 내 아버지시니라"(마 16:17) 칭찬해주셨다. 그런데 예수는 이 일 직후부터 암시적으로 예고해오던 자신의 죽음을 이제는 직설적으로 예고하며 자신의 죽음을 준비하시는 모습을 복음서에서 읽게 된다.

예수는 자신의 죽음을 "떠남"(요 16:7, 28), "아버지께로 감"(요 16:10, 28, 17:11, 13), "보지 못함"(요 16:16)이라고 말하였다. 선교 이양은 선교지를 떠남이요, 파송한 선교본부로 돌아감이요, 더 이상 선교현지인들을 보지 못함이다. 이러한 죽음 앞에서 예수와 제자들 모두 힘들어한다. 특별히 제자들은 마음에 근심이 가득하고(요 16:6), 해산을 앞둔 여인처럼 불안하다(요 16:21). 떠나는 예수 자신도 심히 고민하여 이 땅에 계실 때 죽음을 앞두고 "당신을 죽음에서 구해주실 수 있는 분에게 큰 소리와 눈물로 기도하고 간구하셨다"고 한다(히 5:7). 선교지 이양은 혼신의 힘을 기울여 한평생 사역해온 선교사에게도 남은 현지인들에게도 힘든 일이다.

그러나 예수는 자신의 떠남이 제자들과 향후 선교를 위하여 유익하다고 생각하였다. "내가 떠나는 것이 너희에게 유익이라"(요 16:7). 선교사가 혼신의 힘을 기울임으로 현지인들이 예수 그리스도를 자신들의 주와 구주로 고백하게 되었을 때 그들에게 선교를 이양하고 떠나는 것이 근심스럽고 불안하다 할지라도 현지인 지도자들과 현지교회에 유익하다. 선교사는 떠나야 할 때 떠나는 것이 선교사 의존성(dependency)의 질병에서 벗어날 수 있기 때문이다.

예수는 떠날 때 말없이 갑자기 떠나는 것이 아니라 자신의 가르침을 반복하여 가르치고 자신의 떠남의 의미를 입으로 성찬식으로 가르쳐 주고 떠났다. 여기에 선교 실천적으로 중요한 함의가 있다. 선교사가 떠날 때 떠나더라도 갑자기 말없이 바람처럼 사라져서는 안된다. 그것은 선교사로서 무책임한 행동이다. 그동안 가르친 복음 진리의 내용을 반복하여 가르치고 핵심을 요약해서 가르치고, 떠남으로 인한 유익과 의미를 가르침으로 근심과 불안에서 벗어나게 해주고 사랑과 우정과 감사와 부탁의 메시지를 분명히 나누어야 한다. 그래야 떠난 다음 현지인들이 기억하며 신앙생활과 재생산에 계속 매진할 수 있을 것이기 때문이다.

예수는 떠날 때 간절히 기도하고 기도해 주고 떠났다. 요한복음 17장 전체는 죽음을 앞둔 예수의 기도이다. 자기 자신을 위하여(요 17:1) 남겨지는 제자들을 위하여(요 17:9) 제자들을 인하여 믿게 될 사람들을 위하여(요 17:20) 그리고 종말의 영광에 모든 믿는 자들이 다함께 참여하기 위하여(요 17:24) 눈을 들어 하늘을 우러러 드린 기도이다. 예수는 떠나면서 자신의 선교가 본질적으로 하나님 아버지의 선교였음을 고백한다. 자신의 선교가 자신의 뜻대로 한 선교가 아니라 아버지께서 내게 하라고 주신 일(요 17:4)이었으며 자신이 그동안 힘써 양육한 제자들은 아버지의 것(요 17:6)이었으며 내 것은 다 아버지의 것(요 17:10)이었다고 고백한다. 모든 선교는 하나님의 선교이다. 우리 인간의 선교, 교회의 선교, 선교회의 선교는 하나님의 선교에 부분적으로 참여한 것에 불과하다. 이것을 고백하고 알게 하는 일이 선교 마무리 단계에서 꼭 필요하다. 그래야 선교사만을 의지하고 바라보던 현지인들의 시선을 이제 하나님을 바라보는 시선으로 바꿀 수 있으며, 그래야 현지인들이 그리스도와 같은 또 다른 선교사가 되어 재생산의 사역을 이루게 할 수 있기 때문이다.

예수는 대제사장의 기도와 성찬식을 마친 후 게세마네 동산에 들어가서 밤새워 기도하였다. 공관복음서를 보면 죽음의 준비 과정에서 드러난 예수의 본격적인 대응방식은 겟세마네로의 피정과 함께 시작된다. 열두 제자에서 열한 제자로, 열한 제자에서 다시 세 제자로, 마침내 그 세 제자마저 떨구고 혼자된 예수의 고독한 처신은 겟세마네라는 그 한적한 공간의 신학적 의미와 더불어 선교적 마무리를 구성하는 중요한 요소로 인식되며 이 또한 선교적으로 중요한 함의를 지닌다. 선교사역의 시작과 마무리는 기도가 되어야 한다. 기도 없는 선교사역의 마무리는 선교사역이 아니다. 왜냐하면 모든 진정한 선교는 하나님의 선교에 동참하는 사역이기 때문이다. 선교사의 욕망이나 비전이나 목표가 아니라 하나님의 이름과 나라와 뜻이 이루어지도록 자신을 온전히 드리는 죽음 같은 순종을 준비할 때만 하나님의 선교가 선교사를 통하여 이루어지기 때문이다.

(7) 선교사 바울의 선교 이양

예수의 죽음의 과정에서 암시된 선교적 함의들을 선교사역에서 실제적으로 실천한 대표적인 인물로서 바울을 언급할 수 있겠다. 비록 그가 자신의 서신에서 예수의 죽음의 과정에 대해서는 거의 언급하지 않고 있지만, 자신이 선교적 여정에서 겪은 다양한 고난의 이력을 상세하게 열거하면서(고전 4:9-13, 고후 11:23-28) 이런 자신의 선교적 수고와 고난을 예수의 고난에 잇대어 "그리스도의 남은 고난을... 내 육체에 채우노라"(골 1:24, cf. 빌 3:10)고 표현하였다. 그리고 자신의 고통의 끝자리에 위치한 죽음과 관련해서도 바울은 "죽는 것도 나에게 유익"(빌 1:21)이라는 선언과 함께 자신의 생과 사의 갈림길에서 고민하면서 수감자로서 극도의 고통 속에 수치를 당하느니 그리스도처럼 자발적으로 자신의 생을 마감할 수도 있다는 가능성을 엿보였다(빌 1:22-23). 그는 그 망설임 가운데 결국 빌립보 교인들과 같은 이 땅의 그리스도인들을 위한 봉사적 목적을 의식하여 삶의 희망을 살려내지만(빌 1:24–26), 그 또한 극심한 고통의 와중에서 갈등하면서 그리스도의 길을 좇아 명예로운 자발적 죽음을 결행할 수 있음을 은근히 내비친 셈이다(빌 3:10).

예수님 다음으로 선교 이양의 좋은 모델은 바울일 것이다. 바울은 어느 마을, 어느 도시를 가든지 거기에 교회공동체를 조직하고 현지인 지도자를 세우는데 관심을 가지고 선교하였다. 결과 채 1세기가 되지를 않아 지중해 연안에 있는 수많은 도시에 복음을 전하고 교회를 세울 수 있었다. 만일 바울이 선교 이양에 무관심 하거나 선교 이양을 미루거나 소극적으로 실천하였다면 4세기에 이루어진 로마제국의 복음화는 그만큼 늦추어지거나 불가능하였을 것이다. 바울은 자신의 선교지도력을 디모데에게 넘겨주었다. 그리고 디모데는 바울을 본받아 또 다른 선교지도력을 양육하고 그들에게 선교지도력을 넘겨주어 손자 지도력을 키우게 하라고 부탁하였다(딤후 2:2).

(8) 결론: 이양을 생각하고 준비하는 삶의 유익

선교 이양에 대한 이해와 준비는 철학적인 관점에서 생각해보자면 죽음의 준비과정(넘겨주고 떠남)에 대한 이해와 준비과정과 긴밀하게 연결되어 있다. 그러므로 여기서는 죽음을 생각하고 준비하는 삶이 얼마나 지혜로우며 유익한가를 생각해보고자 한다. 대개의 사람들은 죽음에 대한 생각을 기피하는 경향을 가지고 있다. 이른 아침에 벌레의 죽음을 보고도 불길한 느낌을 가지는 것이 보통 사람들이다. 그래서 사람들은 될수록 죽음에 대해서는 잊고 살고자 한다. 가까운 사람들이 죽음에 대한 이야기를 하면 싫어하며 다시는 그런 생각이나 말을 하지 못하도록 요구하기도 한다. 어차피 죽는 것은 불가피한 일이라 하더라도 사는 동안에는 죽음에 대한 생각을 안하기를 원한다. 그 이유는 죽음에 대한 생각이 삶을 위해 유익이 없을뿐더러 오히려 해롭다고 여기기 때문이다.

과연 그러할까? 죽음을 생각하는 것이 삶을 위해서 부정적인 요인이 되는 것일까? 이 문제에 대해 성경은 무엇을 가르치는가? 결론부터 말하면 성경은 우리가 죽음의 현실을 의식하기를 원한다. 먼저 전도서를 읽어본다.

지혜자의 마음은 초상집에 있으되
우매한 자의 마음은 혼인집에 있느니라(7:4)

이것은 보통 사람들의 경향과 반대되는 말씀이다. 보통 사람들은 초상집 보다 혼인집을 선호한다. 그곳이 즐겁고 흥겹기 때문이다. 그런데 전도서는 지혜자의 마음이 초상집에 있다고한다. 왜 그럴까? 초상집과 혼인집의 차이는 죽음과 생명의 차이라 할 수 있다. 초상집에는 죽음이 주어이고 혼인집의 주어는 생명이다. 마음이 초상집에 있다는 것은 죽음을 생각한다는 것이다. 그렇다면 죽음을 생각하는 것이 지혜로운 사람이라는 말이 된다.

시편 90편 12절은 이렇게 말씀한다.

우리에게 우리 날 계수함을 가르치사 지혜의 마음을 얻게 하소서

우리 날 계수하는 법을 알면 지혜로운 마음을 얻게 된다고 하였다. 날 계수 법이 무엇일까? 그것은 살아온 날 수와 앞으로 남은 날 수를 계

산하는 법이다. 날 계수의 요체는 죽음을 생각하는 것이다. 우리의 날을 계수하지 않으면 우리가 마치 영원히 살 것 같은 착각을 하지만 날을 계수하는 순간 죽는다는 사실, 우리의 인생이 영원하지 않다는 사실을 알게된다. 곧 죽음이 인생의 유한함을 알게 만들고, 그러면 영원한 것을 찾게 된다. 하나님이 인생에게 영원을 사모하는 마음을 주셨다고 하였는데, 유한한 인생에서 영원을 찾는 것이 가장 큰 지혜가 아닐까? 이처럼 죽음을 생각하는 것은 삶의 지혜를 제공한다. 죽음에 대한 생각은 현재의 삶을 진지하게 만들어 준다. 자신이 죽는다는 것을 의식할 때 사람은 자신의 인생이 제한되어 있고 오직 한번의 삶을 산다는 것 그리고 한번 산 삶은 돌이킬 수 없다는 사실을 알게 된다. 곧 이 세상 삶의 제한성, 유일회성, 불가역성은 삶의 진실이다. 이 진실에 직면할 때 사람은 순간순간을 진지하고 성실하게 살게 된다.

그레샤케(G. Greshake)는 만일 죽음이 없다면 만사는 시들하게 되어 삶은 지극히 권태로울 것이라며 이렇게 말한다. "임박한 죽음은 삶에 깊이를 부여한다. 그러므로 의학이 죽음의 연한을 늘여 생명을 연장시킨다고 해서 인간이 참으로 인간다워지는가에 대해서는 극히 의문스럽다."[57)]

죽음에 대한 의식은 또한 삶에 대한 감사와 기쁨을 얻게 된다. 그레샤케에 의하면 죽음은 우리로 하여금 삶에 대한 올바른 이해에 이르게 한다고 하였다. 즉 삶은 당연한 것이 아니라 하나님의 선물이라는 것을 알게 만든다. 죽음을 생각하지 않을 때는 삶자체를 당연한 것으로 여기기 쉽다. 사람들은 마치 삶을 원래 자기의 소유인 양 빼앗기기를 싫어한

57) G. Greshake, Staker als der Tod, 심상태 역, 『종말신앙』 (서울: 성바오로출판사, 1980), 78.

다. 그러나 죽음을 의식하게 되면 삶이 자기 안에서 나온 것이 아니라 외부로부터 주어진 선물임을 알게 된다. 바로 하나님의 선물임을 깨닫게 되고 그러면 지금 이 순간 잠깐이라도 살아있다는 사실 자체를 감사하고 기쁘게 여길 수 있을 것 이다.

마지막으로 죽음에 대한 생각은 성화에 도움이 된다. 벌코프(L. Berkhof)에 의하면 죽음은 신자들을 겸손하게 하고 정욕을 억제하며 세속적인 마음을 제어하고 영적인 마음을 촉진한다.[58] 교만한 사람을 겸손하게 만드는 가장 효과적인 약이 죽음의식이다. 죽음을 의식하지 않을 때는 오만방자하던 사람도 자기의 죽음을 생각할 때 마음을 낮추게 되는 경우를 종종 본다. 죽음 생각은 피조물이요 동시에 죄인인 자기 자신을 발견하게 만들기 때문이다. 죽음에 대한 생각은 적극적으로 성화의 삶을 돕기도 한다. 바울은 자기의 삶을 날마다 죽는 삶으로 고백했다(고전 15:31). 그는 부활에 대한 소망 가운데 죄짓는 자기 자신을 날마다 죽임으로써 성화에 이르고자 한 것이다. 예수님도 자기를 따르는 무리들에게 자기부인과 자기 십자가 곧 자기의 죽음을 요구했다. 제자는 날마다 자기를 죽임으로서 주님과 같은 형상으로 성화에 이르게 된다. 그러므로 죽음을 아예 의식하지 않는 것이 아니라 가능한 한 자주 죽음을 의식하며 사는 것이 더 나은 삶의 방법임을 알게 된다. 죽음을 생각하는 것은 삶을 위해서 유익하다.

홍수가 올 때 집의 안전은 건물의 기초에 의하여 결정된다. 예수 그리스도는 두 종류의 집에 대해서 말씀하였다. 한 종류의 집은 반석 위에 세워진 집이다. 반석 위에 세워졌기에 견고한 기초를 가지고 있었다. 다

58) L. Berkhof, 『조직신학』, 938.

른 종류의 집은 모래 위에 세워진 집이다. 집은 튼튼했을는지 모른다. 하지만 모래 위에 세워졌기에 바람이 불고 비가 오니 떠내려갈 수밖에 없었다. 비가 내리고 창수(漲水)가 나고 바람이 불어 그 집에 부딪히매 무너져 그 무너짐이 심하니라(마 7:27). 이 비유 가운데 주목할 부분이 있다. 그것은 집의 안전 여부를 결정하는 것은 집의 차이가 아니라는 사실이다. 안전한 집은 기초 때문에 안전했고 무너진 집은 기초 때문에 무너진 것이다.

우리의 선교사역의 차이는 그렇게 크지 않다. 크게 선교하는 사람도 있고 작게 선교하는 선교사도 있다. 하지만 하나님의 눈에 보기에 그렇게 위대한 선교사는 없다. 모두가 하나님께서 이미 주신 자원을 가지고 이루는 일이다. 만일 자신이 위대한 일을 이루었다고 자랑하며 교만한 사람이 있다면 그는 하나님 앞에 칭찬을 받을 수 없을 것이다. 중요한 것은 우리의 재능이나 경험이 아니다. 중요한 것은 하나님과 연관되어 있느냐 이다.

서울 마포구 양화진에 있는 외국인 묘지에 가면 145명의 선교사들이 잠들어있다. 그 중에 여자선교사 루비 켄드릭(Ruby R. Kendrick, 1883~1908)의 묘비가 있다. 그 묘비에는 “If I had a thousand lives to give, Korea should have them all.” - Ruby Kendric -, “내게 줄 수 있는 천 번의 생

명이 있다면 나는 그 천 번의 삶을 한국을 위해 바치겠다.” – 루비 켄트릭 –이라고 적혀있다. 루비 켄드릭은 미국 텍사스 남감리교회의 독실한 가정에서 태어나 소녀시절부터 불신자들을 향한 영혼구원의 열정으로 가득했다. 그녀는 텍사스 엡윗청년회 대표가 되었고, 1907년 9월에

남감리교회 여자외국선교부의 파송을 받아 마침내 조선에 오게 되었으며, 선교지인 개성에서 한국말을 배우면서 선교사역을 시작하였다.

그러나 그녀는 1907년 25세 처녀의 몸으로 한국에 와서 8개월 한국어를 공부하다가 26세의 나이로 병에 걸려 그만 순교하고 만다. 그러나 그녀의 피가 헛되지 않은 것은 그녀의 순교의 소식을 듣고 수많은 젊은 이들이 선교사님의 뒤를 이어 한국 땅에 와서 그들도 이민족을 위해 희생의 삶을 살았기 때문이다. 그녀가 세상을 떠나기 직전 주변 사람들에게 이런 말을 남겼다고 한다.

> 만약 내가 죽으면 텍사스 청년들에게 가서 열 명씩, 스무 명씩, 오십 명씩 조선으로 오라고 일러주십시오.

그녀의 말은 텍사스 엡윗청년회 컨퍼런스에 전달되었고 그 자리에 참석한 수많은 젊은이의 가슴에 선교의 불씨를 지피게 된다. 그들 중 20여 명이 은둔의 나라 조선으로 달려왔다. 루비켄드릭 선교사가 죽기 전 부모님에게 보낸 편지에는 다음과 같은 내용이 담겨 있었다.

> 이곳 조선 땅에 오기 전, 집 뜰에 심었던 꽃들이 활짝 피어났다는 소식을 들었을 때 오늘은 종일 집 생각만 했습니다.
>
> 이곳 조선은 참 아름다운 곳입니다. 모두들 하나님을 닮은 사람들 같습니다. 선한 마음과 복음에 대한 열정으로 보아 아마 십 년이 지나면 이곳은 주님의 사랑이 넘치는 곳이 될 것 같습니다.
>
> 저는 복음을 듣기 위해 20km가 더 되는 길을 맨발로 걸어오는 어린 아이들을 보았을 때 그 아이들 안에 있는 하나님의 사랑 때문에 오히려 더 위로를 받습니다.

오늘 밤은 유난히도 고향으로 돌아가고 싶습니다. 외국인을 죽이고 기독교를 증오한다는 소문 때문에 부두에서 저를 끝까지 말리셨던 어머니의 얼굴이 자꾸 제 눈앞에 어른거립니다.

어머니, 아버지!
어쩌면 이 편지가 마지막일 수도...
이 편지가 마지막일 수도 있을 것 같습니다.

저는 이곳에 작은 씨앗이 되기로 결심했습니다.
제가 씨앗이 되어 이 땅에 묻히게 되었을 때 아마 하나님의 시간이 되면 조선 땅에는 많은 꽃들이 피고 그들도 여러 나라에서 씨앗이 될 것입니다.
저는 이 땅에 저의 심장을 묻겠습니다. 바로 이것은 조선에 대한 제 열정이 아니라 하나님이 조선을 향한 열정이라는 것을 알게 되었습니다.
어머니, 아버지. 사랑합니다.

세상에는 "항상 있을 것"이 있고 "사라질 것"이 있다. 영원에 연결되지 않은 모든 것들은 다 사라져 버릴 것이다. 성경에서 고린도전서 13장에 보면 다음과 같은 구절이 있다. 그런즉 믿음, 소망, 사랑이 세 가지는 항상 있을 것인데 그 중에 제일은 사랑이라(고전 13:13). 이 구절에 따르면 "믿음, 소망, 사랑"의 세 가지는 "항상 있을 것"이다. 선교사역의 나머지 것들은 다 사라져버린다는 것이다. 우리가 지금 누리고 있는 것들은 모두가 바닷가의 모래알들이며 우리가 누리는 즐거움은 떨어지고 있는 해가 만들어 내는 아름다움이다. 선교에서 영원한 것이 있다면 그것은 "믿음, 소망, 사랑"을 통하여 "영원하신 하나님"과 연결되는 것뿐이다. 신앙은 사라질 것을 의지하지 않고 "항상 있을 것"을 바라보는 것이다. "항상 계실 분"과 연결된다면 사라지는 것들도 구원을 받을 수 있다. 우리의 지식이 중요한 것이 아니라 하나님과 연결된 지식이 중요하다. 중요한 물음은 나의 선교가 영원과 연결되어 있는가의 물음이다.

나이아가라 폭포에서 있었던 일이라고 한다. 나이아가라 폭포를 구경하던 두 명의 여행자가 폭포수 상류에 빠졌다. 그들을 구하기 위하여 사람들이 그들을 향하여 밧줄을 던졌다. 두 사람 가운데 한 사람은 살았으나 다른 사람은 폭포 아래로 떨어졌다. 그런데 죽은 사람은 살아난 사람보다 헤엄을 더 잘 치는 사람이었다. 그 사람은 폭포수 윗부분에 빠진 뒤에 헤엄을 쳐서 눈에 보이는 통나무를 붙들었다고 한다. 하지만 그는 통나무를 붙들었기 때문에 밧줄을 붙들 수 없었다. 반면에 살아난 사람은 먼저 밧줄을 붙들었기에 살아날 수 있었다는 것이다.

이 이야기가 시사하는 바가 있다면 이것이다. 그것은 눈에 보기에 크고 작은 것이 중요한 것이 아니라는 사실이다. 물 속에서 본다면 통나무가 밧줄보다 더 나을지 모른다. 하지만 육지의 관점에서 보자면 통나무는 밧줄만 못한 것이다. 이는 밧줄이 육지와 연결된 반면에 통나무 조각은 육지와 연결이 되지 못하였기 때문이다.

중요한 문제는 우리의 선교사역이 영원에 연결되어 있는가 아니면 영원에서 단절되어 있는가의 문제이다. 우리의 선교가 영원을 기초로 삼을 때 우리의 선교는 의미있는 것이 될 것이다. 선교에 있어서 영원이란 무엇인가? 하나님의 선교이다. 지혜로운 선교란 선교의 모델이 되시는 예수 그리스도 안에서 선교사역을 설계하고 실천하는 삶이다. 우리의 선교가 주님을 따르는 선교가 될 때 우리의 선교는 참으로 의미있는 선교가 될 것이다.[59)]

---

59) 참고: 인도에서 존경받는 영국 성공회 선교사 Christian Friedrich Schwartz(1724-98)의 이야기, 스티븐 니일, 『기독교 선교사』, 292-294.

| 선교시편 17 |

선교사의 고향

어느 선교사 부부가
40여 년 간의 선교 사역을 마치고
귀국하게 되었다.
본국으로 돌아올 교통수단으로
비행기 대신에 배를 택한 그들은
17일 간의 여행 기간을 통해
그들의 일생을 돌이켜보기를 원했다.

그런데 배에는
한 젊은 촉망받는 정치인이 함께 타고 있었는데
거의 매일 그에 관한 이야기가 오고 갔으며
그 사람에 대해 많은 관심이 집중되고 있었다.
배가 목적지에 다다르자
수많은 인파와 환영 행렬이 그 정치인을 맞았다.

모든 환영 행사가 끝난 뒤에
배에서 내린 노 선교사 부부는
잠시 쓸쓸한 마음 가운데 사로잡혔다.

"지난 40여년간 주를 위해 봉사했건만
우리는 맞는 사람은 하나도 없구려" 하며
선교사는 부인에게 말을 건넸다.

조용하지만 위로하는 어조로
그 지혜 있는 선교사 부인이 다음과 같이 대답했다.

"여보, 여기는 아직 우리의 본향이 아니랍니다."

(We're not home yet.)

| 선교시편 18 |

나는 주님의 것입니다

나의 삶은 내 것이라고 생각하지만
사실 내 것이 아닙니다.
오는 것도 내 뜻대로 되지 않았고
가는 것도 내 뜻과는 관계없이 될 것이기 때문입니다.

게다가 지나간 어제를 돌이킬 수 없고
다가올 내일을 앞당길 수도 없습니다.
내 삶이 내 것이었던 적도 없었고
내 것이 될 수도 없습니다.
그리고 오늘이라고 하는 이 순간은 한 경점에 불과합니다.

인간의 삶이 이러합니다.
자기를 위하여 살 수 없는 존재입니다.
자기를 위하여 죽을 수도 없는 존재입니다.
내 인생은 내 것이 아닙니다.

그럼, 내 인생은 누구의 것입니까?

어떻게 사는 것이 참으로 가치 있고 보람되게 사는 길입니까?

그분이 가장 기뻐하시는 일
복음 선교를 위하여 사는 길입니다.

| 선교 시편 19 |

삶의 가치

삶의 진정한 가치는
타고난 재능과 성실보다는
어디에 누구에 의하여
쓰임을 받느냐에 따라서
나타나게 됩니다.

하나님의 쓰임을 받는 사람이 되도록
노력하십시오.

그가 쓰시기 원하는 그릇은
금 그릇도 아니요 은 그릇도 아니요
그렇다고 질 그릇이나 나무 그릇도 아닙니다.
그가 쓰시는 그릇은
깨끗하게 빈 그릇이랍니다.

하나님께 귀하게 쓰임 받는 선교의 사람이 되십시오.

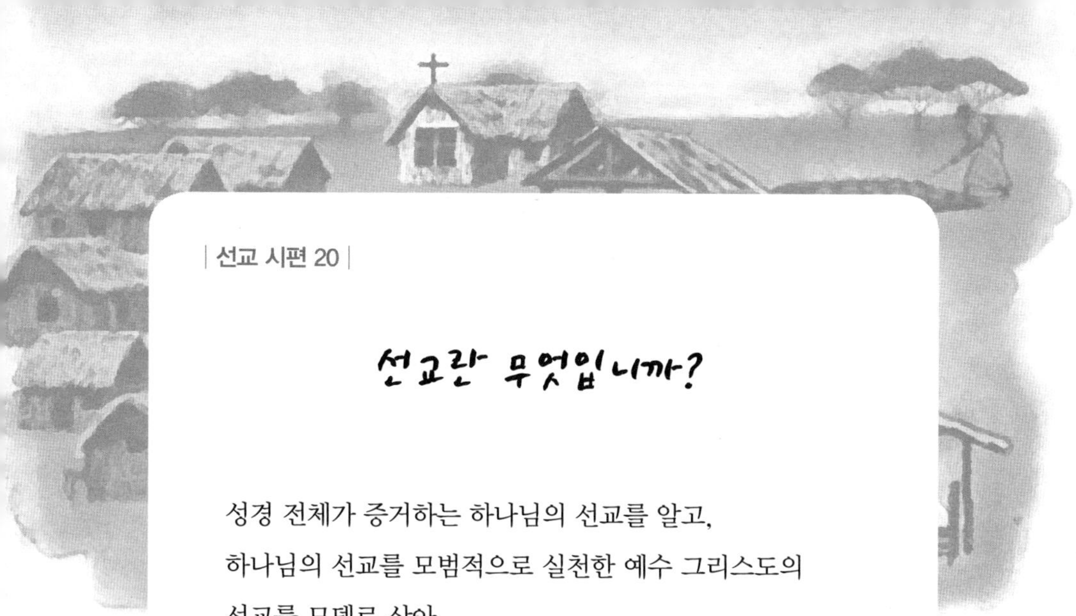

선교란 무엇입니까?

성경 전체가 증거하는 하나님의 선교를 알고,
하나님의 선교를 모범적으로 실천한 예수 그리스도의
선교를 모델로 삼아,

예수 그리스도에게 전혀 충성을 바치지 않고 있는 자들에게
문화적 심리적 경계선을 너머 가까이 다가가서
적절한 현장화를 통하여 복음을 전하는 것이다.

그 다음 그들에게 성경을 읽게하고 가르쳐서
그리스도를 그들의 주와 구주로 받아들이게 하여,
선교현지 교회와 보편적 교회와 하나님 나라의
신실하고 믿음직하며 책임있는 구성원이 되게 하는 것이다.

그리고 성령의 인도하심에 따라
현지에서 영적 책임과 사회적 책임을 위해 헌신하며,
하나님의 뜻이 하늘에서 이룬 것처럼
선교현장에서도 이루어지도록 협력을 증진시키는 것이다.